问道民间

侯仰军 —— 著

WENDAO
MINJIAN

中国文联出版社

图书在版编目（CIP）数据

问道民间 / 侯仰军著. -- 北京：中国文联出版社，
2025. 4. -- ISBN 978-7-5190-5831-9

Ⅰ．G122

中国国家版本馆CIP数据核字第2025SD5575号

著　　者　侯仰军
责任编辑　苏　晶
责任校对　秀点校对
装帧设计　春天书装设计

出版发行　中国文联出版社有限公司
社　　址　北京市朝阳区农展馆南里10号　　邮编　100125
电　　话　010-85923025（发行部）　010-85923091（总编室）
经　　销　全国新华书店等
印　　刷　北京顶佳世纪印刷有限公司

开　　本　710毫米×1000毫米　　1/16
印　　张　24
字　　数　370千字
版　　次　2025年4月第1版第1次印刷
定　　价　68.00元

版权所有·侵权必究
如有印装质量问题，请与本社发行部联系调换

序言

民间文化的现实关切

民间文化是中华民族千百年来始终生生不息的文化沃土,以润物无声的方式持续滋养着人们的精神世界。从节日的庆祝仪式到庙会的热闹集市,从乡土的手工技艺到戏台的缤纷演艺,民间文化独有的活态特质,成为中华文明绵延赓续的创造源泉。

侯仰军先生的《问道民间》是一部扎根民间、直面当代且饱含学术关怀的散论性论著,展现了民间文化在涵养心灵、沟通情感、凝聚认同等方面的多重价值,不仅是对民间文化多样性与生动性的细腻描绘,更是对其现实语境和当代意义的深刻反思。

一、民间文化是中华文明的创造源泉

民间文化植根于普通百姓的生产与生活,是中华文明最重要的创造源泉之一。本书从村落庙会、传统节日、故事传说、乡土信俗等多个维度,展现了民间文化如何在历史长河中形成深刻的影响力,并塑造了中华民族的精神基因。

书中记述了河北井陉马村的"无生圣母"庙会,这一活动不仅传承了人类始祖崇拜的原初信仰,还通过庙会集市连接了精神需求与物质生活,成为村落民众的重要文化纽带。庙会以敬神仪式为中心,辅以文艺表演和商品交易,体现了民间文化在满足精神信仰与实际生活需求方面的高度融合。这一鲜活的案例提醒我们,中华文明的创造力并非只源于精英文化的顶层构建,

更是深深植根于普通百姓的日常生活之中。

文中特别指出，"庙会起于信仰，盛于集会"，这道出了民间文化内在的生命逻辑。庙会不仅承载着百姓的感恩意识，也在实际操作中实现了对社区关系的凝聚与再造。在这些鲜活的民俗事象中，我们可以看到中华文明从根部生发出的强大创造力，也能感受到这种文化源泉对今天的深远启示。

二、民间活态文化的传承与创新

民间文化的独特之处，在于它始终以活态的形式存在，既承袭着传统，又不断因应时代变化进行创新与调整。

陕西槐原的排灯会已有4000多年历史。这个古老的节庆活动，至今仍然是当地民众凝聚社区关系、表达情感的重要方式。村民通过排灯制作、花灯巡游等活动传递乡土智慧，同时也赋予了这些传统技艺更多时代性的美学元素。年青一代在制作排灯时融入了现代灯光技术，既保留了传统样式，又提高了视觉吸引力和节庆氛围。这种活态文化的传承方式，正是民间文化适应社会发展、实现自我更新的关键。

书中多次强调，民间文化的延续并非一成不变，而是通过民众的实际参与不断创造新意。例如，传统的庙会活动在许多地方已经融入旅游经济，成为吸引游客的重要文化品牌。这种变化尽管引发了部分学者对"传统被消费"的担忧，但不可否认，它也为民间文化的存续与发展提供了新的可能性。在传承与创新之间找到平衡，是我们研究和保护民间文化时需要重点关注的问题。

全球化表征为东西方文化的汇流、碰撞与交融，如何在全球化语境中维持民间文化的独特性？作者指出，传统文化的现代化转型并非要完全脱离其本源，应通过挖掘文化核心价值，诠释其在当代社会中的新意义。只有这样，民间文化才能避免被边缘化，继续生发出独特的生命力。

三、民间文化的现实语境与当代关切

民间文化的意义不仅在于它的历史价值，更在于它如何回应当代社会的需求与挑战。书中通过对乡村庙会、节日仪式和地方工艺的详细描绘，深刻剖析了民间文化在现代社会中承担的多重功能。

民间文化是情感认同的纽带。在春节、清明节、端午节等传统节日中，民间文化通过亲情、乡情与家国情怀的多重表达，成为凝聚社会共识的重要载体。书中指出，在农村社会，节庆活动不仅是娱乐，也是加强伦理关系的关键手段。作者回忆了童年时期的春节经历，从家庭大扫除到除夕夜的团圆饭，这些习俗让人们在物质匮乏的时代依然感到浓厚的年味。这些不仅是生命个体的情感记忆，也是整个民族的精神寄托。

民间文化是乡村振兴的重要资源。作者指出，许多地方的传统文化资源通过与旅游业结合，已成为地方经济发展的新动力。例如，一些地区通过恢复庙会、推广民俗节庆和传统手工艺，带动了当地就业和文化产业发展。这种"文化＋产业"的模式，不仅让传统文化萌生出新的活力，也为乡村振兴注入了强劲动力。

本书也提醒我们，民间文化在当代社会面临着严峻的挑战。例如，在城市化与全球化浪潮下，许多民间文化形式因缺乏适应新环境的能力而濒临消失。对此，作者提出了一种"去干预式保护"的理念，即让文化在民众的主动参与中实现自我更新，而非由外界强制赋予其某种意义。这种保护理念强调民间文化的内生性和自主性，以及文化享有者群体的主体性，值得我们在实践中认真探索。

《问道民间》不仅是一部记录民间文化的作品，更是一部立足现实、面向未来的学术著作。它从民间文化的创造力出发，分析了文化传承的动态机制，并着眼于解决当代社会发展的实际问题，探讨了文化保护、传承与发展的可行路径。作为民间文艺研究的同行，笔者深感本书的出版不仅是对民间文艺学理论研究的持续深化，也为当下文化传承实践提供了丰富的启示。

民间文化是民族精神的根脉所系，也是现代社会需要珍视的精神资源。期待本书的出版，能够唤起更多人对民间文化的关注，让这些源自田野的宝

藏继续滋养中华民族的文化生命,让中华文明的创造力在新时代的舞台上焕发更为炫目的光彩。

潘鲁生

甲辰年冬月

(潘鲁生系中国文联副主席,中国民间文艺家协会主席,第十二、十三届全国政协委员)

序

仰军来电,要我为他即将出版的《问道民间》写序,说我是最合适的人选,并特别强调写什么、写多写少都行。合适者,大概是我们都任职于中国民间文艺家协会,他专职我兼任,皆倾心于民间,志趣相投,彼此信任。再就是我对他所写的内容已略知一二,无须再费大量精力消化书稿。但写什么、如何写则令我费尽一路心思。

写什么、怎么写往往不是由志趣、能力、目的以及思想、灵感、激情决定的,身份应该是关键性因素。书中的文章都是仰军进入中国民间文艺家协会后的成果,之前,他无可能积聚如此强烈的民间意识和民间情怀。到民间去,扎根民间到一定程度,方可"问道民间"。仰军的身份迫使他经常离开办公室,下沉至村镇和田野,民间如此深邃,如此辽阔,民间知识和学问如此广博,在足迹遍布田埂、成为民间文艺"家"之后,才可能面向民间,发出一个又一个追问。从书稿看,遭遇的所有问题都来自民间,解答问题依旧在民间。出发点在民间,最后归结到民间,这种思考和书写的路径与其说是学术的,毋宁说是身份的。正是身份给予仰军写作的视域与意义。不过,身份决定论尽管比较常见,但并不尽然。我拥有民间身份,也到民间去,还多次与仰军同行,目之所及,仰军总能不断地发现问题,并为解决问题搜集资料、跟踪访谈,而我仅仅为异地风光所吸引,拍些照片,选出9张发到朋友圈,以示到此一游。

那么,仰军的民间世界是如何建构起来的呢?"寻找"是其基本的田野范式,这得益于他考古学的学科背景。在仰军看来,考古与民间文艺的相通之处,在于寻找文化遗存,只不过前者是物质的,后者大多为非物质的。每到一处,他敏锐地捕捉那些有"问题"的、值得专门研究的习俗、口头传统、生活观念、民间文艺形态及其审美样式，再围绕问题寻找论证材料，古代典籍、文物遗迹、考古文献、民间记录、民间传说等，凡有助于解决问题的一切依据均搜寻无遗。其执着之强烈程度，着实令吾辈感佩。

相对而言，前面三类是现成的，查找比较容易，后两类隐藏于民间，需要通过实地调研和寻访，于是在仰军这里，原本的地下考古转变为民间考古。作为著名历史学家、考古学家李学勤先生的高足，仰军考古的学科情结根深蒂固，一旦与民间文艺相遇，便生发出新颖而别致的学术范式，即民间文艺考古。仰军专职民间文艺机构的管理与服务，研究并非本职，文章的产出却相当丰硕，正得益于考古与民间文艺的深度融合。在考古学界和民间文艺学界，跨界兼营者，唯有仰军也！

书中"寻美民间""探源民间"两部分的文章，大部分是基于考古学的视角，诸如《湖陵寻古记》《微山岛寻古记》《梁祝传说寻古记》《丰沛寻古记》《菏泽寻古记》《柏乡寻古记》《井陉寻古记》《神话之乡寻古记》等。"溯源"是考古学的学术宗旨，学科本位移植到民间文艺，本性难移，便以"寻古"的面目出现。第三部分"问道民间"，有一篇名为《民间文化亟须探源》的文章，民间文艺学学者总是竭力避免发出这样的呼吁，似乎探源并非圈内同人力所能及。即便历史民俗学，也偏重于发展脉络的梳理，学者深知确证源头绝非易事。仰军的雄心壮志所凭借的自然是考古学，追问本源已成执念。民间文艺研究委实急需其他学科的参与，否则，探源工作如此重要，却始终得不到响应。习近平总书记高度重视中华文明探源工程，这一工程应该包括民间文化。

在民间文艺界，也有以"考"为方法的研究，主要是考据，着重于文献的检索和分析，钟敬文先生早期的论文便是。仰军所考的范围则极为广泛，涵盖了上面提到的5种类型。之所以不标榜"考"，而突出"寻""探""问"，在于民间意识和民间立场的张扬，这是考古学所秉持的历史主义嵌入民间文艺世界所致。在民间文艺世界，考古之"考"演绎为"寻""探""问"等具体田野行为。这种不露痕迹的转换，一方面体现了民间文艺的跨学科性质，民间文艺溢出了民间文艺学，为包括考古学在内的所有人文社会科学提供了学术的可能性。对此，我在多篇文章中进行了阐述。在民间文艺领域，罕见以"寻古记"作为文章标题的。民间文艺学学者一致认为，民间文艺与寻古格格不入，为其寻古乃作茧自缚。可见，民间文艺的重重藩篱亟待其他学科予以洞穿。《问道民间》额外价值在于为拓阔民间文艺的学术取向做了初步尝试和有益示范。另一方面验证了身份决定论的合理性。跨学科是学术研究的必然趋势，而仰军的民间文艺考古并非跨学科。他拥有的民间意识和立场与学科无关，完全由其身份所主导。考古学科与民间文艺工作者的身份成就了他的民间文艺考古。倘若他是民间文艺科班出身，接受过民间文艺学的系统熏陶，便不太可能在民间文艺领域肆意考古。《"西狩获麟"，孔子究竟看到了什么？》一文位列第二部分"探源民间"的篇首，说明仰军之重视和满意。文章旁征博引，言之凿凿，论证麒麟乃实有动物。如果此论题能够成立，那类似的还有龙、凤凰、貔貅等，都可以是否实有为论题。此般论题，民间文艺学界早已放弃。就民间文艺学学者而言，关注的是自己感兴趣及可以获得充分依据的选题。然而，仰军的态度迥然不同，问道民间，无视惯例，试图涉及一切需要探寻的问题。本书所录70篇文章，辐射民间文艺所有门类，包括一些前沿理论问题。不只是为了学问、为了寻求所谓正确答案，更是出于一种民间情怀和使命感。身份优势足以让仰军的学术视野超越学科、超越既定的局限及学术范式。

如何定位书中的文章，是非常棘手的事情。一些文章已发表过，散见于报纸、杂志，多不是纯学术刊物，视之为论文显然不适合。以散文、随笔观之，又轻视了其中的学术含量，分析、讨论、论证占据了一些文章大部分篇幅，有的颇见深度和功底。造成文章难以归类的原因同样与仰军的身份有关。发现问题和解决问题的确是写这些文章的初衷，但又不是要写成论文。"春节假期，稍得空闲，我和朋友打算去微山岛看一看。如今交通方便，从微山县城开车到微山岛码头，不过20多分钟。坐轮船进岛，只需要15分钟。"如果以这样的笔触一直写下去，无疑是篇游记。然而，仰军总是不甘于游山玩水、发思古之幽情，在微子墓前深入探讨微子的思想及其影响，学术范儿十足。仰军的学术不是书斋的，而是现场的、体验的和感悟的，与其身份十分契合。

如果仰军辛勤笔耕只是为了成为作家，那便偏离了考古学学科本位，这是他所不情愿的。但又不能以学者自居，因与现在的身份不相符。正是不是以学者身份自居，便可以大胆假设，至于小心求证，那是学者的事情。身份宽容了仰军文章的非纯学术性，也决定了其所写既非论文也非散文——当然，也可以说，既是论文又是散文。这一点，仰军自己都始料未及。写什么，能写成什么，怎么写，主要在于身份。这是我通读书稿后的感悟，可能有严重偏差，那也只能作罢了。

万建中
2024 年 11 月 10 日于成都天府机场 T2 航站楼

（万建中系中央文史研究馆馆员，中国民间文艺家协会副主席，北京师范大学教授、博士研究生导师）

目　录

一　寻美民间

村落庙会何以能够千年传承　　/ 003
那暖心的乡愁　　/ 007
四十年前的那个灯节　　/ 010
雨水：春天的期盼　　/ 012
乡　愁　　/ 014
孝在清明　　/ 016
粽叶香飘日　爱国孝亲时　　/ 019
端午感念家国情　　/ 024
从现实到浪漫
　　——文化选择下的牛郎织女传说　　/ 028
七夕节，为什么还要乞巧？　　/ 033
月到中秋话嫦娥　　/ 038
情到深时是团圆　　/ 041
月饼的来历　　/ 044
重阳节的传说与时代价值　　/ 046
二十四节气申遗后的浴火重生　　/ 049
唤醒鄂伦春传统节日
　　——玛印节　　/ 052
羊年话羊：羊大则美　　/ 056
羊年话羊：神话中的羊　　/ 058

猴年话猴　　/ 062

光明吉祥之禽：鸡年话鸡　　/ 064

大运河上的船民习俗　　/ 068

那些消失了的节日习俗　　/ 076

二　探源民间

"西狩获麟"，孔子究竟看到了什么？　　/ 085

曹县花供会探源　　/ 096

黄帝神话传说的背后　　/ 110

纪信"诳楚安汉"与中国忠义文化　　/ 113

端午节的起源与传统习俗　　/ 122

那些被忽略的济水文化　　/ 132

"三伏三出"话济水　　/ 136

湖陵寻古记　　/ 140

微山岛寻古记　　/ 143

梁祝传说寻古记　　/ 150

丰沛寻古记　　/ 154

《王天宝下苏州》寻访记　　/ 157

菏泽寻古记　　/ 161

柏乡寻古记　　/ 167

井陉寻古记　　/ 170

神话之乡寻古记　　/ 173

《孔雀东南飞》寻访记　　/ 177

浦江寻古记　　/ 181

"花儿"寻访记　　/ 184

金上京寻古记　　/ 189

三　问道民间

民间文化在传承中华文明中的价值作用　　/ 195
民间文化呼唤批评　　/ 200
民间文化岂可随意编造　　/ 203
民间文化亟须探源　　/ 206
民间文化调研没有句号　　/ 210
民间文化遗产必须融入现实生活　　/ 218
民间故事亟须"打捞"　　/ 222
民间文艺要"活"在民间　　/ 226
民间文艺研究：问题与对策　　/ 228
民间文艺立法的困惑　　/ 232
建设时代的礼仪文明　　/ 236
用中华美学精神指导民间文艺评论　　/ 239
讲好中国故事　弘扬中华美学精神　　/ 242
人籁易为　天籁难学
　　——关于保护、传承客家山歌暨口头文学的反思　　/ 251
城镇化进程中的古村落保护　　/ 260
传统村落要留下原住民　　/ 268
重阳节的起源与孝文化的弘扬　　/ 272
《孝经》的流传与民间故事中的孝文化　　/ 278
在活化传承中发挥艺术乡建的重要功能　　/ 286
乡愁：真善美的眷恋　　/ 289
留下的不只是乡愁　　/ 291
情感表达与历史记忆
　　——微山湖区的抗战歌谣　　/ 298
大美不言在民间
　　——关中民俗艺术博物院调研记　　/ 308

黔东南苗族史诗调研记　/ 317

保护民间文化　传承中华文脉

　　——新疆民间文化考察记　/ 326

无垠草原上的天籁之音

　　——蒙古族原生态长调民歌采风记　/ 337

保护古村寨　留住原住民

　　——甘肃文县白马人民俗文化调研记　/ 347

全球"圈粉"，世界共享中国年　/ 354

附录　找回失落的家园　/ 357

后记　一次邂逅　半生寻芳　/ 364

一

寻美民间

村落庙会何以能够千年传承

所谓村落庙会，系由一个或几个村庄轮流主办，民众自发、自愿、自主举办的庙会。庙会祭拜的一般是自然神、祖先神或对当地、国家做出突出贡献的英雄人物，如女登、文王、扁鹊、岳飞，也有佛教、道教人物，如关帝、财神、龙王、观音。俗话说"无庙不成村"，在过去，每一个古村落里都有大大小小的庙，不同的庙里供奉着不同的神灵。但有庙不一定有"会"，有"会"的地方也不一定有庙。既有庙，也有"会"，并且能够传承千年者，实属不易。

信仰的力量

在考察河北、陕西等多地村落庙会后，我们发现，村落庙会能够数百年甚至千年传承者，民间信仰起到了巨大作用。河北省井陉县位于太行山东麓，人口不过30多万人，可村落庙会数不胜数。如微水镇马村，这里的百姓祭祀活动便属于人类始祖信仰。庙里供奉的主神是"无生圣母"。相传她由天地蕴化而生，无父无母，乃人类始祖，当地人便称其为"无生圣母"。庙会期间，搭台唱戏，花会献艺，热闹非凡，吸引得山西、河北特别是石家庄周边地区的善男信女纷至沓来，成为远近闻名的大庙会。南峪镇台头村的邳神庙会，会期6天。祭祀的邳神，本名邳彤，系东汉光武帝刘秀云台二十八将之一，在当地民间传说中被称为"药王"。庙会期间，邻近的很多乡镇，甚至山西省娘子关、旧关、井沟等方圆百里的村民都会前来参会，主要活动有请神、跳神、诵经、踩街、戏剧、马戏、歌舞、拉花、杂技、旱船、武术、魔术、高跷等。庙会正日的踩街活动，尤为壮观。人们用三层木轿抬着邳神像游走，身着彩服的数十支逾2000人的文艺队边走边舞，炮声、歌声、吹奏声震天动地，以此来祈求消灾祛病、吉祥平安、风调雨顺、人寿年丰。在陕西省凤翔县（2021年撤县改为凤翔区）的槐原，农历正月二十五要举行一年一度的排灯会。槐原所在四个村庄的百姓，家家户户制作排灯，高举着来到槐岭村的女登祠前举办祭祀活动。民间传说，女登是炎帝之母，槐原是女登故里，槐原排灯会已有4000多年的悠久历史。

这些庙会，都是集祭拜与商品交易于一体，既满足了大众的精神诉求，又满足了大众的物质需求。可以说村落庙会起于信仰，盛于集会，"会"因庙而起，庙借"会"而盛，两者结合，吸引了更多的人来到古庙会，形成风俗和习惯。

功能的力量

村落庙会往往具有诸多功能。这是庙会传承千年、历久弥新的另一个主要原因。

感恩还愿。庙会者，先有庙，后有会，庙是会的前提。庙会上祭拜祖宗和神灵，既有敬畏自然、敬畏祖宗、敬畏神灵的成分，更有感恩自然、感恩祖宗、感恩神灵的情感表达。"无生圣母"创造了人类，邳神用医药造福一方百姓，女登是炎帝之母，还是养蜂的发明人，其恩德让百姓永志不忘，代代传承。中华民族自古以来就有浓厚的感恩意识，知恩、感恩、报恩是一代又一代的人生理念。一方面，村落庙会给人们提供了感恩自然、感恩祖宗、感恩神灵的机会和场地，他们通过祭拜感恩、还愿；另一方面，庙会上的各种活动，特别是唱大戏，又强化了人们的感恩意识。唱大戏，名义上是给"神"听的，实际上是给人听的，戏曲里有很多感恩图报的故事，如《程婴救孤》《一饭千金》，也有很多忘恩负义受到惩罚的故事，如宋代就开始传唱的戏曲故事《清风亭》《海神庙王魁负桂英》。这是千百年来的民间信仰，不能简单地戴上"迷信"的帽子。祭祀祖先，祭祀中华民族历史上的英雄人物，都不能叫迷信。它是老百姓表达感情的方式，是凝聚人心、弘扬感恩意识和家国情怀的仪式。不弘扬感恩意识的民族是没有希望的，没有家国情怀的民族必定是一盘散沙。

娱神娱人。村落庙会上的社火和各种文艺活动，过去说是为了娱神，让神得到快乐，现在是娱人，让老百姓看了高兴，让大家得到美的享受。如槐原的排灯会，老百姓举的一个个排灯绵延在山路上，夜色中宛如一条条游动的火龙，流光溢彩，格外醒目，既愉悦了他人，也愉悦了自己。第二天，人们还要在女登祠前唱大戏，让女登在天之灵好好享受戏曲的优美。大戏一般都是两台对着唱，吸引远近村民数万人前来观看，成为远近闻名的盛大集会。

祈福祛邪。从古至今，老百姓到庙会祭拜的一大目的，或者说心理诉求，就是祈福祛邪，求得自己和家人吉祥平安。它可以让人获得心理上的平安，求得心理平静。

求子求财。在农耕时代，人是最重要的生产力，繁衍后代是人类社会存续的必要条件；财产又是保证一个人和家庭生存下去的物质保证，给百姓提供一个求子求财的场地，是保证村落庙会香火旺盛的重要因素。当今时代，人口就是资源，求子求财依然是人们的心理诉求。

健身健心。人们去庙里祭拜神灵，求得心理安慰，释放了心理压力。参加、观看社火表演，或民间文艺表演，让传承者、表演者既锻炼了身体，又获得了心理上的满足。近代以来，尽管人们的"泛宗教信仰"日益削弱，但村落庙会依然红火，与它越来越成为百姓休闲、娱乐的场所大有关联。

教化传承。庙会上的各种展演和庙会信仰、庙会交易的融合，让广大民众既满足了精神需求，也满足了物质需求；既寓教于乐，也寓教于行，孩子们在耳濡目染中学习了优秀传统文化和优秀的民间文艺，所以村落庙会在教化传承方面，在弘扬孝道方面的作用是不可估量的。反过来，其又促进了村落庙会的传承。

敦亲睦邻。社火表演让一个或几个村落的人联合起来，强化了乡土意识和亲缘关系。在槐原，排灯节上一盏好看的排灯是妇女心灵手巧的证明。为了给子孙做灯，母亲常常很早就剪好狗、花瓶、石榴、蝙蝠等寓意吉祥的图案，和家人一起将五颜六色的剪纸贴在上宽下窄的梯形灯架上，其乐融融。心灵手巧的妇女不但给自家的孩子做灯，还要给乡亲们帮忙。庙会上，家人、族人、亲邻通过一起举排灯、做活动，加强了沟通、增进了感情。

交际交流。村落庙会是人们同他人交往的一个很好的平台，通过参加各种活动，增加了同他人交流的机会。各种商品和民间小吃的展示、交易，又让每一个家庭获得了自己生活上的必需品，获得了物质上的满足。

以上种种，让一代又一代的百姓美在其中、乐在其中、陶醉在其中，村落庙会才得以长久传承，甚至千年以上。

村落庙会是当地民间信仰的集中展现，体现出民间文化原生性、本真性、民间性、丰富性的特点，承载着历史上劳动人民的生存方式和生存想象等大量的历史文化信息，其中所蕴藏的感恩意识与家国情怀，是百姓在历史上创造，以活态形式传承，未经刻意修改过的原生文化，对中华民族的团结统一起到了巨大作用。在传承当代庙会文化方面，要注意处理好政府和民众在节会中的关系定位，即民众办会、民众参与，政府保驾护航、提供服务。只要有利于社会安定、民族进步、民生幸福，政府尽量不干预庙会本身更多的东西，让民众在活动中自我传承、自我净化、自我提升。如此，村落庙会就能继续充分发挥其在凝聚人心、教化群众、淳化民风中的重要作用，长久传承下去。

（原载《光明日报》2018年4月28日第12版）

那暖心的乡愁

经历过艰苦岁月的人，总是怀念当年贫穷却快乐的春节，那尊老爱幼、和睦亲邻的乡愁，至今仍给我们力量。

20世纪70年代微山湖区的农村，人们的物质生活虽然贫困，但精神充实，每一个春节，似乎都过得有滋有味。

先说"吃"。那时候老百姓日子苦，平时吃的是玉米面、高粱面，蔬菜就是白菜、萝卜和咸菜，经济好点的家庭偶尔能吃上白面。只有过春节，家家才能吃上白面。那时，孩子们特别盼望过年，一过腊八节，就开始掰着手指头倒数。

腊月二十三，先进行大扫除。全家上下齐动手，打扫房屋庭院，干干净净迎新年。然后去赶集，买过年需要的东西。常常是买点白菜、萝卜、干辣椒之类的必需品，有时候也买鱼、买肉。如果赶上这一年生产队收成好，队里会分点鱼、肉。鱼是生产队养的，猪是从社员家里买来的。逮鱼、杀猪的时候，生产队热闹得很，男女老少围在一起看热闹。腊月二十五到二十七，家家户户忙着蒸平常吃不到的白面馒头，红豆、地瓜做的豆包（面皮却是玉米面），细粉、干腊菜做的菜包。到了腊月二十八，开始"过油"。平常只能吃肥肉炼出来的"猪油"，过年时家里就会拿出攒了大半年的豆油来炸菜丸子、藕条等，叫"过油"。一个"过"字，表达了人们对油的珍惜。这些东西炸好之后，敬过祖宗神灵，再让孩子们解解馋，就会挂在房梁上，以招待过年来家里做客的亲戚。

按照故乡的习俗，除夕晚上和大年初一早晨，再穷也要吃扁食[①]。除夕

---

① 扁食：水饺。

下午，一家人就围在一起包扁食。一年当中只有这时才能吃上扁食，扁食便特别喷香可口，"盼年"的急切，也就在我们等待扁食出锅的那一刻体会出来了。

次说"穿"。那时候，家家一堆孩子，衣服总是老大穿完给老二、老三、老四继续穿，就连大人穿旧衣服、补丁衣服都是常态，鞋子更是破破烂烂的。到了大年初一，母亲就会拿出不知熬了多少夜缝出的新衣或新鞋，让我们换上。穿上新衣、新鞋，立马神气许多，多少年都忘不了。

再说"玩"。小时候只要不上学，就得去干农活，或者割草、放羊、搂柴火，只有春节那几天，可以放开了玩：跳房子、滚铁环、打拉子、捉迷藏……甚至"打群架"。每年正月初七晚上，我们同前村的孩子为了"送火神"在麦田里用土块互相攻击，成为永久的回忆。

最后说"乐"。吃好的、穿新的、放开玩都是"乐"，大年初一之后走亲戚，更是孩子们的一大乐事。到亲戚家不仅会享受好吃好喝的待遇，还会受到家里难得的礼遇，临走时，还会得到为数不多，但倍加珍贵的几毛钱——这可是难得的零花钱。

对我们这一代人来说，那时候过春节之所以感觉年味浓，是因为还有今天城里人过年难以"享受"的礼仪和禁忌。春节作为中华民族最重要的节日，注重礼仪自不待言。大年初一早晨，晚辈要挨家挨户地给本家和邻居长辈磕头拜年；走亲戚时，也要给外祖父、外祖母、姑、舅、姨等长辈拜年。过年，自然要尊祖敬宗，请去世的先人回家过节。不论是蒸馒头、炸丸子还是煮水饺，在吃之前，都要敬神。春节期间，不能吵架、说脏话，更不能说不吉利的话。因为有了这样那样的禁忌，才有了神秘和敬畏，让节日多了几分庄重。

现在看来，那时过年，对大人来说，是责任，是担当，是一次尊祖敬宗、善事父母、和睦亲邻的机会和展现；对孩子来说，是享受，是喜悦，是一次尊敬长辈、有所敬畏的教育。

如今，人民的生活发生了翻天覆地的变化，吃好、穿好、玩好再不是春节要承担的事情；随着社会的进步、科学的发达，人们也不再敬畏神灵，过年的期盼、兴趣大大降低，很多人开始感慨年味淡了。其实，淡了的不是年味，而是我们的责任和担当。当我们寻找借口，不再回家陪父母过年的时候；当我们背起行李，到外地旅游的时候，我们是否感到了父母的孤独与无奈？当我们用行动表示亲情可有可无的时候；当我们教育孩子可以对神灵、祖宗、亲人、团圆不屑一顾的时候，孩子还会感到亲情的温暖和对自然的敬畏吗？

春节，中华民族最大的乡愁，但愿在新的世纪里，依然给我们以力量，依然温暖我们的心。

（原载《经济日报》2016年2月12日第4版）

四十年前的那个灯节

元宵节在鲁西南地区叫正月十五，过元宵节叫过十五。在我的童年记忆里，过十五从来没有"火树银花不夜天"的经历，似乎只见过一次灯笼，过了一次真正意义上的"灯节"。

因为贫穷，加上特有的风俗和禁忌，那个时候，年过到正月十五，就已经没有了期待：亲戚该来的都来了，该走的都走了（去亲戚家拜年，叫走亲戚）；扁食已经吃了好几顿了，饭总是那几样，根本见不到蔬菜和水果。由于正月禁忌蒸馍，只能吃年前蒸的馒头和豆包、菜包，而这些早已不再新鲜，遇上暖和的年份，更会发霉，上面长了白色或绿色的毛毛。

在我10岁那年的正月十五，忽然听人说晚上可以看到灯笼。我长这么大，还没见过灯笼长啥样，于是饭也顾不得多吃，塞了几口就早早地跑到街上。我们的村子不大，只有一条贯穿东西方向的土街，从西头可以看到东头，如果放灯笼，在街上肯定能看到。等我满怀期待地跑到那条街上时，发现已有不少孩子聚集在那里了。有的在放"滴滴金"，更多的只是焦急地等待。那时候过年，家里仅买几挂鞭炮，保证除夕和正月初一、十五早晨放，孩子们要放鞭炮，只有把一挂鞭炮拆开单放。因为家家都没有围墙，孩子们可以"畅通无阻"，常常看到这样的景观：每当有人家放挂鞭即放几十响上百响的鞭炮时，孩子们便冲到这家去，硝烟还没有散尽，就争相去抢没有炸响的哑炮。正月十五晚上，鞭炮已经很少，富裕一点人家的孩子会放一些"滴滴金"。"滴滴金"是裹有火药的细如麦秆的纸棍，点燃后迸出串串小火花，颇似碎金落地，价格便宜，燃放安全。那时父亲每年都要反复对我说："憨人放炮，精人听响。"意思是放鞭炮的是傻瓜，因为又花钱又危险；不花钱、照样能听鞭炮响的，才是聪明人。可我总觉得，亲手放鞭炮才是真正的乐趣。父亲这样说，也是穷人的一种自我安慰吧。

　　我们边玩边等。记得过了很久，还是不见灯笼出来。当时站在大街上很冷，可谁也不愿意错过这次难得的机会。终于在等得心焦的时候，村里一个孙姓孩子挑着一个发光的东西走来了，纸壳子里面有个铅笔头一样的东西在燃烧。孩子的父亲跟在后边，不断地提醒他别打歪了，以免烧到外面的纸壳。所有的孩子都围了过去，大声喊着"灯笼""灯笼"，连大人也过来凑热闹。不知道是人多呼出的气流多，还是来了一阵风，反正好景不长，只一小会儿灯笼就灭了。孙家的孩子哭起来，大家看灯的兴致也无影无踪，又站了一会儿，便各回各家了。

　　这就是我长到10岁见到的第一个灯笼。事实上，这也是我20多岁之前在老家见到的唯一一个灯笼。

（原载《经济日报》2016年2月21日第5版）

雨水：春天的期盼

小时候，春节一过，最盼的节气就是"雨水"了。笔者的家乡在中原，是二十四节气的产生地和基准点，每个节气的物候和我们那里都匹配。俗话说，"春打六九头"，立春只不过是春天的序曲，春寒料峭，天气依然寒冷，只有到了雨水，气温才真正回升，才有了春天的感觉。"七九河开，八九雁来"，雨水正当七九，河里的冰化了，风也不再是吹入骨髓的冷，雪花变幻成了蒙蒙细雨，春天真的来了。

"天街小雨润如酥，草色遥看近却无。"雨水时节，有无草色，真的没有注意过，但春雨如酥，比喻实在恰切。在袅袅炊烟的映衬下，春雨如雾似烟，把世界装扮得朦朦胧胧，引起人们无限遐想，它飘过农田，钻进农家小院，是那样的温润和柔嫩。"麦子洗洗脸，一垄添一碗。"此时，正是冬小麦、油菜返青的时候，最需要细雨的滋润。"好雨知时节，当春乃发生。随风潜入夜，润物细无声。"有时候，春雨就是这样的可人儿，往往在不知不觉中，随着人们的梦乡潜入城乡，潜入田野。

华北地区春天时常干旱，最需要雨水的时候，往往多日甚至一个月、两个月地不下雨。"春雨贵如油"，这句俗语最能表达农民对春雨的期盼。人们在立春之后，紧接着就设置了雨水这样一个节气，除了表达气温回升、降雪被降雨取代和雨水渐多的自然现象外，更有对雨水的渴望。

雨水是节气，也是节日，雨水节的一大习俗就是出嫁的女儿回娘家，至今一些地方还在流行。回娘家，对于当今时代的城市女性根本就不是问题，可以随时回去，甚至长期住在娘家，而在古代，女儿一旦嫁出去，一般是不能随便回娘家的，这方面的记载很多。即使在 21 世纪的今天，在某些地区，女儿回娘家还是有讲究的，比如，大年初一和元宵节就不能回娘家。为了抚慰父母和女儿的思念之苦，古人就设定了一些回娘家的节日，并作为习俗流传下来。既是习俗，就有一定的约束力，公婆和丈夫就不能随便阻拦，女儿就可以名正言顺地回娘家。

到了雨水节，出嫁的女儿就要带上礼物回娘家看望父母，如果有了孩子，还要带上罐罐肉，以感谢父母的养育之恩。不仅女儿要回去，女婿还得陪着，还得送礼，送的礼品通常是两把藤椅，上面缠着 4 米长的红带，称为"接寿"，意思是祝岳父岳母长命百岁。如果是新婚女婿，岳父岳母还要回赠雨伞，寓意帮其遮风挡雨，保佑女婿一生平安。通过往来，彼此感情加深了，家庭更和睦了。由此看来，雨水节更富有人情味，不仅是盼雨水节，更是盼女儿节。

（原载《光明日报》2017 年 2 月 18 日第 6 版）

乡 愁

"纸灰飞作白蝴蝶，泪血染成红杜鹃。"清明节来临之际，我回到了久别的祖居地——汉石桥村，为老祖宗扫墓。说是祖居地，是因为这里是我祖父的故乡，是我的祖籍所在地；说是久别，是因为距上次来这里，又有四五年了。

汉石桥是鲁西南一个普普通通的村落，因村口有一座据说是汉代的石桥而得名。当年，这里河流众多，清水绕村，是一派安逸、祥和、美丽的水乡景象。虽然地少人多，老百姓的日子并不富裕，但人们朴实善良。每年清明节，村民最重要的活动就是为死去的亲人扫墓。人们总是先清理坟墓周围的杂草、垃圾，为扫墓准备一个干净的环境，也表示对死去的亲人的敬重，接着为坟墓添土。在他们心里，坟墓就是死去的亲人的家，添土就是为死去的亲人修缮经历了一年风吹雨淋的家，也防备即将到来的雨水，让死去的亲人有个坚实的居所。接下来，就要擦拭墓碑，摆放祭品，上香烧纸，规规矩矩地磕头祭拜。之后大家还会静静地待一会儿，大人给孩子们讲一些老辈的故事。

这次回汉石桥扫墓，我通知了本家三个侄子一同前往。虽说他们在辈分上是侄子，但年龄都已不小，两个60多岁，一个也快50岁了。我家林地位于距村边不太远的一片高地之上，原来四面有水环绕，水外是一眼望不到边的农田。清明时节，小麦泛绿，油菜放黄，生机盎然，不由得让人心旷神怡。然而这几年，工业化也化到了汉石桥，一个大型化工厂在村庄不远处拔地而起。如今站在林地上放眼望去，看到的是化工厂冒出的浓浓白烟，以及被它分割得支离破碎的农田。当年四季不断流淌的河水不见了，只剩下一段十几米的"河道"容纳着一片污水。侄子们说，化工厂不但排放浓烟，而且产生的污水都被打到地下去了，现在老百姓连地下水都不敢喝了。林地里的累累墓冢也没有了，只剩下一块建于民国初期的墓碑。据说前几年政府要求家家平坟，各家的祖坟都被平掉了。

没有祖坟可供整理、添土，我就带着三个侄子到墓碑前，给老祖宗烧了一些纸、上了一瓶酒。也许是时代变了，也许是麦田里刚浇了水，三个侄子没人说要给祖宗磕头。我说，咱们给老祖宗鞠三个躬吧，便带着他们举行了鞠躬仪式，而后又一起聊了聊家族的历史和老祖宗当年的种种艰难。

站在墓碑前面，不由得唏嘘感叹。既感叹人事沧桑，又感叹社会变迁。这些年，人们的生活的确有了非常大的改善，衣食住行的条件都远远好于过去。村里原来坑坑洼洼的土路，变成了又宽又直的柏油路，偏远的村庄，俨然成为一个四通八达的中心；村庄的旁边，按照政府的统一规划，也已建起排排楼房，汉石桥正在搞新农村建设，很快村民就要搬迁到楼房里去住了。然而，我也明显感受到了汉石桥的危机。由于地下水大幅度下降，村庄周围四季长清的河水不见了，干涸的河道里堆满了垃圾，美丽的水乡景象荡然无存。而村里也难得见人，显得萧条寥落。间或遇到几个，不是老人就是孩子。青壮年要么搬到县城去了，要么外出打工了。侄子说，我们这么大的侯姓，现在在村里生活的，只有几个远房的本家了。同样令人忧心的是，那座我们引以为自豪、承载着村庄历史的汉石桥——当年的两碑三孔桥也已今非昔比，两块石碑早已没有踪影，三孔桥也变成了两孔桥，另一孔已被垃圾掩埋。待村庄搬迁后，估计石桥也难被留住了。而清明节，也已缺少了可以承载游子思念感恩之情的物象和仪式。回乡祭祖，平添了无处安放的乡愁。

我的乡愁，不再仅仅是对故乡的眷恋，更多的是对乡村发展的忧虑和思考。汉石桥村的变迁，是许多中国村落的缩影。它让我们欣喜，也让我们不安。经济的飞速发展大大提升了人们的生活质量，可生态环境的恶化、村落文脉的断裂，又让我们失去了归属感、认同感，甚至安全感。到底什么样的生活是我们想要的？实现中国的城镇化和现代化，是否一定要付出这样的代价？

（原载《经济日报》2016年4月3日第5版）

孝在清明

"三月清明雨纷纷，家家户户上祖坟。"在传统节日中，清明节是中国人扫墓祭祖、慎终追远的节日，也是深刻体现孝道的节日。

在流传至今的八大中国传统节日（春节、元宵、二月二、清明、端午、七夕、中秋、重阳）中，只有清明节兼具节日与节气的双重身份。从节日起源上看，"清明"本是二十四节气之一，在周代就已出现，《逸周书》载："清明之日，桐始华。"就是说，到了清明，桐树就开花了。为什么叫"清明"呢？《岁时百问》认为："万物生长此时，皆清洁而明净，故谓之清明。"此时，我国大部地区天气回暖、草木生长、春光明媚、气象清新，所以叫清明。清明本来与扫墓无关，由于与寒食节日子相近，寒食节的相关习俗逐渐变为清明的习俗，寒食节也就变成了清明节。如今在不少地方，如鲁西南、东北等地区，老百姓依然把清明节和寒食节混称，就是佐证。

清明节最核心、最重要的活动就是为死去的亲人扫墓。扫墓的程序是，先清理坟墓周围的环境，清除杂草、垃圾；接着为坟墓添土：经过一年的风吹雨淋，坟墓上的土减少了，就得添土，以防即将到来的雨季大雨冲毁坟墓；擦拭墓碑；摆放祭品；上香、烧纸；坟前祭拜；食祭余或聚餐。以此来感恩先人、缅怀逝者、慎终追远、敦亲睦族。扫墓习俗，古已有之，只是到了唐代，才成为清明节固定的习俗。唐代诗人白居易有诗云："乌啼鹊噪昏乔木，清明寒食谁家哭。风吹旷野纸钱飞，古墓垒垒春草绿。"表明唐朝人在清明节扫墓已经非常普遍。南宋诗人高翥的《清明日对酒》"南北山头多墓田，清明祭扫各纷然。纸灰飞作白蝴蝶，泪血染成红杜鹃"，则描写了宋代清明节人们到郊外扫墓的感人场面。由此说来，扫墓作为清明节的习俗在唐宋时期已经固定下来了。

关于清明节及其诸多民俗事项的起源，学者有不同的说法，但在民间，它们都与孝道密不可分。

相传清明节（寒食节）是为了纪念春秋时的晋国忠臣、孝子介子推的。介子推曾经跟随晋国公子重耳，就是后来的晋文公逃难，19年不离不弃，在没有食物的时候割大腿上的肉供重耳充饥。重耳回国即位后，大封功臣，偏偏忘了介子推，介子推也不愿表功，趁机回家探母去了。后来有一个大臣启奏重耳，说是介子推功劳最大，应该重赏。重耳听后，立即派人寻找介子推。介子推不愿回朝为官，背着母亲到绵山上隐居起来。重耳找不到介子推，就火焚绵山，企图逼他出来。没想到烈火烧尽，也没见到介子推。众人上山寻找，发现介子推与母亲已被烧死。重耳追悔莫及，为悼念介子推母子，下令这天不许生火，只能吃冷食。后人写诗感叹道："子推言避世，山火遂焚身。四海同寒食，千秋为一人。"

在山东和东北地区广泛流传着秃尾巴老李的故事。秃尾巴老李本是一条龙，生下来的时候，又瘦又长，屁股后边还有条尾巴。他爹姓李，见他成天缠着娘吃奶，心里很憋气，拿起菜刀就砍，砍掉了他的半截尾巴，人们就叫他秃尾巴老李。秃尾巴老李是个孝子，家乡闹旱灾的时候，他就呼风唤雨，造福乡里，很受百姓敬爱。每年清明节，秃尾巴老李都要回家看望老娘，又怕被爹发现，就从烟囱里溜进屋去。人们怕烧着他，这天都不烧火，吃冷食。相沿成俗，后来就有了清明节。

民间文化从老百姓中自发产生，又通过老百姓口耳相传，一代代继承下来。由于在传统农业社会老百姓大多不识字，他们在传承中又按照自己的情趣、审美不断改造，其中的历史故事、历史人物难免与历史的真实产生差距，但这种不真实，又是老百姓心目中的真实，是广大人民群众的期盼、向往和诉求。有关清明节的传说也是一样。在有的地方，清明节的起源还和明代开国皇帝朱元璋有关。

朱元璋幼时家贫，父母在一次瘟疫中死去，他草草埋葬了父母后便到皇觉寺当了和尚。后来朱元璋参加了农民起义军，经过多年征战，当上了皇帝。他一直想寻找父母埋葬之处，可当年父母埋骨处墓冢累累，不知道哪一处是自己父母的。朱元璋便下令清明节这天，老百姓都要去扫墓，暗地里派人去看，发现埋葬他父母的那座山坡上，只有一座坟墓荒草丛生，无人祭扫，朱元璋便移骨厚葬了他的父母。从此，便有了清明节扫墓的习俗。

清明节最核心、最重要的活动自然是扫墓，所以在民间又叫扫墓节，但踏青出游、荡秋千、放风筝、插柳、蹴鞠、斗鸡等怡情养性，甚至寻欢作乐的活动也是重要内容，因而在民间又叫踏青节、柳节、三月节等。民间甚至有"清明踏了青，不患脚疼病""清明不戴柳，红颜成皓首"的俗语。对此，从官方到民间古今都有争论：在这样一个"泪血染成红杜鹃"的节日，该不该娱乐？唐朝时，唐玄宗还特意下旨，要求人们扫墓后不得在墓前吃东西，不得寻欢作乐。

其实，人们对清明节期间的娱乐活动不必这么敏感，适度娱乐也无亏孝道。其一，孔子对孝的看法是"生，事之以礼；死，葬之以礼，祭之以礼"。孝子表达对死去的父母、先人的思念、留恋之情要遵守礼法，要适度，不要因为哀悼死者而伤害了生者的健康，不要因为过度悲哀而危及孝子的性命。"哀毁过情，灭性而死"，才有亏孝道。扫墓之后，适当放松心情，自然是可以的。其二，清明节本来就是与寒食节、上巳节合并而成的节日，原来的习俗自然合而为一了。其三，即使对于死去的父母和先人来说，他们也不希望子孙整日以泪洗面，毕竟，逝者已去，生者不仅要活下去，还要幸福地活下去。扫墓让生者记住死者，意识到在连绵不绝的生命链条上，自己只是其中的一环，从内心感恩父母和先人，进而珍爱生命、享受生活，足矣！

生死并置，孝在清明。清明节让我们在重温孝道的同时，也体验到中华民族的乐观与智慧。

（原载《中国艺术报》2016年4月1日第8版）

粽叶香飘日　爱国孝亲时[*]

"年年节与物相符，笋已成竿燕欲雏。客里不知端午近，卖花担上见菖蒲。"不知不觉间，端午节就要到了。在我国传统节日中，端午节是名称最多的一个。除端午外，还有五月五日、重午节、重五节、端五节、五月节、端阳节、菖蒲节、浴兰节、天中节、诗人节、女儿节、龙舟节、粽子节、医药节等诸多专名。时至今日，在不少人特别是城市人的印象里，端午节除了放假休息一天、吃粽子外，就是南方有几个地方进行划龙舟比赛。其实，端午节的习俗很多，民间传说和文化内涵也十分丰富。几千年的光阴里，从避瘟驱邪到爱国孝亲，端午节一路走来，给我们的民族以健康、信仰和力量。

万古传闻为屈原

端午节是最早出现的中国传统节日之一，战国时期就已经出现

那是1300多年前唐高宗龙朔元年（661年）的某一天，已过而立之年的唐高宗李治很认真地询问大臣一个问题："五月五日，元为何事？"即人们为什么要过端午节？大臣许敬宗引用《续齐谐记》所载的屈原传说做了回答：战国时期，楚国大夫屈原忠心为国，却被奸臣诬陷，壮志难酬，看到楚国即将灭亡，悲愤之下，于五月五日投汨罗江而死。楚国百姓为了纪念他，每到这天，便用竹筒贮米，投水祭之。唐高宗是否满意许敬宗的回答，史书没有记载，但这一问一答表明，尽管当时还有其他传说的存在，尽管唐代以后许多地方还在生成新的传说，但屈原传说乃是最正宗的关于五月五日起源的解释，它也在各种文献中得到了更多的书写和表述。

---

[*] 本文系与张勃教授合作写成。

在民间传说中，除屈原外，与五月五日及其节俗来历有关的人物还有伍子胥、越王勾践、介子推等，东汉以后，民间还流传着孝女曹娥的故事。曹娥是东汉上虞人曹盱之女，曹盱于汉安二年（143年）五月参与祭祀"伍君"的活动时不幸落水身亡，尸首不知所终。当时年仅14岁的曹娥沿着江边哭着寻找，17天后投江自尽。曹娥的孝心感动了天地，五天后，曹娥与父亲的尸首一起浮出江面。这则故事虽然与五月五日的来历无关，但它的发生与五月祭祀水神有联系，也就成为附着于这个节日的重要传说。

考诸史料，端午节战国时期就已经出现，是最早出现的中国传统节日之一。有的学者认为，端午节起源于吴越民族龙图腾祭祀；有的学者认为，端午节的各种习俗和传说与阴阳五行对立转换密切相关；还有的学者说，端午节是人们为了适应夏至前后因气候变化而带来的瘟疫与疾病，通过巫术、灵符、中药等禳解，因季节适应的需要而产生；等等，不一而足。

随着认识的不断深化，大家越来越倾向于五月五日是个避瘟驱邪的节日，端午的习俗是古代人们针对五月恶劣的生存条件与阴阳变化进行应对与调和的结果。但节日是不断发生变化的，喜欢追根溯源的人们又十分愿意将历史名人与节日起源相联系，这不仅可以表达对历史名人的美好情感，也使节日本身变得更加有意味。所以，在千千万万老百姓的心目中，屈原传说已经深入人心，端午节就是为忠臣所设，正所谓："节分端午自谁言？万古传闻为屈原。"

各具特色的习俗

丰富多彩的习俗活动，反映了端午节在人们生活中的重要程度

先说吃。端午节的节令食品，各地多有不同。《浙江新志》载当地的节日食品有粽、蒜、蛋白、切鸡、馒首、绿豆糕、薄皮糕（用春饼包菜）及五黄（黄鱼、黄瓜、雄黄酒、黄鳝、黄瓜头）、五烧（烧酒、红烧肉、烧窝、烧饼、烧馒）等。

在诸多食品中，粽子是最主要的食品，民间俗语有"端阳弗吃粽，死后没人送"。粽子多由粽叶或竹筒包裹糯米蒸制而成，名目繁多，古代就有

"百索粽""九子粽""蜜饯粽""艾香粽""青菰粽"等诸多品种，现在更是花样繁多，如蜜枣粽、八宝粽、赤豆粽、蚕豆粽、玫瑰粽、瓜仁粽、豆沙粽、猪肉粽，不胜枚举。不论什么粽子，都讲究用五色丝线捆扎，俗以为五色丝线有驱邪的功用。

至于端午节的饮品，则以雄黄酒、朱砂酒、菖蒲酒、艾叶酒最具特色。

次说玩。说到端午节的玩，人们最先想到的，大概就是龙舟竞渡了。龙舟竞渡，又叫划龙舟、扒龙船、抢江。竞渡时，各船有十余人分两排而坐，各执短桨。船上另有几人，摇旗呐喊，击鼓敲锣，以助声威。竞渡前一般有请龙祭龙的仪式。需要说明的是，有些地方的竞渡活动往往并不仅限于五月五日一天，甚至高潮也不一定是五月五日，在四川、湖北等地，还将五月十五日称为大端午。在古代，端午节竞渡的时间跨度往往很长，唐代诗人元稹曾感叹道："楚俗不爱力，费力为竞舟。……连延数十日，作业不复忧。……一时欢呼罢，三月农事休。"竞渡要耗时几十天之久！除了划龙舟，端午节的娱乐活动还有斗百草、放风筝、抓鸭子，真是乐趣无穷。

再说避邪卫生活动，即保护自己的生命、使健康不受邪怪虫毒侵害的活动。

用植物、手工制品避邪驱毒在端午节十分常见。各地用来避邪的植物各有不同，其中以艾蒿和菖蒲最为普遍。一般是将艾蒿和菖蒲悬挂在房檐上。有俗语云："门口不插艾，死了变个大鳖盖。""戴上艾，不怕怪；戴上柳，不怕狗；戴上槐，大鬼小鬼不敢来。"手工制品则首推长命缕，又叫续命缕、长命索、避兵缯、朱索、避瘟绳、百岁索、百丝儿、长命丝等，因多用青、红、白、黑、黄五种颜色的丝线做成，又称"五色丝"。此外还有香囊。香囊，也叫香包、荷包等，系用丝布缝制而成，内装以朱砂、雄黄、香药等物，多用彩索串起来，佩戴在身上。民间还盛行悬挂天师像、钟馗捉鬼图以及一些符图来驱邪，所谓："五月五日午，天师骑艾虎。手持菖蒲剑，斩魔入地府。"

这天，许多地方的人们还会采药。早在《夏小正》中已有记载："五月蓄药，以蠲除毒气。"在今天的胶东一带，人们习惯在端午节用露水洗脸，据说洗了不害眼病，同时让牲畜吃带露水的草，据说可令牲畜一年不得病。

也有地方送瘟神，即用竹、纸扎制龙船，端午日推船入水，认为这样即可驱鬼避邪。

最后说说社会交往活动。端午节期间，许多地方都有出嫁女儿回娘家的习俗，故而端午节又有"女儿节"之称。在河北张北，节前要请出嫁女吃粽子，节后再送回。在四川长寿，要迎新女婿过端阳节。在安徽和县，新出嫁的女儿在初夏时节要回娘家住一段时间，叫作"住夏"，端午节转回夫家时，母家要包粽子装满箱笼，让女儿转送给亲戚邻里。

丰富多彩的习俗活动，反映了端午节在人们生活中的重要程度。

健康信仰的力量

端午节，从一个避瘟驱邪、养生健体的特殊日子，一步步演变为兼具缅怀屈原、爱国孝亲的节日

在古代，人们称五月为"恶月""毒月""凶月"，五月五日被称为"恶月恶日"。端午节时处仲夏之月，人们的生存环境相对恶劣。首先，气温迅速升高，雨水大量增加，南北方均进入酷暑季节；其次，蚊蝇肆虐，各种毒虫活动频繁，瘟疫极易流行；再次，这时候农事繁忙，劳动强度大，影响了休息。所有这些都严重威胁了人们的身心健康，也激发了人们的"卫生"意识。因此，无论是节日饮食，还是节日服饰，抑或其他节俗活动，都包含着强烈的避害全生、益寿延年的人生诉求。比如，将扇子称为"辟瘟扇"，认为紫艾可以"禳灾"，长丝可以"增寿""续命"。不仅如此，端午节的一些节物和习俗活动还总是能够起到避害全生、益寿延年的实际作用。这是因为端午节使用的不少节物本身就具有药用保健价值。比如菖蒲，"味辛，温，无毒"，可以"开心，补五脏，通九窍，明耳目。久服轻身不忘，延年益心智"；菖蒲酒，能够"治三十六病，一十二痹，通血脉，治骨痿，久服耳目聪明"，具有保健养生的实际作用。在流传广泛的《白蛇传》传说中，白娘子也是在端午节喝了雄黄酒才现出原形的。

竞渡活动也在一定程度上具有养生作用。对于参加竞渡的比赛者而言，他们为了取得胜利，会提前进行训练，必然起着强健身体的作用。对于观众而言，他们可以在竞渡现场大声喊叫，是对心中郁结之气的释放和疏散，同样有益于身心健康。

另外一些节物，虽然可能并不具有实际的避害养生功效，但早已在人们的观念中成为驱邪养生的吉祥物，比如桃木印、五色丝等。无论悬挂还是佩饰，都具有避害全生、益寿延年的象征意义。

"忠"与"孝"是中国传统伦理道德中具有特殊地位的两个范畴，端午节的节俗活动具有鲜明的崇尚忠孝的文化内涵。对忠（忠于国家）的崇尚，集中体现在对屈原这个人物的深沉悼念。在人们的心目中，屈原是一个名副其实的忠臣，纪念屈原，是对屈原所代表的忠臣人格的推崇，是对以屈原为代表的一代又一代"中国人的脊梁"的感佩。对孝的崇尚，反映在以枭羹作为节令食品方面。至迟在汉代，枭就被认为长大后会吃掉自己的母亲，由此获得了不孝鸟的恶名，《说文解字》说："枭，不孝鸟也。"对于这种不孝鸟，汉初已有磔之并作羹汤的做法，朝廷中还用以赏赐百官。在唐代，枭仍然被视为"恶鸟"，而宫廷中也继续着五月五日以枭羹赐百官的传统做法。对不孝鸟以磔杀并吃掉的方式处理，表明了对不孝行为的痛恨。而纪念孝女曹娥，则从正面对孝进行了褒扬。

"楚人悲屈原，千载意未歇。精魂飘何处，父老空哽咽。至今沧江上，投饭救饥渴。遗风成竞渡，哀叫楚山裂。"端午节，从一个避瘟驱邪、养生健体的特殊日子，一步步演变为兼具缅怀屈原、爱国孝亲的节日，其中的文化逻辑自然值得我们探讨，而反映出来的千千万万人民大众的心理诉求，更值得我们深思。

（原载《经济日报》2016 年 6 月 9 日第 4 版）

端午感念家国情

> 楚人悲屈原，千载意未歇。
> 精魂飘何处，父老空哽咽。
> 至今沧江上，投饭救饥渴。
> 遗风成竞渡，哀叫楚山裂。
> ……

北宋嘉祐四年（1059年），少年得志的苏东坡途经忠州，看到有一座屈原塔，惊讶之余，写下了这首五言古诗。诗中，真实展现了当地民众龙舟竞渡、投饭于江祭奠屈原的动人情景和发自内心的对屈原热爱、追怀之情，赞美了屈原追求理想、不与世俗同流合污、壮烈殉国的高尚情操。当时令苏东坡惊异也让我们至今感动的是，在远离屈原家乡之地，距屈原投江千年之后，人们竟然在这个看似与屈原无关的地方，建造了一座屈原塔；竞渡、投饭，在有的地方，已变成端午节的娱乐活动，而在这里，仍然是庄严的祭祀，悲痛的缅怀，父老的哽咽和哭喊，真实地表达了人们对一代忠臣的思念和浓烈的家国情怀。

家国情怀是中华民族固有的爱国观念，是中华文化的重要组成部分，天下太平时期，它激励人们"富贵不能淫，贫贱不能移，威武不能屈"；国家危难时期，又鼓舞着无数的华夏儿女保家卫国、慷慨赴义。从不怕杀头、秉笔直书的齐太史，留节不辱、誓死不降的苏武，中流击楫、誓复中原的东晋名将祖逖，到张巡、岳飞、文天祥……无不体现了强烈的家国情怀和爱国意识。正是他们的勇于担当，我们的民族才生生不息。

端午原是个避瘟驱邪的节日，端午的习俗是古代人们针对五月恶劣的生存条件与阴阳变化进行应对和调和的结果，但节日是不断发生变化的，人们更愿意将历史名人与节日起源相联系，这不仅可以表达对历史名人的美好情感，也使节日本身变得更加有意味。自然，我国地域辽阔，任何民间传说要走向全国都要具备两个条件：符合广大民众的心理诉求，获得官方的认可。端午节祭屈原也不例外。

屈原生活在战国后期的楚国，从小就受到良好的教育，博闻强识，志向远大。由于才华出众，屈原得到楚怀王的信任，任左徒，兼管内政外交。屈原任职期间，对内推动变法改革，举贤任能；对外力主联齐抗秦，使楚国政治一新，展现了杰出的政治才能。由于改革触犯了旧贵族的利益，屈原受到奸臣的嫉恨。楚王听信谗言，先是把屈原降职为三闾大夫，后又流放到外地。但屈原人在江湖，心在朝廷，依然忧国忧民。"长太息以掩涕兮，哀民生之多艰""路漫漫其修远兮，吾将上下而求索"，屈原为民生的艰难而痛哭流泪，为祖国的未来而忧心如焚，希望楚王能幡然悔悟，奋发图强。可现实一次次让他失望。他明知忠贞耿直会招来嫉恨，但依然不改初心；他可以到别国寻求出路，但对祖国痴心不改，不肯离开祖国半步。屈原的高尚情操与对祖国的忠诚，可以与日月争辉。楚顷襄王二十一年（前278年），秦军攻破楚国都城，楚王被迫逃难。看到楚国从一个强国落到几乎要亡国的地步，祖国风雨飘摇自己又无能为力，屈原万念俱灰，遂于楚都被秦军攻占那一年的五月初五，自投汨罗江，壮烈殉国。

自先秦时代起，我们的民族就有浓厚的家国意识。家是国的一部分，国是家的扩大化，有国才有家，为国尽忠就是为家尽孝，忠君爱国成为人们的普遍道德要求。屈原有强烈的家国情怀，最后又以身殉国，满足了广大民众对忠臣的期待，符合民众的心理诉求。

到了唐代，"端午为屈原"开始成为官方的共识。唐高宗龙朔元年（661年）的某一天，已过而立之年的唐高宗李治很认真地询问大臣一个问题："五月五日，元为何事？"即人们为什么要过端午节？大臣许敬宗回答：战国时期，楚国大夫屈原忠心为国，却被奸臣诬陷，壮志难酬，看到楚国即将灭亡，悲愤之下，于五月五日投汨罗江而死，楚国百姓为了纪念他，每到这天，便用竹筒贮米，投水祭之。这一问一答表明，尽管当时还有其他传说的存在，尽管唐代以后许多地方还在生成新的传说，但屈原传说乃是最正宗的关于五月五日起源的解释，它也在各种文献中得到了更多的书写和表述。

在民间传说中，端午节除缅怀屈原外，还有伍子胥、介子推等。为什么他们没有进入主流话语体系呢？

伍子胥本是楚国人，逃难到吴国，帮助吴王阖闾富国强兵，使吴国成为春秋时期的霸主。后来由于多次劝谏吴王夫差，被奸臣陷害，惨遭赐死并沉尸水底。伍子胥是吴王阖闾父子的忠臣，但他忠于吴国却背叛了自己的祖国——楚国，尽管其中有复杂的原因；他为了自己的家仇不惜引外兵攻破楚都，掘楚王墓并鞭尸三百，使生灵涂炭、故国蒙羞。伍子胥的"忠"，自然不是人们应该效仿的。

介子推曾经跟随晋国公子重耳，就是后来的晋文公逃难，19年不离不弃，在没有食物的时候割大腿上的肉供重耳充饥。重耳回国即位后，大封功臣，偏偏忘了介子推。后来晋文公想起介子推，立即派人寻找。介子推不愿回朝为官，背着母亲到绵山上隐居起来。重耳找不到介子推，就火焚绵山，企图逼他出来。没想到介子推竟被烧死在山上。晋文公十分悔恨，便下令这天老百姓不许生火。从此以后，人们便在头一天包好粽子，蒸熟，留待第二天吃。这就是端午节吃粽子的来历。由于介子推缺乏忠臣的典型性，加上传说清明节乃为介子推所设，一个人不能同时占有两个节日，端午节为纪念介子推的传说就难以传承开来。

千百年来，端午祭屈原已成为大多数普通民众共同的价值判断和心理诉求。在千千万万老百姓的心目中，屈原传说已经深入人心，端午节就是为这样的忠臣所设，正所谓："节分端午自谁言？万古传闻为屈原。"

在民众的心目中，端午节最有影响的民俗活动龙舟竞渡和吃粽子都与屈原有关。龙舟竞渡，又叫划龙舟、扒龙船、抢江。竞渡时，各船有十余人分两排而坐，各执短桨。船上另有几人，摇旗呐喊，击鼓敲锣，以助声威。传说屈原投江后，当地百姓纷纷驾舟前往营救，那龙舟竞渡的场景，就是人们急于营救屈原的情景再现。

端午节的节令食品，粽子是最主要的。俗语有云"端阳弗吃粽，死后没人送"。粽子多由粽叶或竹筒包裹糯米蒸制而成，用五色丝线捆扎。据说屈原投江后，人们没有找到他的尸体，又怕尸体被鱼虾吃掉，便向汨罗江里投放大米，为了让大米沉到江底，就用粽叶包好，用绳子扎上。这就是端午节包粽子的来历。

今天我们仍然需要纪念屈原，因为家国情怀和爱国主义依然是我们这个时代的主旋律。纪念屈原，既是对屈原所代表的忠臣人格的推崇，更是对以屈原为代表的一代又一代"中国人的脊梁"的感念。

（原载《经济日报》2017年5月28日第6版）

从现实到浪漫

——文化选择下的牛郎织女传说

"年年七月七,牛郎会织女。"又是一年七夕节,到了民间传说中牛郎会织女的日子。牛郎织女传说作为中国四大民间传说之一,自先秦到今天已经流传了 2000 多年,牛郎织女凄美动人的故事催生了数不胜数的优秀文学作品,促成了盛行于各地民间的"七夕""乞巧"等重要习俗。

梳理一下牛女传说的来龙去脉,可以看出,现在流行的牛女故事,是 2000 年文化选择的结果。以汉民族为主体的中华民族在骨子里爱好和平、宽厚待人、同情弱者、反抗强暴、追求真善美、向往自由平等,这不能不表现在对历史事件、历史人物的评判和对文学作品的创造、改编上,作为口口相传的民间文学故事的牛女传说向男女追求自由幸福、反抗家长专制、唯善唯美的情节上发展,自在情理之中。

一、从星宿到情侣

牛郎和织女原是银河系的两颗星宿,天文学上牛郎星叫河鼓二,织女星则被称为织女一。牛郎星在银河东南边,织女星在银河西北边,两颗星相距 16.4 光年。把两颗星宿编排成一对有情人,是我国古代人民的杰作。《诗经·小雅·大东》云:"维天有汉,监亦有光。跂彼织女,终日七襄。虽则七襄,不成报章。睆彼牵牛,不以服箱。……"开始把天上的织女星想象为一个织布的织女,把牵牛星想象为一个挽牛的牵牛郎。此时,织女、牵牛还是天汉二星,"七襄""服箱"亦仅为比喻,但人物形象已隐现其中。到了战国后期,人们开始把牵牛和织女说成一对有情人,而其爱情最终成为悲剧。

1975 年 12 月，在湖北云梦睡虎地出土的秦简《日书》记载："丁丑·己酉取妻，不吉。戊申·己酉，牵牛以取织女，不果，三弃。"（甲种一五五正）"戊申·己酉，牵牛以取织女而不果，不出三岁，弃若亡。"（甲种三背）意思是，在牵牛娶织女之日是不宜婚娶的，否则会遭遗弃或离异。也就是说，到了战国后期（最迟秦朝初年），天上的两个星宿牵牛和织女已经被人们演绎成一段爱情悲剧故事了。这在一个生机勃发、富于幻想的时代，再自然不过了。

西汉时期，戴德的《夏小正》有"是月织女东向"，《史记·天官书》有"织女，天女孙也"，《淮南子》有"七月七日夜，乌鹊填成桥而渡织女"。这些只言片语，为牛女传说的进一步丰富集聚着素材。到了东汉时期，《古诗十九首·迢迢牵牛星》里出现了银河相隔、"盈盈一水间，脉脉不得语"的情节："迢迢牵牛星，皎皎河汉女。纤纤擢素手，札札弄机杼。终日不成章，泣涕零如雨。河汉清且浅，相去复几许？盈盈一水间，脉脉不得语。"在东汉末年泰山太守应劭的《风俗通》里，则出现了鹊鸟架桥让织女渡河的故事："织女七夕当渡河，使鹊为桥，相传七日鹊首皆髡，因为梁以渡织女故也。"

至南朝刘宋《齐谐记》："天河之东，有织女，天帝之孙也，勤习女工，容貌不暇整理。帝怜其独处，许嫁河西牵牛郎。嫁后竟废女工。帝怒，令归河东，惟七夕一会。"牛女传说已有了完整的情节。牛郎、织女还都是天人，天帝的行为也不是很可恶，织女受到惩罚的原因是"废女工"，即放弃了自己的工作职责。南朝萧梁时期的宗懔在其所著《荆楚岁时记》中则说："牵牛娶织女，借天帝二万钱下礼，久不还，被驱在营室中。"牛女分离的原因，在"嫁后废织"之外，又多了一条"借钱不还"（也许牛郎无钱还债）。借钱不还，神性的牛郎在向人性的牛郎过渡。这是人按照自己的生活方式去设想神的生活的一个典型案例。

唐代以后，牛郎逐渐变成了一个凡人。随着人们价值观念的变化，社会上出现了爱情至上、婚姻自主的时代潮流，所谓"但得一个并头莲，煞强如状元及第"，使牛女传说的情节更加丰富。为了增加故事性，牛郎有了哥嫂，哥嫂虐待牛郎并强迫牛郎分家另过，再后来又有了划银河的恶人王母娘娘。总之，作为口口相传的民间文学故事，牛女神话一步步向男女追求自由幸福、反抗家长专制、冲突更尖锐、对比更鲜明、故事性更强上发展。

二、从无奈到恩爱

20世纪80年代，中国民间文艺家协会组织全国的民间文艺工作者对我国各民族、各地区的口头文学进行了拉网式的普查，获得了巨量的第一手口头文学资料。陈泳超先生据此主编的《中国牛郎织女传说·民间文学卷》收录涉及牛郎织女的传说故事142篇。由于口头文学是在乡村民间流传的，在传统的坚守上民间比官方更持久、更有耐力，也就最有代表性，我们选择其中牛郎织女故事比较完整的80多篇进行分析。

这80多篇传说，基本上都包含牛郎、织女、结婚、分离、王母娘娘（或天帝）、银河及相会等要素。牛郎织女之所以分离，既有王母娘娘不近人情、棒打鸳鸯的故事，也有织女厌倦牛郎、逃回天宫的事例，更有牛郎织女婚后荒废耕织引得天帝（或王母娘娘）发怒的"异文"。在这些传说中，织女的形象决定着情节的发展和主题的展现。第一种，织女对牛郎无爱情可言，她和牛郎结婚生子是迫于无奈——仙衣被藏，一旦得到自己的衣服，就立即逃走，计18篇。这些故事北到黑龙江，西到新疆，南到贵州，可以说遍布大半个中国。结合牛女成婚是由神牛主媒分析，这一类型的故事应是牛女传说的较早状态。第二种，织女与牛郎婚后不再从事耕织被天帝（或者玉皇大帝、天河老人、王母娘娘）强行拆散，计12篇。主要流传于南方如浙江、广东、广西、台湾等地。织女婚后卿卿我我，荒废女红，说明她对牛郎还是有爱的。这种类型的传说南朝时期就已出现，到20世纪初期的广东海丰民间还在流传着。生于1903年的钟敬文先生，幼年时期听其母亲讲的牛女故事情节是：牛郎和织女，他们是天上一对又美丽又乖巧的少年人儿。当他们没有结婚之前，两人一样地十分勤勉地做着自己的工作——牛郎牧牛，织女织布。天帝看他们活得这么可爱，所以恩赐他们结成夫妇。哪知缔婚之后，俩人只管深深地爱恋着，再不把各人自己的职务放在心中——牧牛、织布的事，都抛荒了。这种情形，后来给天帝知道了，他心里很是愤怒，即刻下了一道圣旨……（静闻：《陆安传说·牛郎和织女》，《北京大学研究所国学门周刊》1925年第10期）与南朝刘宋《齐谐记》的记载大体相似。第三种，织女忠于爱情，看重家庭，被王母娘娘或玉帝派天兵天将捉回，被迫与牛郎分离，计52篇。这是后世牛女传说的主流。它歌颂了织女的勤劳智慧、忠贞不贰和对美好爱情的追求，表现了浪漫主义的精神。

三、从现实到浪漫

在牛郎织女传说里，多数都有划银河（或天河）的情节。织女划银河阻挡牛郎追赶的传说12篇；王母娘娘划银河的传说45篇，绝大多数是滥施淫威，惩罚牛郎织女，但也有例外——有1篇（流传于河北束鹿即今辛集市一带）是因为牛郎织女天天吵架，甚至诉诸家庭暴力，惹得王母娘娘心烦；2篇（流传于山东潍坊和新疆哈密地区）是因为织女从牛郎身边逃走，牛郎追赶，王母娘娘救女心切，划下银河。

每年七月七日牛郎织女相会时，他们都做些什么呢？多数传说里都说两人相诉离别之苦、思念之痛，泪落如雨，富有浪漫主义色彩。正如民间歌谣里唱的那样："织女牛郎天河隔，七月七日到一堆，说不完的知心话，擦不净的眼泪水。"可在有些地方的传说里，织女忙于尽家庭主妇的责任。在内蒙古乌拉特前旗、浙江定海、福建泉州漳州一带，织女回到家里后，马上为牛郎洗衣裳、洗碗筷。牛郎与织女分离后，每天把用过的碗筷聚在一起，织女为牛郎洗了一夜的碗，洗一只碗流一滴泪，就这样，织女忙忙碌碌地过了一夜，第二天一早，又离别了，反映了男权社会男人不做家务的现实。在河北蔚县、黑龙江加格达奇等地，民间传说：织女被王母娘娘带回天上后，被罚一年到头干活，累得腰酸腿软，七月七日和牛郎相会时，还忙着缝补衣服，给孩子纳鞋底等，"说着话剥着麻，头顶筐箩晒芝麻；做花衣纳鞋底，又怕孩子受了苦"。突出了织女勤劳、善良的贤妻良母形象，完全是现实中劳动妇女生活的写照。

从古至今，在绝大多数牛女传说中，织女都是一个心灵手巧、勤劳贤惠的妇女形象，这就可以说明为什么牛女传说促成了盛行于各地民间的"七夕""乞巧"等重要习俗了。织女的婚姻，受到牛郎和王母娘娘的双重挤压，这在专制时代，在男权社会里，是织女不得不面临的问题，但她凭自己的勇敢、勤劳，硬是争取到了一部分自由。从这方面来说，牛女传说有宣扬男女爱情的一面，最主要的还是让我们看到了广大人民追求幸福婚姻、美满家庭和反抗强权的良苦用心。

众所周知，20世纪60年代以来，随着黄梅戏电影《牛郎织女》的问世和广泛流传，牛女传说成为一部爱的赞歌，被视为纯爱情故事，七夕也从乞巧节蜕变为东方情人节，恰恰就是这个时代的文化选择。

（原载《光明日报》2014年8月2日第9版）

七夕节，为什么还要乞巧？

年年有个七月七，
天上牛郎会织女。
牛郎哥，织女嫂，
夫妻双方来送巧。

这是流传在河南商丘、南阳等地的一首民间歌谣。从这首歌谣里，我们可以解读出以下信息：1.七月初七，是牛郎织女一年一度相会的日子。"金风玉露一相逢，便胜却人间无数！"一对久别的情侣在金风玉露之夜相会了，美好的一刻，胜过人间千遍万遍的相会。自然，这是一个浪漫的节日。2.牛郎织女都是天上的神仙，每年七月初七会降临人间送巧，这是女孩子的节日，是乞巧节。

近年来，由于个别学者的阐释和媒体的推动，七夕节越来越成为人们心目中的情人节，乞巧的成分日渐淡薄。其实，七夕节本是乞巧节。

一、七夕本乞巧

七夕节，俗称"巧日""巧节"，又称"乞巧节""双七节""七月七"。由于它与女孩子关系最为密切，也称"女儿节""少女节"，或"女节"。

关于七夕节的起源，明朝人罗颀曾说"楚怀王初置七夕"，即七夕节是战国后期的楚怀王设置的，但没有旁证。古代文献中最早关于乞巧的记载是东晋葛洪的《西京杂记》："汉彩女常以七月七日穿七孔针于开襟楼，俱以习之。"是说西汉时期，在七月初七这一天，宫女手执五色丝线和连续排列的七孔针趁月光穿针引线（将线快速穿过者称为"得巧"），人们纷纷仿效。东汉崔寔的《四民月令》（成书于166年）记载了七月初七人们晒经书和衣裳的习俗。由此可见，七夕节作为节日大约形成于东汉时期是没有问题的。

乞巧是七夕节最重要的习俗活动。有穿针乞巧、观影乞巧、蜘蛛乞巧、通过祭拜织女乞巧等，不一而足。

1. 穿针乞巧。即穿针引线，谁穿得又准又快就为"得巧"，实为比巧。为了增加难度，有对月穿针、暗处穿针、背手穿针等。穿针所用线，一般是五色缕，也称"五彩线"，即用五种颜色的丝线合成一根线；所穿的针，一般是七根，俗称"七孔针"。

2. 观影乞巧。即将一些东西如针、巧芽、草等放入水中，观察其所呈现的物影来乞巧。

3. 蜘蛛乞巧。晚上把捉的蜘蛛放在小盒中，到天明后打开，以蛛网的疏密判断是否"得巧"，密者巧多，稀者巧少。这种乞巧法深得唐明皇和杨贵妃的喜爱。

4. 通过祭拜织女或"巧娘娘"乞巧。各地祭拜方式不尽相同，或望星而拜，或拜画像，或拜偶像。祭拜织女的供品花样繁多，有瓜果、鲜花、针线活、面供、巧针、化妆品、梳子，还有酒、茶和各种点心等。

乞巧的仪式和日期各地多有不同。在甘肃省西和县，乞巧节是女孩子最隆重的节日，要过七天八夜。从农历六月三十晚上开始，一直过到七月初七，有一套完整的活动程序：确定乞巧头，选择坐巧点，攒钱，排练演唱乞巧歌，生乞巧菜芽和染指甲，准备乞巧服装，找巧和剪巧，接巧，开光，献饭，祭巧，参神，唱巧，拜巧，取水（迎水），转饭，照花瓣，送巧等，内容丰富多彩。在山西长治，未出嫁的姑娘从七月初一开始，就将七仙女的画像挂起来，设置香案，摆上供品，进行祈祷，每日三上香，一直到初七。

二、七夕节的时代变迁

七夕节起于乞巧，应该是没有问题的，那么，它是从什么时候开始变成情人节的呢？据《西京杂记》记载，汉高祖刘邦的戚夫人"七月七日临百子池，作于阗乐。乐毕，以五色缕相羁，谓为'相连爱'"，祝愿夫妻长相厮守、白头偕老。已经有了"情"的成分。随着牛郎织女故事的掺入，七夕节便一步步变成了情人节。

牛郎和织女原是银河系的两颗星宿，相距16.4光年（1光年约等于10万亿公里）。把两颗星宿编排成一对有情人，是我国古代人民的杰作。《诗经》开始把天上的织女星想象为一个织布的织女，把牵牛星想象为一个挽牛的牵牛郎。战国后期至迟秦朝初年，牵牛和织女已经被人们演绎成一段爱情悲剧故事。西汉时期，戴德的《夏小正》有"是月织女东向"，《史记·天官书》有"织女，天女孙也"，《淮南子》有"七月七日夜，乌鹊填成桥而渡织女"。虽是只言片语，但已经为牛女传说的进一步丰富集聚了素材。到了东汉时期，《古诗十九首·迢迢牵牛星》里出现了银河相隔、"盈盈一水间，脉脉不得语"的浪漫情节。东汉末年泰山太守应劭的《风俗通》里，则出现了鹊鸟架桥让织女渡河的故事："织女七夕当渡河，使鹊为桥，相传七日鹊首皆髡，因为梁以渡织女故也。"牛郎织女故事一步步丰富完善，掺入七夕节已是水到渠成。

到了西晋，终于出现了七夕与牛郎织女的"鹊桥会"。周处的《风土记》将七月七日称为"良日"，说民间非常看重这一天，"七夕，施几筵，设酒果，祀织女、牵牛二星，祈富寿及子"，表明晋代的七夕节已有祭拜双星、乞富、乞寿、乞子等节日活动。《荆楚岁时记》则记载："七月七日，为牵牛织女聚会之夜。是夕，人家妇女结彩缕，穿七孔针，或以金、银、石为针，陈几筵、酒、脯、瓜果、菜于庭中以乞巧。"天上牛女喜相会、地下妇女忙乞巧，从此成为乞巧节的主题。"七夕今宵看碧霄，牵牛织女渡河桥。家家乞巧望秋月，穿尽红丝几万条。""长安城中月如练，家家此夜持针线。仙裙玉佩空自知，天上人间不相见。"流传至今的有关七夕节的诗词、歌谣，佐证了七夕节的变迁。

随着商品经济的发展，乞巧这一古老的民俗节庆活动到清朝中期，已有衰微之势，到民国年间，更是全面衰落。"七日，旧俗妇女陈瓜果乞巧，今无。""七夕不重，绅士家间设香案、瓜果庆双星，穿针乞巧鲜有知者。""七日，旧传是夕妇女陈果瓜于庭乞巧，然今已成往迹，无复有佞织女者矣。"地方志中，这样的记载比比皆是。

而在多数地方，七夕节有许多娱乐活动，都与牛郎织女的传说故事有关。民间传说，七月七日晚上牛郎和织女要在鹊桥相会，夜深人静的时候，儿童在葡萄架、葫芦架或豆棚下，能够听到他们的说话声或哭声。有的地方，七夕当晚，老人要给孩子讲牛郎织女的故事，剧团要唱《天河配》《鹊桥会》及昆曲《长生殿》等。近年来，七夕节在媒体的宣传下，甚至没有了乞巧的内容，成了少男少女的情人节、爱情节。各地举办的七夕节活动，大多以歌颂爱情、引导婚恋为主题，以至于很多年轻人已不知道乞巧为何物。

三、还要乞巧！

也许有人说，乞巧是农耕时代的产物，现在的妇女已经没有那么多的家务要做，既不需要缝缝补补，也可以不去做饭洗衣，何必要乞巧呢？其实，和睦的家庭既要相亲相爱，也要共建共享，合理分工是必须的。再说，乞巧节不仅是乞巧，还有乞智、乞美、乞福，是一个完整的节日活动。正像《乞巧歌》所唱的："我请巧姐吃桃子，巧姐教我缝袍子。我请巧姐吃李子，巧姐教我学纺织。我请巧姐吃甜瓜，巧姐教我学绣花。""我把巧娘娘坐桌上，巧娘娘给我教文章。我把巧娘娘坐桌前，巧娘娘给我教茶饭。"……

对不少地方的七夕节活动考察后，我们认为，即使在21世纪的今天，七夕节也不应该仅仅是爱情节、情人节，还应该是乞巧节。七夕还要乞巧！

其一，爱情是浪漫的，婚姻是现实的，女性如果在经济上不能自立，没有一技之长，在家庭生活中就很难自立。这是几千年的人类社会所反复证明的。因此，乞巧、乞智、乞美、乞福是女性永恒的主题。在这方面，民间文学作品有更为清醒的认知。即便是牛女故事，在作家文学里，它是纯洁爱情的典范，在民间文学里，则是柴米油盐，可以说是民间生活的写照。辽宁开原、河北正定的民间歌谣里都有牛郎织女不和，打得天昏地暗，王母娘娘只好划银河把二人分开的内容。在有些地方的民间传说里，七夕牛女相会后，织女就忙于尽家庭主妇的责任。在内蒙古乌拉特前旗、浙江定海、福建泉州漳州一带的民间传说里，织女回家后，马上为牛郎洗衣裳、洗碗筷。牛郎吃饭后从不洗碗筷，每天把用过的碗筷聚在一起，等七夕节织女回家后洗。织女为牛郎洗了一夜的碗，洗一只碗流一滴泪，就这样忙忙碌碌地过了一夜，第二天一早，又离别了，反映了男人不做家务、女人没有地位的社会现实。

其二，对女孩子来说，通过参加乞巧节，可以从小培养女红技能，培养家务技能，培养艺术才能，培养传统美德，接受孝顺、勤快、自立、自强熏陶。一旦掌握了纺织、刺绣、剪纸、写字画画、编织等适合女性从事的技艺，她们可以终身受益。而烧茶做饭、缝缝补补是居家过日子的必备技艺，姑娘茶饭做得好会备受父母亲邻的夸赞，也有利于将来组建一个幸福的家庭。乞巧活动上的歌舞表演和比赛，使女孩子从小能歌善舞，对培养她们的艺术潜质和自信大有裨益。

其三，参加乞巧节活动，女孩子可以盛装集体出行，广交女伴，可以集体夜不归宿，可以唱歌、跳舞、制作美味食物和手工艺品，交流经验和技艺，展现才华，使青春期压抑的情感得以释放，有利于身心健康。

（原载《人民政协报》2017年8月28日第9版）

月到中秋话嫦娥

"海上生明月,天涯共此时。"每当月明星稀、阖家团圆的中秋之夜,人们仰望天上的一轮明月,便不由得想起美丽的月宫、勤劳的玉兔、寂寞的嫦娥仙子……

嫦娥在人间的时候,是射掉九个太阳的神射手后羿的妻子。那还是尧帝时期,后羿到山中狩猎,看到一只天狼正龇牙咧嘴向一位美丽的女子扑过去,后羿张弓搭箭,一箭射死天狼。被救的美丽女子就是嫦娥。嫦娥与后羿一见钟情,两个人便以月桂树为媒,结为夫妻。

不知什么时候,天上出现了十个太阳,把大地都快烤焦了,森林燃起了熊熊大火。后羿决心为民除害,他爬过了九十九座高山,蹚过了九十九条大河,穿过了九十九个峡谷,终于来到了太阳栖息的地方——东海。后羿拉开万斤弓弩,搭上千斤利箭,一口气射掉了九个太阳,只留下扶桑树梢上的那个最小的太阳。从此,人们又过上了幸福的生活。

有一次,后羿到昆仑山访友,偶遇从这里经过的王母娘娘。王母娘娘很欣赏后羿,赐给后羿一包不死药。后羿舍不得撇下嫦娥,回来后就把不死药交给嫦娥收藏。

不承想,后羿的徒弟逢蒙起了坏心,他趁后羿出外打猎的机会,闯入内室,威逼嫦娥交出不死药。嫦娥怎肯辜负后羿的托付,更不肯把不死药交到小人手里,情急之下,她把不死药一口吞下,即刻身子变得无比轻盈,向天上飞去。嫦娥牵挂后羿,便飞落到离人间最近的月亮上成了仙。

据说,我们现在吃的月饼,最初是嫦娥用面粉团团做成的圆饼,后来人们思念嫦娥,往圆饼里面包进各种馅料,成了今天的月饼,而人们为嫦娥祈福的日子,则发展成了今天的中秋节。

当然,这只是有关嫦娥奔月的众多神话的一种。在这个神话故事里,嫦娥美丽、善良，对后羿忠贞不贰，后羿对嫦娥也是恩爱有加，嫦娥吃不死药实属无奈。这类神话可称为"被逼无奈版"。

围绕嫦娥奔月，民间还有许多种神话类型，主要有以下版本。

拯救百姓版。嫦娥的丈夫羿是国王，是个暴君，对老百姓非常残酷，从不顾老百姓的死活。嫦娥看到老百姓受苦，心里很难过。羿想永远统治天下，到处求长生不老药。他听说西天王母娘娘那里有仙丹，吃了可以长生不老，就去求了两粒。羿叫嫦娥收管好，准备到晚上吃。嫦娥想，丈夫吃了仙丹，长生不老，老百姓就更熬不出头来，就更苦了，可自己也想不出个好法子。这时就听几个彩女在窗外喊："嫦娥，你把仙丹吃了，你丈夫就不能长生不老了，你也甭在地上过了，咱一块上广寒宫吧。"嫦娥一听，对！我吃了仙丹，丈夫不能长寿，老百姓就不会永远受苦了。她把仙丹吞到肚里，只觉得身子轻飘飘地，就和几个彩女一起升上月亮里去了。

后羿负心版。后羿成为射日英雄后，河伯的老婆逢梦看着后羿和嫦娥恩恩爱爱，很是嫉妒，便挑拨离间，对后羿说，别看嫦娥这么漂亮，其实是蛤蟆精变的，后羿便疏远了嫦娥并和逢梦亲热起来。为了永享艳福，后羿就去向西皇母娘娘讨长生不老药。西皇母娘娘不知羿已抛弃了嫦娥，就给了他两包，要他到八月十五与嫦娥各吃一包，还吩咐他这药只能交给嫦娥保管才能有效果。羿怕药不灵，只好把药交给嫦娥。到了八月十五，逢梦急着要吃仙药，催羿去拿。这时嫦娥已晓得羿已变心，便在羿到来之前，将两包药都吃了，飞到了月宫。

独吞仙药版。羿是一个有道的明君，因为他非常爱护老百姓，很受百姓的爱戴。人们经常烧香磕头求上天保佑羿长生不老，永坐天下，老百姓也好永享太平。在老百姓的祷告下，西天王母娘娘动了心。在一次梦中，王母娘娘赐给了羿两颗长生不老丹，并说："一颗是给羿吃的，一颗是给嫦娥吃的。"羿的媳妇叫嫦娥，长得相当漂亮，可就是生性嫉妒，唯恐别人比她强。羿在梦中接过了西天王母娘娘给他的两颗仙丹，随手就交给了嫦娥。谁知羿一离开，嫦娥恐怕羿再许给了别人，就把两颗仙丹都吃到肚里去了。因为嫦娥平时比较喜欢小兔，吃药的时候怀里还抱着个小兔，吃了仙丹以后，身体发轻，飘飘悠悠地离开了皇宫，飞向了月宫，从此过着凄凉清冷的月宫生活。

这些神话，都体现着一个主旨：好人得好报。在求真的同时，更追求善和美，给人以美好，给人以希望。后羿有道，老百姓就希望他长生不老；后羿残暴，人们就不希望他长寿；嫦娥善良，就飞入月宫成仙；嫦娥嫉妒，独吞仙药，到月宫后就过着凄凉寂寞的生活。

有意思的是，嫦娥奔月的故事除了在民间大量流传外，在我国商代典籍里就已出现。商代的巫卜书籍《归藏》中写道："昔者恒我窃毋死之药于西王母，服之以月。"恒我即姮娥，由于西汉文帝名叫刘恒，为了避讳，汉代以后才把姮娥改为嫦娥，就像恒山改为常山，恒山郡改为常山郡一样。西汉初期的《淮南子》还使用了嫦娥奔月的故事作为典故："羿请不死之药于西王母，姮娥窃以奔月，怅然有丧，无以续之。"到了东汉，高诱为《淮南子》作的注解中有了新的内容："姮娥，羿妻也。羿请不死之药于西王母，未及服之，姮娥盗食之，得仙奔入月中，为月精也。"其一，嫦娥是后羿的妻子；其二，嫦娥奔月后成了月精，即神仙。而据唐代《初学记》引用古本的《淮南子》，则是："羿请不死之药于西王母，羿妻姮娥窃之奔月，托身于月，是为蟾蜍，而为月精。"就是说，我们看到的月亮中的那只蟾蜍是嫦娥变的。

作为口头文学的一种，神话是以神灵为主题的上古故事，是在生产力发展条件十分低下时人们对自然现象、社会生活的"神圣的叙事性解释"。日月是人类朝夕相见的两大天体，围绕日月产生一系列神话自在情理之中。尤其是月亮，在漆黑的晚上，给人间洒下一地清辉，更容易让人们产生丰富的想象，嫦娥、玉兔、桂树……带给人们无尽的美的享受。

21世纪的今天，科技高度发达，生活在钢筋水泥丛中的城市孩子在享受充分的物质生活的同时，也渐渐失去了听神话的环境和接受神话的心态。他们从小就被灌输了各种各样的"科学"知识：月亮不过是地球的一颗卫星，无声无息、寂寞荒凉，上面没有空气、没有水，美丽的月宫、勤劳的玉兔、寂寞的嫦娥仙子都是不存在的……至于神话中蕴含的社会学价值，没有人去理会。当神话成为荒谬、迷信、落后的代名词，各种做人的道理和必备的价值观念只靠枯燥的说教时，现在的孩子比过去更幸福了吗？

愿美丽的嫦娥仙子伴我们度过每一个明亮的月夜。

(原载《经济日报》2015年9月27日第8版)

情到深时是团圆

"露从今夜白,月是故乡明。"农历八月十五,三秋恰半,我国传统佳节——中秋节到了。中秋节,又称月夕、秋节、仲秋节、八月节、八月会、追月节、玩月节、拜月节、女儿节或团圆节,是中华儿女普天同庆、希冀家家团圆的日子。

早在周代,周天子就有秋分晚上祭月的传统。延及民间,形成祭月、赏月之习俗。作为一个民间节日,中秋节至迟在唐代中期就已经出现了。当时,中秋节所在的八月十五已有众人参与的约定俗成的玩月即赏月活动了。据统计,《全唐诗》咏八月十五中秋的诗有111首,出自65个诗人之手。

唐代流传不少有关中秋的传说故事,且多与唐玄宗有关。最为奇特的一个故事是,唐玄宗开元年间,中秋之夜,玄宗在宫中赏月。道士罗公远说:"陛下想到月中看看吗?"便取来自己的拄杖抛向空中,化为大桥,其色如银,请玄宗同登。走了数十里,精光夺目,寒色侵人,眼前出现一个大城阙。罗公远说:"这就是月宫。"玄宗见有仙女数百,皆"素练宽衣,舞于广庭",便问道:"此何曲也?"回答道:"霓裳羽衣曲。"玄宗偷偷记下了声调。往回走时,转身看桥,随走随无。玄宗回到皇宫,立即召集伶官,依其声调创作了《霓裳羽衣曲》。

唐玄宗八月十五游月宫的传说,在唐朝时已经广为流传,至迟在唐玄宗逝世不久即已流传至遥远的敦煌,敦煌本《叶净能诗》讲述的唐玄宗游月宫的故事已经非常丰富而完整。这个故事,是八月十五在唐代已成为民俗节日的重要表现,也丰富了节日的内容,使其具有了更强的神秘色彩和趣味性。

"嫦娥应悔偷灵药,碧海青天夜夜心。"每到中秋佳节,仰望天上的明月,人们就会情不自禁地想到美丽的月中仙子——嫦娥。神话传说,嫦娥是射掉九个太阳的神射手后羿的妻子。有一次,后羿到昆仑山访友,偶遇从这里经过的王母娘娘。王母娘娘很欣赏后羿,赐给后羿一包不死药。后羿舍不得撇下嫦娥,回来后就把不死药交给嫦娥收藏。不承想,后羿的徒弟逢蒙起了坏心,他趁后羿出外打猎的机会,闯入内室,威逼嫦娥交出不死药。嫦娥情急之下,把不死药一口吞下,即刻身子变得无比轻盈,向天上飞去。嫦娥牵挂后羿,便飞落到离人间最近的月亮上成了仙。我们现在吃的月饼,最初是嫦娥用面粉团团做成的圆饼,后来人们思念嫦娥,往圆饼里面包进各种馅料,成了今天的月饼,而人们为嫦娥祈福的日子,则发展成了今天的中秋节。

有意思的是,早在战国初期,典籍里已有嫦娥奔月的神话故事:"昔者恒我窃毋死之药于西王母,服之以月。"而中秋吃月饼的风俗,据记载始于唐代。唐高祖时,大将军李靖征战回来,正是八月十五,有吐鲁番商人献胡饼祝捷,唐高祖接过华丽的饼盒,拿出胡饼,笑指空中明月说:"应将胡饼邀蟾蜍。"便把胡饼分给群臣一起分享。《洛中见闻》则说,唐僖宗在中秋节吃月饼,感觉味道极美,他听说新科进士正在曲江举办宴会,就命御膳房用红绫包上月饼赏赐给他们。

"最美莫过中秋月,情到深时月更圆。"中国素有关注月亮的传统。从《诗经·陈风·月出》到南朝、唐宋时期数不胜数的咏月诗,月亮成为一个颇具中国特色的文学意象。

"床前明月光,疑是地上霜。举头望明月,低头思故乡。"在我国古代,明月早已与思恋亲人、怀念故乡联系在一起了。对月思人、渴望团圆,是人们挥之不去的中秋情怀。一般人会把这种情怀化作泪水和焦虑,诗人和学者则把它化作诗词歌赋。白居易有"银台金阙夕沈沈,独宿相思在翰林。三五夜中新月色,二千里外故人心",苏轼则留下"人有悲欢离合,月有阴晴圆缺,此事古难全。但愿人长久,千里共婵娟"的千古绝唱。中秋节,在唐代就已经具有了深深的团圆内涵,宋代以后,更是成为中国传统节日体系中最具团圆意味的一个节日,乃至许多地方就径直以团圆节来称呼它了。明代的《西湖游览志余》中说:"八月十五日谓之中秋,民间以月饼相遗,取团圆之义。"

在民间的不少地方，到了八月十五傍晚，人们都要在庭院里面向东南方向摆上供桌，桌上放一些瓜果、月饼、毛豆枝、鸡冠花、藕、西瓜等。当月亮渐渐升起后，家中的女子依长幼顺序，一一叩拜月亮。随后，全家团坐在一起，饮酒赏月，分享瓜果、月饼等供品。在山东、河南等地农村，盛行中秋节前走亲戚的习俗。"八月十五月儿圆，娘瞧闺女大竹篮。"作为母亲，盼望的岂止是闺女的大竹篮，更多的是对子女的牵挂和思念。虽然如此，母亲仍然不会留下出嫁的女儿过节，而是要求女儿赶回婆家过中秋节，此即俗语所说的"宁留女一秋，不许过中秋"。为了女儿一生的幸福，母亲一定要让女儿回婆家与她自己的子女、丈夫、公婆团圆，这样的团圆理念，应该是中国式父母对孩子最大的关爱吧。

（原载《经济日报》2016年9月15日第4版）

月饼的来历

农历八月十五,三秋恰半,我国传统佳节——中秋节到了。过中秋节,月饼是必不可少的食品。圆圆的月饼,寓意团团圆圆,寄托了人们美好的祝福。那么,月饼是什么时候出现的呢?

作为一种面食,饼在我国出现很早,春秋战国时期典籍里就有记载。东汉时期,饼的种类已经很多,还出现了比较大的圆形的饼,因为上面加上了胡麻(后世叫芝麻),被称为"胡饼"。汉灵帝很喜欢吃胡饼,引得京城洛阳胡饼大为流行。这种胡饼,可以看作月饼的前身。

唐朝初年,中秋节正式形成,月饼的出现也就水到渠成。因为过节不可能只是赏月,肯定要有供品祭月、食用,那圆圆的胡饼自是最佳选择。日本和尚圆仁法师于唐文宗年间作为遣唐使到达中国,在中国生活了十年,在他所写的《入唐求法巡礼行记》中有这样的记载:"十五日,寺家设馎饦、饼食等,作八月十五日之节。"这里的饼食,虽然没有明确说是圆形的胡饼,但它肯定是中秋节的节令供品和食品。

在民间传说里,唐朝人已经开始吃起了月饼。据说唐高祖时,大将军李靖征战回来,正是八月十五,有吐鲁番商人献胡饼祝捷,唐高祖接过华丽的饼盒,拿出胡饼,笑指空中明月说:"应将胡饼邀蟾蜍。"便把胡饼分给群臣一起分享。从此人们有了过节吃胡饼即月饼的风俗习惯。还有一个传说,有一年八月十五,唐玄宗和杨贵妃在一起边吃胡饼边赏月。唐玄宗嫌胡饼这个名字不好听,杨贵妃望着又大又圆的月亮,灵机一动,说:"那就叫它月饼吧。"从此,胡饼就改叫"月饼"了。第三种传说,见于《洛中见闻》,说唐僖宗在中秋节吃月饼,感觉味道很美,他听说新科进士正在曲江举办宴会,就命御膳房用红绫包上月饼赏赐给他们。

传说虽然不是信史，但有真实的影子，既然中秋节在唐朝已经出现，人们在节日期间还吃"饼食"过节，圆圆的胡饼在中原早已成为司空见惯的食品，那胡饼成为月饼自在情理之中。

北宋著名文学家苏东坡有"小饼如嚼月，中有酥与饴"的诗句。"小饼如嚼月"，是说小饼外形如月，吃起来像咬月亮一样；"中有酥与饴"，是说小饼中有酥油和饴糖，非常好吃。这种像月亮一样的小饼，苏东坡是在中秋节期间吃的，也是月饼早已出现的明证，和月饼作为一个名词出现不出现没有太大的关系。到了明朝，月饼在典籍里终于大量出现。这时的月饼不仅是圆的，寓意团团圆圆，而且只在中秋节期间食用，是人们祭月的必用供品、馈赠亲友的必备食品。

按照自然规律，一种现象在大量出现之前，总有一个逐渐成长、发展的过程。月饼作为中秋节的节令食品，虽然到南宋才出现这个名词，明朝才大量出现于典籍，但通过历史记载和民间传说，可以确认，唐朝就已经出现，宋朝已经名实兼备了。

（原载《中国艺术报》2021 年 9 月 17 日第 8 版）

重阳节的传说与时代价值

重阳节又称重九节、茱萸节、登高节、女儿节、菊花节等，在我国起源很早，汉代已成为一个节日。《西京杂记》中说，汉高祖刘邦的宠妃戚夫人被害后，其身前侍女贾佩兰被逐出皇宫，嫁为民妻。贾氏对人说：皇宫里，每年九月九日，都要佩茱萸、食蓬饵、饮菊花酒，可以让人长寿。民间纷纷仿效。从此过重阳节的风俗在民间就传开了。魏文帝曹丕在《九日与钟繇书》中说："岁往月来，忽复九月九日。九为阳数，而日月并应，俗嘉其名，以为宜于长久，故以享宴高会。"又是"享宴"，又是"高会"，说明在东汉末年三国初年重阳节已经成了一个成熟的节日。到了唐代，重阳节更成为三大令节之一。唐朝诗人宋之问有诗云："令节三秋晚，重阳九日欢。"重阳节已经过得非常隆重。

"独在异乡为异客，每逢佳节倍思亲。遥知兄弟登高处，遍插茱萸少一人。"唐朝诗人王维17岁时写的这首名诗在今天依然妇孺皆知，特别是"独在异乡为异客，每逢佳节倍思亲"，不知勾起了多少游子的思乡情！但诗中蕴含的有关重阳节的信息，不是每个人都能注意到的，至于茱萸，很多人也许从来都没有见到过。在过去，它可是有名的中药啊！

茱萸，又名"越椒""艾子"，有吴茱萸、山茱萸之分，都是著名的中药，有杀虫消毒、逐寒祛风的功能，生长在北到山东、山西、陕西，南到江苏、浙江、湖南、四川的广大区域。河南省西峡县的伏牛山区，至今还可以随处见到野生的大片山茱萸。

有关茱萸名字的来历，有一个古老的传说。春秋时期，吴弱楚强，弱小的吴国每年都要向楚国进贡。有一年，吴国的使者将本国的特产药材"吴萸"献给楚王，可楚王爱的是金银财宝，根本看不上这土生土长的药材，遂命人将使者赶出宫去。楚王身边有位姓朱的大夫，与吴国使者有交往，将其接回家中。使者说，吴萸乃我国上等药材，可治胃寒腹痛、吐泻不止等症，听说楚王身体有恙，吴王才命我专程送来这种药材，哪知楚王……朱大夫好言劝慰使者并礼送出境后，将使者带来的吴萸精心保管起来。次年，楚王受寒，旧病复发，腹如刀绞，群医束手无策。朱大夫急忙将吴萸煎好，献给楚王。楚王服下后，不再疼痛，大喜，重赏朱大夫，并询问这是什么药？朱大夫便将吴国使者献药之事叙述一遍。楚王听后，非常懊悔，便命人在国内广种吴萸。几年后，楚国瘟疫流行，全靠吴萸，才挽救了成千上万人的性命。为感谢朱大夫的救命之恩，人们便在吴萸的前面加上一个"朱"字，改称"吴朱萸"。后人又在朱字上加个草字头，取名为"吴茱萸"，并沿用至今。

这则传说用生动的例证解释了茱萸的药用价值，茱萸名字的来历，茱萸在大江南北广为被栽植的原因，很有意义。

茱萸与重阳节联系在一起由来已久。在有些地方，重阳节又叫茱萸节，表明了茱萸与重阳节不可分离的关系。作为我国最重要的传统节日之一，人们在重阳节有登高望远、遍插茱萸的风俗习惯，认为佩戴茱萸能祛邪辟恶。前述《西京杂记》中说汉高祖皇宫里"九月九日佩茱萸"，说明至迟在汉魏时期人们就有过重阳节并佩戴茱萸的习俗。

东汉以后，重阳节的传说越发丰富。在南朝梁吴均所著《续齐谐记》里，有桓景的故事，很有代表性。桓景是东汉人，跟随费长房游学多年。那时候，瘟疫流行。有一天，费长房对桓景说："九月九日你家中有灾，你得赶快回去。回家后，让家人各做一个红布袋，里面装上茱萸，系在胳膊上，然后登高，饮菊花酒，此祸可除。"桓景遵照师父的话，在九月九日这天全家登山。晚上回家后，看到家中鸡犬牛羊全都死了。从此以后，重阳节登高、戴茱萸、喝菊花酒的习俗就流传了下来。

由于茱萸的药用价值很高，南朝宋武帝刘裕在重阳节这天甚至把茱萸当作犒赏全军的奖品。"天门神武树元勋，九日茱萸飨六军"，这次重阳节犒赏，真不知宋武帝用了多少茱萸！

插茱萸以辟邪，在西晋时期就已流行。晋代周处《风土记》记载："九月初九……折茱萸以插头，言辟恶气而御初寒。"很显然，晋代不仅插茱萸还把茱萸插在了头上,即发冠上。到了唐宋,在咏重阳节的众多诗词里,茱萸一再被提及,有的佩戴茱萸囊于臂肘,有的插茱萸于发冠,有的饮茱萸酒,有的以茱萸节、茱萸会代指重阳节。总之,茱萸与重阳节是密不可分的。但对王维"遍插茱萸"一词,还是有不同的理解。茱萸只是插在发冠上吗?也许,它也可以插在地上,因为插在地上,茱萸果实是红色的,有视觉效果,大家都插茱萸的时候,只有一个人没有到,更显出年少的王维在重阳佳节思乡怀亲的孤独感。

重阳节是九月九日,"九九"与"久久"同音,正如曹丕所说"宜于长久",与人们希望生命长久、健康长寿的人生追求相一致,自然与敬老孝亲的传统美德相契合。"老吾老以及人之老",中华民族自古以来就有尊老敬老的传统,把重阳节作为表达敬老孝亲感情的节日,自在情理之中。在陕西不少地方,重阳节这一天有吃长寿面的习俗,还要把第一碗长寿面给家中的老人先吃,又细又长的长寿面表达了人们祝福老人健康长寿的美好愿望。重阳庙会上,还有给家里老人、长辈买过冬衣物的传统。在山西,有的地方,重阳节还要请戏班子连唱五天大戏,内容多为敬老、孝亲,以愉悦老人。正因为此,2012 年,我国政府规定,每年的农历九月初九为老年节,把重阳节的敬老孝亲习俗再次凸显出来,大力弘扬。

岁岁重阳,今又重阳。戊戌年重阳节就要到来了,相信在河南西峡等不少地方,人们会忙于登高赏菊、喝菊花酒、吃重阳糕、做菊花枕、戴茱萸囊,把重阳节过得热热闹闹;经过党和政府的多年提倡,社会各界大力弘扬,地方政府也会出面大力传承重阳文化、弘扬传统美德,忙于礼敬寿星、表彰孝星……这些节日活动,对于弘扬中华民族优秀传统文化、凝聚民族精神,无疑会起到巨大的推动作用。党的十九大报告指出,要发展社会主义先进文化,不忘本来、吸收外来、面向未来,更好构筑中国精神、中国价值、中国力量,为人民提供精神指引。要落实在重阳节的文化传承上,我们就要紧紧抓住重阳节的文化内核,挖掘其时代价值,特别是敬老孝亲、祈寿延年、拥抱自然、愉悦身心的时代价值,让重阳节真正成为与时代合拍共振、全民共同喜爱、一起欢度的佳节。

(原载《文艺报》2018 年 10 月 17 日第 4 版)

二十四节气申遗后的浴火重生

春雨惊春清谷天，夏满芒夏暑相连。
秋处露秋寒霜降，冬雪雪冬小大寒。

这首《二十四节气歌》对于中老年人来说，可谓耳熟能详，对于90后、00后特别是都市里的年轻人，就有点陌生了。在都市里，年轻人也许只知道立春吃春饼、清明祭祀、冬至吃饺子，对其他的节气则语焉不详。让我们倍感高兴的是，2016年11月30日，在埃塞俄比亚召开的联合国教科文组织保护非物质文化遗产政府间委员会第11届常会经过审议，批准中国申报的"二十四节气——中国人通过观察太阳周年运动而形成的时间知识体系及其实践"列入联合国教科文组织人类非物质文化遗产代表作名录。一石激起千层浪，二十四节气陡然成为热词，也为这一凝聚中华民族古老智慧的文化遗产的浴火重生提供了重大契机。

二十四节气是我国先秦时期开始订立、汉代完全确立的用来指导农事的补充历法，是通过观察太阳周年运动，认知一年中时令、气候、物候等方面变化规律所形成的知识体系。它把太阳周年运动轨迹划分为24等份，每一等份为一个节气，始于立春，终于大寒，周而复始，既是历代官府颁布的时间准绳，也是指导农业生产的指南针，还是日常生活中人们预知冷暖雪雨的指南针。在当今的国际气象界，二十四节气被誉为"中国的第五大发明"。说它是发明，是因为二十四节气掌握了天气时令对于自然、社会的影响，掌握了天人合一的规律并进行了科学的命名，如立春、立夏、立秋、立冬。有的命名，如霜降，虽然看字面意思，似乎古人认为霜是从天上降落下来的，不符合科学原理，而实际上，在汉代，人们就知道霜降是"皆由地发，不从天降"的道理。《大戴礼》也说："露，阴阳之气也。夫阴气胜则凝为霜雪，阳气胜则散为雨露。"霜降的这个"降"，可以理解为降临。农谚"一朝有霜晴不久，三朝有霜天晴久""今夜霜露重，明早太阳红""严霜出毒日，雾露是好天"等则反映出我国劳动人民对于节气、自然的细致观察与深刻认识。

二十四节气申遗成功之后，很多人迷惑的是，这些节气依据的是中国的阴历还是西方的阳历？作为中国人的发明，为什么与阳历如此合拍？其实，中国的历法即我们常说的阴历并不是真正的"阴历"，而是阴阳合历，既照顾到了太阳的运行规律，也照顾到了月亮的运行规律。二十四节气即阳历的部分。二十四节气是根据太阳的运行来测算的，而且测算得很准确，立春了，天就开始暖起来，立秋了，天就开始凉快，是非常科学的。现在流行的所谓公历，也就是西历，只是阳历的一种，没有照顾到月亮的运行。

二十四节气申遗本身表明了我们对它的广泛认可，因为中国地大物博，历史悠久，有着众多的非物质文化遗产，我们的非遗项目这么多，我们的传统文化这么丰富，选择二十四节气申报表明我们对于自己祖宗流传下来的这一传统文化项目的充分自信。申遗成功也表明世界对我们文化自信的认可，对中国承担保护文化遗产职责的认可。自信需要双向互动，既有自我的认可，也有别人的认可，两者结合起来，才能实现真正的自信。传统文化需要自信，也需要他信，才能形成比较好的文化交流和传承、传播。从历史上看，二十四节气早就跨出国门，走向了世界，影响到朝鲜半岛、日本、东南亚。有的地方虽然季节变换不明显，没有冬天，但那里的人民依然在传承、弘扬着二十四节气及其附着的文化，充分表明了它的文化价值。

近年来，随着综合国力的增强，传承、弘扬民间文化已经成为社会各界的共识。至今在不少地方，仍然在立春、清明、立秋、秋分、霜降、冬至等节气到来之际举办一系列活动。2006年，二十四节气被列入第一批国家级非物质文化遗产代表性项目名录，2011年和2014年，九华立春祭、班春劝农、石阡说春、三门祭冬等又被列入该遗产项目的扩展名录，得到了较好的传承与弘扬。

二十四节气是以中原地区为坐标的，在长期的农业社会，它又是国家的带有政令性的补充历法。21世纪的今天，随着农业科技的普及和发展，节气对我们的制约已经没有那么严格，但它对人们的生产生活仍然发挥着基础指导作用，依然是我们衣食住行的重要参考。毕竟，农业生产以利用自然为前提，而2000多年来我们生活的这片土地在自然条件上基本没有变，二十四节气在全国的不少地方还有留存，不少农谚和俗语，如"立春天渐暖，雨水送肥忙""清明断雪，谷雨断霜""白露天，带鱼满船尖""过了白露节，夜寒白昼热""小雪腌菜，大雪腌肉"，至今还广泛地指导着我们的生产和生活，就是生动的例证。

二十四节气成功申遗，对于当今社会各个年龄段尤其是年轻人都是一个中国传统文化再教育的好机会，促使这一重要的文化遗产在当今时代焕发出新的活力。申遗成功，只是为这一古老的民族民间文化的弘扬提供了浴火重生的契机，我们必须乘势而上，保护好、传承好、弘扬好。对二十四节气及其蕴含的优秀文化，如效法自然、顺应自然、利用自然的观念，天人合一的智慧，及中国人对宇宙、自然的独特认识，要进行认真研究、探讨，以期有助于当今社会；对延续、传承几百上千年的一些民俗文化事项，如九华立春祭、壮族霜降节、苗族赶秋节等，积极挖掘符合时代的内容，使其随时代而行，与时代同频共振，引导、激发广大民众感恩生活、凝聚族群，为我们的时代奏出更加华美的精彩乐章。

（原载《人民政协报》2017年2月27日第12版）

唤醒鄂伦春传统节日

——玛印节

"无边林海莽苍苍，拔地松桦亿万章。"正是大兴安岭秋高气爽、层林渐染的金秋时节，由中国民协组织的"我们的节日——边疆文化行系列之黑龙江少数民族鄂伦春玛印节民俗调研"小分队来到大兴安岭深处的呼玛县、塔河县、漠河县（今漠河市），实地调研鄂伦春族的传统节日玛印节。我们专程拜访了鄂伦春族"最后的"萨满、83岁的国家级传承人关扣妮，同著名鄂伦春民间艺人关金芳、关小云，黑龙江华洋集团董事长秦晓飞，漠河县文联主席、著名文化学者孙喜军等多次长谈，对鄂伦春的节日文化有了清晰的认识。

一、沉睡的节日

鄂伦春是我国东北少数民族之一，清朝以前，人们一般称其为索伦部、打牲部，或使鹿部，新中国成立后，统称为鄂伦春族。他们世代生活在黑龙江沿岸、大小兴安岭地区，过着与世隔绝的原始狩猎生活，被称为兴安岭上的"森林猎神"。鄂伦春人以狩猎为生，"狩猎文化"便成为其文化的核心和基础。鄂伦春人的节庆、习俗、音乐舞蹈都和狩猎密切相关。模仿深山中野兽的鸣叫声，他们制作出了鹿哨、狍哨，它们既是生产工具，也是乐器，舞蹈则有黑熊搏斗舞、树鸡舞、萨满鼓舞、依哈嫩舞以及篝火舞等。

20世纪50年代之前，鄂伦春人有过玛印节的习俗。谁打到鹿了，打到鹿茸了，大家就聚在一起进行庆祝，祭祀神祇，并载歌载舞，这就叫玛印节。玛印是收获的意思。这个节日没有固定时间，只要有重大收获，鄂伦春人就会庆祝。1953年，鄂伦春人开始下山定居，生产方式从狩猎转为农耕，玛印节逐渐淡出了人们的生活。今天，在大兴安岭地区，就连60多岁的鄂伦春人，对这个节日也十分陌生了。我们采访了几个鄂伦春人，他们都说没有听过"玛印节"，以至于我们一度怀疑是否有玛印节的存在。

二、唤醒玛印节

鄂伦春的民族节日，受到秦晓飞的关注。作为拥有几个亿资产的民营企业家，这些年来，秦晓飞把辛苦赚来的大部分资金投入了旅游文化产业发展建设中，累计投资2亿多元，在北极村兴建了北极人家文创基地、大兴安岭知青馆、雅克萨战争博物馆、北方民俗博物馆、大兴安岭岩画馆、鄂伦春民俗园等近百个景点。2016年秋天，秦晓飞准备举办一次"乌力安节"。过去鄂伦春人通过吹鹿哨引诱鹿来，进而猎杀。乌力安，意思就是鹿哨。乌力安节，也是庆祝收获的仪式。后来接受关金芳的建议，改为举办玛印节。2016年9月13日，首届鄂伦春玛印节在漠河县北极村神鹿岛举办，唤起了人们尤其是老一代鄂伦春人的集体回忆。关扣妮、关金芳出席。节庆内容主要有萨满祭祀和鄂伦春民间歌舞表演。在鄂伦春人看来，萨满是沟通人与自然万物之间的使者，萨满的祈福，可消灾解难。萨满服被称为是萨满的神衣，需要9个女人一起做，上面缀有贝壳、纽扣，腰间皮带上有各色飘带，前襟后背挂满大大小小的铜镜和腰铃，有几十斤，走动时叮咚作响。萨满帽相当于神冠，帽子的四周坠下各种鲜艳的五颜六色的飘带，几乎遮盖了整个面部。

仪式开始，"最后的萨满"关扣妮老人在四方神主簇拥下来到广场中央。萨满的两位护卫者，分别帮助萨满着装、传递护身符和神鼓，为萨满引路。"二神"宣布仪式开始，萨满开始请神，与"二神"对唱《请神歌》。萨满敲击着用狍皮制成的扁平单鼓，边唱边跳，进行萨满舞表演。鄂伦春人在关扣妮和关金芳的引导下，向东西南北四方各主神分别行叩拜之礼三次，祈求诸神保佑众人平安、吉祥。

在广场祭祀之后，众人又簇拥着萨满和"二神"等来到山上祭祀。在一棵古老的大树上，刻着鄂伦春人信仰的山神图腾像，一个年轻的鄂伦春小伙登梯爬到树上，挂起了9米长的红绸布。在神树前的一块空地上，摆上了白酒和香。守护神将香点燃，摆放上刚宰割的狍子肉、十几条新鲜的江鱼和十几只鸡作为牺牲。萨满向山神祈祷后，众人一起向山神叩拜三次。待三炷香燃灭之后，人们开始煮肉煮鱼，畅饮美酒。之后，由关金芳带领的白银纳鄂伦春民间艺术团表演了展示鄂伦春民族文化的歌舞，如斗熊舞、萨满舞等。

唤醒玛印节，关金芳也是功不可没。她今年61岁，是关扣妮的侄女，父亲也是萨满。这些年，她搜集创作了大量的鄂伦春歌舞，参与组建了呼玛县白银纳鄂伦春族乡鄂伦春民间艺术团，是鄂伦春族剪纸、传统服饰、萨满服饰、赞达仁、萨满舞、吕日格仁舞六个项目的省级非遗传承人，对鄂伦春文化有着浓厚的感情。本次活动举办前，秦晓飞本想举办"乌力安节"，但关金芳不同意，要求选择一个"全中国鄂伦春人都懂的话"，最后确定举办"玛印节"。关金芳认为，打猎是天天都会有收获，种地秋天才收，玛印节是收获的节日，就要放在秋天，这是汉族文化和鄂伦春文化的融合。

唤醒鄂伦春传统节日，北极村并不是第一家。早在10年前，黑河市爱辉区就开始在新生鄂伦春民族乡举办古伦木沓节，进行打布鲁、拽棍、比腕力、射箭等传统民族体育项目比赛。"古伦木沓"为鄂伦春语，意为祭祀火神。鄂伦春人崇拜火神，每逢年节或吉日，家家户户都要在自家门前燃起篝火，祈祷火神，保佑平安。由于各种原因，古伦木沓节已沉睡多年，虽有人自发地加以恢复，但活动的方式和内容已发生了很大变化。

三、谁来唤醒传统节日

近年来，党中央、国务院高度重视传统文化传承发展工作，大力推动文化产业的发展和地方文化的保护，使得中华优秀传统文化的保护、研究、传承有了很大的发展空间。2017年元月，中共中央办公厅、国务院办公厅印发的《关于实施中华优秀传统文化传承发展工程的意见》提出了基本形成中华优秀传统文化传承发展体系的战略目标，明确了工作导向和基本原则，对深入阐发文化精髓、保护传承文化遗产、融入生产生活等任务进行了重点部署；中央文明办《关于2017年广泛开展"我们的节日"主题活动的通知》又对围绕节日活动如何弘扬传承中华优秀传统文化提出新的要求。因此，唤醒以玛印节为代表的传统节日也是时代的要求。

通过对近年来逐渐恢复的传统节日的调研，我们可以看出，唤醒节日的主体包括政府机构、社会组织、企业集团、百姓自身等几个方面。政府机构的优势在于能够最大限度地调动综合资源，不管是在活动内容还是活动宣传、人力资源调配上，都能很快把节日开展起来。不足之处是，有的节日偏向表演，而非百姓发自内心的带有信仰的节日。社会组织的优势在于能更多地了解百姓需求，在节日恢复上能够对症下药，相对较好较完整地恢复一些传统习俗。企业集团优势在于有强大的财力做后盾，但存在表演重于传承、商业大于信仰的现象。百姓自发组织，往往不能持久，只靠百姓自发捐钱自发组织，缺少财力与组织力的支撑，没有系统性和计划性，很多节日办上两次就消失了，很难长期维持与开展下去。由此可见，这四种组织主体都有利有弊，还需继续探索。但不管存在什么问题，让我们高兴的是，有很多节日被唤醒了，丰富了各地区各民族百姓的精神文化生活。事实充分证明，只有融入百姓生活，不仅仅以盈利为目的，节日才能传承久远、越办越好。

（原载《中国艺术报》2017年12月11日第7版）

羊年话羊：羊大则美

"全国十二个，人人有一个。"在中国，大概没有什么文化比十二生肖更普及的了，几乎没有人不知道属相，不知道自己属什么。2015年是农历的羊年，又一个吉祥如意年。在古汉语中，"羊""祥"通假。西汉大儒董仲舒说："羊，祥也，故吉礼用之。"东汉许慎的《说文解字》也说："羊，祥也。"在很多汉代墓葬中都发现了羊的形象，一些表示吉祥善美的字都有羊的影子，如祥、美、義（"义"的繁体字）、善、羡、鲜等。神话传说，女娲造人之前，先造六畜，第四天造出羊，用羊祭天神，天神才赐福气，吉祥如意。

六畜中，羊是除狗以外最早被驯化的动物。大约一万年前，人类驯化了山羊，继而驯化了绵羊。通过出土的有关羊的骨化石及工艺品可知，我国在新石器时代就出现了养羊业。宁夏、内蒙古、青海、西藏、新疆的岩画，中原的陶器图案，都有人类养羊的身影。商代的"四羊方尊""四羊铜罍"、汉代的"铜羊灯"、唐代的"三彩陶羊"，以至今天的年画、剪纸等各种民间工艺品上，羊的形象随处可见，充分反映了人们对羊的喜爱，充分说明羊不仅是人类的衣食之源，更是人类的朋友。

《说文解字》对"美"的解释是："甘也，从羊从大。"北宋初年的文学家徐铉注释说："羊大则美，故从大。"意思是，羊大则甘美。对"美"字的这种解释虽然在近代遇到了挑战，但羊肉是美味佳肴却是不争的事实。即使在21世纪的今天，某些农村地区仍然把吃羊肉看作难得的享受，更不要说古代了。周朝时，羊作为祭祀祖先神灵的牺牲，不能随便宰杀。《礼记》规定："大夫无故不杀羊。"自然，羊肉也不是随便可以吃得上的。春秋战国时期，因为羊肉还发生了主帅被俘甚至亡国的闹剧。

春秋时期，郑国攻打宋国，宋军主帅华元为了鼓舞士气，在战前宰羊犒劳军队。不知是疏忽还是什么原因，他的车夫羊斟没有分到羊肉，怀恨在心。到了战场上，羊斟说："前天分羊肉，你说了算；今天驾车，我说了算。"就故意把战车赶向敌军中，结果华元被俘，宋军大败。更有意思的是，宋国把华元、羊斟赎回来后，华元追问羊斟，是否是由于战马不听话而驰入敌军的，羊斟竟不买账，说"非马也，其人也"：不是马的事，就是我要干的！对于没能吃上那碗羊肉仍然耿耿于怀。战国时期，中山国的国君请客吃饭，羊肉羹不够，大夫司马子期没有吃到，一气之下逃到楚国，劝说楚国攻打中山，中山君被迫逃亡。真是一碗羊肉，可以使主帅被俘；一碗羊肉汤，可以让中山亡国，羊肉的魅力，可谓大也！

当然，历史上也有人因为羊肉得福。南北朝时期的毛修之做了北魏的俘虏，一次偶然的机会，他做了羊肉羹献给魏国的尚书，尚书吃后认为是从没吃过的美味，就献给了魏太武帝。魏太武帝吃后，龙颜大悦，便破格任用毛修之做了太官令，后来又将其提拔为尚书、光禄大夫，还封了南郡公。

两宋时期，上自皇室贵族下至黎民百姓都对羊肉喜爱有加，以至宫廷"饮食不贵异味，御厨止用羊肉"。宫中吃羊数量惊人。宋仁宗时，宫中一天竟然杀羊 280 只！皇帝自己喜欢吃羊肉，还把羊赏赐大臣。南宋建立后，朝野推崇苏东坡的文章，读书人研读苏文熟了，就可以考上进士，吃上羊肉。当时民间流行的谚语是："苏文熟，吃羊肉；苏文生，吃菜羹。""吃羊肉"竟然成了当官的代名词。

由于羊肉鲜美，自然价格不菲，在古代社会，羊肉始终都是达官贵族、城乡富人的美食，且不说普通百姓，就是下层小吏，平时也难得享用。"平江（今苏州）九百一斤羊，俸薄如何敢买尝？只把鱼虾充两膳，肚皮今作小池塘。"一位下层小吏，面对一斤九百钱的羊肉，欲吃不得，欲罢不能，只好写首调侃诗聊以自慰了。

（原载《光明日报》2015 年 2 月 27 日第 16 版）

羊年话羊：神话中的羊

神话是以神灵为主题的上古故事，是在生产力发展条件十分低下时人们对自然现象、社会生活的"神圣的叙事性解释"。神话内容十分丰富，在流传至今的众多神话故事里，也不乏羊的形象。

六畜中，羊是除狗以外最早被驯化的动物。大约一万年前，人类驯化了山羊，继而驯化了绵羊。在没有文字的上古时代，人们不可能科学地说明羊被驯化的历史，但他们可以通过神话曲折地反映自己的认识。生活在云南高寒山区的部分白族，直到新中国成立前，还处在氏族社会末期，社会发展十分缓慢，羊仍是人们的主要生活来源，反映游牧生活的神话得以完整保存。流传在云南省洱源县、云龙县一带的白族神话说，羊最早出现在金沙江源头的地方。一只仙羊被山狗撵到苍山上，跑进单村独户的叔王家，怎么吆喝它都不肯走。叔王一家人没有见过羊，见这角弯弯、毛长长、"咩咩"叫的东西，不知是什么野物，赶紧跑下山去把白王请来看。白王见是羊，非常高兴，教给他放羊、养羊的技术。三年后，羊繁衍成群，白王把绵羊分给高山上住的人放养，把山羊分给坝子里住的人放养，从此，人间才有了羊。

在我国的大部分地区，由于农耕文明出现较早，羊产生的神话常常与五谷的种植联系在一起。话说上古时候，人间没有五谷杂粮。有一年九月，一只神羊来到人间，发现老百姓只吃野果、野菜，瘦得皮包骨头，十分同情。好心的神羊得知人间没有五谷杂粮后，就回到天上，从玉皇大帝的五谷田里偷了五种谷穗，送到人间，又教给人们播种五谷的方法。从此，人间才吃上了五谷杂粮，日子也好了起来。玉皇大帝知道后，非常恼怒，就命令天神把神羊拉到人间宰杀，并要人们吃羊肉。没想到，第二年在宰神羊的地方，长满了青青的马莲草，又生出个小羊羔。羊从此在人间一代一代传下来，自己以吃草为生，但把羊奶、羊肉和皮毛供给人享用。

这则神话不仅阐释了羊的来历，而且表明了羊与人类的密切关系及人类对羊的情感。在这里，不由得让人想起希腊神话里的普罗米修斯，普罗米修斯窃取天火带给人类，即便受到最严厉的惩罚亦无怨无悔，是令人崇敬的伟大英雄。这里的羊盗取五谷种子给人类，最终舍生取义，同样具有牺牲精神和奉献精神。

广州是我国著名的历史文化名城，号称"羊城"，又简称"穗"，与羊送五谷的神话故事有关。据说周朝末年，有五个仙人骑着口衔谷穗的五只羊降临楚庭（即今广州），将谷穗赠给人们，祝这里永无饥荒。仙人隐去后，羊化为石。虽然这里的羊并没有体现出牺牲精神，但它惠及人类、人类对它充满感恩之情则与上面的神话十分相似，至今广州仍立有五羊送穗的雕像。

在神话里，羊不仅是给人间送来五谷杂粮的英雄、中国的"普罗米修斯"，还是帮助女娲补天的功臣。上古时候，因为共工氏怒撞不周山，导致天柱折，九州裂，天倾西北，地陷东南，洪水泛滥，大火蔓延，人民流离失所。女娲看到人类陷入如此巨大的灾难之中，无比痛苦，决心炼石补天。她炼了七七四十九日，红、黄、蓝、黑的补天石都炼好了，就差白色的没法炼出来。女娲从早想到晚，从黑夜想到天亮，无计可施的时候，七只神羊回来了。领头的神羊对女娲说，只要借北斗七星来，把它们琢成石头的样子，放到炉中同别的石子一起炼，别的石子就会变成白色的了。女娲命神羊把七星琢成石头模样。神羊调来甘露滴在七颗星上，日夜不停地琢、磨，角琢钝了，嘴唇磨起了泡。过了七天七夜，七颗星终于被琢成了宝石，又在炼石炉中炼了七天七夜，终于炼出来白色的补天石。天补上了，人们又得以安居乐业。

羊还是正义的化身。上古时期，帝尧手下有一个大法官叫皋陶，小时候就喜欢评个理，乡邻们有啥瓜葛事，一找到他就能分明是非了。大家都说他是大贤，公正无私，很敬佩他。时间一长，皋陶的名字传到京城。那时候，国家还没设立公堂，平时很多打架骂人的事都没人来解决，尧也很头痛。他听说皋陶的贤名后，高兴极了，便骑着小毛驴，翻了几十座山，来到皋陶家里。在尧帝再三请求下，皋陶只得跟他一起到了京城。尧叫他管天下行法断案的事儿，每件事他都公平如水。不几年，就把全国许许多多的案子办得一清二楚，人人都服气他。有一年，西番国向尧帝进贡来一只怪兽，头上长了一个角，像麒麟一样，很好看。尧一高兴，就下令让文武百官都上朝开眼界。谁知他们还没排好队，就听"哎哟"一声惨叫，一个名叫孔壬的大官儿被怪兽抵死了。官员们都很害怕，有的转身就想跑。皋陶说："大家都别怕，这是一只神羊，它最会判断谁好谁坏。它抵谁，就说明谁做了坏事。"大家一听，都说有理儿，孔壬平时为非作歹，早该惩罚了，只是由于尧为人宽厚，才没有惩罚他。尧帝一看皋陶认识怪兽，就要封赏他。皋陶什么也不要，就要这只神羊。从此，每次办案，皋陶就把这只神羊拉到公堂上，它要是一抵谁，皋陶就判谁没理，轻的撵出大堂，重的判刑收监。

由于羊是正义的化身，到了战国时期，秦国、楚国的御史、狱吏都穿独角神羊图案的冠服，以示庄严公正。后世把独角羊称作"獬豸"，绘在官服上，作为秉公执法的象征，一直沿用到清代。而在神话故事中，羊还会佑助孝子，救人于危难之中。

从前，有个叫王孝良的农民十分孝顺母亲。一天，王孝良在地里干活，忽然西北天上乌云翻滚，电闪雷鸣，不一会儿，瓢泼大雨下了起来，眼看山洪就要下来了。他急忙撂下锄头往家紧跑，刚进院子，妻子冲他喊："水要进院子了，快点把我和孩子救走！"王孝良顾不得老婆孩子，几步冲进东屋背起母亲就往山坡上跑，回头看了看自家院子，已经变成一片汪洋。山水涨得急，消得也快。水退下去后，王孝良赶忙跑回家，进院子一看，妻子和孩子都在屋里，安然无恙。妻子说："洪水猛涨的时候，院子外边全是水，咱家院子里倒没上来水，我还看见有两只小山羊在门外顶架儿玩呢。"王孝良跑到门外一看，哪有什么小山羊？！他赶忙接回母亲，母亲一看全家人都平安，望着消下去的洪水说："你们的孝心，感动了神羊。"

在长期与羊相处的过程中，人们发现羊很温驯。对于羊的这一特性，神话中也有表述。

话说猪、羊都因为总是被人宰杀而心中不平，决心找老天爷讨个公道。羊能跑善跳，脚步轻盈，先见到了老天爷。不想老天爷听罢羊的倾诉后反而笑道："猪羊猪羊你莫怪，你是人间一道菜。你们既不能像马那样驰骋疆场，也不能像牛那样拉犁种田，甚至不能像狗那样看家护院，终日无所事事，专靠人饲养，却不许人吃你们的肉，哪有这样的道理？回去后告诉猪，让它听天由命，不必来了。"羊闻听此言，思来想去，觉得合乎情理，虽感觉悲哀，也无可奈何，只得打道回府。从此以后，羊安然面对生活，静静地享受良辰美景，等到被宰杀的时候想，这一辈子该吃的吃了，该看的也看了，没有什么太大的遗憾，叹息几声，从容赴死。猪却怎么也想不通，总是大喊大叫，愤愤不平。

有关羊的神话与其他众多神话一起陪伴人们度过了上万年的时光，从"科学"的角度看，神话总是显得荒诞不经，然而，神话启发了人们的想象力和创造力，勤劳、善良、聪明、勇敢、富有正义感的神灵潜移默化中教给人们美的感悟、做人的道德准则和价值取向。愿有关羊的神话伴您愉快地度过生活中的每一天。

三阳（羊）开泰，羊年到了，又一个吉祥如意年。

（原载《经济日报》2015年2月20日第3版）

猴年话猴

在中国的神话人物（动物）中，知名度最高的，大概非美猴王孙悟空莫属。他使得一手好棍棒，大闹天宫、大闹地府、降妖除魔，深受人们喜爱。西天取经之前，孙悟空曾被玉皇大帝封了个"弼马温"的官，而"弼马温"就是"避马瘟"，是基于古人在马厩中系猴以防止马生瘟疫的习俗改编的。北魏贾思勰的《齐民要术》说："常系猕猴于马坊，令马不畏，辟恶，消百病也。"明朝李时珍的《本草纲目》引《马经》也说，"马厩畜母猴，辟马瘟疫"。利用猴活泼好动、颇通人性的特点，迫使马不时应对，让马既锻炼了身体，又锻炼了临变不惊的本领，实在是一举两得，而用"弼马温"暗指猴，也是《西游记》作者的聪明之举。

我国古代将猿猴并称，在民间传说中，猴还是人类的祖先。按照进化论的观点，猴与人类的亲缘关系很近，都属于哺乳纲中的灵长目。如此说来，猴在智商、情商方面与人类相近还是有科学依据的。

猴通人性，与人有不少相似之处。

据《世说新语》记载，东晋时期，大将军桓温率领大军伐蜀，途经三峡时，属下有个人捉到一只幼猿放在船上，母猿沿着江岸一直跟随，哀嚎着走了一百多里也不肯离开，最终跳上了船，随即气绝身亡。人们剖开母猿的肚子看，因为哀痛过度，母猿的肠子裂成一寸一寸的小段。桓温听说后大怒，立即下令罢黜了那个属下。

如果说断肠猿的故事显示了猿猴的母爱，南宋周密的《齐东野语》则记载了猿猴拥有与人一样的孝心。三国时期，名将邓艾征伐涪陵，看见一个母猿抱着幼猿，邓艾取弩射中母猿。幼猿见状，立即为母猿拔箭，又摘下树叶塞到箭伤处。邓艾自觉残忍，悲叹一声，投弩于水中，表示再不射猴。古代武平（今属福建）素产金丝猴，大者难以驯养，小者则其母抱持着不放手。猎人难以捕捉，便想出毒计，利用幼猴恋母的特性捕捉金丝猴。先用药箭射杀母猴，母猴中箭后，自知必死，便把乳汁遍洒林叶间，以便喂养孩子，然后坠地就死。猎人取来母猴的皮，用鞭子猛打，幼猴见状，哭叫着跳下树来，束手就擒。不过，幼猴每天晚上必须睡在母猴皮上，否则也养不活。母子深情，让人鼻酸。

由于猴通人性，猴戏至迟在汉代就已出现，翻跟头、钻火圈、竖蜻蜓之类的猴戏至今仍受人们的喜爱。前面提到的美猴王孙悟空，甚至会七十二般变化，可以上天入地，呼风唤雨。在唐代，由于忠于旧主，有只猴竟然名垂青史。据宋人毕仲询所著《幕府燕闲录》记载，唐昭宗逃难时，随驾的伎艺人有一个耍猴的。这猴灵巧得很，居然能随朝站班。唐昭宗很高兴，便赏赐耍猴人五品的官职，身穿红袍，即"赐朱绂"，以至诗人罗隐感慨赋诗《感弄猴人赐朱绂》："十二三年就试期，五湖烟月奈相违。何如学取孙供奉，一笑君王便着绯。"说自己多年苦读，倒不如一个耍猴的。朱温篡唐，想要猴取乐，不料想此猴也知忠义，竟然冲上前去奋力攻击朱温，被朱温杀害。

既然猴通人性，人和猴自然也没有难以逾越的鸿沟。在汉族、羌族、彝族的民间传说中，猴变成人的故事很多。古代典籍里，则不乏猴子变人、人猴通婚的故事。钱锺书说："猿猴好人间女色，每窃妇以逃，此吾国古来流传俗说，屡见之稗史者也。"猿猴掠婚，从阮籍的《猕猴赋》、张华的《博物志》到《太平广记》，都不乏记载，甚至大名鼎鼎的韩信、欧阳询，竟然也被说成神猿之子。《补江总白猿传》就记述了这样一个离奇的故事。南朝梁大将欧阳纥率军南征，妻子被神猿掠去，欧阳纥历尽艰险找到妻子，杀死神猿，但妻子此时已有孕，后产下一子，就是唐初著名书法家欧阳询。

透过这些或荒诞或美化的故事，联系民间传说中猴的灵巧、智慧、勇敢，我们看到了一群栩栩如生的猴的立体形象。

（原载《经济日报》2016年2月10日第4版）

光明吉祥之禽：鸡年话鸡

"名参十二属，花入羽毛深。守信催朝日，能鸣送晓阴。峨冠装瑞璧，利爪削黄金。徒有稻粱感，何由报德音。"唐朝人徐寅的这首诗精当地描述了鸡的形象、特点和价值，表达了诗人对人类的伙伴——鸡的深情。经考古发现，旧石器时代人类已经开始养鸡。4000多年前的龙山文化遗址里，发现了家鸡的骨骼，长江流域的屈家岭遗址出土了陶鸡，表明在新石器时代，华夏大地鸡的饲养已很常见。

有关鸡的成语很多，如闻鸡起舞、牝鸡司晨、鹤立鸡群、呆若木鸡、杀鸡取卵、金鸡独立、鸡犬相闻、鸡零狗碎、鸡飞蛋打、小肚鸡肠、鸡犬升天、手无缚鸡之力、鸡毛蒜皮。古人诗词歌赋中也有大量对鸡的描写，至于老子的"鸡犬之声相闻，老死不相往来"，曹操的"白骨露于野，千里无鸡鸣"，已经把有无鸡叫作为有无人烟的代称，充分说明了鸡与人的亲密关系。

早在先秦时期，鸡就以其形象和特点赢得世人尊重，成为有德之禽。《尔雅翼》《韩诗外传》都赞美鸡有文、武、勇、仁、信五种美好的品德。雄鸡头戴高高的、火红的鸡冠，给人文质彬彬的感觉，是为文德；鸡脚后面有突出的足趾，是天生的进攻武器，是为武德；在强敌面前，鸡敢于一拼，是为勇敢；鸡找到食物后不独自占有，会呼唤同伴一同啄食，母鸡对子女更是关爱有加，是为仁爱；雄鸡每天准时报晓，极大地方便了人们的生产生活，即使在风雨交加、天色昏暗的早晨，雄鸡依然啼叫不止，所以《说文解字》说鸡是"知时畜也"，鸡是大自然的闹钟，是为守信。

"大圣鸣金辞旧岁，雄鸡唱晓庆新春。"又一个鸡年来到了。在民间文化中，鸡有说不完的话题，是民俗生活中的重要角色。

光明之禽

在中国人的阴阳观中，公鸡是阳性。公鸡司晨报晓，黑夜随着它的啼鸣而离去，太阳随着它的啼鸣而来临，由此公鸡成为送走黑暗、迎接光明的光明之禽。在没有钟表的年代，雄鸡打鸣是人类的重要时间依据。先秦时代，各国的边界关隘闻鸡叫而打开，《史记》中就记载了孟尝君门客学鸡叫赚开城门的故事。秦昭王礼聘齐国贵族孟尝君为相，后听信谗言欲杀之，孟尝君仓皇逃走。到函谷关，还是半夜，关门紧闭。孟尝君担心天亮后秦王派兵追来，十分着急，幸好手下的门客学了几声鸡叫，引得远近村落的公鸡纷纷叫起来，关吏打开城门，孟尝君趁"鸡"逃走。

"一唱雄鸡天下白"，是对自然现象的概括，也是隐喻，是对光明驱除黑暗的赞美。明朝开国皇帝朱元璋有一首打油诗《金鸡报晓》："鸡叫一声撅一撅，鸡叫两声撅两撅。三声唤出扶桑日，扫败残星与晓月。"别出心裁，对公鸡赞美有加。"风雨如晦，鸡鸣不已"，《诗经》里看起来平淡的八个字，却生动地描述了无论天气如何恶劣，公鸡依然发出了自己的声音，成为后世赞美坚贞之士、有识之士的常用语。

在民间传说中，公鸡和太阳有着天生的因缘关系。传说很久以前，太阳、月亮和公鸡是三兄弟，太阳是老大，月亮是老二，公鸡是三弟。大哥太阳性格阳光、豁达、包容，对二弟三弟都非常关爱。二哥月亮个性安静内向、不喜热闹，偏好独处。小弟弟公鸡个性活泼、闹腾、好动，终日都是活蹦乱跳，没有消停的时候。他最喜欢大哥太阳，因为太阳总是满足他的要求，带着他到处玩耍。弟兄三个个性虽然不同，但是一起在天上自由自在地生活，非常愉快。后来，公鸡被月亮失手推到了人间，再也回不到天上去了，很想念太阳哥哥，每天天不亮就大声叫唤："哥哥喽！哥哥喽！"太阳一听到公鸡的叫声，就赶快出来了。月亮由于内疚，羞于见到太阳和公鸡，从此只在晚上公鸡和人们都睡觉的时候，才偷偷地出来，远远地注视着熟睡的小弟弟公鸡。而在浙江定海，流传着这样一则神话，很久以前，没有太阳，也没有月亮。仙界有三姐妹，心地善良，很想为人类做点好事，玉皇大帝知道后，就把大姐封为太阳神，二姐封为月亮神，小妹妹因为太小，暂时没有封。受封后的两姐妹为了更好地帮助人类，一刻也不歇息，整天挂在天上。人们分不出白天和黑夜，生产和生活陷入混乱。小妹看了，很同情人类，就请求玉帝封自己为鸡神，每天五更定时为两个姐姐啼叫，太阳神和月亮神就按照鸡神的提醒，有规律地东升西落。

吉祥之禽

由于"鸡"与"吉"同音，寓意为吉祥，鸡一直深受人们喜爱。在中国创日神话中，鸡是上天最先创造的。《太平御览》记载，天地初开，以一日做鸡，七日做人。为什么人类的神话不把自己作为上天最先创造的物种反而把一个小小的家禽编排为第一呢？神话学家认为，创日神话表达的实际是从混沌到有序、从黑暗到光明的主题，是以初民日常经验中的东方日出、白昼取代黑夜的自然现象为蓝本的。正因如此，古人从正月初一到初七都忌杀鸡、吃鸡。

鸡及其图像在节日生活、人生礼仪等诸多方面都得到广泛应用，具有辟恶驱邪的功能和象征意义。民间传说，鬼最怕听到鸡叫、看见亮光。小时候在农村，没有电，夜晚一片黑暗，大人们经常告诉孩子：晚上走夜路，最好带上火柴，如果遇见鬼，划火柴或学鸡叫，就可以把鬼吓跑。

过年用鸡是一种古老而普遍的习俗。早在汉代应劭《风俗通义》中就记载，除夕要将一只公鸡挂在门上，所谓"以雄鸡着门上，以和阴阳"。这种习俗后来演变为用鸡的图像来替代。晋人王嘉《拾遗记》中就提到当时的人们"每岁元日，或刻木铸金，或图画为鸡于牖上"，唐人也有"元日贴画鸡于朱户"的记载。直到今天，许多地方的人们还会张贴带有鸡图案的剪纸或年画。

鸡除了用在门户上，还是过年期间的重要祭品。祭神祀祖是重要的年节习俗活动，人们用丰富的祭品表达对神灵、祖先的感恩之情，并希望在新的一年继续得到神灵祖先的佑护，鸡则是不可或缺的祭品。有些地方，人们上供的祭品，或五牲或四牲或三牲，都包括鸡，且往往使用全鸡。

鸡不仅用于祭品，也是重要的食品。无论是待客还是自己享用，都少不了鸡。尤其是大年三十的团圆饭，更讲究一定要有全鸡。在我国的北方地区，曾有过二月初一吃太阳鸡糕的传统，而在河南淮阳一带，至今还流传着"三月三吃鸡蛋"的民谚，认为吃鸡蛋才能人丁兴旺。

勇武之禽

平凡而不懦弱，在强敌面前敢于拼命一搏，这就是鸡的勇武之气。我国春秋时期已经发现了鸡勇武的特性，把鸡看成好斗的勇士。孔子的弟子子路勇猛无比，常常戴着一顶雄鸡冠，以显示自己勇力过人。人们还利用鸡勇武的特性，形成了斗鸡的习俗。战国时期，斗鸡已进入平民百姓的日常生活。《战国策》说齐国的都城临淄非常富足，老百姓无不吹竽、鼓瑟、击筑、弹琴、斗鸡、走犬。因为斗鸡，春秋时期还发生了一起改变鲁国历史的重大事件。鲁昭公二十五年（前517年），鲁国卿大夫季平子与郈昭伯斗鸡，季平子给鸡套上护甲，郈昭伯给鸡套上金属爪子，两家因此发生争斗。鲁昭公攻伐季氏，季氏和叔孙氏、孟孙氏三家共同攻打鲁昭公，鲁昭公出逃，后来死于外地。这个故事说明春秋时期贵族已经把斗鸡看得很重并有了作弊的手段。此后，斗鸡之风愈演愈烈，相应地也出现大量描写斗鸡勇武的诗句。如"丹鸡被华采，双距如锋芒。愿一扬炎威，会战此中唐。利爪探玉除，瞋目含火光。长翅惊风起，劲翮正敷张。轻举奋勾喙，电击复还翔"，把鸡的勇武描写得淋漓尽致。

（原载《光明日报》2017年1月24日第12版）

大运河上的船民习俗

大运河是世界上开凿时间最早、里程最长、持续利用时间最久的人工河道。它绵延 3000 多公里，贯穿 8 个省市，奔流 2500 多年，有数不胜数的历史典故、民间传说、风土人情、民俗信仰。大运河上的船民依赖运河而生，长年累月地在水上劳作、生活，其物质生活习俗、精神生活习俗、社会生活习俗最为人们所关注和探寻。本文仅就其禁忌、婚礼与祭礼谈一谈自己的所见所闻、所思所想。

船民的禁忌

所谓船民，就是以船为家，并且在船上劳作，或捕捞，或运输，或从事一些与船密切相关的营生如罱河泥、捞水草、装粪、摆渡的人。其中从事捕捞的船民，就是人们熟知的渔民。20 世纪 50 年代之前，船民社会地位低下，生活很苦，过着朝不保夕的生活。俗话说："行船走马三分命""赶车玩船，死在眼前"。由于生存条件恶劣，个人抵御各种风险的能力太弱，船民除了自发组织起来建立船帮互相帮助外，只好祈求神灵保佑，在日常生产、生活中禁忌与祭礼就非常多。

大运河上的船民禁忌主要有：1. 忌说"翻"字。吃鱼不翻身。不得不翻时，就说"把鱼正过来"。2. 把"船帆"叫"船篷"。因为"帆"与"翻"谐音，不吉利。3. 不许将筷子架在碗上，不许把双脚荡出船舷外。4. 盛饭不说"盛"，要说"添"。"盛"与"沉"谐音，是不吉利的。5. 不许在船头钉钉子。6. 不许用铁链拴带两船。铁链太冷太硬，民间习俗认为铁链是阴间小鬼钩索人魂所用。为图吉利，要用绳索，棕绳、麻绳都行，也便于紧急情况下用斧子一砍就断。7. 结婚未满月的新娘子不得跨船串门。8. 新船下水，要敬神。

舱帆、船头、篷盖上系红绸飘带，用猪头鸡鸭香烛祭祀。9.旧船沉河或出卖、送人的，船上人家要下跪磕头。10.男人不得在船头大小便，女人马桶必须在天亮前清洗，不得暴露在舱面上……

这些禁忌产生的原因很多，有些是图个吉利，有些是为了安全或少惹麻烦而以禁忌的形式表现出来。据京杭大运河微山湖段的一位船民说，之所以不允许别人拿着鱼、油或者肉从自己家的船上经过，是因为这些东西不吉利，它们都是一种比较油滑的东西，寓意不好听，对跑船人不利，会滑掉生意，必须经过的话，就得把这类东西的一半留下来才行；船头比较神圣，是船民祭拜神像和家祖的地方，现在过年或者一些比较大的节日，船民依旧要在船头烧纸祭祀，不在船头大小便也是对神灵和家祖的敬畏。

大运河是流动的，运河文化也是流动的，民间禁忌随着大运河会传播到大江南北，但这并不意味着民间禁忌没有地域性。在大运河微山湖段，渔民就特别禁忌称呼他们为"猫子"。如果当着渔民的面如此称呼，他们会和你拼命的。渔民为什么被称为"猫子"呢？一种说法是渔民在狭窄的船上钻进钻出，像猫一样；一种说法是拜康熙皇帝之赐，当年康熙帝经过微山湖，看到大运河上渔民行动敏捷，感叹说"真轻如狸猫也"，渔民从此后便被称为"鱼猫子"。

我从小生活在微山湖西大运河边，经常看到船民，特别是渔民，而我们那个湖边小村，在内地的村民看来，也可以算作半渔村。正因如此，我上高中的时候，有个同学就开玩笑说我是"湖猫子"。在风俗习惯上，我们也有同渔民相同或相似的地方。只是，我们以务农为生，打鱼只是农闲时的"玩耍"，也常常"使船"，那是为了过河、过湖、运输庄稼。真正的渔民生活在微山湖里、大运河上，以抓鱼为生。

船民的婚礼

旧社会，船民社会地位低下，长年在运河上漂泊，居无定所，船民的女儿很想嫁给岸上的人，过个安稳日子，可岸上人一般不会找渔家女，除非自己家的儿子实在找不到媳妇。船民的儿子要找岸上人家的女儿更难。有歌谣说："有女不嫁弄船郎，一年空守半年房。有朝一日回家转，点灯熬油补衣裳。"船民生活得实在不容易。船民找不到媳妇,只好换亲。最常见的换亲是把自己家的女孩嫁给姑舅亲或者姨表亲的男孩,自己家的儿子再娶对方的女儿。正如歌谣里所唱:"你娶我妹我嫁兄,两家对调亲加亲。叔接嫂来伯续姨,闲人闲话当阵风。"由于彼此联姻太多,造成亲友间的关系复杂,称谓也复杂。不过,民间有的是智慧,概括成八个字,就是"亲不压族""各亲各叫",既顾及了家族利益,又照顾了姻亲脸面。新中国成立后,船民的经济地位和社会地位大为改善,但在婚姻的选择上,船民一般还是找船民,一是习惯使然;二是"门当户对";三是彼此有共同的生活习俗,相同或相近的爱好与价值判断,在以后的生产生活中更容易达成默契。

俗话说"十里不同风,百里不同俗",大运河北起北京,南到浙江,横跨数千里,船民的婚礼肯定各具特色,新旧婚礼也自是不同。从前船民生活艰苦,船小,船上空间狭窄,比较富裕的船民结婚时,会在岸上临时搭上棚子,摆酒席庆贺。多数船民结婚,只有把几条船靠在一起,把酒席在舱板上摆开,大家盘腿围坐,热闹一番,就算结婚了。

千里大运河上,船民婚礼比较有代表性的还是江苏淮安。淮安位于京杭大运河中部,是大运河上最古老的交通枢纽,有"居天下之中""扼漕运之冲"的美誉。淮安运河船民婚礼同岸上人家区别最大的地方在于迎亲用轿船。轿船又叫"船轿",和陆地上的迎新花轿相似,只是将轿子固定在船上,但没有底座和轿杆。做轿船一般选用小篷船或小划子,将轿身的四柱安插在篷架眼中,轿身依船体而定,一般比陆地上的轿子大一些。当地把接新娘叫"过喜船"。迎新娘之前,男家的喜船(即喜房)和轿船都要按照祖上立下的规矩早早停泊在女家船的上水头。轿船拂晓前就要到女家梳妆船旁边,女家放鞭炮请新郎上新娘子船。新郎上到新娘子家的船后,要坐在女家事先准备好的放在船头的红花被上。新娘梳洗更衣后,头上蒙上一幅边长一尺六寸(约为53厘米)的方布头红,到船头与新郎对面坐下。两人互相用衣襟盖在对方腿上,叫"结连理"。全福人(指父母健在,有丈夫,儿女双全的妇女)端上两碗挂面,两人对坐同吃,表示长命百岁、白头偕老。淮安船民迎亲时辰观念很强,必须在卯时(凌晨5点到7点)将新娘迎回,太阳出来时过船进喜房。待完成诸多仪式后,新郎还要随新娘回船到岳父母家探亲,相当于新娘子回门。新婚夫妇与娘家的全福人一起探望爹娘及没有散席的亲友，在娘家吃顿早中饭，随后要立即往自己家赶。回到家的时间一定要在中午时分。

婚礼讲究时辰，在全国各地都很流行，但拜堂的时辰，各地却是大不同，有的是清晨，有的是中午，还有的是傍晚。浙江桐乡的一位船民回忆，他那里的船民结婚，迎娶新娘子一定要带着太阳进门，才会发家。他1982年结婚，迎亲时，由于中午岳父家摆的是正酒，岳父按照当地的习俗喂鱼肉饭给他们新婚夫妻吃，又喂他们喝红枣烧的茶，临上接新娘的船时，又喂他们吃糕，时间耽搁得长了些。他们中午12点从岳父家出发，水手加快速度，比去时快了1小时，只用了6小时，可是，农历十一月的天气，晚上6点天已经黑了。此时拜堂成亲，已经看不见太阳，父亲见天黑了，气得不行，连晚饭都不肯吃。此后几天，父亲也拉着脸不和他们说话，新娘子和他说话也不理，由于一直在意他们结婚时没有带着太阳进家，怕影响家里的生意，结婚还不到两个月就和他们分了家。

苏绣非遗传承人府向红的家乡在苏州市吴中区光福镇，紧靠太湖，离大运河也不远，据她回忆，改革开放之前，光福镇还保留着傍晚拜堂的习俗。新郎带着迎亲队伍上午就去新娘家，在新娘家吃午饭，一直要等到看不见烟囱并在媒人再三催促下，新娘才肯离开娘家，与新郎回家拜堂成亲。

社会在发展，人们的习俗也在逐渐改变。在大运河上，富裕起来的船民如今结婚也在酒店办酒席，然后找个唢呐班子热闹一下，仪式已和岸上的人几乎一样了。

船民的祭礼

船民禁忌多，祭礼自然也更虔诚。在大运河的不同河段，有着各式各样的祭礼。

北运河船民的祭礼

在北运河段北京通州的大小庙宇里，既有南北方共同祭祀的水神如妈祖、龙王，也有北运河独有的祭祀水神如吴仲、小圣等。坐落在通州区张家湾镇里二泗村的佑民观，俗称娘娘庙，元代时就开始供奉水神天妃，即海神妈祖。里二泗是张家湾的一个重要码头，妈祖信仰显然是随着大运河而来并扎根于此的。清朝光绪年间的《通州志》记载："正月……自十五至三十，里二泗娘娘庙有庙场香会。""五月……里二泗娘娘庙亦于初一有庙场香会。"人们不仅一年两次祭祀妈祖，一月的庙会还会持续半个月。

吴仲在历史上实有其人，系明朝官员、水利专家。他于嘉靖年间修浚通惠河，深得人们爱戴和纪念。每年清明节前后，通州北关码头都会举行隆重的祭坝活动，以示不忘先人功德，同时祈求神灵保佑。祭祀活动丰富多彩，有巡坝戏，有"莲花落""太平调""地秧歌"，有"五虎棍""少林拳""耍叉"，有"茶水老会""进香老会"，还有"河南坠子""凤阳花鼓"……充分地显示了运河人的感念之情。

鲁运河船民的祭礼

在鲁运河段的重镇济宁，为满足人们的精神需求，修建了很多寺庙，民谣说："济宁州，阁楼多，三塔七寺十八阁。普照寺，铁塔寺，卧佛寺，慈灯寺。……三官庙里住老道，少说也有一百多。穷的拾字纸，富的吃白馍。一天三上殿，苦苦把头磕。"在夏镇，船民过去非常信神，一年之中几乎每月都有庙会，农历正月有灯会，二月有土地会，三月有圣母娘娘会，四月有泰山大会，五月有太平会，六月有雷祖、马王会，八月有祈祷平安会，九月有大王会，十二月有封湖冬会、造船会等。位于夏镇三孔桥北面的碧霞宫，老百姓俗称泰山庙，大运河经庙西绕道东流，每年农历四月的泰山庙会，祭祀活动盛况空前。会上有碧霞元君即泰山奶奶出巡，一日巡运河东，一日巡运河西，一日看神戏，往往聚集数万人，庙宇之大、香火之盛，在附近几个县市首屈一指。

大运河微山湖段的船民不仅到庙里烧香祭拜，日常生活中祭礼也很隆重。过年的时候，上供必须用猪头、公鸡和鱼。敬大王（龙神）时，要请艺人唱"端鼓腔"（端公腔），俗称"打端鼓"。"端鼓腔"的伴奏乐器是状如团扇的单面羊皮鼓，伴奏时左手把鼓端在手中，右手用竹制的鼓签敲击鼓面，随着不同的鼓点晃动下端的铁环子，发出悦耳的声音。新中国成立后，增加了扬琴、笙、二胡、笛子、琵琶、三弦、中阮等乐器，特别是以高胡做主弦，声音嘹亮、清脆，颇具水乡风味。"端鼓腔"演出剧目众多，有《刘文龙赶考》《张郎休妻》《魏徵梦斩小白龙》《五鬼昼夜闹皇宫》《唐王宫中许愿》《袁天罡长安卖卦》等。船民家的老人去世后，尸体要放在船头上，上面搭上芦席棚，摆上香供，还要请艺人来，唱上三天"端鼓腔"。孝子跪在一旁，迎接前来吊唁的亲友。至亲好友要送"三鲜供"，即一只鸡、一条鱼、一个猪头，有的还要送五样五碗，有点心、馒头、鱼肉等，用大盒子盛上，请两人抬着，俗称"抬盒子"，还要带纸钱，叫"送盘缠"。

江南运河船民的祭礼

在江南运河浙江嘉兴郊区王江泾，有一个网船会，是杭嘉湖、苏锡常以及上海一带船民十分重视的一个传统节日，据说已有三百多年历史。这是一个以刘猛将信仰为核心的文化圈。每年春节、清明节和八月十三刘王诞辰，都有盛大庙会。庙会期间的活动，一是大家各自进庙祭拜；二是抬着刘王塑像巡行；三是一些班口单独在船上或岸上临时搭棚举行的祭祀仪式；四是各种戏文、杂耍、高跷、龙舞、狮舞、花鼓、腰鼓等民间艺术表演。民间传说刘王叫刘承忠，元朝人，元末蝗虫成灾，刘承忠率领军队赶赴灾区扑灭蝗虫，又带领百姓捕鱼虾生产自救，终因劳累过度，被淹死在莲泗荡。人们感念他的恩德，为他立庙塑像，祭拜至今。

在桐乡炉头南面的运河北岸，还有一座宗扬庙。每年农历九月初九，这一带的渔民，都会赶去隆重祭拜，人称"渔船会"。宗扬是明朝的一位将军，有一年倭寇进犯桐乡，他奉命带兵沿着运河从杭州赶到桐乡增援，在皂林镇秀溪桥与倭寇激战，因寡不敌众，与部下九百人全部殉难。传说宗扬身负重伤后，突出重围赶赴桐乡，半路上，有一艘湖北帮的渔船正在运河中行驶。宗扬问："到桐乡县城有多远？"那些人用湖北口音说："七八里。"宗扬听成了"七百里"，一时心急，以为已经无法解围，便用剑砍断马腿，和马一起投河自尽。这天正好是九月初九。人们还传说，宗扬将军死后，被玉帝封为管渔民的神。大家为他造了座庙，年年祭拜。湖北籍的渔民祭拜宗扬格外虔诚，据说也是为了借此机会表达他们对英雄的愧疚与崇敬。

船民"见庙就烧香，遇神就磕头"，对神灵十分虔诚。很多船民不仅见庙就烧香，还在连家船上供奉着神灵，即船头菩萨，也有叫船老大的。这位菩萨是没有庙的，是个野神，船民待他好，把他请到船上供奉起来，所以他会尽心帮助船民。无论什么时候，只要船民在水上遇到灾难和麻烦，只要叫一声"船老大"，或是"船头菩萨"，他总会显灵，总会来救助船民。也有的船民很崇拜路头神，认为他们一天到晚在外漂泊，总是在路上，所以路头神对他们来说就显得格外重要。逢年过节，或是一旦遇到什么灾祸麻烦，他们首先想到的就会是"请路头"，就要向路头神祷告、祭拜，祈求他的保佑。

总之，船民祭拜的神灵，都是生前有恩于当地，成神后还能显灵庇护一方，实用色彩比较浓厚。

隋唐运河船民的祭礼

说到大运河，一般人就会想到京杭大运河。其实，大运河不只是京杭大运河，还有隋唐运河、浙东运河。2014年，中国大运河项目成功入选世界文化遗产名录，就包括了京杭大运河、隋唐大运河、浙东运河在内的三大部分，十段河道。值得一提的是，21世纪的今天，不仅京杭大运河还在使用中，隋唐运河、浙东运河也在发挥着重要的作用。隋唐运河不仅是一个历史概念，更是一个活态的运河。目前，隋唐运河河南段特别是永济渠（卫河）仍在发挥防洪、灌溉和生态景观作用，拥有河道、码头、桥梁、仓窖、水工设施、祭祀建筑、运河城镇等种类最为齐全的遗产类型。说到隋唐运河船民的祭礼，自然要提到华北第一古庙会——浚县正月古庙会。

浚县古城位于河南省鹤壁市，城依运河而建，隋唐运河浚县段（永济渠）呈西南—东北走向穿越浚县县境，全长约71公里。浚县正月古庙会因佛庙而生，因民众信仰而兴，迄今已有1000多年的历史。庙会会期长、辐射面广、规模宏大、历史悠久、内涵丰富，集信仰、集市、娱乐于一体，为华北古庙会之首。庙会从正月初一到二月初二，长达一个月；辐射豫、晋、冀、鲁、鄂、皖、苏诸省；每年参会民众达数百万之多，为其他地方所少有。庙会主体活动有四项：祭拜大禹、二郎神、大石佛（弥勒佛，当地人称为"镇河将军"）、碧霞元君等治水英雄和神灵，从晨至昏络绎不绝；社火表演，尤其是正月初九和正月十五、十六元宵节期间，浚县及周边各县上百家社火队相继登山朝顶，参演队伍排成长龙，声势浩大；民间文艺汇演；民间工艺品集中展示和交易。每年庙会期间，各地商贩搭棚售货，各路艺人竞相献技，数百种餐饮遍布街巷，展销的手工艺品上百种，鼓书、皮影、各类剧种汇集，使浚县古庙会成为珍贵的充分展示华夏农耕文明的活标本。庙会千年不衰，反映了人们感恩英雄、怀念先贤的美好情感和祈求平安、信仰"万物有灵"的朴素认知。

禁忌、婚礼与祭礼，体现出民间文化原生性、本真性、民间性、丰富性的特点，承载着历史上广大人民的生存方式和生存想象等大量的历史文化信息，特别是其中的感恩意识，是人们在历史上创造，以活态形式传承，未经刻意修改过的原生文化，对中华优秀传统文化的形成、发展和传承、弘扬起到了巨大作用。它是广大劳动人民特别是大运河上的船民在艰难的生活条件下生存下去的精神支撑，尤其给船民的精神慰藉难以估量。

（原载《新阅读》2020年第2期）

那些消失了的节日习俗

我国的传统节日不仅起源早、数量多,节日习俗也十分丰富。在几千年的历史长河中,随着社会的发展,生活方式的改变,有的节日消亡了;有的节日与其他节日融合了;有的节日还在,但节日习俗发生了很大变化;绝大多数节日,如春节、元宵节、二月二、清明节、端午节、七夕节、中元节、中秋节、重阳节等,生命力十分旺盛,只不过节日习俗有了或多或少的变化。事实说明,作为中华文明重要组成部分的传统节日,不仅适应农耕时代,也同样适应工业时代和信息时代。

我们先看一看距今 2000 年左右的两汉曹魏时期,人们都过哪些节日。根据史料记载,有正日、立春、春社、上巳、寒食、夏至、五月五日、伏日、七夕、秋社、重阳、十月朝、冬至、腊日。除了春社、秋社,其他节日人们依然在过着。有的节日你可能看着陌生,只不过名字有所变化而已。

再看看唐代的节日,有元日、人日、立春、上元节、耗磨日、正月晦、中和节、二月八日、上巳、寒食节、清明、四月八日、端午节、七夕节、七月十五、八月十五、重阳节、冬至、腊日、小岁日、岁除、社日、诞节、降圣节,多数节日我们现在还在过,有的节日就无人问津了。

由此看来,节日是不断变化的,汉朝人过的节日,唐朝人未必喜欢过;汉朝没有的节日,唐朝人也会创造出来。节日的此消彼长,表明民间文化从来没有一成不变的固定格式,只有获得广大民众的认可,才能传承久远。

在几千年的节日传承中,变化最大的还是节日习俗。有些节日习俗古代十分流行,到后世却消失得无影无踪。

一、燃爆竹、饮屠苏酒、换桃符

北宋文学家王安石写有一首名诗《元日》,至今家喻户晓:"爆竹声中一岁除,春风送暖入屠苏。千门万户曈曈日,总把新桃换旧符。"元日,就是元旦,也就是农历的正月初一。中华民国成立后采用公历,就把"元旦"这个名字给了公历的1月1日,而把农历的正月初一称为"春节"。这首诗生动地描述了北宋时期人们过年的习俗:燃爆竹、饮屠苏酒、换桃符。

在火药发明之前,人们过年时没有鞭炮,只有"爆竹",就是用火烧竹子,使之爆裂发声,以驱逐瘟神。因竹子焚烧时发出"噼噼啪啪"的响声,故称"爆竹"。南朝梁宗懔《荆楚岁时记》说:"正月一日……鸡鸣而起,先于庭前爆竹、燃草,以辟山臊恶鬼。"既烧竹子,又烧草,火光冲天中,爆竹声响个不停,新的一年就这样到来了。火药发明之后,人们开始燃放鞭炮,"爆竹"也就消失了。

屠苏酒是一种药酒,用多味草药浸泡制成,宋代以前,人们有在大年初一饮屠苏酒的习俗,认为可以预防瘟疫。《荆楚岁时记》记载南朝时:"正月一日……长幼悉正衣冠,以次拜贺。进椒柏酒,饮桃汤,进屠苏酒……"到了南宋,春节饮屠苏酒的习俗还在传承。陆游在其《除夜雪》诗中有"半盏屠苏犹未举,灯前小草写桃符"。宋代以后,这一习俗渐渐消失。

现在我们过年,时兴贴春联,但在宋代之前,春节要挂桃符,就是画有神荼、郁垒两个神像的桃木板,用来辟邪。每年正月初一,人们把旧的桃符撤下来,换上新的,此谓"新桃换旧符"。但撤换桃木板,毕竟不如贴春联更方便,宋代以后,贴春联就流行起来了。

二、吃冷食(寒食)

清明节不动烟火,只吃冷食(寒食)在过去是流传于大江南北的习俗,故清明节在很多地方又叫"寒食节"。其实,清明节和寒食节本不是一个节日,寒食节比清明节要早一天或两天,后来才合成了一个节日。寒食节在冬至后的第105天,所以也称"百五节"。这一天要禁烟火、吃冷食,故又叫"禁烟节""冷节"。届时,家家禁火,只吃现成食物。

在民间，相传清明节（寒食节）是为了纪念春秋时的晋国忠臣、孝子介子推的。介子推曾经跟随晋国公子重耳，就是后来的晋文公逃难，十九年不离不弃。在重耳没有食物的时候，介子推不惜割大腿上的肉供他充饥。重耳回国即位后，大封功臣，偏偏忘了介子推。后来有人启奏晋文公，说介子推功劳最大，应该重赏。晋文公立即派人寻找，介子推不愿回朝为官，背着母亲到绵山上隐居起来。晋文公找不到介子推，就火烧绵山，企图逼他出来。没想到烈火烧尽，也没见到介子推。众人上山寻找，发现介子推与母亲已被烧死。晋文公悲痛万分，为悼念介子推，下令这天不许生火，只能吃冷食。

两汉之际，桓谭在其所著《新论》中说："太原郡民，以隆冬不火食五日，虽有疾病缓急，犹不敢犯，为介子推故也。"明确记载了寒食习俗的发生地——太原，节期——5天，缘由——介子推，说明"禁火"、介子推、"寒食"三者已经连为一体。汉代生产力水平低下，隆冬季节不能生火，人们只能吃冷食，对于抵抗力较弱的老人、孩子，5天实在难熬。可到了东汉顺帝时期，五日寒食竟然延长到一个月，这就造成每年寒食节期间不少人生病以至死亡，这种节日习俗便成为陋俗。东汉末年，曹操下令，取消这个习俗。此后，随着王朝兴替，寒食习俗时禁时兴。待到寒食节和清明节合并成一个节日，寒食习俗在很多地方逐渐被人们淡忘。清代《燕京岁时记》说："清明即寒食，又曰禁烟节。古人最重之，今人不为节，但儿童戴柳、祭扫坟茔而已。"说明到清朝末年，北京人已没有寒食的习俗，寒食节已被清明节掩盖。如今，在鲁西南地区，清明节依然叫"寒食"，但没有冷食的习俗；在山西，民间还习惯吃凉粉、凉面、凉糕、炒面、"寒燕儿"等冷食，但并不妨碍人们吃热食。

三、吃枭羹、斗百草

考诸史料，端午节是最早出现的中国传统节日之一，战国时期就已经出现。在古代，端午节的习俗很多，如洒雄黄水，饮雄黄酒，佩戴香囊，插艾草，挂菖蒲，贴钟馗画像，以避瘟驱邪，如今，只有插艾草、吃粽子、划龙舟最为常见。在诸多消失的习俗中，最典型的就是吃枭羹、斗百草。

"忠"与"孝"是中国传统伦理道德中具有特殊地位的两个范畴，端午节的节俗活动具有鲜明的崇尚忠孝的文化内涵。对忠的崇尚，集中体现在对屈原的悼念；对孝的崇尚，反映在以枭羹作为节令食品方面。至迟在汉代，人们就认定，枭长大后会吃掉自己的母亲，由此获得了"不孝鸟"的恶名。《说文解字》说："枭，不孝鸟也。"对于这种不孝鸟，汉初已有磔之并做羹汤的习俗，朝廷中还用以赏赐百官。到唐代，枭仍然被视为"恶鸟"，皇宫里依然保留着五月五日以枭羹赐百官的传统做法。对"不孝鸟"以磔杀并吃掉的方式处理，表明了人们对不孝行为的痛恨。不知从什么时候开始，吃枭羹从端午节习俗中消失了。

斗草也曾是端午节的一大习俗。明朝人罗颀说，斗草开始于汉武帝时期，可见起源很早。其后，成为端午节的习俗。成书于南北朝时期的《荆楚岁时记》记载："五月五日，四民并踏百草，又有斗百草之戏。"北宋词人晏几道写有《临江仙·斗草阶前初见》，描写一位男子与一位少女在斗草节时初识，又于七巧节重逢的故事："斗草阶前初见，穿针楼上曾逢。"

历史上，留下了不少斗草的故事。唐中宗时期，安乐公主权势熏天。她喜爱在端午节斗百草，为了取胜，千方百计搜集比斗的花草。有一天，她忽然想到了一件东西，就是维摩诘佛像的胡须。这束胡须是南朝大诗人谢灵运的。谢灵运生前是个美髯公，被杀前，把自己的胡须捐给了寺院，用来装饰维摩诘佛像。美须一直被僧人珍视，已经保存了270多年。安乐公主立即派人去剪了一绺胡须来，把胡须装成草和对手比斗。胡须自然比草结实好用，安乐公主担心对手也想到这件宝贝，干脆命人把剩下的胡须全部剪下来。可怜谢灵运的胡须，只换得安乐公主一场斗草。

斗草有武斗、文斗之分。武斗就是"拔老根儿"，比试草的韧性。两人各选一根草，套住对方的草，用力拉扯，草断的一方为输。文斗就是比试谁认识的花草多，谁采到的花草品种多。《红楼梦》第六十二回"憨湘云醉眠芍药茵 呆香菱情解石榴裙"里，香菱与芳官等人玩斗草就是典型的文斗。

改革开放以来，短短40多年的时间，中国社会发生了天翻地覆的变化，以让世界瞠目结舌的速度，进入了信息时代。中国的传统节日，以其顽强的生命力，适应了这个时代，并依然发挥着敦亲睦邻、凝聚人心的作用。有的节日习俗，则随着城镇化的发展，人们生产生活方式的改变，民间禁忌的松动,逐渐消失。有的节日习俗,我亲身体验过,至今想来,还十分有趣。

我小的时候,每天放学后、节假日,都要去田野里割草,和小伙伴儿经常玩斗草。有时,也会用杨树叶来斗,看谁的梗更有韧劲。后来看到热衷于斗草的都是女孩儿,就不再玩儿了。现在才知道,男孩子甚至成年男人玩斗草在历史上并不稀奇,民国四年(1915年)的《顺义县志》记载:"男子于郊原采百草,相斗赌饮。"男人们不但玩斗草,还把斗草作为喝酒的赌注。

如今不论城市还是乡村,孩子们都有大量的、家长给买好的玩具,加上人们过于"讲卫生",斗草已难以见到。不要说过端午节,就是平时,也很少有人再玩这个游戏。

四、"引龙回""炒料豆"

小的时候,我一直认为过年是从腊八开始的,到二月二结束。二月二是个值得期待的节日。大清早,父亲会从锅灶下取出草灰,撒在门前、墙角、池塘边,有时还会把灰撒在院子里,撒成一个个圆圈,并象征性地放点粮食,有时还用草灰撒出一条线来,从池塘边一直撒到厨房的水缸下(即"引龙回")。我从来没有问过为什么要这样做,长大后才明白是为了拦门辟灾、辟除百虫、祈求风调雨顺。但不知什么时候,这个风俗就消失了。

那时候,虽然生活不富裕,但到了二月二,家家户户都会"炒料豆",就是把黄豆掺进沙土里炒熟。孩子们不但吃上了难得的炒豆,还要挨家挨户到邻居家去要,用衣襟兜着,然后一起分享。整个上午都沉浸在节日的幸福之中。50年过去了,再回忆起来依然乐趣无穷。如今人们的生活水平大幅度提高,没有哪个孩子再对炒黄豆满怀期待,二月二作为一个节日,在很多地方只剩下理发一个习俗了。

五、听牛郎、织女说悄悄话

七夕节是中国重要的传统节日之一,围绕着乞巧、乞智、乞美等形成十分丰富的习俗活动,如穿针引线、漂巧芽、染凤仙花等,而讲述牛郎织女传说也是传统社会七夕节的重要内容。民间传说,七月七日牛郎和织女鹊桥相会,如果你在夜深人静时谛听,就能听到他们的私语声或哭泣声。由于各地物产不同，人们偷听的地点也不一样，多数在豆棚、瓜架下。如吉林地区，人们会让不到12岁的小孩在黄瓜蔓底下偷听，在天津、晋东南等地则是让小孩子躲在葡萄架下细听。山东枣庄，是让不满12岁的少女傍晚在葫芦架下偷听牛郎织女说私房话。我小的时候，也曾在大人的鼓励下，到眉豆架下，从枝蔓间隙往天上看，看看牛郎、织女两颗星是不是渐渐靠近，能不能听到牛郎、织女说悄悄话。这些习俗活动，对于今天的孩子来说是多么的不可思议，但那时对于我，十分神秘而有趣。

2005年，中宣部、中央文明办、教育部、民政部、文化部联合发布《关于运用传统节日弘扬民族文化的优秀传统的意见》，充分肯定了传统节日的多重价值。2006年，春节、清明节、端午节、七夕节、中秋节、重阳节等传统节日被列入我国第一批国家级非物质文化遗产名录。2017年中共中央办公厅、国务院办公厅印发的《关于实施中华优秀传统文化传承发展工程的意见》更明确提出要实施中国传统节日振兴工程，丰富春节、元宵、清明、端午、七夕、中秋、重阳等传统节日文化内涵，形成新的节日习俗。在此背景下，不少学者深入民间，进行节日调研，出版了一批节日方面的精品力作。比如，2008年，由中国民间文艺家协会组织、冯骥才先生主编的《我们的节日·清明》《我们的节日·端午》《我们的节日·中秋》《我们的节日·春节》陆续推出。该书对4个传统节日进行了全面的介绍，有传说、歌谣、谚语、对联、风俗、饮食、游艺、文艺等，语言简练，深入浅出。李耀宗先生编纂的《中华节日名典》，搜集了我国各民族传统节日2700多个，充分体现出中华民族节日文化的多元性和丰富性。一书在手，几乎可以查阅到所有传统节日。二十四节气方面，张勃、郑艳所著《中国人的时间智慧——一本书读懂二十四节气》一书系统描述了我国二十四节气的起源流变、文化精神、当代价值与保护传承，并分析了节气与节日的关系，让你"一本书读懂二十四节气"。

通过对传统节日及其习俗变迁的考察，我们就会发现，变，永远是主题，不以个人意志为转移。节日习俗的此消彼长，有自然原因，有人为因素，因应这种变化，让传统节日更好地融入我们这个时代，从而丰富、满足广大人民群众的文化生活和精神需求，是我们必须关注的重大课题。

（原载《新阅读》2021年第9期）

二

探源民间

"西狩获麟",孔子究竟看到了什么?

一、西狩获麟

春秋末年,麒麟现身巨野泽。《春秋·哀公十四年》载:"十有四年春,西狩获麟。"《左传·哀公十四年》载:"十四年春,西狩于大野,叔孙氏之车子鉏商获麟,以为不祥,以赐虞人。仲尼观之,曰'麟也',然后取之。"这两段史料说明,鲁哀公十四年即公元前481年,也就是孔子去世的前两年,一代学问大师孔子看到了实实在在的、当时一般人已经难以见到的"麒麟"。这在当时本不是什么惊天动地的事情,但由于麒麟在先秦时期就是"四灵"[①]之一,是华夏民族特有的带有神性的动物,加上后世文人的渲染,"西狩获麟"竟成为中国文化史上带有里程碑意义的大事。

有人认为,孔子因为麒麟在乱世出现,悲叹自己生不逢时,把正在写作的《春秋》打住,《春秋》记事到此为止;也有学者认为,孔子是因为见到麒麟,深恐自己的事业后继无人,才动手写作《春秋》。《公羊传》说:"春,西狩获麟。何以书?记异也。何异尔?非中国之兽也。然则孰狩之?薪采者也。薪采者则微者也,曷为以狩言之?大之也。曷为大之?为获麟大之也。曷为为获麟大之?麟者,仁兽也。有王者则至,无王者则不至。有以告者曰:'有麇而角者。'孔子曰:'孰为来哉!孰为来哉!'反袂拭面涕沾袍。……西狩获麟,孔子曰:'吾道穷矣。'"《史记·孔子世家》则记载:"鲁哀公十四年春,狩大野。叔孙氏车子鉏商获兽,以为不祥。仲尼视之,曰:'麟也。'取之。曰:'河不出图,雒不出书,吾已矣夫!'"颜渊死,孔子曰:

[①] 《孔子家语·礼运》:"麟、凤、龟、龙谓之四灵。"

'天丧予！'及西狩见麟，曰：'吾道穷矣！'喟然叹曰：'莫知我夫！'……子曰：'弗乎弗乎，君子病没世而名不称焉。吾道不行矣，吾何以自见于后世哉？'乃因史记作《春秋》，上至隐公，下讫哀公十四年，十二公。"不论是因麒麟出现写《春秋》还是因麒麟出现不再写《春秋》，麒麟的出现不同凡响是确定无疑的。

《公羊传》还只是说麒麟"非中国①之兽也"，而到了后世，多数学者认为麒麟只是传说中的一种动物，在现实生活中并不存在，也有一些学者认为麒麟在古代确实存在。至于是哪一种动物，有不同的说法：有的学者认为麒麟是獐，所以古书上说麒麟是"麋身"，有的学者认为麒麟就是现实中的牛，还有的学者认为是印度犀牛。

那么，麒麟在现实生活中是否真的存在过？如果麒麟是真实存在过的动物，"西狩获麟"时，孔子究竟看到了什么？

笔者认为，说麒麟"只是古代传说中的一种动物"，"现实中并不存在"，是站不住脚的。其一，在我国最早的成熟文字甲骨文和最早的诗歌总集《诗经》中，就有关于麒麟的记载。殷墟发现的可识别的甲骨卜辞中，多次出现麒麟，如"又（侑）白麟于大乙"（《甲骨文合集》36481正），"庚戌卜贞，王囗……于麟、驳、駁"（《甲骨文合集》36836）……其中"又（侑）白麟于大乙"出自甲骨卜辞中一片非常著名的"小臣墙刻辞"："小臣墙比伐，禽（擒）危、美……人廿人四……又（侑）白麟于大乙。"（《甲骨文合集》36481正）这是一次战争俘获与赏赐的记录，是出土文献中最早而且是目前仅见的关于"白麟"的记录。值得注意的是，用"白麟"祭祀大乙即商朝开国君主商汤②，在"国之大事，唯祀与戎"、鬼神信仰十分盛行的商代，显示出人们对"白麟"的高度重视。

这两片卜辞都是帝乙、帝辛时代（前1101—前1046年）的，证明在商朝后期，麒麟的地位已经很高，但并不难见到。

---

① 先秦文献中的"中国"指当时的中原一带，即黄河中下游地区，包括今河南省的大部、山东省西南部、河北省南部、山西省南部。

② 商汤，名履，又称成汤、武汤、武王、天乙。在殷墟甲骨文中称成或唐，亦称大乙。西周甲骨文与金文中称成唐。

殷墟甲骨文是商王室用于占卜记事而刻（或写）在龟甲、兽骨上的文字，商代臣民对鬼神信仰十分虔诚，"国之大事，唯祀与戎"，人们不大可能欺骗鬼神；商朝灭亡后，甲骨文被深埋地下3000年，不大可能存在后人造假的问题，还是很可信的。

《诗经》中，也有对麒麟的歌颂和褒扬："麟之趾，振振公子，于嗟麟兮。麟之定，振振公姓，于嗟麟兮。麟之角，振振公族，于嗟麟兮！"①赞美贵族公子，而以"麟"起兴，说明麒麟在当时人的心目中地位之高，同时也反映出麒麟的真实存在。

其二，《春秋》和《孔子家语》中关于"西狩获麟"的记载，为我们提供了生动的例证。孔子非常严谨，《论语》说他不谈论怪异、勇力、悖乱、鬼神。②他对于《春秋》的写作高度重视。在写作《春秋》时，"笔则笔，削则削，子夏之徒不能赞一辞。弟子受《春秋》，孔子曰：'后世知丘者以《春秋》，而罪丘者亦以《春秋》。'"③因此，《春秋》记载的内容，应该是可信的。《春秋·哀公十四年》载："十有四年春，西狩获麟。"由此可知，孔子当时看到了实实在在的、一般人已经难以见到的"麒麟"。近年来被学者称为"孔子研究第一书"的《孔子家语》对"西狩获麟"的记载更为详细："叔孙氏之车士曰子鉏商，采薪于大野，获麟焉，折其前左足，载以归。叔孙以为不祥，弃之于郭外。使人告孔子曰：'有麏而角者，何也？'孔子往观之，曰：'麟也，胡为来哉？'反袂拭面，涕泣沾襟。叔孙闻之，然后取之。子贡问曰：'夫子何泣尔？'孔子曰：'麟之至，为明王也。出非其时而见害，吾是以伤焉。'"④

其三，从古文献看，麒麟在商代之前的中原时常出现，西汉至北宋时也有麒麟的活动。如汉武帝元狩元年（前122年）往雍郊祀而获一角兽麒麟⑤；汉明帝永平十一年（68年）麒麟出现⑥；汉章帝元和二年至章和元年（85—

---

① 《诗经·国风·周南·麟之趾》。
② 《论语·述而第七》："子不语：怪、力、乱、神。"
③ 《史记·孔子世家》。
④ 《孔子家语·辩物第十六》。
⑤ 《史记·孝武本纪》。
⑥ 《后汉书·明帝本纪》。

87年）"麒麟五十一见郡国"[1]；汉安帝延光三年（124年）"麒麟见阳翟"，同年八月"颍川上言麒麟一、白虎二见阳翟"，延光四年（125年）正月东郡上言"麒麟一见濮阳"[2]；汉献帝延康元年（220年）"麒麟十见郡国"[3]……

由此看来，麒麟怎么能只是古代传说中的一种动物，现实中并不存在呢？！

那么，麒麟到底是什么呢？笔者认为，真实的"麒麟"或者说"西狩获麟"时孔子见到的"麒麟"，不是獐，不是牛，也不可能是印度犀牛，麒麟就是麒麟，它是一种与麋鹿相似的鹿科动物，只不过到了后世由于气候变化和人类的猎杀而消失了。麒麟的模样也不像后世描述的那样：龙头、鹿角、狮眼、虎背、熊腰、蛇鳞、马蹄、牛尾。

我们从现存的汉碑上还能看到汉代人心目中的麒麟形象，如东汉山阳太守碑上的麒麟就像一头鹿。成书于秦汉之际的《尔雅》[4]则说："麟，麕身，牛尾，一角。"也就是说，孔子见到的麒麟，是一头长得很像麋鹿的动物。

明朝时期的人曾把长颈鹿误认为是麒麟，足以说明麒麟是一种与麋鹿相似的鹿科动物。曾随郑和在1413年、1421年、1431年三次下西洋的马欢，在其所撰《瀛涯胜览》中提到了"阿丹国麒麟"：阿丹国麒麟，前足高九尺余，后足六尺余，项长，头昂，至一丈六尺，傍耳生二短肉角，牛尾，鹿身，食粟豆饼饵。阿丹国就是亚丁国，在今天的亚丁湾一带。马欢所说的"阿丹国麒麟"，其实就是长颈鹿。

麋鹿是中国特有的珍稀动物，体长约2米。雄性肩高0.8—0.85米，雌性高0.7—0.75米。初生崽12公斤左右，一般成年雄麋鹿体重可达250公斤，角较长，每年12月脱角一次。雌麋鹿没有角，体型也较小。善游泳，喜群居，因面似马、角似鹿、蹄似牛、尾似驴而俗称"四不像"。由于它有

---

[1] 《宋书·符瑞志》。
[2] 《后汉书·孝安帝纪》。
[3] 《宋书·符瑞志》。
[4] 多数学者认为，《尔雅》成书的上限不会早于战国时期，因为书中所用的资料，有的来自《楚辞》《庄子》《吕氏春秋》等书；成书的下限不会晚于西汉初年，因为汉文帝时已经设置了尔雅博士。

宽大的四蹄，非常适合在泥泞的树林沼泽地带寻觅青草、树叶和水生植物等。麋鹿在3000年以前相当繁盛，主要分布在中国的中、东部，日本也有，东海、黄海及其附近海域也曾发现麋鹿的化石。由于气候变化和人类的猎杀，汉朝末年麋鹿在中原就近乎绝种，只有少量存在于长江中下游沼泽地带。在150多年前野生麋鹿就消失了。

比麒麟、麋鹿幸运一些的是扬子鳄。扬子鳄是短吻鳄的一种，古称鼍或鼍龙。它生活在地球上已6000万年，比人类的历史长得多。扬子鳄性格凶猛，寿命可达一两百年，体长可达2米。背面覆有六列坚硬角质鳞板，这就是传说的龙身上的鳞甲。背部多为暗褐色，即青色，故多称青龙或苍龙；腹面为灰色，有黄灰色横条；尾巴有灰黑相间的环纹。现今扬子鳄分布在长江下游的有限地段中，但在公元前4000—前3000年，在北纬36度附近却有鳄的存在。山东兖州王因遗址发现了至少分属于20个个体的扬子鳄残骨，与其他水生动物如鱼、龟、鳖、蚌等的遗骸混杂在灰坑中。这些鳄大的有1.5米以上，小的不到1米。骨板深黑，被火烧过。显然，灰坑中的残骸都是6000多年前的王因人熟食了这些水产品后弃置而成。烧黑的骨板是他们烧吃鳄肉的铁证。泰安、泗水、兖州、滕县各地发现的商代及以前的鳄皮制品也应该是就地取材、当地制作的。

笔者认为，麋鹿、扬子鳄的命运可以看作麒麟命运的一个旁证。由于商代之前鲁西南地区气候比较温暖湿润，又有大野泽、菏泽、雷夏泽及黄河、济水等广阔的水域，这里自然成了麒麟、麋鹿、扬子鳄等动物生长繁殖的乐园。西周之后，由于人类的滥捕滥杀，加上该地区的气候变得干旱，水域大面积减少，麒麟、野生麋鹿逐渐消失在人们的视野中。

二、进入民间传说的麒麟

现实世界中麒麟的消失为麒麟在传说中留下广阔的想象空间，借由人们的想象，麒麟无论在形象上，还是在德行上都发生了巨大的变化。

麒麟的形象，在汉代人的眼里，还是和麋鹿一样的动物，汉代之后，日益丰满。唐宋时期，麒麟已成为集众多动物特点于一身的神兽、仁兽：龙头、鹿角、狮眼、虎背、熊腰、蛇鳞、马蹄、牛尾。

"西狩获麟"之前,麒麟已经带有神性。如前所述,商朝人用"白麟"祭祀大乙即商朝开国君主商汤,其地位不仅高于人牲,甚至高于用方伯做的人牲[①]。"西狩获麟"之后,随着儒家思想的传播,进而被定为一尊,麒麟被进一步神化,其形象日益丰满,其德行日益完美。被当今学者誉为"保存了某些独一无二的文献资料,是研究孔子、孔子弟子及先秦两汉文化典籍的重要依据"[②]的《孔子家语》,在提到麒麟时,已经把它作为神性动物来记述了:"何谓四灵?麟、凤、龟、龙,谓之四灵";如果君主遵循礼制,则"天降甘露,地出醴泉,山出器车,河出马图,凤凰、麒麟皆在郊薮";等等。

宋代学者罗愿撰《尔雅翼》,对于后世神化麒麟的现象做了一番总结,可谓代表之作:"麟,麐,麕身,牛尾,一角,《春秋》之书麟,亦曰有麕而角者耳。盖古之所谓麐者止于此,是以其物可得而有,其性能避患,不妄食集,故其游于郊薮也,则以为万物得其性,太平之验,是不亦简易而自然乎!至其后世论麐者,始曰马足,黄色,圆蹄,五角,角端有肉,有翼,能飞,含仁怀义,音中律吕,行步中规,折还中矩,游必择土,翔而后处,不履生虫,不折生草,不群居,不旅行,不犯陷阱,不罹罘网,牡鸣曰游圣,牝鸣曰归和,夏鸣曰扶幼,秋鸣曰养绥。呜呼,何取于麐之备也!"

先秦以来,民间产生了数不尽的有关麒麟的传说,如《麒麟送子的传说》《梦麟而生孔子的传说》《西狩获麟的传说》《麒麟被获和孔子"见麟而死"的传说》《麒麟冢、麒麟台的传说》《获麟集的传说》《麒麟兜肚的传说》《麒麟锁的传说》《牛生麒麟的传说》《麒麟李的传说》等。这些传说,在山东省的西南部地区特别是巨野县(今属菏泽市)、嘉祥县(今属济宁市)尤其盛行。

明朝天启年间编写的《巨野县志》记载:"巨野东南金山下焦氏山产麒麟,孔子未生时,麟衔玉书至阙里,其文曰:'水精子继衰周而素王。'颜氏异之,以绣绂系麟角,信宿而去。怀妊十一月而生孔子。遂改焦氏山为麟

---

① 参见王晖《古文字中"麐"字与麒麟原型考——兼论麒麟圣化为灵兽的原因》,《北京师范大学学报(社会科学版)》2009年第2期。

② 王承略:《论〈孔子家语〉的真伪及其文献价值》,《烟台师范学院学报(哲学社会科学版)》2001年第3期。

山。"这段记载,既是当时民间麒麟送子传说的反映,又成为后世《麒麟送子的传说》的母本。

《麒麟送子的传说》故事情节大略是这样的:在孔子的故乡曲阜,有一条阙里街,孔子的家就在这条街上。孔子的父亲孔纥(叔梁纥)与母亲颜徵在仅有孔孟皮一个男孩,但患有足疾,不能担当祀事。夫妇俩觉得太遗憾,就一起在尼山祈祷,盼望再有个儿子。一天夜里,忽有一头麒麟踱进阙里。麒麟举止优雅,不慌不忙地从嘴里吐出一方帛,上面还写着文字:"水精之子孙,衰周而素王,徵在贤明。"第二天,麒麟不见了,孔纥家传出一阵响亮的婴儿啼哭声。孔子诞生了。[1]

牛生麒麟的传说在巨野县也有多种版本,皆生动详细,活灵活现。在巨野县麒麟镇的传说是这样的:春秋时期,巨野泽畔有一宋姓老汉,日出而作,日没而息,过着安乐而平静的生活。他家中养的一头舐牛[2]怀犊了,可过了老长时候还迟迟不将[3]。地里急需耕种,宋老汉只好再套上牛去耕地。到了地里,套牛耕地,犁到这头犁那头,犁到那头犁这头,一气犁到中午时牛不走啦。宋老汉只好让它歇子[4]。歇子的时候,牛趴下开始抱[5]犊。宋老汉大喜,急忙给它准备草料,在一旁照护着。不一会儿牛抱下一个犊子,宋老汉一看,大吃一惊。那个犊子长得太奇怪啦,啥都像又啥都不像,头上有角,身上有鳞,马蹄子,牛尾巴。更让宋老汉吃惊的是,那怪物一落地就活蹦乱跳,见风就长,还饥不择食,一转眼竟将宋老汉犁地用的犁铧片吃掉半拉。宋老汉心想:我这一辈子也没听说过这样的东西,别说见啦,它连生铁都能嚼动了,吃人不跟喝面条似的?老汉当是一头怪物,害怕连自己也吃了,惊慌忙乱,拿起打坷垃的榔头一下子就把它打死啦。这件事一传十、十传百,传到了鲁国国都。国君听说了这回事,请孔子前去察看。孔子受国君之托,急急忙忙从曲阜赶到巨野泽。孔子一看是神兽麒麟,非常伤心,大哭一

---

[1] 据巨野县文化局提供的资料(电子版)。
[2] 舐牛:母牛。
[3] 不将:巨野方言,即分娩。
[4] 歇子:巨野方言,即休息。
[5] 抱:巨野方言,即分娩。

场。人们这才知道这头怪兽叫麒麟，是仁兽、瑞兽，给人们送福来啦。宋老汉后悔不及。孔子说："这事也不怨你，这是天意。您想想，既然麒麟是神兽，日行千里夜行八百，平时人见都见不到它，别说逮它啦。这是它主动现身，叫你打死的。预示天下将要大乱。"果然，不久天下大乱，各国征战开始了。①

这个故事，在清朝道光年间编写的《巨野县志》里有记载：雍正十年（1732年）六月初五日辰时，巨野新城农民李恩家母牛产一麒麟。《曹州府志·艺文》载有山东巡抚岳濬的《恭贺瑞麟表》，描述甚详。

这些传说，有一个共同的特点，即麒麟是神兽、仁兽、吉祥物，能预知未来，能给老百姓带来福气。正如唐代文学家韩愈所说："麟之为灵，昭昭也。咏于《诗》，书于《春秋》，杂出于传记百家之书，虽妇人小子皆知其为祥也。"②

由麒麟传说所引发出的麒麟崇拜和相关习俗以及由此派生出的戏曲、民谣、曲艺、舞蹈、建筑、雕刻、刺绣、剪纸、绘画等艺术更是经久不衰。巨野民间流行祈麟送子风俗，方式是由不育妇女扶着载有小孩的纸扎麒麟在庭院或堂屋里转一圈。也有学阙里人的样子，系彩于麟角。

如果说麒麟在现实中的消失是人类社会的一大损失，由麒麟传说引发出的麒麟崇拜和相关习俗对我国民间文学、民间工艺的贡献则是人们意想不到的弥补。

三、麒麟传说的背后

从现实存在的动物到传说中的动物，再到人们认为它只是传说中的动物，麒麟的故事反映出历史与传说之间的复杂关系。

众所周知，民间传说是围绕客观实在物，运用文学表现手法和历史表达方式构建出来的，具有审美意味的散文体口头叙事文学。在民间传说的创作中，客观实在物始终处于核心地位，因此人们又将它称为"传说核"。"传说

---

① 据巨野县文化局提供的资料（电子版）。
② （唐）韩愈：《获麟解》。

核"可以是一个历史人物、历史事件，也可以是一个地方的古迹或风俗习惯等。因此，民间传说无不包含着历史真实的要素，我们从民间传说中还是可以找到历史的真实存在的。

殷墟甲骨出土地的安阳属于豫东，"西狩获麟"发生地的巨野属于鲁西南[1]，反映出先秦时期豫东、鲁西南的地理环境适宜麒麟生存，这是该地产生并传播麒麟传说的基本要素。

地理环境是指一定社会所处的地理位置以及与此相联系的各种自然条件的总和，包括气候、土地、河流、湖泊、山脉、矿藏以及动植物资源等。地理环境对于人类的生存与发展影响甚大，也决定着文化、文明的产生与传播——特别是在人类社会的早期。先秦时期鲁西南地区优越的地理环境使麒麟传说具备了可能性，也使麒麟传说向四周传播并成为中华民族共同的特殊的记忆具备了必然性。依据近年来的考古调查发现，我们认为，鲁西南地区的地理环境在先秦时期是气候温暖、雨量丰沛，沼泽遍布、林木茂密，动植物资源丰富，故而一般人不易见到的珍稀动物在这里出现不足为奇。

考古发现证明，在距今8000—5000年，全球气候较今天温暖得多，被称为全新世中期或全新世大暖期。据当代著名的地理学家和气象学家竺可桢先生研究，商代的气候温暖而潮湿，温度比今天要高出2℃—3℃。[2]黄河流域史前及商代遗址里发现许多厚壳蚌及蚌制品：镰、刀、矛、镞、饰物等，尤以河南、山东交界处为多。1975年在兖州王因遗址出土的蚌壳多达数十公斤；梁山青堌堆遗址发掘面积仅72平方米，蚌壳亦有十数公斤之多。其中以一种壳体甚厚、壳面多瘤的丽蚌最多，其次为壳体较扁平宽大的帆蚌。前

---

[1] 狭义上的鲁西南专指位于山东省西南部的菏泽市（下辖一区八县），有时也包括古大运河以西山东省济宁市的二区五县（市中区、任城区、金乡县、嘉祥县、鱼台县、梁山县、汶上县）。"鲁西南"的名称最早出现于抗日战争时期中国共产党在山东曹县建立的鲁西南地委，那时的鲁西南大体上包括山东省的曹县、定陶县、菏泽城区的西部与南部，当时属于河北省的东明以及长垣东部，河南省的兰考、民权、商丘与砀县接壤的部分地区，中心是曹县。新中国成立后，鲁西南的概念有所扩大，除了以前的鲁西南地区外，增加了运西地区（大运河以西，以郓城为中心）、湖西地区（微山湖以西，以单县为中心）。包括现在菏泽市的全部地区以及济宁的一小部分、河南省的一小部分。本文中所说的"鲁西南"，指的是泰沂山脉断裂带以西的地区，大体为今泰山以西的菏泽全部，济宁大部，枣庄、泰安、聊城的一小部分。重点或中心点是菏泽地区。

[2] 参见竺可桢《中国近五千年来气候变迁的初步研究》，《考古学报》1972年第1期。前

者现仅存在于长江以南,后者适应性较强。1976年至1979年春,菏泽地区文物工作队对曹县莘冢集遗址进行了两次发掘,出土了陶网坠、陶纺轮、骨锥、骨凿、骨匕、骨棱形器、石铲等。另外,还有大量的鱼刺、螺壳和少量的兽骨等。这些遗物在别的堌堆遗址中也有大量发现,反映了商代先民的经济生活虽以农业生产为主,但渔猎和采集经济仍占有相当大的比重。1984年,北京大学考古系对菏泽市的安邱堌堆遗址进行发掘,发现了有明显使用痕迹的蚌镰、蚌刀、尖锐锋利的骨针、骨锥、骨镞等[1]。考古工作者在定陶县官堌堆遗址发现了蚌壳坑,发现和采集了新石器时代和商、周时期的大量遗物,计有鹿角化石、野生动物骨骼、牙齿、石刀、石斧、石镰、骨针、贝壳、陶斧等。

一般来说,气候变暖,导致气候带北移,华北大平原地区以及黄河流域的降水也相应有较大幅度增加。地处黄河下游大平原上的鲁西南地区,乃降水丰沛之地。根据成书于春秋、战国时的《禹贡》《左传》等书记载,鲁西南地区在先秦时期著名的湖泽有菏泽、大野泽、雷夏泽、孟诸泽,著名的河流有济水、濮水、沮水、灉水、菏水、泗水。菏泽、大野泽、雷夏泽、孟诸泽的主体水域都在今天的菏泽地区,其中以大野泽水域最为辽阔。

《水经注·济水》曰:"巨野,湖泽广大,南通洙、泗,北连清、济。"《元和郡县志》说:"大野泽,一名巨野,在县东五里,南北三百里,东西百余里。"《大清一统志》说:"(大野泽)在巨野县北五里,济水故渎所入也。自汉元光三年,河决濮阳瓠子,注巨野,下逮五代晋开运,宋咸平、天禧、熙宁,金明昌,元至正决入者凡六次,自涸为平陆,而岸畔不可复识矣。"

经多次文物普查发现,巨野县东北部,嘉祥县的西部,郓城县的东部,梁山县的东部,再北至今东平湖,基本上不见堌堆[2]遗址。这一南北长条状地带,应为大野泽的方位和范围。若以堌堆遗址为大野泽四至坐标的话,西

---

[1] 北京大学考古系商周组、山东省菏泽地区文展馆、山东省菏泽市文化馆:《菏泽安邱堌堆遗址发掘简报》,《文物》1987年第11期。

[2] 古人为了躲避水患,常择高地而居。这种高地,古人称为"丘"(今或作"邱"),如"陶丘""楚丘""商丘";或称"虚"(今多作"墟"),如"颛顼之虚""昆吾之虚""少皞之虚";或称"陵",如"桂陵""马陵""鄢陵"。今鲁西南、豫东、皖北一带称之为"堌堆"或"孤堆"。

岸自南至北的堌堆遗址为：巨野县田庄镇冯堌堆遗址→郓城县城东 3 公里的苏庄遗址→梁山县城西北方向的土山遗址→梁山县大路口乡贾堌堆遗址→再北至现东平湖西岸。东部一带的嘉祥县的老僧堂乡、梁宝寺乡和黄垓乡均无堌堆遗址，当为东岸以内的湖区范围。能够确定的是，东岸中北部梁山县开河乡五里堡的吴堌堆遗址→梁山县李官屯乡的青堌堆遗址，再向北则为现东平湖东岸。大野泽北岸当年与现东平湖北岸相当。南岸则以巨野县麒麟镇的麒麟台遗址为界。若将这组堌堆遗址连起线来，则形成南北方向呈长条状的区域。若以此来推断，大野泽的水域面积约在 2000 平方公里（南北长约 70 公里，东西宽约 30 公里）。[①]

一系列的考古发现表明，鲁西南地区在先秦时期沼泽遍布、林木茂密，动植物资源丰富，麒麟在这里生存繁衍是非常自然的。

一直到金、元黄河泛滥之前，以菏泽为中心的鲁西南地区在中国社会发展史上都举足轻重。鲁西南地区是古代九州之一——"兖州"的中心区域，地理位置十分重要，交通发达，号称"天下之中"，为当时的交通枢纽。在麒麟传说产生以后，鲁西南地区优越的地理环境又成为它得以迅速传播的必不可少的条件。

（原文系笔者于 2010 年 11 月 3 日在山东省巨野县首届中华麒麟文化研讨会上的发言稿，收入本书时做了修改润色）

[①] 参见张启龙《从鲁西南堌堆遗址看古泽薮地望》，载谢治秀主编《齐鲁文博：山东省首届文物科学报告月文集》，齐鲁书社 2002 年版，第 385—388 页。

曹县花供会探源[*]

花供会是山东曹县桃源集一带民众为供奉火神而兴起的民间传统庙会，正日子在正月初七。因用白面、鸡蛋、萝卜等雕刻或捏塑成的人物、动物、建筑物及瓜果、花卉等供品，造型生动，花样繁多，故有"花供会"之称。2002年2月17日、18日两天，即农历壬午年正月初六、初七，是三年一度的大会，笔者到现场做了尽可能详尽的调查采录，现整理并结合相关资料对花供会来历做初步探讨如下，以备同志者参考。

一、曹县、桃源集与花供会

曹县地处山东省西南部，为素有"面塑之乡""戏曲之乡""牡丹之乡""武术之乡"四乡之称的菏泽市所辖。东临单县，东北、北和西北与成武、定陶、牡丹区、东明接壤，南、西南与河南商丘、民权、兰考毗连。曹县历史悠久，商朝的第一个国都亳就在今曹县城南。西周时，今境北部为曹国，南部为宋国，西南有卫国贯邑。公元前487年，宋灭曹，其地入宋。战国以后，屡经变迁。元代时，北属济阴县，东南属楚丘县，并隶曹州府。明洪武元年（1368年），因河患迁曹州治于安陵镇，翌年，再迁盘石镇（今曹县城），并撤楚丘县入曹州。1371年，除曹州为曹县，改属济宁府，此为曹县得名之始。此后，几经区划变革。2000年菏泽撤区建市，曹县成为菏泽市治下的一区八县之一。

桃源集位于曹县北部，隶属桃源镇，105省道（俗称庄青路）从其南部穿过。桃源集实际上是一个自然村，由七街构成，人口约8000人。所谓七

---

[*] 本文系与张勃教授合作写成。

街，是以四条街道为界线分割成的自然区域单位。桃源集共有四条主要街道，南北向三条，东西向一条。东西向的那条称为大街，大街将南北向的三条街拦腰截断，分成六条街。西边的一条一分为二，成为前西街和后西街，中间的一条成为南街和北街，东边的一条成为前东街和后东街。这六街与大街一起构成桃源七街。七街划分为六个行政村，除了大街与后东街合为一个行政村外，其他五街则一街就是一个行政村。桃源集过去主要是农业经济，以种植小麦和玉米为主，最近几年发展起杨桐木加工业，村民的人均收入在曹县居上。

花供会是这一带民众供奉火神的传统庙会，据老人们说，花供会历史悠久，"传了多少辈子了"。新中国成立前的花供会每年举办一次，请几个戏班子的戏，吸引周围十里八乡的人都来看，非常热闹。新中国成立初期延续了一段时间，三年困难时期，因生活困难无法再为火神办供。再后来，它又成为应"破"的"四旧"，活动停止。重新举办花供会是改革开放以后的事。起初按照老规矩，每年举办一次，由于花销太大，投入精力太多，从1996年始改为三年一次。花供会的筹款虽然保留了过去村民自愿捐款的方式，但是由实物[①]变成了钱币。

桃源集虽然已被划为六个行政村，但举办花供会仍以街为单位统一组织。七街轮流做东道，称为"坐台"。坐台街负责搭彩棚、准备供桌、接供等一应工作，保证花供会的顺利进行。其他街要拈香，置办花供。七街坐台有一定的顺序，基本上按一个圆圈循环，比如说今年是前西街坐台，下一次就是南街坐台，然后是前东街、后东街、大街、北街、后西街，依次类推。对于各街坐台的顺序，村民多了如指掌。

二、"神棚"和火神像

神棚是张挂火神像、摆放供品、进行祭祀的地方。过去彩棚一般都搭在高土台上，又叫"朝台"。棚长三丈，宽两丈，高丈余，四壁围以布幔，上

[①] 过去每年夏收以后，入会人家就拿出一些麦子，交给会首。由会首将其中一部分变卖成钱，支付花供会上的全部花销。

扎顶楼，就像庙宇一样。棚外再置六道彩门，煞是壮观。现在的要求趋于简易，不一定搭在高台上，只要宽绰就好。彩门也不如过去多。据一老者说，他小时候只有一个神棚，拈香和进供在同一地方。因为人多，一个棚太拥挤，后来就变成了两个，一个供拈香，一个摆花供。但据另一位中年人讲，神棚由一个变成两个的原因是：花供会复兴之初，人们认识到花供是艺术品，摆在明处不怕啥；给火神爷烧香是迷信，只好委屈火神爷，将像挂在另一处不显眼的地方。后来村民们看政府不加干涉，才敢将火神像挂在明处，不过仍然与花供分开来。兼以一个棚实在太挤，增加一个有不少好处，所以就成了规矩。

搭神棚是一项十分繁重的劳动，需要许多人力，也需要很多材料，如箔、帆布、塑料布、木头、缆绳、各种色纸等。各种用料有些需要买，有些则可从村民家中借。由于一些"不让火神爷用"就受其惩罚的故事深入人心[①]，所以"只要是说火神爷用，没有不借的"。

今年的神棚，一座在庄青路南，一座在庄青路北。路南的神棚建在前西街村民委员会前面，坐西朝东，东西长十三四米，南北宽约4米，全部用拳头粗的铁柱子做支撑，顶上与西、北、南三面都用帆布围上，但留着相当大的空隙，从村民委员会的二层楼上可以很容易地看到神棚下发生的一切。神棚里整齐地摆放着18张一米见方的供桌。供桌南北两边又用铁柱子各拦出宽约1米的小路，男女分设，以方便看花供时行走。神棚前矗立着一道以红色为基调的高大彩门，上插五色彩旗，并挂着六盏引人注目的红灯笼，营造出一派喜庆祥和的气氛。上贴三副对联，"传心声达喜意，弘扬民族文

[①] 这样的故事，主要有两则。第一则故事是戏箱子冒烟的事。举办花供会时往往要写戏，有一年，写了开封某个戏班子的戏，戏班的班主说路太远，不愿来。没想到话音刚落，盛放道具的箱子就冒起烟来，吓得班主赶快改变了主意。这时再打开戏箱子一看，烟也不冒了，戏装也没有烧着，只有戏箱子上面出现了几个小窟窿。第二则故事说的就是桃源集东街上的事。有一次，搭棚用箔，向一个老头借，他说："你们干吗不借别人家的？不借。"没想到，身体原本健康、啥毛病也没有的老头第二天一早就一命呜呼了。这事发生得蹊跷，大家都说是火神爷显灵了。当我们问讲述人"这事是真的吗？"，他一本正经地说："这都是发生在身边的事，现在有些年纪大的人还亲眼见过呢。"人们信为真实的传说在证明着火神爷的灵验，它以发生在身边的，或者不远处的故事让人们明白：稍对火神爷不敬的人都会受到火神爷的惩罚，从而让花供会得到延续，也让搭建神棚的活动顺利进行。

化；请贵客宴嘉宾，交流致富信息""泱泱万民新风蔚然；煌煌神州国运昌隆""八骏追风报春来；五马吞日开新宇"，显示着桃源集村民的开阔心胸和对未来的美好祈愿。

路北的神棚建在原为工商管理所的场院里，这是一处坐北朝南、东西宽南北窄的庭院，与前述神棚相隔约30米。堂屋四间，前面探出约1米的廊檐，另有一间西屋，东边是一片空地，种了几棵柏树。墙上、树上贴了不少红纸黑字的条幅，如"热烈欢迎各级领导莅临参观""祝四方贵宾马年好运财运亨通""飞马迎春金马献瑞振奋龙马精神""骏马驰骋金马献瑞同奔小康路""马年好运务工经商发家""人欢马叫团结协作龙腾虎跃闹春耕"，等等。神棚彩门利用场院的大门装饰而成，上贴对联"坎水洋溢散作壬癸祥和；离火虚明化为丙丁瑞气"，横幅为"千古流传"。顶棚用帆布搭成，宽约3米，从廊檐下一直延伸到彩门处，足有20米长，周围没有布幔，只是廊檐下靠北墙处用墙布遮起来，火神像就悬挂在那里。像两边还有一副写在白布上的对联："日落昆仑庚辛金；南方离宫丙丁火。"供桌在像前放着，上铺红布，摆两个猪肉碗面和20个大馒头，以及烛台、香炉等物什。供桌前廊檐的两个支柱上也贴着一副对联："居溯商丘炎威著；职司夏令流泽长。"综观整个设置，恰像一处庙宇。因此，花供会虽无庙宇建筑，但称为民间庙会却不为过。

火神像画在一块长1米、宽0.6米的长方形白布上，桃源集村民称为"轴子"。据老人们讲，现在的轴子是新画的，原来的那个要大得多，可惜"文化大革命"中被一把火烧了。新轴子上的火神爷一头六臂三只眼，六只手中只有四只拿着火器。原来的那个火神爷则"威武"得多，三头六臂，九只眼睛，赤面红须，耳目有硬毛，六臂执六种火器：火剑、火蛇、火葫芦、火印、火轮、火叉，模样凶狠，"谁见谁害怕"。神像平时卷成轴子放在坐台街的一位会首家里。每到除夕，来年的坐台街就将它请到自己街的会首家中。花供会前一天下午，张挂到神棚下。会后，重新请回会首家，一直供奉到正月十五，再卷成轴子，放起来。等到除夕之日，再由下一个坐台街请走。如此循环往复，周而复始。花供会改成三年一度之后，火神像在每街停留的时间也相应增加为三年。每到正月初一，"侍候火神爷"的会首就将火神像在自己家中张挂起来，摆上供品，一直到正月十五结束。举办花供的年份，会众到神棚下拈香朝供，不举办的两年里，每到正月初五、初六和初七，去会首家拈香叩首。

三、拈香与烧香

花供会上，除了坐台街外，其他六街都要由会首领着有组织地到火神爷面前进香，这里叫拈香。过去拈香的规矩，先是男女分开拈，男子在初五日，女子在初六日，然后等初七日朝供时，男女再一起拈。今年的花供会改成了两天，就不再男女分拈了。过去拈香没有次序，六个街谁先到谁先拈。由于事先没有安排，难免出现些摩擦。今年，各村的村干部和七个街的会首一商量，就安排了拈香的先后次序，即南街、前东街、后东街、大街、北街和后西街。

坐台街不拈香不做花供，是要他们全心全意地投入花供会的承办工作中去，那么当别人前来拈香时，作为东道主，坐台街不仅要安排一名资深会首站在火神爷的供桌前司礼，还要安排十个老年男子跪在神棚下"陪客"。初六日约8点半，南街会首就领着自己街的会众前来拈香。打头的是五个会首，一个居于最前面，其余四个并排位于其后，再后面是一条长长的队伍，女子、小孩在前，男子在后，足有五六百人之多。居于最前面的会首来到火神像前，将手中的几炷香交给司礼人后，率先跪了下去，后面的人也都跪倒。只见司礼人接过香，放进旁边一个纸箱里，又从另一纸箱中拿出一叠裁得四四方方的黄表纸，沿对角线折成三角形，在烛火上燃着，递给会首。会首接过来，放在地上焚化。司礼人又将一个酒盅斟满白酒，递给会首。会首恭敬地举过头顶，而后洒到地上，复递给司礼人。司礼人再次斟上酒，递给会首。如是者三。然后会首扯起嗓门，拉长声调，喊道："南无——阿弥陀佛。"后面的男女会众，旁边"陪客"的十个老年人一起跟着喊了起来。那会首将手放在地上，严肃而庄重地将头深深地埋了下去。会众与陪客同样仿效。如是者三。此时，偌大的神棚下寂然无声。礼毕，会首起身，后面的队伍很快散开。

10点左右，其他街依照安排的次序也一一拈完了香。除了桃源集六街以外，其他村庄也有前来拈香的，前西街对他们一视同仁，十位老人自然也陪着磕头，高喊"南无阿弥陀佛"。他们说："客来了，主人不陪着咋行？"

除了有组织的拈香者以外，还有不少自发烧香的，既有桃源集的村民（前西街的村民按规矩不拈香，但可以自己烧香），也有周围十里八乡的民众。他们三三两两，络绎不绝，手里拿着香楮之物，来到神棚下，先在火池里将香楮烧化了，而后跪倒神像前，磕几个头，恳求火神爷的赐福与保佑。他们对火神爷的祈求，绝不简单地限于不失火，而是渴望保佑全家平安，人丁兴旺，孩子考上大学，生意买卖都发财，等等。烧香者有时人数很多，但如果没会首带领，哪怕是外村人，前西街的司礼人和"陪客的"也不出面。在这神圣的场合，人们依然恪守着日常生活中的某些原则。

下午烧香的人寥寥无几。一打听，才明白其中原委。原来，这里有一条不成文的规矩，就是正月初七"齐客"。春节期间"走亲戚"是鲁西南一带的传统，但为了花供会，桃源集一般不允许亲戚在初七前走动，他们欢迎所有的亲戚都在正月初七来。因而每年的正月初七是桃源集上人数最多的一天。不仅七大姑八大姨来，就是"八竿子打不着"的亲戚的亲戚也乐意趁这个机会一睹花供风采。这就出现了一些怪现象，比如主人必须招待一些根本不认识的"亲戚"。比如这天，谁也不兴借别人家的桌椅板凳、锅碗瓢勺，因为每家都会摆酒席，自己的客人还应付不过来呢。人数多了，桌子不够用，就将门板卸下来；椅子不够用，就用砖头瓦块抵挡一时。再比如，别处亲戚来了坐着抽烟喝茶，桃源集的亲戚却要自己动手下厨做饭。

四、做花供、看花供

花供是给火神爷的供品，各街虽然不同，但大体可分为六类：一是建筑物，如牌坊、宝塔、亭子等；二是动物类，如狮子、仙鹤、孔雀、当年的生肖等；三是人物，如老寿星、刘关张桃园三结义等；四是各类瓜果，仙桃、花红、苹果、杏、西瓜等都比较常见；五是各类花草，牡丹花、月季花、水仙花，争奇斗艳；六是猪肉碗面、蛋糕等食品。

花供的主要原料是白面、鸡蛋，尤以当地产的辣萝卜为主，间用胡萝卜，最近几次出现了木头制品。用什么原料做什么花供，长期以来形成了比较固定的模式。比如：牌坊、宝塔、亭子等建筑物，各类瓜果、花卉，多是辣萝卜雕刻而成；动物、人物多是用白面塑成；鸡蛋主要用来做蘑菇；胡萝卜常用以做杏，或者与辣萝卜搭配到一起，共同做成栩栩如生的孔雀。

制作花供的工序主要有三道：第一步是将各种供品雕塑成形；第二步，除了少数的供品是利用原料的本色外，其余的都要上色，涂香油；第三步是做些装饰。除了一些小瓜果类的供品是先做好了再放到果碟里外，其他供品多是在大小合适的碗里、盆里制作的。碗里、盆里盛满和好的面，作为供品的基座，一方面起到固定供品的作用，使供品矗立于碗面或者盆面上；另一方面对进供十分有利，可以直接端着进献。

制作花供的工具十分简单，就是剪刀、小刀、镊子之类。地点多选在比较宽绰又热心的人家，至于谁来做，做什么，均自愿。当然，由于供品种类有一定的规矩，还要供人观赏比较，所以谁做什么事先也都有大体分工。除了考虑个人的兴趣，还要看技艺如何，人人要拿出自己的看家本领。虽然"没有什么规矩不让妇女做"，但"妇女就是没做的"，艺人全是清一色的男子。年已古稀的葛宪明老人，是在后东街甚至整个桃源集都有名的民间艺人。他说自己做花供的历史已有60年，小时候，大人们做，自己就在旁边看，看着一个个普通的辣萝卜最后都变成了那么好的供品，心里痒痒，手也痒痒，就试着刻简单的，像苹果、花红、杏什么的，刻坏了也没人批评，慢慢地就学会了。现在，做狮子成了葛大爷的拿手好戏。他说，做狮子的工具很少，偶尔用梳子压些花纹，其余的功夫全在心里和手上。狮子的造型、色彩搭配，都是心里早已想好了的，手就是将心中的狮子做出来。

什么时候做花供没有统一规定，但通常都是初六下午开始，初七早晨做好。初六夜晚，明亮的灯光下，做花供的艺人们围着案子坐了一圈，他们一个个神情自若，不急不躁，雕的雕，刻的刻，塑的塑，粘的粘……看花供的更将他们里三层外三层地围了起来。这些人中绝大部分是妇女，从七八十岁的小脚老太太到携幼将雏的年轻女子，到十几岁花枝招展的小姑娘，都穿着新衣，拥挤着，议论着，兴趣盎然。

初六晚上看花供，多是各街看各街的。看其他街的，是初七早晨的事。约从凌晨5点开始，看花供的人就行动起来。而此时，各街的花供多已做好，忙碌了一夜的艺人们也转回家去，现场仅留下几个人负责维持秩序，以免喧闹拥挤的人群将供品弄坏。好在看花供的都是些妇女儿童[①]，比较容易管理。

这是一年里最快乐最热闹的时刻：一群十八九岁的女孩子，两三个两三个地手挽着手，叽叽喳喳地说个不停；一个中年妇女一左一右牵着她的双胞胎女儿；一个年轻媳妇抱着刚刚一岁的小男孩，走得气喘吁吁却依然兴致不减；两个白发苍苍的老太太相互拉扯着，走得不快，但脚步坚忍不拔……急匆匆地向前走，从一个街赶向另一街，一边赶路一边不忘评价已参观花供的优与劣。别处人们都说春节最热闹，这里的人们则认为"春节那天，最多是近亲邻里之间拜个年，问个好，哪像初七这天一大早，就成群结队一路笑语地满大街上转"。

五、神棚下面的伴夜者

初六日夜晚，当花供艺人通宵达旦地制作供品的时候，悬挂火神像的神棚下也有一批不眠的人，人数不多，以女性为主。她们将伴随神灵度过整个夜晚，我们且称之为"伴夜者"。

过去花供会上都要请戏班子唱几天大戏，今年没有请，这在许多桃源人心中，成了最大的遗憾。稍可弥补的是，有两个演出团知道这里有会，不请自来，在空旷的地面上搭起帐篷和舞台，表演歌舞和杂技，为桃源人提供了难得的娱乐场所。初六晚饭以后，看过本街花供的人们，尤其许多年轻人就奔向演出团了。另外一些人则来到街上和神棚下游玩取乐。其实街上并没有多少娱乐项目，除了几处套圈的，就数几个妇女挑经挑了。挑经挑，又叫挑金仓，是一种多人表演的民间歌舞。挑子是一根一米多长的竹竿，两头各拴着一个纸扎的花篮或庙宇、箱子、粮仓、绣球、灯笼等物，做得十分花哨。表演者通常是三个妇女，她们每人肩挑一个挑子，在不大的场地上穿梭往来，走着"8"字，边走边对话或边走边唱。只是人多嘴杂，听不清说唱了

[①] 这与初七齐客有关。上午进过供、拈过香，妇女要回家招待亲戚，没有机会看各街的花供了，故而一大早起来看个遍。男子进过供、拈过香后还可以留在现场观看，所以没必要跑那么远，这会儿多半是在家忙着备菜呢。

些什么。挑经挑的先在大街上表演，后来就到火神像前面歌舞了起来。夜里12点以后，神棚下人烟渐少，但挑经挑的人挑一会儿，歇一会儿，断断续续地，一直到天亮，说是给火神爷"伴夜"。

神棚下面的伴夜者还有十几个"善人"和"师婆子"。她们来自周围的几个村，自备干粮和水，一来就落脚到工商管理所的西屋里。西屋里只有一张床，几条凳，前西街人在屋内空地上铺了麦秸。她们将自己携带的行李往地上一放，这就是她们敬神和休息的地方。晚上，她们开始念经，吸引了不少人围听，这间屋于是成了一个热闹的所在。夜渐深，人渐稀，她们却没有停止。她们会轮流念上一夜，以"孝敬"火神爷。

神棚下面的伴夜者还有几个卖香的老太太。严格地说，她们并不是伴夜者，她们不过是受了经济利益的驱动才有一个不眠之夜。因为夜里上香的人还有一些，她们待在那里可以多一些收入。毕竟，一年之中，这样的机会很难得。但是反过来想一想，如果没有她们，前来拜神的人就可能没有香，而在民众眼里，没有香拜神还有什么意义呢？人们对未来的美好愿望、对于神灵庇佑的乞求难道不是通过缭绕的香烟才上达神灵那里的吗？如此说来，这样称呼她们也不算太唐突。初七早晨到各街看花供的路上，我们碰见了一位卖香伴夜者，她正骑着三轮车往家走，面色虽疲惫，却绽放着笑容，看来昨晚收入颇丰。

六、进供和"桃源集的花供——走着看"

进供，又叫"朝供"，即初七上午各街将供品进献给火神爷。今年各街进供的时间和次序经六个行政村的党支部书记和七街的会首集体商议决定，即先南街，次大街，再前东街、后东街、后西街，最后北街。据说这样安排的意图在于："要让人最少的街先进，人多的后进。人少的街排在后面连路都打不开。"进供从9点半开始，每街半小时的时间。

初七那天，一吃过早饭，人们就纷纷走出家门。南街的数百男女老少也都聚集到做花供的地点。南街的会首和村支书，指挥着人们按照自己的角色站好队。很快，一个长长的队伍出现了。为首的是六七个小伙子，他们的任务是放鞭炮。鞭炮有一千头的挂鞭，还有两响的二踢脚。其后是"响器队"，再后面就是端着花供的人们。一男子打头，他人到中年，身材魁梧，手托茶盘，上放一酒壶、酒杯、几炷香、一叠黄表纸。

身后有20多个中青年男子，四人排成一列，每人都双手端着一件供品。第一列是四碟馒头，每碟五个，摆成三层，上有纸花装点。第二列是牌坊和宝塔，然后是各种动物和植物。端花供的队伍后面是普通会众，他们人手一根香，按女左男右的规矩自觉站成两部分。有趣的是，女子那部分的外围却站着年轻力壮的男子。后来发现这样的安排自有其妙处。

随着会首一声响亮的"走喽——"响器齐鸣，鞭炮炸响，整条南街和一段庄青路都沸腾起来。这时才明白鞭炮绝不只用来营造热闹的气氛，还有着更加实用的功能——用来开路。放鞭炮的小伙子们走在队伍的最前面，距离大部队十几米。他们不断燃放"二踢脚"，或者将点燃的千头挂鞭拖在地上拉着向前走，将街心的群众赶到边上去，后面的队伍才得以前进。但鞭炮响过，人群又向街心靠拢，排在外围、年轻力壮的男子汉此时就有了用武之地，他们拼命抵挡着向里拥挤的人潮。队伍缓缓前行。到神棚前时，锣鼓手停止敲打，会众们兵分两路。端花供的一路陆续来到路南的彩棚下，将供品交给前西街的接供人员，由他们按一定顺序摆到供案上。其他会众则由会首带领，来到火神像前。此时，就有人按照事先安排，将会众手中的香收过来，放进火池里烧化。盛放着香火之物和酒壶酒杯的茶盘则转交最前面的会首端着，递给司礼人，进行继初六日后的第二次拈香。

各街依次进供，队伍排列大致相同，仪式内容也几无差别。只是随着时间的推移，围观的群众越来越多，队伍行进越来越慢，可见"人少的街排在后面连路都打不开"这句话绝非虚言。中午时分，进供仪式才算结束，各街的供品也都摆放整齐，耸然屹立的牌坊、高大巍峨的宝塔、威严的雄狮、昂首的骏马、娇滴滴的花朵、水灵灵的果品，或形象逼真，或夸张拙朴，五颜六色，琳琅满目，人们尽可以大饱眼福。

当然，饱眼福时还要遵守一定的规矩，即要走着看。"桃源集的花供——走着看"，在曹县已是尽人皆知的歇后语，其使用语境如同"骑着毛驴看唱本——走着瞧"一样，但在桃源集的花供会上，这句话显示出了它原初的含义。它是指供品入棚后，人们只能边走边看。且看花供会对这句话的场景解释——还在南街供品入棚以前,神棚下就热闹非凡了,男男女女、老老少少将铁柱子拦好的两条路挤得水泄不通。前西街负责维护秩序的五六个年轻小伙子,则站在供桌与铁栏杆之间,他们人手一根长约一米的小木棍,据说类似的角色过去拿的是鞭子,用于吓唬、驱赶观众往前走。南街花供一上供案,前西街的总指挥就通过大喇叭喊起来了:"咱们桃源集的花供,历来都是走着看的,大家不要在花供前停留,都走动起来!"几乎与此同时,维持秩序的人也挥动起手中的小木棍,大声叫嚷着:"走着看啊!走着看!"如此看来,"桃源集的花供——走着看"这句歇后语,不仅是对看花供情形的一个概括,更是对观众们的一种约定,一种看花供时的行为守则。坐台街反复运用这句话,其目的也在于提醒人们遵守这一约定。而这一切的一切,只有一个目的:保证花供会顺利进行。

看花供的活动一直持续到天色将黑。走亲戚的、周围前来观看的人都起身转回,忙碌了两天的桃源集村民也多回了家。前西街的负责人一商量,说可以撤供了,就大喇叭一招呼,各街来人将自己的供品拿回。能吃的就吃掉,下一次可以继续用的放起来,辣萝卜刻的或白面塑的,经过一天的时间,多打蔫干裂,小孩子玩一玩儿也就扔了。前西街的会首们燃几炷香,将火神像重新请到×××会首家中。至于拆棚的事,就等第二天再说吧。

七、桃源花供会的渊源及其民间阐释

桃源花供会是因其独特的供品而堪称别具一格的火神会,那么它的来历是怎样的呢?对为什么要供奉火神、为什么要举办花供会,桃源集民众有自己的解释。他们说很久很久以前,桃源集一带都是产量极低的贫瘠地,有一年黄河发大水,从水里漂来一个轴子,岸上的人将轴子捞上来一看,原来是火神爷的神像。不久,黄河水退去,贫瘠地都变成了膏腴之地,人们都说这是火神爷保佑的结果,为了感谢他,就每年在他的生日那天进行祭祀。那时候,穷苦人家拿不出鸡、鱼、肉这样的供品,但又为了表达心中的情意,便想出用白面捏制鸡、鱼、肉的形状来替代。久而久之,形成一种风俗。供品由原来单调的几种发展成几十种,制作供品的原料也不再只是白面,当地产的辣萝卜成了主要的原料。因为供品花样多,"啥都有",故而称作"花供",

火神会也就成了花供会了。

上述对于祭祀火神和花供会来历的民间阐释，传递出民众对神灵的信仰和知恩思报的道德观念，也传递出一些桃源集历史乃至祀火神传统的蛛丝马迹，但显然最后没有解决问题。据笔者考察，河南商丘一带正月初七祭祀火神阏伯，当是桃源集花供会祭祀传统的渊源。

对火神的崇拜是我国乃至世界上都十分普遍的现象。我国对于火神的祭祀，很早就将其纳入正祀体系之中，都省府县皆有庙，地方官春秋致祭。但是由于种种原因，不同地方所祀火神并不统一，或火祖，或火德真君，或祝融、吴回，或阏伯、炳灵公等。祭祀时间也颇不相同，或六月十三，或正月十五，或正月初七。河南商丘一带在正月初七祭祀火神阏伯。关于阏伯，《左传·襄公九年》记载："陶唐氏之火正阏伯居商丘，祀大火，而火纪时焉。相土因之，故商主大火。"可见阏伯原是司火星的官，但后来被附会成火神。当地人传说他受帝喾之命引来了火种，并将火种放在他堆起的土丘上，这个土丘就是阏伯台，或称"火神台"。为了追念他，就每年在他的生日正月初七那天到台上进行祭祀，叫作"朝台"。据康熙四十四年（1705年）刻《商丘县志》："七日，俗传阏伯大正生辰，男女群集于阏伯台及火星庙进香，车马阗咽，喧豗累日。"查清代和民国时修地方志资料，除了商丘外，正月初七祭祀火神的传统主要流行于临近的河南周口地区以及山东原属兖州府和东昌府的一些州县。这些地区应是受商丘祭祀阏伯传统影响的结果。桃源集地接商丘，而且过去神棚要搭在高台上，进行上供也叫"朝台"，正日子也在正月初七，种种迹象表明花供会上对火神的祭祀同样是受商丘祀阏伯的影响。每次花供会都张挂的一副对联也明确指出了这一点："居溯商丘炎威著；职司夏令流泽长。"

不仅如此，该联中的"溯"字还很容易令人想起那则火神像是从水中漂来的传说。兼以另外一些资料，笔者以为，尽管对于桃源集何时通过何种途径接受商丘传统祭祀火神尚难确定，但活动的兴盛却极可能与黄河发水有关。试看《古今图书集成·职方典·兖州府部》所载："嘉靖丁未（二十六年，1547年），河决入（曹县）城。公私携家栖城头，遥见庙脊一官人鹄立，乌帽朱衣，面如傅粉，三日夜而没。比水退，始知为火神庙，遂神之，以为现灵。"我们知道，庙宇香火旺盛与否，很大程度上取决于神灵是否灵验，那么火神爷在这次黄河发水中的显灵，可能促使了人们对他祭祀的兴盛。当然，火神爷显灵的事可能只是人们的幻觉，或者是某些好事者在某种文化预设下的创造，但无论是幻觉还是创造，都在客观上起到了激发民众实践信仰的作用，首先是一个火神会的桃源集花供会，可能也是在这个时候兴起的。果真如此，那么桃源集民众对火神的祭祀，其最初目的恐怕并不像现在我们经常认为的那样，是希望避免火灾，而是有着另外的文化设计。这另外的文化设计仍与黄河发水密切相关。

宋金以后，黄河在河南、山东一带屡屡决口，"历年冲决，坍没汛滥，洋溢动涂数百里"，给泛滥区造成了极大损失。而桃源集一带正是黄泛区，多罹水患。为了减少损失，民众就会求助于显灵的神祇。那么他们，更可能是民间精英，在祈求哪位神灵以禳除水灾的设计上，或者说当祀阏伯之俗传入当地后，如何利用祀火神以避水灾的设计上，显然有过良苦用心。"年年"都在花供会上张贴的两副对联，鲜明地透露出这方面的信息。这两副对联一副是"坎水洋溢散作壬癸祥和；离火虚明化为丙丁瑞气"，一副是"日落昆仑庚辛金；南方离宫丙丁火"，它们都用中国传统天干地支、阴阳八卦的符号来讲述水与火的关系，是花供会上最具象征意义的物品。

传统观念中，水与火的关系有未济与既济两种，水火既济，卦象是坤上乾下，乾属阳属火而向上升腾，坤主阴主水而向下沉降，一升一降互相融合，这样就阴阳和谐，万事如意了。水火未济的卦象正相反，坤下乾上，阳气在上仍向上升，阴气在下再向下降，二者越离越远，水火不能互相制约，则各自为害。按八卦，从西北开始至正西结束，分别为"乾、坎、艮、震、巽、离、坤、兑"，即正北为坎，正南为离，坎属水，离属火。按天干，甲、乙在东方为木，丙、丁在南方为火，戊、己居中央属土，庚、辛在西方为金，壬、癸在北方属水。按五行，水可以克火，火可以克金，金又可以生水。那么两联中，一副水火同提，一副金火并列，正是运用阴阳五行相生相克的思维模式来求吉避凶，力求通过水火的相互制约来达到一种既济的状态：火虚明而化瑞气，水洋溢而成祥和。由此可以假定：一般情况下，也许祀火神可有可无，但面临洪水的四处泛滥，祀火神在民众那里就成了应对生存难题的一个重要策略。只有借助丙丁火，已经四处洋溢的金生之水，才不致为灾，甚至不但不为灾，还可以化作一片祥和，而民众认为这种策略是极其有效的。关于花供会来历的民间阐释中，人们将大水退后贫瘠地变成了肥沃地归功于火神，其实是对火可以制水的婉曲表述。大水退后瘠地变良田自然有科学道理，历史上亦可找出证据。如《国朝牛市屯新开引河碑记》载，康熙十年（1671年），王子河侵铜奶奶庙，地方官在上游开引河以导之，结果"回视铜奶奶庙告急处，果然清浅欲涸矣。沿河北岸，退出膏淤之田数十顷，皆百年以来不毛之地也"[①]。在桃源集，民众将其与火神显灵联系起来，则可以看出，作为火神会的花供会，其兴盛是与黄河发水密切相关的。

至于火神会何以会成为花供会，史书不载，我们只能猜测，也许果如传说所言，是生活困难时期的一种对策，也许是借鉴吸收了其他的习俗而形成的，因为花供并不只是在花供会上制作使用，有丧事的人家也会请人做花供，尤其是面塑花供。但可以肯定的是，花供会这种形式一经诞生，就以其特殊的供品给人一种耳目一新的感觉，从而吸引了周围十里八乡的人前来观看。桃源集的民众在制作、观看花供中获得了极大乐趣，在承办花供会的过程中强化了社区认同，增强了凝聚力，正如他们自己所说，"正月初七桃源集人心最齐"，于是花供会成为一种独具一格的地方传统。为了保证这一传统的顺利延续，人们甚至不惜改变其他的传统，从而又形成颇具地方特色的民俗事象。

（原载《民俗研究》2003年第4期，收入本书时略作改动，包括篇名）

---

① （清）陈嗣良修，孟广来、贾乃延纂：《曹县志》卷七《河防志·事纪》，光绪十年（1884）刻本。

黄帝神话传说的背后

中华民族特别是海外华人习惯自称为炎黄子孙、黄炎子孙或黄帝子孙，其实，炎黄到底是什么关系，在史书记载中比较混乱，至今学者也说不清楚。司马迁在《史记》中没有专写炎帝，只把黄帝列为五帝（黄帝、颛顼、帝喾、尧、舜）之首。黄帝因统一华夏部落与征服九黎而被载入史册，以播种百谷，发展农业，制衣冠、造舟车、兴音律、创医学闻名后世，由此被尊为中华"人文初祖"。由于我国成熟的文字发现于距今3000多年前的商代，完整记载黄帝事迹的史书《史记》出现在距今2000多年前的汉代，有关黄帝的记载往往被后世认为是神话。黄帝仅仅是神话吗？黄帝神话的背后又有怎样的历史真实？

一、史书记载里的黄帝

据《史记》记载，黄帝姓公孙，名轩辕，从小就非常聪明，异于常人。当时战乱不断，民不聊生，轩辕乃教民习武练兵，讨伐不来朝贡的诸侯。炎帝侵凌诸侯，诸侯都来归从轩辕，轩辕乃修明政治，整顿军旅，种植五谷，安抚民众，训练熊、罴、貔、虎等猛兽，与炎帝战于阪泉之野。经过多次征战，打败了炎帝。九黎族首领蚩尤作乱，不听轩辕号令，轩辕请诸侯派军队一起与蚩尤战于涿鹿之野，擒杀蚩尤。诸侯共尊轩辕为天子，是为黄帝。天下有不归顺的，黄帝就前去征讨，平定之后就离开，一路上劈山开道，从来就没有在哪儿安居过。黄帝往东到过大海，登上了丸山和泰山；往西到过空桐，登上了鸡头山；往南到过长江，登上了熊山、湘山；往北驱逐獯鬻[①]，来

[①] 獯鬻（xūn yù）：司马迁在《史记·五帝本纪》《史记·匈奴列传》中记载的上古部族，一般被认为是匈奴的别称。

到釜山与诸侯合验了符契，在涿鹿山脚下建起了都邑。黄帝去世后，葬在了桥山。

黄帝有 25 个儿子，颛顼、帝喾、尧、舜以及夏朝、商朝、周朝、秦朝的先祖都是黄帝的子孙，匈奴也是。黄炎阪泉之战后，两个部落融合在一起，蚩尤战败后，九黎族的一部分迁往南方，一部分也融进了华夏族。黄帝和炎帝以及他们的臣子、后代创造了上古几乎所有重要的发明。

对于史书记载，后世学者多有疑问，近代以来，更有学者认为这些都是神话，不可以史实看待。其实，司马迁一开始也是存疑的。为了求真求实，他曾西至空桐，北到涿鹿，东到大海，南过江淮，所到之处，老人们往往给他讲述黄帝、尧、舜的事迹，他认为还是真实的，据此写下了《五帝本纪》。近年来的考古发现，也在某些方面提供了佐证。由此看来，有关黄帝的记载有神话，有传说，更有历史的真实，不能一概视为神话。

二、民间传说中的黄帝

在民间传说中，轩辕黄帝生而灵异。轩辕的母亲叫附宝。有一天晚上，附宝见一道电光环绕着北斗枢星，很快，那颗枢星掉落下来。附宝由此感应而怀孕。怀胎 24 个月后，生下一个儿子，就是轩辕。轩辕生下没多久，便能说话。到了 15 岁，就无所不通了。后来他继承了有熊国的王位。因他发明了轩冕，人们称他为轩辕。又因他以土德称王，土色为黄，故称他为黄帝。至于涿鹿之战，传说蚩尤兄弟 81 人，全都是兽身人面，铜头铁额，不食五谷，只吃河石。他们残害黎庶，诛杀无辜，与黄帝为敌。黄帝顺从民意，征召各路诸侯讨伐蚩尤。多次征战后，也未能打败蚩尤，只好退兵。后来黄帝以风后为相，力牧为将，在涿鹿之野与蚩尤决战。蚩尤布下百里大雾，三日三夜不散，黄帝令风后造指南车以辨认方向；蚩尤命风伯、雨师降下狂风暴雨，黄帝请来天女魃止雨，最终风雨停歇，蚩尤战败被杀。

有关黄帝的民间传说数不胜数，河北、河南、山东、山西都有大量的黄帝传说，仅在河北省涿鹿县，就有黄帝民间传说 100 多个，包括发明创造、遗址遗迹、地名由来、黄炎蚩尤大战等。

三、黄帝神话传说的背后

从先秦时代起,黄帝的神话传说就在中华大地上盛传不衰。这些神话传说,虽然不都是真实的历史,但它在人们的心目中是真实的,反映了人民群众自强不息、勇于创新、渴望统一、追求和谐的心理诉求和天下一家、厚德载物的博大胸襟。大体说来,黄帝神话传说的背后包含着以下三点信息。

1. 黄帝是英雄时代华夏民族的代表

黄帝族、炎帝族和九黎族是英雄时代中原地区最有影响力的三大部落,经过征战,以黄帝族为主,相互融合,形成了后来的华夏民族。黄帝成为华夏民族的代表和象征,也成为我国后世多民族国家的共同祖先。

2. 黄帝是中华民族勤劳智慧的化身

在神话传说中,黄帝识天象、制历法、种五谷、造宫室、划封疆、设官职,发明了战车、指南车、舟船、水井、弓矢、算数等,是勤劳与智慧的化身;黄帝的妻子嫘祖发明了养蚕技术,制作了衣服;黄帝又让大臣仓颉创制文字,伶伦制作音律,大挠制定甲子,岐伯写定医书,使人类从此告别洪荒,进入文明时代。

3. 自强不息、勇于创新、渴望统一、追求和谐、天下一家、厚德载物是中华民族始终如一的心理诉求

中华文明肇始于黄帝之时,就有自强不息、勇于创新、渴望统一、追求和谐、天下一家、厚德载物的心理诉求。黄帝敬天爱民,以德治国,施行王道,不恃武力,在处理对内、对外关系时,始终按照统一、和谐、天下一家的理念,不畏强暴、不惧强敌,不穷兵黩武,不恃强凌弱。不论是炎帝部落还是蚩尤部落,黄帝战胜后对他们都没有赶尽杀绝,而是以和为主,以统一为上。"沧海不捐细流,方能成其大",中华民族之所以能成为世界上人口最多的民族,是因为与求统一、求和谐的理念分不开的。后世历代王朝,包括少数民族建立的政权,都以黄帝的传人自居;近代以来,虽然学术界有人把黄帝仅仅看成神话,但阻挡不住各地对黄帝的祭祀和对黄帝故里、黄帝陵的认可,充分反映了中华民族天下一家、多元一体的心理诉求。

[原载《人民日报》(海外版)2016年5月31日第10版]

纪信"诳楚安汉"与中国忠义文化

中华民族有着悠久的历史,在5000年的历史长河中,产生了无数的仁人志士、民族英雄,创造了光辉灿烂的中华文化,形成了伟大的民族精神。这是我们民族的骄傲,是我们民族千百年来得以生生不息的根本。忠义文化是中华文化的重要组成部分,天下太平时期,它激励人们"富贵不能淫,贫贱不能移,威武不能屈"[①]、忠君爱国、坚持正义、刚正不阿、廉洁奉公;国家危难时期,又鼓舞着无数的中华儿女不惧艰难、保家卫国、慷慨赴义、宁死不屈。从不怕杀头、秉笔直书的晋国史官董狐,坚贞不屈、誓死不降、在匈奴牧羊十九年的苏武,中流击楫、发誓收复中原的东晋名将祖逖,到张巡、岳飞、文天祥、于谦、史可法、林则徐……他们用鲜血和生命谱写了我们民族弥足珍贵的浩然正气之歌。楚汉战争时期的汉将纪信就是他们中间的一个。

纪信(?—前204年),字成,楚汉战争时期汉王刘邦的部将。先从刘邦起兵,任部曲长。汉王三年(前204年),刘邦在荥阳被项羽包围,形势危急,纪信主动提议假扮成刘邦出城诈降而让刘邦逃脱,自己因此被俘,被项羽活活烧死。可以说,纪信以一员普通将领"诳楚安汉",最大限度地尽了自己"忠信敬上"的义务,为忠义文化[②]增添了新的亮点。

时势造英雄。一个人能够做出惊天动地的事业绝不是偶然的,除了自身

---

① 《孟子·滕文公下》。
② "忠""义"在先秦时期是两个独立的概念,两词合用大概始于东汉,有两层意思:其一,"忠贞义烈"。《后汉书·桓典传》:"献帝即位,三公奏典前与何进谋诛阉官,功虽不遂,忠义炳著。"其二,指"忠臣义士"。《后汉书·臧洪传》:"将军举大事,欲为天下除暴,而专先诛忠义,岂合天意?"

因素外，历史传统、社会环境、道德规范、法律制度都会对他产生很大的影响。纪信也不例外，他的忠义精神自然有其历史、文化、社会的渊源。

一、先秦时期深入人心的"忠""义"观念是纪信"诳楚安汉"的思想基础

先秦时期，去古未远，民风淳朴，"忠""义"被人们广泛认可与推崇。当时提倡的"六德"，即"知、仁、圣、义、忠、和"①。"忠""义"都是六德之一。什么是"忠""义"呢？所谓"忠"，就是尽心做事。《左传·桓公六年》说："上思利民，忠也；祝史正辞，信也。"意思是说，国君及官吏为百姓尽心做事就是"忠"，主持祭祀祈祷的官员对国君的好处不夸大其词就是"信"。《左传·宣公十二年》还说："进思尽忠，退思补过。"《说文解字》说："忠，敬也，尽心曰忠。"战国时期，人们把"忠"作为普世价值。《战国策·秦策》说："忠其君，天下皆欲以为臣。"

"义"就是"宜"，指公正、合理而应当做的。孔子说："义者，宜也，尊贤为大。"②按照孔颖达的解释，"义"就是："尊卑各有其礼，上下乃得其宜。"管子说："国有四维，一维绝则倾，二维绝则危，三维绝则覆，四维绝则灭……何谓四维：一曰礼，二曰义，三曰廉，四曰耻。礼不逾节，义不自进，廉不蔽恶，耻不从枉。"③"义"就是自己不推举自己，即使自己的行为规范符合道德要求。孔子说："君子之于天下也，无适也，无莫也，义之与比。"④即君子对于天下的万事万物，没有规定要怎么做，也没有规定不要怎么做，要根据实际情况，怎样合理恰当就怎样做。

作为夏、商、周三代文化集大成者的儒家文化，其主要思想内容便是"忠""义"。孔子经常强调忠诚的重要性，说："君子之事上也，进思尽忠，退思补过，将顺其美，匡救其恶，故上下能相亲也。"⑤曾子说："夫子之道，

---

① 《周礼·大司徒》。
② 《礼记·中庸》。
③ 《管子·牧民》。
④ 《论语·里仁》。
⑤ 《孝经·事君章》。

忠恕而已矣。"①曾子每日反省自己，首要的一条就是"为人谋而不忠乎？"②。孟子则说："生，亦我所欲也；义，亦我所欲也，二者不可得兼，舍生而取义者也。"③他认为，义重于生命，当义和生命不能两全时，应该舍生取义。一个正直的人，一个有道德修养的人，应该为义而生，为义而死，必要时要"舍生取义"，而不能"见利忘义"。孟子还说："大人者，言不必信，行不必果，唯义所在。"④把"义"看得高于一切。

战国初年豫让漆身吞炭替智伯报仇的故事，可以看出当时忠义观念已经深入人心。豫让是晋国权臣智伯的家臣，后来赵、韩、魏三家合谋灭掉智伯，豫让逃到山中，立志为智伯报仇。豫让说："士为知己者死，女为悦己者容。今智伯知我，我必为报仇而死，以报智伯，则吾魂魄不愧矣。"豫让刺杀赵襄子失败被捕后，赵襄子竟然原谅了他，说："彼义人也……且智伯亡无后，而其臣欲为报仇，此天下之贤人也。"然后把他放走了。豫让没有死心，不惜漆身吞炭，以改变相貌、声音，再次寻机报仇。他的朋友劝他："凭您的才能，假意臣事赵襄子，赵襄子必定亲近您，您趁机报仇，不是更容易吗？何必自苦若此？"豫让说："既已委质臣事人，而求杀之，是怀二心以事其君也。且吾所为者极难耳！然所以为此者，将以愧天下后世之为人臣怀二心以事其君者也。"⑤

可以肯定的是，先秦时期深入人心的"忠""义"观念，忠君爱国、重义轻生的价值取向是纪信"诳楚安汉"的思想基础。

二、得人心者得天下，刘邦顺应民心、善于用人，激发了广大将士灭楚兴汉的积极性，是纪信"诳楚安汉"的精神动力

东晋十六国时期的后赵开国皇帝，也是历史上唯一一个早年做过奴隶的皇帝石勒在评价古代帝王时，针对大臣说他"神武谋略过于汉高，后世无可

---

① 《论语·里仁》。
② 《论语·学而》。
③ 《孟子·告子上》。
④ 《孟子·离娄下》。
⑤ 《史记·刺客列传》。

比者"时曾说："人岂不自知！卿言太过。朕若遇汉高祖，当北面事之，与韩（信）、彭（越）比肩；若遇光武（光武帝刘秀），当并驱中原，未知鹿死谁手。"[1]英国现代著名历史学家约瑟·汤恩比在评论古今中外历史人物时曾说：人类历史上最有远见、对后世影响最大的两位政治人物，一位是创建罗马帝国的恺撒，另一位便是创建大汉文明的汉高祖刘邦。刘邦作为一介布衣，提三尺剑，参加反秦起义，最先攻进咸阳，消灭暴秦，继而与项羽逐鹿中原，建立大汉王朝。其成功的主要原因，一是顺应民心，决策正确；二是用人得当，赏罚严明。刘邦入关之初，与父老约法三章，废除秦朝暴政，老百姓唯恐他不做秦王；项羽在巨鹿之战后，坑杀秦降卒二十万，入关后，焚烧秦朝宫室，大火三月不灭，人心丧尽。此时楚汉尚未开战，胜负已见分晓。在气度与用人上，刘邦雄才大略，被称为"长者"，用人不疑，赏罚分明，深得将士拥护。楚汉战争中，除纪信"诳楚安汉"被项羽烧死外，周苛、枞公在荥阳陷落后，誓死不降，被项羽烹杀；王陵的母亲在被项羽挟持后，为了让王陵安心，对王陵派去的使者说："愿为老妾语陵，善事汉王。汉王长者，毋以老妾故持二心。妾以死送使者。"[2]随后伏剑自刎……正是刘邦顺应民心、善于用人，才激发了广大将士灭楚兴汉的积极性，这也是纪信"诳楚安汉"的精神动力。

三、"忠信敬上"被写入秦律，反映了秦朝政府对"忠""义"精神的肯定和制度性要求，对于生活在秦汉之际的人们势必产生巨大影响

1975年12月在湖北省云梦县睡虎地秦墓中出土了一批竹简，共1155枚，残片80枚，后来被称为睡虎地秦墓竹简，又称睡虎地秦简、云梦秦简。竹简内文为墨书秦篆，写于战国晚期及秦始皇时期，包括《秦律十八种》《效律》《秦律杂抄》《法律答问》《封诊式》《编年记》《语书》《为吏之道》以及甲种与乙种《日书》十部分。其内容主要是秦朝时的法律制度、行政文

---

[1] 《资治通鉴》卷九十五·晋成帝咸和七年。
[2] 《汉书·王陵传》。

书、医学著作以及关于吉凶时日的占书。其中的《为吏之道》对做官为吏做了原则性规定，为我们了解秦的吏治提供了第一手资料。《为吏之道》上说："吏有五善：一曰中（忠）信敬上，二曰精（清）廉毋谤，三曰举事审当，四曰喜为善行，五曰龚（恭）敬多让。五者毕至，必有大赏。"把"中（忠）信敬上"作为好官吏的第一要求。秦国整饬吏治，效果显著。荀子到秦国去，亲眼看到秦国吏治清明："及都邑官府，其百吏肃然，莫不恭俭敦敬，忠信而不楛，古之吏也。"[1] 刘邦、萧何等人都曾做过秦朝的官吏，秦律对他们包括纪信等人不可能没有巨大影响。

纪信"诳楚安汉"，对后世产生了多方面的影响。

1. 纪信帮助刘邦脱离困境，对楚汉战争刘邦的胜利、建立大汉王朝起了巨大作用，即"诳楚安汉"

在人类社会历史发展进程中，杰出历史人物包括政治家、思想家、科学家、艺术家、军事家等对历史的发展可以起到巨大的推动作用。刘邦作为杰出的政治家、军事家，他的生死存亡直接关系着楚汉战争的胜败和大汉王朝的建立，因此，纪信帮助刘邦脱离困境，对楚汉战争刘邦的胜利、建立大汉王朝起了巨大作用，也就是后人总结的"诳楚安汉"。正因如此，为了表彰纪信的功绩，刘邦做了皇帝后，于第二年即汉高帝六年（前201年）将纪信家乡从阆中县分出，成立新县——安汉县，并御赐县名——"安汉"[2]，立庙祭祀，又封纪信的儿子纪通为襄平侯，食邑两千户。

2. 由于后世王朝对纪信不断加封[3]，其英勇事迹被搬上文艺舞台表演，后人立庙祭祀，还被作为城隍供拜[4]，西充遂被誉为"忠义之邦"，对西充忠义文化的形成起了巨大的推动作用

在2000多年的历史传承中，西充形成了自己独特的以"忠诚""义气""诚信"为主流的忠义文化，具有鲜明的民间性、地域性、广布性，历

---

[1] 《荀子·强国》。

[2] 隋开皇十八年（598年）改安汉县为"南充县"，唐武德四年（621年）又将纪信家乡从南充县分出，新置"西充县"。故纪信为今西充县人。

[3] 宋封"忠祐安汉公"，元封"辅德显忠康济王"，明封"忠烈侯"。

[4] 《长安县志·王曲城隍庙会》记载："刘邦得天下后，封纪信为十三省总城隍，在长安王曲建庙立祠，每年农历二月初八祭祀，后遂成庙会。"

代多刚直不阿、诚信为人的忠勇仁义之士,堪称人类一笔宝贵的精神财富。西充人忠厚纯朴,热情好客。生活困难的时候,西充人常把稀缺的食物留以待客。一个院落的人在除夕之夜要团年,除夕晚上不分家族姓氏,一家准备一碟"干盘子",由各家男女主人端上桌,大家聚在一起过年、守岁。几十上百人,举院同欢,其乐融融。自建县以来,西充在场镇名中即有义兴、仁和、义和等,地名中有忠义山、仁义桥等,处处凸显着忠义文化的底蕴。

3. 以刘邦褒扬纪信"诳楚安汉"、赏季布诛丁公为标志,中国的忠义文化发生了根本性的变化

其一,随着君主专制的进一步加强,"臣忠于君"成为"忠"的唯一含义,臣的地位逐步下降,后来甚至下降成了君的奴仆。

先秦时期,"忠"的本义就是尽心做事。它包含两层意思,国君及官吏为百姓尽心做事叫"忠",如《左传·桓公六年》所说"上思利民,忠也",《孟子》所说"教人以善谓之忠,为天下得人者谓之仁"[1];臣民对国君尽心做事也叫"忠",如孔子所说"君使臣以礼,臣事君以忠"[2]。随着君主专制的加强,"臣忠于君"成为"忠"的唯一含义。本来,君臣关系还有相互尊重、和谐相处的义务,所谓"君使臣以礼,臣事君以忠"[3],"君臣以义合者也"[4],"君之视臣如手足,则臣视君如腹心;君之视臣如犬马,则臣视君如国人;君之视臣如土芥,则臣视君如寇雠"[5],可秦汉以后,君臣关系的天平向君这一边严重倾斜,逐渐形成君尊臣卑、君为臣纲[6]的局面。《忠经》说"为臣事君,忠之本也,本立而后化成"[7],而在小说、戏文里面竟然出现了"君叫臣死,臣不得不死;父叫子亡,子不得不亡"这样的话。《水浒传》中,宋江接受招安,"替天行道",为朝廷效犬马之劳后,仍然被奸臣毒死,死前说:"我为人一世,只主张'忠义'二字,不肯半点欺心。今日朝廷赐死无辜,

---

[1] 《孟子·滕文公上》。
[2] 《论语·八佾》。
[3] 《论语·八佾》。
[4] 《论语·八佾》尹氏注。
[5] 《孟子·离娄下》。
[6] (汉)班固:《白虎通·三纲六纪》:"三纲者,何谓也?君臣、父子、夫妇也。"
[7] (汉)马融:《忠经·冢臣章》。

宁可朝廷负我，我忠心不负朝廷。"①虽是小说、戏曲，但反映了当时老百姓对"忠"和"忠君"的看法。

其二，刘邦对纪信"诳楚安汉"的肯定与褒扬，特别是对项羽手下两员大将季布和丁公的处置，表明君主为了自己的统治与专制，压抑了过去公认的行为准则，如"仁""义""礼""信"等，把"忠"抬高到高于一切的地位。

纪信"诳楚安汉"，是以欺骗项羽为前提的。为了"忠"，失了公认的道德标准"信"，这在秦代以前也不是不可以，正如孟子所说"大人者，言不必信，行不必果，唯义所在"②，但总是有点不那么正大光明。春秋时期，要离为吴王施"苦肉计"，欺骗并成功刺杀了吴王的政敌庆忌，庆忌死前认为要离"忠"而下令部下不要杀要离，但要离自责不仁不义，人恕之而不自恕，伏剑而死。③就是一例。

刘邦不但褒扬纪信"诳楚安汉"，又赏了季布，诛杀了对自己有救命之恩而对项羽"不忠"的丁公。楚汉战争时期，季布几次打得刘邦狼狈不堪，项羽败亡后，刘邦悬赏千金通缉他。但刘邦后来想到需要季布这样的忠臣辅佐，就不但赦免了他，还给他封了官，让他做了郎中④。丁公是季布的同母弟弟，在战场上曾把刘邦追赶得无路可逃，因刘邦求情，最终放了刘邦。刘邦当了皇帝，丁公自认为是刘邦的救命恩人，前来拜见，满心指望受到重赏，没想到刘邦下令把他斩首示众，说："丁公为项王臣不忠，使项王失天下者也。""使后为人臣无效丁公也！"⑤刘邦为了臣子对自己的"忠"，宁愿背上"不义"之名。

其三，当"忠""义"发生冲突时，统治者强调的是"忠"，老百姓往往重视的是"义"，中国的忠义文化便多了一个让人纠结的难题。

秦汉以前，当"忠""义"发生冲突的时候，人们往往选择"义"，统治

---

① （明）施耐庵：《水浒传》第一百二十回。
② 《孟子·离娄下》。
③ 见《吴氏春秋·阖闾内传》。
④ 郎中平时参与谋议，执兵宿卫，奉命出使，系皇帝的近臣。
⑤ 《资治通鉴》卷十一·汉高帝五年。

者对此也予以认可。春秋时期庾公之斯射假箭的故事就说明了这个问题。卫国将领庾公之斯追击郑国大夫子濯孺子,因为庾公之斯曾跟子濯孺子的徒弟尹公之他学过射箭,所以庾公之斯说:"小人学射于尹公之他,尹公之他学射于夫子。我不忍以夫子之道(即射箭的技术)反害夫子。虽然,今日之事,君事也,我不敢废。"① 于是拔去箭头,射了四箭就回去了,子濯孺子得以生还。天下人不说庾公之斯不忠,都称道庾公之斯讲义气。

秦汉以后,情况便发生了变化。针对刘邦斩他的救命恩人丁公这件事,宋代史学家司马光评论道:"高祖起丰、沛以来,网罗豪桀,招亡纳叛,亦已多矣。及即帝位,而丁公独以不忠受戮,何哉?夫进取之与守成,其势不同。当群雄角逐之际,民无定主,来者受之,固其宜也。及贵为天子,四海之内,无不为臣;苟不明礼义以示之,使为臣者,人怀贰心以徼大利,则国家其能久安乎!是故断以大义,使天下晓然皆知为臣不忠者无所自容;而怀私结恩者,虽至于活己,犹以义不与也。戮一人而千万人惧,其虑事岂不深且远哉!子孙享有天禄四百余年,宜矣!"② 很显然,司马光站在统治者的角度,认为"忠"高于"义",为了"忠"应该舍去"义"。

在老百姓心目中,由于"忠君"离他们的生活实在太远,"义"便是最高的道德要求,即所谓"人在江湖,义气为先","大丈夫以信义为重"。③《水浒传》第十七回有"宋公明私放晁天王"一节,宋江为了兄弟义气,甘犯朝廷法令,私下放了晁盖。清人王望如评论道:"重朋友,轻朝廷,市私恩,坏大法,宰相下迨郎官皆然,不独郓城宋押司也。"④

明朝以来深刻影响一代又一代中国人思想的《三国演义》更是一部"义"的赞歌。《三国演义》第一回就是"宴桃园豪杰三结义",从此刘、关、张生死一体。书中看不到关羽、张飞对刘备的"忠",只有三人之间的"义"。关羽更是"义"的化身:为了"义",关羽斩颜良,诛文丑,解白马之围;为了"义",关羽在华容道放走了曹操,又在攻打长沙时不杀黄

---

① 《孟子·离娄下》。
② 《资治通鉴》卷十一·汉高帝五年。
③ 毛本《三国演义》第五十回。
④ 《水浒传会评本》上册,第41页。

忠……特别值得一提的是，关羽"义释曹操""义释黄汉升"，没有人骂他不忠，反而赞扬他"忠可干霄，义亦贯日，真千古一人"①。清人毛宗岗甚至说："怀惠者小人之情，报德者烈士之志。虽其人大奸大恶，得罪朝廷，得罪天下，而彼能不害我，而以国士遇我，是即我之知己也。我杀我之知己，此在无义气丈夫则然，岂血性男子所肯为乎？"②

当"忠""义"发生冲突时，选择哪一个，确实是考验当事人智慧的难题。

（原文系笔者于2012年5月29日在四川省西充县中国忠义文化研讨会上的发言稿，收入本书时略有修改）

---

① 毛本《三国演义》第五十回评语。
② 毛本《三国演义》第五十回评语。

端午节的起源与传统习俗

在我国传统节日中，端午节是名称最多的一个。除端午外，还有端五节、端阳节、重午节、五月五、五月节、菖蒲节、浴兰节、天中节、诗人节、女儿节、龙舟节、粽子节、医药节等诸多专名。端午节的习俗非常多，民间传说和文化内涵也十分丰富。几千年的光阴里，从避瘟驱邪、养生健体，到缅怀先贤（主要是屈原）、爱国孝亲，端午节一路走来，给我们的民族以健康、信仰和力量。

一、端午节探源

考诸史料，端午节是最早出现的中国传统节日之一，战国时期就已经出现。有的学者认为，端午节起源于吴越民族龙图腾祭祀，有的学者认为，端午节的各种习俗和传说与阴阳五行对立转换密切相关，还有的学者说，端午节是人们为了适应夏至前后因气候变化而带来的瘟疫与疾病，通过巫术、灵符、中药等禳解，因季节适应的需要而产生，等等。随着认识的不断深化，大家越来越倾向于认为五月五原是个避瘟驱邪的节日，端午节的习俗是古代人们针对五月恶劣的生存条件与阴阳变化进行应对和调和的结果。

其实，以"辟邪说"来解释端午节早在汉代就有了。《玉烛宝典·五月仲夏第五》引东汉应劭《风俗通义》："夏至、五月五日，五采辟兵。题'野鬼游光'。俗说五采以厌五兵。游光，厉鬼光，知其名，令人不病疫温。"现在看来，这一解释也是最接近端午节的原初意义的。

战国时期已有较多关于五月为恶月、需要避忌的文献记载。《礼记·月令》说："仲夏之月……日长至，阴阳争，死生分，君子齐戒，处必掩身。毋躁。止声色，毋或进，薄滋味，毋致和，节耆欲，定心气，百官静，事毋刑，以定晏阴之所成。"意思是说，五月是阴与阳、死与生激烈较量的月份，要保持身心安静，即使在家也不可赤身露体，不可急躁；要暂停歌舞，不近女色；要吃清淡的食物，不要追求五味俱全；要平心静气，做事不可贪快，以等待阳阴斗争的结果。按先秦已兴起的五行之说，午属阳火，午月午日为两火相重，火气过旺，尤为恶日，需要避邪禳灾。其习俗主要是采百药、浴兰汤等。如成书于战国时代的《夏小正》记载："此日（仲夏午日）蓄采众药，以蠲除毒气。"可知这时端午节的确定日期已经出现，是在午（五）月午日或称"仲夏午日"。《夏小正》还记载了战国时的浴兰习俗："（五月）蓄兰，为沐浴也。"兰草在上古时期被人当作可以辟邪的植物。这些记载，说明在战国时代端午节已经初步形成，只是节俗活动还很少。

到了汉代，端午节的习俗进一步增多。由于人们认为五月五日是恶月恶日，就会想出各种办法来辟邪。东汉学者应劭的《风俗通义》记载：五月五日，人们用彩色的丝带系在手臂上，用来防避兵事和鬼魅，还能防病防瘟疫。而在民间，"五月不举子"的说法十分流行，即不将五月出生的孩子抚养成人。司马迁《史记·孟尝君列传》记载，战国时期齐国大臣田婴的小妾在五月五日生了个儿子，田婴说：不要抚养他，五月出生的孩子，将危害其父母。王充在《论衡·四讳》中说："五月子杀父与母，不得（举也）。已举之，父母祸死。"《风俗通义》也记载了人们认为五月五日出生的孩子将危害父母、要尽早将之遗弃的习俗。

魏晋南北朝是端午节趋于定型的时期，此时有了吃粽子、划龙舟的习俗活动。我们经常引用的西晋周处的《风土记》中，有了端午节吃粽子的记载："仲夏端五，烹鹜角黍。端，始也，谓五月初五日也。又以菰叶裹黏米煮熟，谓之角黍。"[1]角黍就是今天我们所说的粽子。由于《风土记》在唐宋时期已经散佚，我们现在看到的有关内容都是后人的引用，除了内容有详有略多寡不同外，还有一个重要的区别在于有的作"仲夏端午"，有的作"仲夏端五"，前者如《北堂书钞》《初学记》，后者如《玉烛宝典》《艺文类聚》等。较早引用《风土记》的《玉烛宝典》（成书于北齐）、《艺文类聚》（成书

---

[1] 《艺文类聚》。

于唐初）等书中都作"仲夏端五"，并没有"端午"字样。文献表明，盛唐以前，社会上普遍使用的端午节名称是"五月五日""端五"，"端午"成为节名并迅速流行开来，是盛唐以后的事情。①

由以上对端午节形成和发展的简要回顾，可知早期端午节的起源和传承动力在于当时人们的巫术、数字、禁忌、五行、阴阳等信仰。既然认为五月五日为恶月恶日，人容易发生灾祸或感染瘟疫，就需要举行仪式或采取信仰中有效的习俗活动来避邪禳灾。可知端午节早期的主题是驱邪避疫、适应自然，基于远古民众虔诚的原始信仰、巫术观念等。

但节日文化是不断发生变化的，喜欢追根溯源的人们又十分愿意将历史名人与节日起源相联系，这不仅可以表达对历史名人的美好情感，也使节日本身变得更加有趣味。于是，屈原、伍子胥、介子推、越王勾践、曹娥等历史名人逐渐进入各地的端午叙事中。

关于五月五日吃粽子是为了祭祀屈原的记载最早见于南朝梁代吴均的《续齐谐记》：

> 屈原五月五日投汨罗水，楚人哀之，至此日，以竹筒子贮米投水以祭之。汉建武中，长沙区曲（有的版本作"区回"）忽见一士人，自云"三闾大夫"，谓曲曰："闻君当见祭，甚善。常年为蛟龙所窃，今若有惠，当以楝叶塞其上，以彩丝缠之。此二物，蛟龙所惮。"曲依其言。今五月五日作粽，并带楝叶、五花丝，遗风也。

端午舟船竞渡是为了表达抢救屈原的传说最早见于南朝梁代宗懔的《荆楚岁时记》，隋代杜公瞻注《荆楚岁时记》"是日，竞渡"云："五月五日竞渡，俗为屈原投汨罗日，伤其死，故并命舟楫以拯之。"

端午节源于纪念伍子胥、曹娥的传说最早见于东汉后期邯郸淳写的《曹娥碑》：

---

① 参见张勃《"端午"作为节名出现于唐代考》，《青海社会科学》2011 年第 2 期。

> 孝女曹娥者，上虞曹盱之女也。其先与周同祖，末胄荒沉，爰兹适居。盱能抚节安歌，婆娑乐神。以汉安二年五月时迎伍君，逆涛而上，为水所淹，不得其尸。时娥年十四，号慕思盱，哀吟泽畔，旬有七日，遂自投江死，经五日抱父尸出。

曹娥是东汉上虞人曹盱之女，曹盱于汉安二年（143年）五月参与祭祀"伍君"的活动时不幸落水身亡，尸首不知所终。当时年仅14岁的曹娥沿着水边哭着寻找，17天后投江自尽。曹娥的孝心感动了天地，五天后，曹娥与父亲的尸首一起浮出江面。这则故事与五月祭祀水神"伍君"有联系，也就成为附着于这个节日的重要传说。

为什么各地端午节的传说很多，只有屈原进入主流话语体系了呢？

伍子胥本是楚国人，逃难到吴国，帮助吴王阖闾、吴王夫差父子富国强兵，使吴国成为春秋时期的霸主。后来由于多次劝谏，被奸臣陷害，惨遭吴王夫差赐死并沉尸水底。伍子胥在当时的吴国地位崇高、功绩显赫，结局又如此悲惨，很受吴国人民的崇敬和悲悯，死后受到当地民众的祭拜，也使得江浙地区至今还有端午节纪念伍子胥的习俗。但伍子胥为了扶吴王阖闾即位，设计杀了吴王僚；为了家仇不惜引外兵攻破楚都，掘楚王墓并鞭尸三百，使生灵涂炭、故国蒙羞，他是吴王阖闾父子的忠臣，却不是楚国的忠臣，也不是吴王僚的忠臣。伍子胥的"忠"，自然不是人们应该效仿的，也就进不了主流话语体系。

介子推曾经跟随晋国公子重耳，就是后来的晋文公逃难，19年不离不弃，在没有食物的时候割大腿上的肉供重耳充饥。重耳回国即位后，大封功臣，偏偏忘了介子推。后来晋文公想起介子推，介子推却不愿回朝为官，背着母亲到绵山上隐居起来。重耳找不到介子推，就火焚绵山，企图逼他出来。没想到介子推竟被烧死在山上。晋文公十分悔恨，便下令这天老百姓不许生火。从此以后，人们便在头一天包好粽子，蒸熟，留待第二天吃。这就是端午节吃粽子的来历。由于介子推缺乏忠臣的典型性，加上传说清明节为介子推所设，一个人不能同时占有两个节日，端午节纪念介子推的传说就难以传承开来。

千百年来，端午祭屈原已成为大多数普通民众共同的价值判断和心理诉求。这种诉求，自然也会影响到宫廷，从而进一步扩大了它的影响力。

唐高宗龙朔元年（661年）的某一天，唐高宗李治很认真地询问大臣一个问题："五月五日，元为何事？"即人们为什么要过五月五？大臣许敬宗引用《续齐谐记》所载的屈原传说做了回答：战国时期，楚国大夫屈原忠心为国，却被奸臣诬陷，壮志难酬，看到楚国即将灭亡，悲愤之下，于五月五日投汨罗江而死，楚国百姓为了纪念他，每到这天，便用竹筒贮米，投水祭之。这一问一答表明，尽管当时还有其他传说的存在，尽管唐代以后许多地方还在生成新的传说，但屈原传说乃是最正宗的关于五月五起源的解释，它也在各种文献中得到了更多的书写和表述。

在千千万万老百姓的心目中，屈原传说已经深入人心，端午节就是为这样的忠臣所设。北宋嘉祐四年（1059年），少年得志的苏东坡途经忠州，看到有一座屈原塔，惊讶之余，写下了一首五言古诗。

楚人悲屈原，千载意未歇。
精魂飘何处，父老空哽咽。
至今沧江上，投饭救饥渴。
遗风成竞渡，哀叫楚山裂。

诗中，真实地展现了当地民众龙舟竞渡、投饭于江祭奠屈原的动人情景和发自内心的对屈原热爱、追怀之情，赞美了屈原追求理想、不与世俗同流合污、壮烈殉国的高尚情操。当时令苏东坡惊异也让我们至今感动的，是在远离屈原家乡之地，距屈原投江千年之后，人们竟然在这个看似与屈原无关的地方，建造了一座屈原塔；竞渡、投饭，在有的地方，已变成端午节的娱乐活动，而在这里，仍然是庄严的祭祀、悲痛的缅怀。父老的哽咽和哭喊，真实表达了人们对一代忠臣的思念和浓烈的家国情怀。

可以说，端午节逐渐成为祭祀屈原的节日，是历史的选择，更是人民的选择。

二、端午节的习俗

1. 避瘟驱邪

端午节，人们要洒扫庭院，洒雄黄水，饮雄黄酒，佩戴香囊，插艾草，挂菖蒲，贴钟馗画像，以避瘟驱邪。各地用来驱邪的植物多有不同，但以艾蒿和菖蒲最为普遍。一般是将艾蒿和菖蒲悬挂在房檐上。有俗语云："门口不插艾，死了变个大鳖盖。""戴上艾，不怕怪；戴上柳，不怕狗；戴上槐，大鬼小鬼不敢来。"手工制品则首推长命缕，又叫续命缕、长命索、避兵缯、朱索、避瘟绳、百岁索、百丝儿、长命丝等，因多用青、红、白、黑、黄五种颜色的丝线做成，又称"五色丝"。此外还有香囊。香囊，也叫香包、荷包等，系用丝布缝制而成，内装以朱砂、雄黄、香药等物，多用彩索串起来，佩戴在身上。民间还盛行悬挂天师像、钟馗捉鬼图来驱邪，所谓："五月五日午，天师骑艾虎。手持菖蒲剑，斩魔入地府。"

这天，许多地方的人们还会采药。早在《夏小正》中已有记载："五月蓄药，以蠲除毒气。"在今天的胶东一带，人们习惯在端午节用露水洗脸，据说洗了不害眼病，同时让牲畜吃带露水的草，据说可令牲畜一年不得病。也有地方送瘟神，即用竹、纸扎制龙船，端午日推船入水，认为这样即可驱鬼避邪。

2. 吃粽子

端午节的节令食品，各地多有不同。《浙江新志》载当地的节日食品有粽、蒜、蛋白、切鸡、馒首、绿豆糕、薄皮糕（用春饼包菜）及五黄（黄鱼、黄瓜、雄黄酒、黄鳝、黄瓜头）、五烧（烧酒、红烧肉、烧窝、烧饼、烧馒）等。

在诸多食品中，粽子是最主要的食品，已有2000年的历史。民间俗语有"端阳弗吃粽，死后没人送"。粽子多由粽叶或竹筒包裹糯米蒸制而成，名目繁多。古代有"百索粽""九子粽""蜜饯粽""艾香粽""青菰粽"等诸多品种，现在更是花样繁多，有蜜枣粽、八宝粽、赤豆粽、蚕豆粽、玫瑰粽、瓜仁粽、豆沙粽、猪肉粽，不胜枚举。不论什么粽子，都讲究用五色丝线捆扎，认为五色丝线有驱邪的功用。

3.饮雄黄酒

端午节的饮品,则以雄黄酒、朱砂酒、菖蒲酒、艾叶酒最具特色。古语曾说"饮了雄黄酒,病魔都远走"。在流传广泛的《白蛇传》中,白娘子就是在端午节喝了雄黄酒才现出原形的。雄黄是一种矿物质,俗称"鸡冠石",其主要成分是硫化砷,并含有汞,有毒。一般饮用的雄黄酒,只是在白酒或自酿的黄酒里加入微量雄黄而成,没有也不能只喝雄黄。雄黄酒有杀菌驱虫解五毒的功效,中医还用来治皮肤病。在没有碘酒之类消毒剂的古代,用雄黄泡酒,可以祛毒解痒。未到喝酒年龄的小孩子,大人则给他们的额头、耳鼻、手足心等处涂抹上雄黄酒。古诗云:"唯有儿时不可忘,持艾簪蒲额头王。"意思是说端午节这天,孩子们拿了艾叶,戴上菖蒲,额头上用雄黄酒写了"王"字,以辟邪防疫。把雄黄酒洒在墙角、床底等处,可以驱虫,清洁环境。现在有人认为,雄黄的主要化学成分是有毒的二硫化砷,加热后经化学反应变成三氧化二砷,也就是俗称的砒霜,有毒,不能喝。为了应端午节令,可将其喷一点在墙脚,驱夏日里的毒虫。或者,端午节喝黄酒代替雄黄酒。

4.龙舟竞渡

龙舟竞渡,又叫划龙舟、扒龙船、抢江。竞渡时,各船有十余人分两排而坐,手执短桨。船上另有几人,摇旗呐喊,击鼓敲锣,以助声威。竞渡前一般有请龙祭龙的仪式。需要说明的是,有些地方的竞渡活动往往并不局限于五月五日一天,甚至高潮也不一定是五月五日。在四川、湖北等地,称五月五日为小端午,五月十五日为大端午。有的地方,端午节竞渡的时间跨度往往很长,特别是在唐代,竞渡要耗时几十天之久!唐代诗人元稹曾感叹道:"楚俗不爱力,费力为竞舟。……连延数十日,作业不复忧。……一时欢呼罢,三月农事休。"

在湖南岳阳汨罗江畔,湖北秭归屈原故乡,每年端午节都要举行竞渡活动,颇有楚风遗韵,具有浓厚的祭祀屈原的成分。2019年,中国民协在湖南汨罗举办了"我们的节日·2019端午节(汨罗)系列活动",有祭屈大典、祭龙头、取圣水等端午节传统习俗,有长乐抬阁故事会、民间龙舟比赛、大型原创音乐剧《屈原》精彩展演,现场观众云集,十分热闹。

端午舟船竞渡在我国大多数地方是为了祭祀屈原,但在个别地方,还保留着祭祀其他先贤的遗风。据温州大学教授黄涛调研,温州端午龙舟竞渡的民间解释是为纪念越王勾践训练水军,而不是为纪念屈原,活动时间一般为十天,农历四月三十日进河,五月初十收殇;苏州端午节的许多习俗与纪念伍子胥有关,包括龙舟竞渡。

据统计,在12个省的清代以前的方志中,有龙舟竞渡记载的多达227种。[①]

5. 斗草

除了划龙舟,端午节的娱乐活动还有斗草、放风筝、抓鸭子,真是乐趣无穷。

斗草,又称"斗百草",是民间流行的一种游戏。明朝罗颀撰写的《物原》说:"(斗草)始于汉武。"其实,作为老百姓自娱自乐的游戏,斗草的历史应该更早。草随处可见,闲暇之时取来玩耍十分自然。我小的时候,每天放学后、节假日,都要去田野里割草,坐在树荫下和小伙伴玩斗草是常有的事,印象中也没有大人来教授。有时,还会用杨树叶来斗,看谁的叶梗更有韧劲。

斗草作为端午节的游戏,在南朝的《荆楚岁时记》中已有记载:"四民并踏百草。又有斗草之戏。"斗草有武斗、文斗之分。武斗就是"拔老根儿",比试草的韧性。两人各选一根草,套住对方的草,用力拉扯,草断的一方为输。文斗就是比试谁认识的花草多,谁采到的花草品种多。《红楼梦》第六十二回"憨湘云醉眠芍药茵 呆香菱情解石榴裙"里,香菱与芳官等人玩斗草就是典型的文斗。

6. 回娘家

端午节期间,许多地方都有出嫁女儿回娘家的习俗,故而端午节又有"女儿节"之称。在河北张北,节前要请出嫁的女儿吃粽子,节后再送回。在重庆石柱县,当地土家人称过端午节为"过端阳"。这一天,娘家人要接已经出嫁的女儿一家回来过节。女婿要给岳父母送"五色礼",岳父母则用粽子招待女儿一家。在安徽和县,新出嫁的女儿在初夏时节要回娘家住一段时间,叫作"住夏",端午节转回夫家时,娘家要包粽子装满箱笼,让女儿

[①] 参见冯骥才主编,中国民间文艺家协会编《我们的节日·端午》,宁夏人民出版社2008年版,第18页。

转送给亲戚邻里。

丰富多彩的习俗活动，反映了端午节在人们生活中的重要程度。

近年来，尽管有些地方端午节传承较为乏力，但总体而言，端午节还是我国的一个比较热闹的大节，传承好的地方数不胜数，如湖北黄石"西塞神舟会"、秭归"屈原故里端午习俗"、湖南汨罗"汨罗江畔端午习俗"、江苏苏州"苏州端午习俗"。在偏远山区，传统的端午节习俗依然在有序传承，如位于大巴山区的陕西省安康地区。

2018年6月，我和陈连山、林继富教授专程到陕西省安康市，对其下属县区汉滨区、平利县、汉阴县和石泉县进行端午节习俗考察。6月18日是端午节，当天早晨，我们看到不少人在割艾草，街上、自由市场上到处是买卖艾草、菖蒲、紫苏、车前草、夏枯草、鹰爪枫等草药的居民。早饭后，我们冒雨考察了平利县政府旁边的一家菜市场，发现有十几个专门售卖端午用品的摊位，有多家卖粽子的小摊。大体说来，平利县的端午习俗有以下内容。

包粽子。平利县所卖粽子有两种，一种是用棕竹叶包的，另一种是用笋壳包的，颜色微白。笋壳包粽子在其他地区少见。粽子都是白粽，里面只有糯米。食用时，打开叶子，蘸蜂蜜吃——本地山区盛产蜂蜜，故有此俗，在全国其他地区一般都是蘸白糖吃。市场上也出售棕竹叶和笋壳，这是给居民自己包粽子用的。可见，连县城居民也保持着自己动手包粽子的习惯。

吃鸡蛋、大蒜。一些小摊还出卖煮熟的鸡蛋和大蒜。陪同我们的平利县民间文艺家协会主席唐进文说，他自己家端午节早上吃煮大蒜和粽子，中午下河捞鱼，回家后做鱼吃。

挂菖蒲、艾草，采百药。市场上卖菖蒲与艾草的小贩都是农民，不是专门的商贩。他们把这两种植物捆成一把，以两三块钱的价格出售。询问得知，居民买回去都是挂在门边辟邪的。也有出售栀子花束的，主要用于观赏，香味浓郁。特别值得关注的是，除了菖蒲、艾草之外，他们还出售大量新采的各种药草。其中有石菖蒲，比一般菖蒲小一些，同样具有浓烈香气。卖者说是泡水喝，或者泡水洗澡用——这与古代端午浴兰，或浴菖蒲习俗是一致的。鹰爪枫，熬水为儿童洗澡，可以防病。夏枯草，消炎，治拉肚子。灯芯草，消炎。鱼腥草，去火消炎。车前草，去热、明目、祛痰止咳。金银花,消炎。紫苏,为儿童消食。其他草药还包括追风藤、薄荷等。

用雄黄酒,戴香荷包。本地端午节有用雄黄酒涂抹儿童口、鼻、耳朵、眼的习惯,据说可以防止毒虫叮咬。过去还有端午节喝雄黄酒的习俗,听说雄黄有毒,现在已经不喝了。端午节给孩子穿新衣服,戴香荷包。用布包裹香料,缝制成孩子属相的模样,挂在胸前,以辟邪祟。

回娘家。端午节,出嫁的女儿要回娘家。[①]

当天下午,我们到达石泉县。在一个村庄里,看到家家户户门口或墙上都挂着菖蒲和艾草。有一户人家,虽然移居他处,土屋基本废弃,但76岁的邻居老奶奶还替他们悬挂了菖蒲和艾草。去年端午节悬挂的菖蒲、艾草、车前子等已经发黄,依然挂在墙上。

林继富教授感慨道:在安康,端午节不是点缀,而是融入民众生活之中,安康端午节保留的生活习俗不是刻意为之,而是融入生命的血液里,安康人以自在、自然、自觉的方式传承着、丰富着它们,这也正是安康端午节作为生活的意义所在。[②]唯其如此,端午节才能传承久远。

我国幅员辽阔,历史悠久,人民注重传承,又雅好创新,这就使传统节日保留下来的习俗十分丰富,文化内涵包罗万象。当今时代,在传承节日文化方面,要注意处理好政府和民众在节会中的关系定位,即民众办会、民众参与,政府保驾护航、提供服务。只要有利于社会安定、民族进步、民生幸福,政府尽量不干预节日本身更多的东西,让民众在活动中自我传承、自我净化、自我提升。如此,传统节日就能继续充分发挥其在凝聚人心、教化群众、淳化民风中的重要作用,长久传承下去。

(2020年6月25日笔者做客河南鲁山"弘扬端午文化促进乡村振兴"端午文化"云"上大讲堂,做了40分钟的讲座。本文系在讲稿的基础上修改而成。部分内容参考引用了黄涛、张勃教授的资料,特表感谢)

[①] 参见陈连山《陕西安康市端午节习俗考察报告》,载邱运华、中国民间文艺家协会组织编写《2018"我们的节日"调研论文集》,文化艺术出版社2019年版。

[②] 参见林继富《作为生活传统的安康端午节》,载邱运华、中国民间文艺家协会组织编写《2018"我们的节日"调研论文集》,文化艺术出版社2019年版。

那些被忽略的济水文化

济水（又名沛水、沇水）对大多数人来说，已经很陌生了，只有专家学者或文人雅士才会偶尔提及它昔日的荣光。即便山东的几个地名如济宁、济南、济阳，是拜济水所赐而得名，年轻人知道济水的也不会太多。但在河南济源，这个因济水发源地而得名的城市，人们没有忘记济水，有关济水的神话传说、诗词歌赋依然"活"在广大民众的口头上、心灵里。

历史上的济水："四渎"之一

济水发源于河南省济源市西北的王屋山，东流至温县，南注黄河，与黄河同流，东行十余里，在荥阳北，出黄河，汇为荥泽（今已湮没）。此即所谓"南洗为荥"。再经原阳南，封丘北，菏泽南，定陶北，东入菏泽（今已湮没）；再由巨野县柳林镇北境出菏泽东北流，于巨野县西入大野泽（今已湮没）；再由巨野县东北出大野泽，过梁山东，北流至东阿县东，经平阴县北，济南城北，东流入海（故道大多成为今天的小清河）。当时在原阳和巨野之间，济水还分为南、北两个支流，一并汇入大野泽。据《汉书·地理志》记载，济水"过郡九，行千八百四十里"。

历史上，济水是一条名副其实的大河。早在周朝，就被列入"四渎"，享受朝廷的高规格祭祀。据《史记·封禅书》：周代，"天子祭天下名山大川：五岳视三公，四渎视诸侯……四渎者，江、河、淮、济也"。就是说，济水与长江、黄河、淮河一样，被列入四大河流，享受周天子的祭拜。秦一统天下后，名山大川的祭祀常态化，崤山以东祭祀的大河只有济水、淮水。据《汉书·地理志》记载，东郡临邑县（今山东东阿县）有沛庙，设于古济水旁边。隋唐以后，济水流经的济源、荥阳、原阳、曹县、定陶、菏泽等地都建起了济渎庙。就连不是济水流域的山西南部，也有不少济渎庙。

考古中的济水：华夏文明发祥地之一

人们常说，黄河是中华民族的摇篮，但在春秋以前，黄河自荥阳以下，大体沿着太行山东麓北流，在今天津一带入海，大陆泽以下，还是人烟稀少的地区，加上干流自古以来就多泥沙，"善决、善徙、善淤"，倒是济水，为古人生活的理想之地。"一派平流滋稼穑，四时精享荐蘋蘩。未尝轻作波涛险，惟有沾濡及物恩。"就是对济水水流平稳、惠济苍生的生动写照。《尚书·禹贡》说："济、河惟兖州。九河既道，雷夏既泽，灉、沮会同。"是说济水、黄河之间的广大地区就是古代九州之一的"兖州"，济水、黄河在这里有众多支流，被疏导为九条河道，汇聚成了雷夏泽。近年来的考古发掘证明，济水两岸遍布先民生活聚落遗址，包括仰韶文化、大汶口文化、龙山文化、岳石文化和商、周、秦、汉文化遗存，表明这里是华夏文明的重要发祥地之一。

近100年来，随着中国考古学的大力发展，考古发掘资料的积累，古代典籍中关于大禹治水和夏商王朝的记载被逐渐证实。而这些资料，大多与济水有关。

王国维先生曾说："禹之都邑虽无考，然自太康以后以迄于桀，其都邑及地名之见于经典者率在东土，与商人错处河、济盖数百岁。"济水流域是大禹治水的中心地，夏商王朝的兴起地，研究济水，对于中华文明起源、夏商历史地理具有重大意义。

周、秦、汉、晋时期，济水沟通东西南北中，战略地位十分重要，研究济水，对于当时的政治、经济、军事研究有着非同寻常的意义。先秦以来，济水两岸更留下了数不清的文化遗产，有着巨大的历史价值。

文学中的济水："四渎"中的君子

古济水源远流长，水质清澈，水流平稳，是"四渎"中的君子，深得文人雅士的喜爱，自然也成为创作各类文学作品的绝好素材。从《诗经》开始，历代都有吟咏济水的诗词歌赋。《诗经·匏有苦叶》就以济水为背景，歌咏了一位年轻女子等待情人时又喜悦、又焦躁的心路历程。以唐玄宗封济水"清源公"为标志，历代文人雅士赞美济水不与浊流合污、至清高洁的诗词不绝于史。唐代白居易《题济水》云："自今称一字，高洁与谁求？惟独是清济，万古同悠悠。"宋代文彦博《题济渎》云："导沇灵源祀典尊，湛然凝碧浸云根。远朝沧海殊无碍，横贯黄河自不浑。"更多的人，面对济水，托物言志，赞美其百折不挠、润泽万物，使济水成为文学之河、理想之河。

济水流域还有大量的神话、传说、民间故事、民间说唱等非物质文化遗产，古代建筑、遗迹、遗存等文化遗产，都有巨大的文化价值和文学价值。我们从小就知道《乌鸦与狐狸》的故事，并且知道这是俄国著名寓言作家克雷洛夫创作的《克雷洛夫寓言》里的故事。这个寓言故事创作的时间，应该不早于1806年，因为克雷洛夫1806年后专写寓言，1809年出版了第一本寓言集《克雷洛夫寓言》。让人难以置信的是，我国明代就有了这个《乌鸦与狐狸》的故事，比俄国早了至少200年。济源市有一座阳台宫，在其保留至今的明代修建的玉皇阁石柱上，就雕刻了这个故事。画面中，乌鸦开口唱歌，肉掉在半空，狐狸仰头张嘴，即将吃到肉。济水流域的文化遗产，也是取之不尽用之不竭的文学宝库。

民间文化中的济水：信仰与崇拜

夏商以来，有关济水的历史人物、历史事件不胜枚举，神话、传说、民俗、信仰口口相传，至今不衰。济水不仅是一条养育了两岸民众的水流，更是一条文化河，有很大的研究空间和价值。在这些文化事象中，济水信仰、济水崇拜最值得关注。

早在春秋时期，从诸侯到民间，济水信仰已深入人心。据《左传》记载，僖公二十一年（前639年），邾国灭了须句（在今山东东平西北），须句君逃到鲁国。鲁国为此讨伐邾国，须句得以复国。鲁国之所以为了须句大动干戈，一个重要理由就是"任、宿、须句、颛臾，风姓也，实司大皞与有济之祀，以服事诸夏"。这四个诸侯小国都在济水流域东部，共同负责太皞伏羲氏和济水神的祭祀，可见济水在人们心目中的崇高地位。

隋唐以后，由于泥沙淤积，济水中上游逐渐断流，但朝廷对济水的祭祀规格却不断提高。隋文帝时期，建济渎庙，设济源县，唐玄宗封济水为"清源公"，宋徽宗封济水为"清源忠护王"，元仁宗封济水为"清源善济王"。每年立冬，朝廷在济源县祭济渎神和北海神，并派京城官员亲临现场。到了明代，明太祖朱元璋重新对天下五岳、五镇、四海、四渎神号进行命名，济水被改为北渎大济之神。清朝规定，每遇重大事件，都要派大臣前往各地祭告五岳四渎。据《济源县志》记载，康熙登基，离宫出巡，封其祖母博尔济吉特·布木布泰（即孝庄皇后）为圣文皇后；荡平漠北，封孝惠皇后为圣章皇后；康熙五十、六十大寿时，都曾颁诏并派使臣到济渎庙祭祀济渎神和北海神。可以说，一座济渎庙，就是一座文化宝库。

济源的济渎庙是目前国内规模最大、保存最为完整的祭祀济水的庙宇，占地130余亩。庙内保存有唐、宋、金、元、明、清碑碣数十通，有很大的文化、艺术价值。如刊刻于元代延祐元年（1314年）的"投龙简记"碑，记述了元仁宗时期钦差大臣周应极一行到济源祭水、王屋山祭天的详情。当时的祭祀程序是：先命道教大宗师在京城举行盛大的祭告活动，然后派出钦差大臣到济源的济渎庙和王母洞分别祭祀，并投沉玉符简、黄金龙各一对，以祭水、祭天。此记述对于后人了解、研究当时的祭祀制度大有裨益。

（原载《光明日报》2021年4月25日第12版）

"三伏三出"话济水

说起济水，今天的人们绝大多数都不知道，但在历史上，它却是一条名副其实的大河。早在周朝，济水就与长江、黄河、淮河一起，被列入"四渎"（四大河流），享受周天子的祭拜。那时济水从今天的河南省济源市西北的王屋山发源后，东流至温县，随之穿行河南东部、山东西南部，经济南城北，东流入渤海。"过郡九，行千八百四十里。"

汉代之前，济水是中原的交通大动脉，所谓"浮于济、漯，达于河"，从济水、漯水可以到达黄河干流和众多支流、湖泊。春秋末年吴王夫差北进中原，曾利用济水西上，会晋定公于黄池（今河南封丘西南）。汉代之后，随着黄河对济水的一次次漫灌，济水渐渐淤塞。到东晋太和四年（369年）桓温第三次北伐时，由于大旱，水道不通，桓温命人在今山东巨野南部开凿河道三百里，水师才得以进入济水，从而进入黄河。到了南朝刘宋时期，济水已经严重淤塞。隋炀帝开凿通济渠以后，济水中游几近消失。唐麟德二年（665年），年届不惑的高宗皇帝在封禅泰山的路上，驻跸濮阳，问宰相许敬宗：天下的大江大河很多，都没有享受朝廷的祭祀，济水这么小的河流，为什么名列"四渎"呢？唐高宗的疑惑，反映出济水的尴尬处境：当时的济水已是涓涓细流，早与长江、黄河、淮河无法匹敌。

让人难以理解的是，虽然济水中上游逐渐断流，朝廷对济水的祭祀规格却不断提高。隋文帝时期，建济渎庙，设济源县，随后，济水流经的济源、荥阳、原阳、曹县、定陶、菏泽等地都建起了济渎庙。唐玄宗封济水为"清源公"，宋徽宗更封济水为"清源忠护王"。

与此同时，出现了有关济水的大量神话、传说，其中尤以"三伏三出"最为著名。第一"伏"，即从王屋山的太乙池流入地下，在地下穿行七十多里，从济源城流出地面。第二"洑"，即济水在温县进入黄河，从黄河下穿行，流出地面后汇聚成荥泽。第三"洑"，济水从荥阳再次隐于地下，从山东菏泽的陶丘流出地面。特别是第一"洑"，在济源有各种神话、传说。

话说大禹治水来到王屋山天坛峰下，看到一条蟒精在太乙池内兴妖作怪。大禹挥舞大斧，除蟒治水，吓得蟒精吸了一肚子水后，一直往西窜，一头钻到西山的山洞里，肚子里的水喷泻而出，成了一条大河，这就是蟒河。蟒河穿过太行山，绕过王屋山，流到济源县，归入九曲黄河。当时，大禹在太乙池内还砍了两斧，就出现了两条暗道。池水马上从地下伏流了一百二十里，分成两股水：一股水从龙潭寺泉眼流出，一股水从济渎庙泉眼流出。这两股水又合成济水，一直向东流入渤海。

查找历史记载，济水"三洑三出"的说法在唐朝就有了雏形。唐高宗时期，宰相许敬宗曾对唐高宗说："夏禹道沇水东流为济，入于河。今自漯至温而入河，水自此洑地过河而南，出为荥；又洑而至曹、濮，散出于地，合而东，汶水自南入之，所谓'泆为荥，东出于陶丘北，又东会于汶'是也。古者五行皆有官，水官不失职，则能辨味与色。潜而出，合而更分，皆能识之。"

许敬宗的观点，代表了唐朝人对济水的认识，也被后世学者遵从并发挥，至今在民间有很大的影响力。概括起来有以下两点：其一，济水在温县进入黄河，从黄河下穿出来，汇聚成荥泽，然后再次穿行地下，到定陶一带流出地面。其理由是，水官能辨别一条河流的气味与颜色，不论这条河流潜行地下还是分分合合，都能辨别出来。其二，"渎"就是"独"，不凭借其他的河流，可以独自流入大海。济水多次在地面上消失，流量又小，但它可以独自流入大海，才有了尊贵的地位。

后人进一步发挥，增加了济源境内济水伏流出王屋山的传说，便成了"三洑三出"。

细细分析，再结合近年来历史学、考古学的研究成果，我们认为，"三洑三出"有一定的真实成分，不能完全看成神话。济水第一"洑"，即从王屋山到济源城，有其可能性、真实性。在山石间，泉水可以伏地而出，山东济南的泉水来自其南部山区，就是明证。在济源，人们普遍认为，济水的发源地是天坛山的太乙池，太乙池的水是伏流地下七十余里，到龙潭寺里出来的，还有人说是从济源城的小十字的井里出来的。如果抓一把麦糠往太乙池里一撒，三天以后，在小十字的井里可以捞出麦糠来。

第二"泆"，即济水在温县进入黄河，与黄河同流，东行十余里，从黄河下穿出，汇聚成荥泽。这在当时的生产力水平和地质条件下是不大可能的。那时候人们没有能力从黄河下铺设管道，济水如何穿黄河而过？只能是当时的人们看到一条河流从温县流入黄河，不远处的黄河南岸又有一条河流流出，便把这两条河流都命名为济水，创造出"远朝沧海殊无碍，横贯黄河自不浑"的神话。当然，还有一种可能，即济水从温县到荥阳本来是相连贯的一条河流，后来被黄河冲断。成书于战国末年的《吕氏春秋》说："昔上古龙门未开，吕梁未发，河出孟门，大溢逆流，无有丘陵沃衍、平原高阜，尽皆灭之。"《淮南子》也说："舜之时，共工振滔洪水，以薄空桑。龙门未开，吕梁未发，江淮通流，四海溟涬，民皆上丘陵，赴树木。舜乃使禹疏三江五湖，辟伊阙，导瀍、涧，平通沟陆，流注东海。"都是说上古时期黄河还没有冲出龙门，到了大禹治水，才使黄河东流入海。现在有地质学者考证，黄河在距今 115 万年前的早更新世，流域内还只有一些互不连通的湖盆，各自形成独立的内陆水系。此后，随着西部高原的抬升，历经 105 万年的中更新世，各湖盆间逐渐连通，构成黄河水系的雏形。到距今 10 万年至 1 万年间的晚更新世，黄河才逐步演变成为从河源到入海口上下贯通的大河。由此说来，黄河冲出龙门，进而在今温县到荥阳间把济水冲断，还是有可能的。

第三"泆"，济水从荥阳再次隐于地下，"东出于陶丘北"。是说济水从荥泽到陶丘没有河道，水是从地下穿行的。现在通过考古挖掘，证明荥阳——陶丘间有龙山文化遗址多处，有济水流过地面的痕迹，不存在伏于地下的情况。从唐代开始，人们看到的济水中游已经淤塞，才造出济水穿行地下的神话。

与黄河齐名的济水，历尽几千年沧桑，早已失去了往日的辉煌。如今在济源境内，济水源头还在，但水量不大，名称也改成了珠龙河。豫东、鲁西南的济水，河道早已荡然无存，只能通过考古发掘来辨认。济南以东的济水故道虽然还在，但名称已改为小清河。物竞天择，沧海桑田，历史，就这样一步步走过。

（原载《中国艺术报》2021年5月28日第8版）

湖陵寻古记

端午节前,朋友打来电话,问我能否利用端午节回一趟老家,顺便去湖陵考察一下。湖陵?是汉朝以前就有的那个湖陵吗?它不是早就被滔滔黄水湮没在泥沙之下了吗?

说起湖陵,在明清之前可是个赫赫有名的地方。根据历史记载,春秋时期,这里就是宋国的一个"邑",叫"湖陵邑",是一处大的居民点和驻防要地。战国时期,公元前286年,齐国灭宋,湖陵邑被楚国占领,设置了胡陵县。当时,设县的地方一般都是战略要地。"湖陵邑"横跨泗水,位居泗水中上游,楚国在此设县,相当于在北方建立了一个重要的军事要塞和桥头堡。泗水是中原地区唯一的南北流向的大河,北通齐鲁,南通江淮,与黄河、淮河、长江并称"四渎"。正因为位置重要,秦朝末年,刘邦在沛县起义之后,出兵攻打的第一个县城就是胡陵。西晋灭亡以后,晋室南渡,沛县一带都被"胡人"占领,只有湖陵还掌控在晋朝军队手里。为了这个咽喉要地,东晋王朝长期派重兵驻守。从秦、汉到唐、宋,湖陵时常出现在历史典籍中。

宋金以后,黄河频繁决口,泗水中下游一次次遭到黄河侵夺,湖陵日渐衰落,城墙坍塌。到了金世宗时期,这里已然成了村落,即湖陵村。真可谓"金戈铁马酣争地,付与寻常负耒翁"。清朝咸丰元年(1851年),黄河又一次决口,滔滔的黄河水很快席卷了沛县,大水退走时,微山湖西岸已成为一片淤土。不要说民居、民田,就连孔府在沛县境内的两处祀田(一处六十顷,一处三千大亩)都无迹可寻,可见洪水之猛烈。湖陵遂从人们的视野中消失。

端午节后的第二天上午,我急切地赶到张楼镇。新中国成立后,把微山湖（含昭阳湖、独山湖、南阳湖）周围的原属江苏省沛县、山东省滕县的一些渔村、半农半渔村合起来，成立了微山县。微山湖西岸现在有微山县的四个乡镇，张楼镇是最北边的一个。镇书记时晨是一个80后，对传统文化热爱有加。据他介绍，湖陵村所在的地方，原来是三个村：程子庙村、前程子庙和前程子村，在微山县成立之前，都属于江苏省沛县。微山县成立后，以泗水故道为界，程子庙村划归微山县，今属张楼镇；前程子庙和前程子村仍属沛县，今属龙堌镇。前些年，曾任微山县教育局副局长的王洪军，经过多年考证，证明程子庙村所在地就是当年的湖陵城，江苏省的考古人员在附近村庄进行考古勘探，得出了同样的结论。2014年，经微山县政府批准，程子庙村改回原名，叫湖陵村。

我说，这个名字改得好！这些年来，我每次读史籍，就想找到湖陵，可黄河泛滥，在这一带汇成了昭阳湖，哪里去找？现在有了考古勘探成果，再加上这个名字，后人就容易找到了。

我们一行乘车从张楼村出发前往湖陵村，沿着湖西大堤，走了大约10公里。盛夏时节，草木莽莽，清风梳柳，荷叶飘香。昭阳湖里，烟波浩渺，湖汊深处，芦苇苍苍。风景如此优美，却没有游客，如果离北京、上海这样的大城市近一些，定会游人如织。

到了湖陵村，先在会议室里看了一会儿王洪军编写的《湖陵城》和《湖陵村志》，听村支部书记王昌全介绍村里的情况。王洪军是程子庙村人，退休后全力研究湖陵村的历史，是名副其实的"乡贤"。王洪军和王昌全是本家叔侄，在湖陵村是"老户"，据说祖上是明朝从山西迁来的。那些不是"老户"的，是清朝咸丰年间洪水退去后从鲁西南迁来的，也就是"下团（tuàn）来的"。

程子庙村的得名，是因为在湖陵城旧城址上有个佛教寺庙，人们就叫它"城址庙"，后来以讹传讹，叫成了"程子庙"。也有人说，庙是三官老爷庙，新中国成立后被拆掉了，重修的时候，又修成了佛教寺庙。其中的历史渊源，难以说清。但有一点可以确定，这一带的人笃信三官老爷。在"团里人"的民间传说中，三官老爷对他们还有救命之恩。当年，他们从鲁西南迁来，同西边的沛县原住民发生了长达几十年的冲突、争斗，互有伤亡。沛县原住民一直想把他们赶走。一天晚上，趁"团里人"没有防备，前来偷袭。跨过边沟之后，沛县原住民发现前方的不远处，道路两边，站满了一个个手提灯笼、身穿黄马褂的人，以为"团里人"早有防备，便撤走了。其实，这些手提灯笼的人，是三官老爷显灵变化的。

在王昌全的带领下，我们去看了泗水故道、鸡鸣台遗址、湖陵寺、湖陵城遗址出土的汉画像石。现在的湖陵寺是前几年村民自发捐款重建的。这里虽然是偏远的湖边小村，但大雄宝殿建得依然雄伟高大。寺里现在没有住持，只有一位姓陈的居士在这里临时照看着。陈居士信佛，但也信奉三官老爷。他不但主动提出带我去看大雄宝殿旁边的三官老爷"临时居住"的偏殿，又带我到大雄宝殿另一边的一块空地，表达了在那里为三官老爷再建一座大一点庙宇的愿望。中华文明博大精深，一个重要原因就是我们拥有海纳百川、兼收并蓄的宽广胸怀。佛教是外来宗教，道教是本土宗教，但在村民眼里，都一视同仁。

大半天的湖陵村寻古，让我感慨良多。中国考古学诞生100多年来，一个又一个的重大考古发现，几乎为一切学科的发展提供了史实的基础，无论历史、文学、语言，乃至哲学，都不能不因考古的重大发现而改变，从而为建设中华民族现代文明提供了强有力的支撑。同时，我们也要看到，中华优秀传统文化的传承和弘扬，离不开广大人民群众的积极参与和无私奉献，离不开一大批有情怀、有担当的"乡贤"。这些广布在乡间的"民间学者"，十几年、几十年甚至一辈子热衷于本地的文化传承，不遗余力地为传统文化"鼓"与"呼"，他们对传统文化尤其是民间文化的传承、弘扬发挥的作用是难以估量的。

（原载《中国艺术报》2023年7月26日第8版）

微山岛寻古记

"微山四面水围村，一带人家翠掩门。鸡犬桑麻风景异，俨然世外作桃源。"这是清代诗人胡翼廷《过微山湖》诗中的名句。"桃花源"我没有去过，但微山岛一直是我心目中的"桃花源"。几十年来，我多次登临微山岛，始终对它有着美好的感情。

春节假期，稍得空闲，我和朋友打算去微山岛看一看。如今交通方便，从微山县城开车到微山岛码头，不过20多分钟。坐轮船进岛，只需要15分钟。

微山岛四面环水，东西长6公里，南北宽3.5公里，历史悠久，古迹众多，有殷微子墓、春秋时期宋国大夫目夷墓、汉张良墓。这些年，微山岛抢抓机遇，在硬件和软件上下了不少功夫，成了5A级旅游区。上岛后，我先瞻仰铁道游击队纪念碑，再去拜谒微子墓。微子墓前有山门，上书"微子林"三个大字。进了山门，就是依山势而建的320级拜台。拜台两边是10位微子后人的雕像，有微仲，即微子启的弟弟，宋国第二任国君；孔父嘉，微仲的八世孙，孔子六世祖，因字"孔父"，后世遂以"孔"为姓氏；孔子，世人皆知的伟大思想家、教育家；墨子，被誉为"他个人的成就，就等于整个希腊"的伟大科学家和哲学家；华佗，一代神医。再往上，是文物陈列室、碑亭、微子墓，整个建筑蔚为壮观。让我意外的是，微子林里冷冷清清，微子墓前门可罗雀，与铁道游击队纪念园里游人如织的景象形成很大的反差。问当地的朋友，他说，游客到微山岛来，大多是看湖光山色，看铁道游击队纪念碑，逛微子文化苑，登望湖塔，不一定知道还有微子林——即使知道有，也忌讳春节看坟。那微子的后人呢？过年了，总要来看看老祖宗吧。记得唐朝的典籍就有记载，说微子墓在彭城北百里处微山，族人簇墓而居，至今微山岛及其周围还有很多微子后人，有殷姓、宋姓、孔姓。朋友说，他们对微子墓早已司空见惯，很少来的。我想，在经济社会飞速运转的今天，让人们停下匆忙的脚步，到老祖宗墓前静静地坐一会儿，已经是很不容易的事了。

也许是学历史的缘故，我对微山岛一直很有感情，拜谒微子墓已经很多次了。1989年，我大学毕业被分配到微山五中工作。五中在韩庄镇街上，距微山岛不远。到校没几天，我就骑自行车去微山岛拜谒微子墓，顺便看望一下同学。那时，微山岛虽然已经开发，也有游客，但基本上还是"原生态"的。过湖时，站在船头，岛上低矮的山峰清晰可见。同学家在沟南村，是岛上最西边的村庄。从杨村到沟南村，是一条砂石路，路上没有一辆汽车，边骑车边欣赏湖景、山景，令人心旷神怡。胡昭穆老师（曾任微山县县长）曾经回忆他20世纪80年代初第一次登临微山岛的情景："放眼所见，微山岛很不是诗文中所写的'湖心挺翠微''疑似桃花源'的样子，村子里多是土墙上用苇草盖顶的低矮房屋。岛上树木稀少，瘠薄的山地里挺着稀疏的玉米棵，拖着瘦弱的地瓜秧。拜谒微子墓时，但见几座碑碣因常年受雨淋日晒，斑斑驳驳，很显苍凉。而最惹眼的是微子墓受雨水淋冲，已很不圆整，上面竟还栽了些地瓜。"1989年8月，我也是第一次到微山岛，印象中沟南村村民的居住条件也不好，多是陈年老屋。同学家已经有了电灯、电扇、电视机、收音机，但吃水要到井里去挑。岛上多是山田，人均很少，老百姓粮食需要吃定量，秋天要忙着下湖去打莲蓬，割蒲草，捕鱼捞虾。村庄还是一派传统的湖居景象。村子正中，有两棵古槐，既是沟南村悠久历史的见证，也是一方百姓顶礼膜拜的神圣，巍然屹立在山崖上，福佑着四方民众。

应我所求，同学带我上山，拜谒微子墓。从沟南村到微子墓，不过一里多路。印象中微子墓就是山头上庄稼地里的一个土堆，土堆前有几块墓碑，旁边种着地瓜。站在山头上，放眼四望，微山湖尽收眼底，水草、荷田望不到边际。在由水草、荷田组成的"原野"上，一条条水道分外显明。脚下的山坡上，是稀疏的树木与地瓜。

同学告诉我，微山岛上有十几个村庄，但历史不是很悠久，最早的是元末明初，最晚的是清朝初年。元明之前，没有微山湖，这里也不叫微山岛，只是一片低山丘陵，主峰俗称凤凰台，海拔不到100米。在有村落之前，其实是一片大坟地。留城及周围村庄死了人，都要埋在山上。在沟南村、沟北村、万庄、墓前村，老百姓掏挖地瓜窖经常会掏出汉墓来。

让我现在倍感遗憾的是，虽然我和同学都是学历史的，我也有写日记的习惯，但我们都没有田野调查的素养，30多年过去了，微山岛有了翻天覆地的变化，我那位同学也已作古，很多珍贵的历史和传说已经无处寻觅。

幸运的是，我在读一本书时，无意中看到作者赵霰就是微山岛人，他的作品虽是散文集，但颇多考据，对微山岛的历史很熟。几经辗转，我找到赵霰的联系方式，便冒昧地给他打了电话。赵霰说，他老家在杨村，已近七旬，退休前一直在微山岛乡工作。20世纪70年代，在"农业学大寨"运动中，社员大规模整理山地，挖出来大量汉墓，有3000多座。可以说，微山岛就是一个巨大的汉墓宝库。几千年的时光，微山岛上不知有多少坟墓，之所以汉墓多，只不过是被现在的人发现得多，更有无数的墓葬没有被发现，无数的墓葬已被岁月冲蚀而去。过去贫穷人家死后席包土埋，多少年后便无影无踪，留下的只能是贵族和有钱人的墓葬。汉代讲究厚葬，多选用石椁，并在青石上雕刻画像，以显尊贵。这正是汉墓众多并被今人重视的原因。

说到微子后人，赵霰说，古籍里说得不错，唐朝时湖尚未形成，微子后人"簇墓而居"，实际上是居住在距微子墓五六里路的郗山。

2014年6月，时任微山县科协主席侯军和赵庙镇党委书记孔磊请我到微山，登微山岛，考察微子墓、张良墓。孔磊是微山岛人，正宗的孔子后裔，自然也是微子后裔。考察期间，我向微山县委领导提出微山县可以做四个方面的文化工作：微子文化、梁祝文化、运河文化、红色文化，以文化促旅游，以旅游促发展；待材料准备成熟，可以申报中国微子文化之乡、中国梁祝文化之乡。十年过去了，由于各种原因，微山县一直没有拿到"中国微子文化之乡"的招牌，倒是河南省商丘市睢阳区捷足先登，于2018年10月被授予"中国微子文化之乡"。

当然，不论有没有"中国微子文化之乡"这块招牌，微山县和商丘市都有大量的传承、弘扬微子文化的工作要做。在这方面，微山县更是义不容辞。众所周知，微山湖名扬天下，得益于新中国成立后一部家喻户晓的电影

《铁道游击队》,那首让人耳熟能详的插曲《弹起我心爱的土琵琶》,让人们牢牢记住了微山湖,也记住了微山岛。只是,很多人并不知道,微山岛、微山湖以至微山县的得名,都来自微山岛上的这座古墓——微子墓。其历史之悠久,至少可以追溯到2000多年前,因为墓前有一块西汉时期的石碑,碑文正面有西汉元帝时期的丞相匡衡题写的"殷微子墓"四个大字。横额系南昌尉梅福用篆字书写的"仁参箕比",赞扬微子的仁德与箕子、比干一样高尚,合称"三仁"。碑阴有小字,已难以辨认。这块碑的存在,证明至迟在西汉中期,人们就相信,微子就葬在这座小山上。后世的典籍,也多有记载,如唐朝《通典》里就说,沛县东南有汉留县故城,有微山,系微子埋葬处。

据《史记》记载,微子名启(汉代因避汉景帝刘启之讳,改启为开),是商王帝乙的长子、商纣王的庶兄。因为受封于微,子爵,故称微子。周武王灭商后,封纣王的儿子武庚管理殷商故地。后来武庚叛乱,平定后,周公封微子启于宋,以奉殷祀。问题是,微在哪里?现在学术界有两种说法,一说在今山西潞城东北,一说在今山东梁山西北。可微子离开商纣王后逃到了什么地方?是逃回自己的封地了吗?商朝灭亡之后,周公东征之前,微子有没有新的封地?周公东征以后命微子启"国于宋",这个"宋"是不是就是今天的河南商丘?商丘距微山岛400余里,那时山水阻隔,交通不便,微子去世以后为什么要葬在这么远的地方?

近代以来的考古发现证明,商周时期,天子分封自己的子弟,变换地方并带走国号者,不胜枚举。比如鲁国,先分封在河南鲁山一带,后来才迁到山东曲阜。郑国一开始封地在今天的陕西华县,34年后,迁移到雒东(在今河南洛阳以东),春秋初年,又迁移到今天的河南新郑,国号一直叫"郑"。周公平定武庚叛乱后,分封微子启于宋,这个"宋",国都未必就是今天的河南商丘。看《史记》,也许可以看出其中的蛛丝马迹。《史记》记载:"微子开卒,立其弟衍,是为微仲。微仲卒,子宋公稽立。"可见,宋国的开国君主微子开(就是微子启)和第二代国君微仲还是用的"微"这个封号,只是到了第三代才称"宋公"。殷商在历史上就是一个常常迁徙的民族,商汤灭夏之前,政治中心迁了八次,商朝建立后,迁都九次。作为殷商的传承人，宋国的国都会不会一开始不在今天的商丘，而是在宋国疆域内的某一个地方，比如留城？众所周知，留城是"汉初三杰"之一张良的封地，在历史上名气很大。可很多人不知道的是，据《路史》记载，留城曾经是唐尧儿子的封地，是古留国的国都。西周初年，微子启建宋，留城在宋国疆域之内，把都城建在这里不是没有可能，去世后，葬在距留城不远处的山上，即今微山岛上，也就顺理成章了。到宋国第三代国君宋公稽即位，才把都城迁到今天的商丘，称"宋公"。

还有一种可能，就是微子在商朝末年逃走后害怕被商纣王追杀，没有回自己的封地，而是逃到了留城，对留城很有感情，待建立宋国后，留城又是宋国的一大都邑，去世前便要求葬到留城附近。凤凰台和留城只隔着一条泗水，又在泗水的东岸，是风水宝地，葬在这里是最佳选择。

历史上常常有惊人的相似之处。在微子立国400年后，宋桓公三十年（前652年），桓公病重，长子目夷虽然以"仁"著称，但因为是庶出，没能继承君位，落得和微子启同样的命运。新任国君宋襄公好大喜功，不听目夷的多次劝谏，导致宋国一败再败，国势日微。目夷回天无力，唯一能做的就是要求死后葬到微山，葬到和他同样命运的远祖身边。目夷墓在微山岛，为微子墓的存在做了一个很好的注脚。

商周时期，"墓而不坟"，就是下葬后不起坟头，祭祀要在宗庙举行，否则就是违反礼制。《左传》曾记载了这样一件事，周平王东迁的时候，周大夫辛有在伊川看到有人在野地里祭祀，就说：不用100年，这个地方就会是戎人的天下了，因为这里"礼"已经消亡了。由此表达对野祭的不满。"野祭"，未必有坟头，但会在墓地做些标记，才能记住方位。到了春秋后期，筑坟才开始出现。孔子的母亲去世时，孔子说，古人"墓而不坟"，可我孔丘是个四处漂泊、居无定所之人，不能不在墓地上做些标记，于是就为父母修了四尺高的坟。如此说来，不论生活在商末周初的微子启还是生活在春秋前中期的目夷，去世后的一段时间内都不可能有坟头，现在的坟头只能是后人所修，年代不会早于春秋末期。可以断定，微山岛的微子墓年代是最早的，原因有三：其一，有西汉的石碑为证；其二，隋唐乃至后世典籍多有记载；其三，微山岛地势较高，没有被洪水吞没过。

我们纪念微子，不仅仅是为了发思古之幽情，主要还是继承、弘扬他的精神。微子精神的核心到底是什么呢？首要的、最重要的自然是他的仁德，是他视民如伤、爱民如子的大爱情怀。宋国的后世国君，不少人也继承了这种大爱情怀。即便以"蠢"闻名于后世的宋襄公，也有值得称道之处。公元前638年，宋国在泓水之战中被楚国打败，后人归咎于宋襄公的迂腐和不知变通，认为"兵不厌诈"，其实，春秋时期两国交战是有很多规矩的，我们不能以后世的标准来强求古人。打仗固然要以打胜为最高准则，但不杀俘虏、优待俘虏至今也是人们必须遵循的战场规则。如此看来，宋襄公所继承的仁爱精神、礼让意识，还是有其价值的。一旦世上没有了仁爱和信用，完全是尔虞我诈，这个世界就乱套了。

　　孔子"祖述尧舜，宪章文武"，是夏商周文化的集大成者，但他不是一个开创者。因为在孔子之前，从唐尧、虞舜，到微子、周公，都重仁德。"仁"是孔子伦理思想的核心，是儒家的道德标准。《论语》里，孔子对"仁"有多种表述，如"克己复礼为仁""樊迟问仁，子曰：爱人""夫仁者，己欲立而立人，己欲达而达人""刚、毅、木、讷近仁"。作为一个伟大的思想家，孔子不会仅仅关注小节，在"仁"的评判上，他更看重一个人对国家、民族的贡献。所谓"英雄看大节，平民看小节"，如果一味盯着细微的地方不放，这个国家、民族是没有希望的。孔子的弟子子路曾质疑：齐桓公杀公子纠，召忽死之，同样作为公子纠家臣的管仲没有死，管仲不仁吧？孔子回答："桓公九合诸侯，不以兵车，管仲之力也。如其仁！如其仁！"对管仲给予高度评价，并说这就是管仲的"仁"。孔子的另一个弟子子贡说：管仲不是仁者吧？齐桓公杀公子纠，管仲不仅没有死节，还做了齐桓公的"相"。孔子说："管仲相桓公，霸诸侯，一匡天下，民到于今受其赐。微管仲，吾其被发左衽矣。岂若匹夫匹妇之为谅也，自经于沟渎而莫之知也。"说管仲辅佐齐桓公，功勋卓著，老百姓至今受其恩赐，怎能像要求普通人那样来要求管仲讲究小节小信呢？！

　　孔子看重微子启的也是大节。据《史记》记载，周武王伐纣克殷，微子乃持其祭器造于军门，"肉袒面缚，左牵羊，右把茅，膝行而前以告"，于是武王乃释微子，复其位如故。微子启"投降"周武王，并没有影响孔子对他的评价，《论语》里有这样一段话："微子去之，箕子为之奴，比干谏而死。孔子曰：'殷有三仁焉。'"认为微子虽然没有箕子、比干那样"壮烈"，仍然符合"仁"的标准。

　　齐桓公和公子纠的争斗，是兄弟之争，管仲和召忽各得其所；汤武革命，新生的力量推翻了腐朽势力，微子站在百姓一边，是值得肯定的，与"曲线救国"完全不是一回事。鲁迅先生说过："我们从古以来，就有埋头苦干的人，有拼命硬干的人，有为民请命的人，有舍身求法的人……虽是等于为帝王将相作家谱的所谓'正史'，也往往掩不住他们的光耀，这就是中国的脊梁。"微子属于"为民请命的人"，也是"中国的脊梁"。

（原载《美丽中国》2024 年第 11 期）

梁祝传说寻古记

清明假期，受朋友相邀，到山东省济宁市微山县马坡镇调研梁祝传说。梁祝传说是中国四大民间传说之一，2006年被国务院公布为第一批国家级非物质文化遗产。出了微山县城，车子很快就上了高速公路。路两边是绿油油的麦田，间或一片两片盛开的油菜花，真是"万物生长此时，皆清洁而明净"，让人心旷神怡。仅仅一个多小时，就到了马坡镇的马坡中村。马坡镇的民俗专家吴琦已到，我们一起到梁祝文化园看《梁山伯祝英台墓记》碑。这块碑是复制品，但和原碑一模一样，只不过字迹清楚，便于识读。吴琦说，《梁山伯祝英台墓记》碑为明朝正德十一年（1516年）所立，已经500多年，不知道什么时候被深埋于地下，1995年才被挖河的民工发现。2003年10月27日，《梁山伯祝英台墓记》碑正式出土，在国内外引起了很大的轰动。碑文共800多字，详细记载了梁祝故事，是国内发现的十处梁祝墓中立碑时间最早、文字记载梁祝故事最翔实的一块。"墓记碑"的发现，动摇了宁波梁祝传说"老大"的地位。2013年，马坡梁祝墓被山东省人民政府公布为山东省文物保护单位。

"墓记碑"碑文分为两部分，前半部分记述了在当时当地广泛流传的梁祝传说，后半部分记述了重修梁祝墓的大体过程，证明在明朝甚至更早的时候，这里便广泛流传着梁祝传说。吴琦说，几十年前，他曾看到过一块唐朝碑刻，上写"梁山伯祝英台之墓"，后来不知所终。

马坡梁祝墓历史悠久，这一点我毫不怀疑，因为明朝万历年间（1573—1620年）的《邹志》记载，邹县境内唐朝墓葬有"梁山伯祝英台墓（在吴桥）"。清朝康熙十一年（1672年）修的《峄山志》记载："梁山伯祝英台墓城西六十里吴桥地方，有碑。""墓记碑"的发现，从考古上给予了有力的支持。

据碑文记载,《梁山伯祝英台墓记》碑是在明朝南京工部右侍郎、前都察院右副都御史、彼时正奉敕总督粮储的崔文奎主持下,为重修梁祝墓而立。崔文奎途经马坡,听到老人们讲述的梁祝故事,非常感动,看到梁祝墓墓园荒废,就委托一位名叫鲍恭幹的人对梁祝墓重新修葺,四周竖石,周围筑墙,用了半年时间才得以完工。鲍恭幹请都昌县前知事赵廷麟撰写碑文,邹县知事杨环书写,立了一块碑,即《梁山伯祝英台墓记》碑。可以说,"墓记碑"有相当大的权威性。

碑文用词严谨,开始就说,梁山伯、祝英台"二氏出处弗详",近来访问老者,传闻在济宁九曲村,有一位姓祝的人,其家巨富,乡人呼为员外。祝员外有一个女儿,名叫英台,聪慧异常。她见父亲因为没有儿子、无法考取功名而叹息,就女扮男装,冒充书生,出来见家里人,家里人没有认出来;见乡邻,乡邻也没有认出来,就征得父母同意,前往峄山读书。时值暮春,花红柳绿。过吴桥数十里处,有一片柳荫,祝英台在柳荫下休息时,遇到了家在邹邑西居的梁太公的儿子,名叫山伯。两人很投缘,即一同到峄山学习。昼则同窗,夜则同寝,三年衣不解带,学习十分用功。后来,祝英台回家省亲。半年后,梁山伯应祝英台邀请,到其家拜访,才知英台是女子。辞别英台回家后,不到一年,梁山伯因病去世,葬在了吴桥东边。不久,西庄富家子弟马郎前来迎娶英台。英台苦思:山伯是君子,我曾心许为婚,可并无父母之命,媒妁之言,我如果再嫁他人,就违背了初心。与其忘初心而偷生,不如舍生取义!遂悲恸而死。乡邻为祝英台的节操所感动,把她和梁山伯合葬。

读后细思,500多年前记载的这个故事,似乎只有在深受儒家思想影响的孔孟故里才会发生。梁山伯、祝英台在世时互相没有也不敢挑明感情,双方都把爱深深地埋在了心里,直到为爱而死。尤其是祝英台,和一个异性青年"昼则同窗,夜则同寝",相处三年,衣不解带,得有多么强大的自制力!正如碑文里所称赞的,祝英台"得天地之正气,萃扶舆之清淑,真情隐于方寸,群居不移所守,生则明乎道义,没则吁天而逝。其心皎若日星,其节凛若秋霜"。碑文强调"我朝祖宗以来,端本源以正人心,崇节义以励天下",祝英台的故事"推之可以为忠,可以为孝,可以表俗,有关世教之大,不可泯也!"祝英台实际上是"忠""孝""节""义"的楷模。

《梁山伯祝英台墓记》碑是迄今发现的梁祝墓记碑中立碑时间最早的。碑文里明确记载了梁、祝、马三人生活的具体村庄(邹邑西居、九曲村、西庄),至今村庄仍存,方圆不过10余里。九曲村距西庄村4华里,西庄村距马坡村6华里,吴桥村距九曲村10华里。

碑刻后面,就是梁祝合葬墓,虽然是新修的,但大体位置还是明朝甚至唐朝时期的。合葬墓旁边,就是老泗水。在古代,泗水是中原地区唯一的南北流向的大河,北通齐鲁,南通江淮,唐朝诗人白居易的《长相思》写道:"汴水流,泗水流,流到瓜州古渡头。"泗水流过淮河,流到长江,也把中原文化特别是民间传说带到南方。

梁祝文化园里新修了一个蝴蝶形的水池,叫"蝶塘",我有点不以为然。梁祝传说在山东尤其是孔孟的家乡是很难演绎出梁祝化蝶的,化蝶,应该是"楚人"的发明。"楚人"多浪漫,才有了《孔雀东南飞》里"枝枝相覆盖,叶叶相交通。中有双飞鸟,自名为鸳鸯。仰头相向鸣,夜夜达五更",才会演绎出梁祝化蝶来。马坡梁祝传说里没有"化蝶"的情节,恰恰证明这里是梁祝传说的重要起源地。要让蝴蝶在济宁飞起来,可以另辟蹊径。

看完复制品,再去看原碑。进了马坡镇政府大门,在右边一个角落里,掀开一个大型玻璃钢罩,原碑就躺在那里。我很惊奇,为什么不立起来呢?原来,在马坡镇,每唱梁祝戏,就有马姓的人来砸这块碑,镇里只好把它放在镇政府,埋在地下,不让人随便看。

我问同行的马坡镇书记殷林,这个地方离九曲村多远?他回答说,九曲村在西北方向,离这里大约3公里。我们到了九曲村村头,一眼可以看出,村子位于泗河南岸,紧靠泗河大堤。殷林说,如今九曲村分为东九、西九两个村庄,因为泗河从兖州到这里有九处弯,故名九曲村。村里绿树成荫,宽敞干净,村容村貌非常好。我想找一个祝姓人家聊一聊,村里竟然没有祝姓,原来前些年发大水,祝姓人家都迁往泗河北岸的垞河村了。垞河村现在属于济宁高新区,和九曲村已经不属于同一个县。20世纪50年代微山县成立之前,马坡这一带有时归济宁管辖,有时归邹县管辖,但都同风同俗。

打电话问济宁市梁祝文化研究会会长樊存常，他说：垞河村95%以上为祝姓，村中族人尊祝英台为其先祖，讳与马氏通婚，严禁村中演唱"梁祝"戏。梁氏从马坡村附近西居村迁出后，定居于两城、南阳、梁岗等地。西庄"马郎"，其后裔于明代从西庄迁出，就是现在马坡的马氏。

老家在马坡、年近六旬的张西海先生回忆说，他小的时候听过许多梁祝传说，村里老人还会唱梁祝花鼓戏，细节与相关影视剧有相当大的出入。比如，梁祝"楼台会"，影视里是两人互诉衷情，难舍难分，而在马坡花鼓戏里，梁山伯见祝英台要隔着一席珠帘，梁山伯羞得满脸通红。这才符合那个时代的生活情形。

九曲村里现在还有天齐庙遗址，旁边还有一口古井，据说是汉井，井壁上原来有汉画像，人们又叫它祝家井。

既然梁祝读书处在峄山，我想看看那里有没有适合读书的地方。殷林说，从九曲村到峄山，大约50华里。如今交通方便，开车不到一小时就到了。在古代，从九曲村赴峄山有一条古道，要过西庄、马坡、吴桥，经古路口、两下店，才能到峄山。梁祝二人柳荫驻足相遇，合情合理。

峄山上至今还有"梁祝读书洞"。进去看了一下，只能是偶尔游览或看书的地方。向东2华里，就到了峄阳书院。这里倒是一个很好的读书处。峄阳书院始建于春秋时期，相传梁山伯、祝英台就是在这里读书的。峄山上还有明朝万历年间邹县县令王瑾刻的"梁祝读书洞"和"梁祝泉"真迹。元朝至元年间（1264—1294年），峄山上建有梁祝祠，有诗人游峄山时刻写的纪念梁祝的诗句："信是荣情两未终，闲花野草尽成空。人心到此偏酸眼，小像一双万寿宫。"

文物不言，自有春秋。《梁山伯祝英台墓记》碑用考古成果证明马坡的梁祝墓早在明朝就已存在，地方历史文献则表明此地唐朝就有梁祝墓，宋元以来广泛流传的梁祝故事和鲁西南民间曲艺山东琴书、微山湖一带的柳琴戏、邹县的山头花鼓戏则显示出梁祝传说在民间强大的影响力，它们都指向一个明确的结论：马坡是梁祝传说重要起源地、传播地。

（原载《中国艺术报》2025年2月24日第5版）

丰沛寻古记

汉高祖刘邦开汉朝400年基业，为汉族乃至中华民族的形成奠定了坚实的基础，深刻影响了世界历史的走向，推动了人类文明的进步。英国历史学家汤因比曾说：人类历史上最有远见、对后世影响最大的两位政治人物，一位是开创罗马帝国的恺撒，另一位便是创建大汉文明的汉太祖刘邦。我在沛县长大，从小就很为刘邦这样的"老乡"自豪，更听到很多有关刘邦的传说故事，但从没有到刘邦的出生地去过。借参加徐州文化博览会之机，朋友提出到丰县、沛县调研刘邦的传说故事，我欣然前往。

从徐州到丰县交通十分便利，只需要一个多小时的车程。刚上车，同行的刘胜勇教授便给我们讲起刘邦的传说。其中一个传说是说刘邦出生的时候，秦始皇身边的方士看到"东南有天子气"，将来会夺取秦朝的天下，秦始皇立即下令，杀掉所有新生的婴儿。刘邦的母亲抱着刚出生的小刘邦，想逃出丰邑城去，可官兵把守住城门，不放一人出城。危急时刻，小刘邦朝着城墙一指，城墙裂开了一个出口，母子得以逃生。这个缺口，被当地人称为"五门"，从此，丰邑城就有了五个城门。出了丰邑城，逃到哪里去呢？小刘邦说话了，只有到县城去，才有活路。于是刘邦母子历尽艰辛，逃到了沛县。这就是汉刘邦"丰生沛养"的来历。

民间传说有很多虚构的成分，但是都与实有的人物、事件和地方风物相联系。这个传说是要表明，刘邦是在丰邑城内，也就是现在的丰县城内出生的，出生后逃到或者是迁徙到沛县长大。同时要表明，刘邦生而不凡，非常人可比，后来成就帝业绝非偶然。

转眼到了汉皇祖陵，也就是汉高祖刘邦的曾祖父刘清的墓地。陵前有高大的、据说是全国最高的汉高祖刘邦的雕像，后面是刘清的坟墓。汉皇祖陵位于丰县的金刘寨村,是刘邦的祖籍地,距丰县古城,也是现在的丰县县城 15 华里。接待我们的是刘邦的第 74 代孙,名叫刘立杰。他不是金刘寨村人,家在离此地不远处,只有高中学历,但口才很好,对自己祖宗的历史传说烂熟于心。据他说,陵前的刘邦雕像高达 42.6 米,寓意汉朝 426 年(含王莽新朝)。刘清是战国末年魏国大夫,后来迁到丰邑中阳里力村疃。秦灭魏后,为了逃避秦兵的追杀,刘清将古体字的刘字取金作姓,大难过后又恢复刘姓,居住的村庄因此叫"金刘庄"。清朝咸丰年间(1851—1861 年),为了抵抗太平军和捻军,官府要金刘庄的村民在村外挖壕,并建东西两座寨门,从此金刘庄又叫金刘寨。至于刘清墓,开始只是一个普通的土坟,刘邦称帝后,下旨修建皇祖陵,此后汉武帝、汉光武帝、汉明帝等又多次整修,使汉皇祖陵成为一处气势雄伟的皇家陵园。汉明帝为保护祖陵免遭水患,还在汉皇祖陵后修建了太行堤,至今仍有遗存。

我说,自汉武帝时期以来,2000 年间,黄河一次次决口,这个地方备受黄患,汉皇祖陵不可能还是原样。刘立杰说,最早的陵墓,应在距地面 25 米以下。这个坟墓,是后人修的。

多年来,不论是学术界还是民间,围绕刘邦的出生地争论不休,核心问题在于,中阳里是在丰邑城里还是乡村,抑或金刘寨是不是中阳里?古代五家为邻,五邻为里,城乡差别不大,让后人难以定论。我问刘立杰怎么看?他说,刘邦曾祖父在金刘寨生活,后来刘邦的父亲迁到了丰县城里。站在我旁边的几个丰县的朋友马上插话说,中阳里就在丰县城内。

我们到了丰县城区,在文庙不远处,有一处牌坊,上书"中阳里"三个大字。丰县的朋友说,这里就是刘邦的诞生地。其实,和普通的街区也没有什么两样。

离开丰县,我们又到沛县看了看。两个县城相距不到 40 公里,可谓是"近邻"。2000 年间,黄河在这一带多次泛滥,汉代的地面建筑早已无存。翻开沛县地方志,书中常有这样的记载:"黄河暴溢,决白茅堤,丰沛大水""平地水高一丈,民居尽圮""历年沛丰均罹水患,民不聊生""沛大水,舟行入市,平地沙淤数尺",等等。清朝咸丰元年(1851 年)闰八月,黄河在丰县决口,滔滔的黄河水很快席卷了下游的沛县,沛县县治只得从栖山迁往湖东岸的夏镇，11年后才迁回微山湖西岸的今治。凑巧的是，今天的沛县县城和汉刘邦生活的县城在同一个地方。幸运的是，虽经多次黄河漫灌，县城东面的泗水故道还在，考古发掘还不时给我们带来惊喜。最让人欣慰的是，不论是丰县、沛县还是徐州各区县，到处都有汉刘邦的传说，汉刘邦，还活在老百姓的心里，活在老百姓的口头上！同行的徐州市民协主席殷召义说，有关刘邦的传说，在徐州数不胜数，民协正在搜集整理。我期待"刘邦的传说"能够尽快成书面世。

在丰沛一带，有一个很有意思的现象，虽然人们常常说"丰沛一家"，但如果提起"汉刘邦家是哪里的"这个话题，马上就会争论起来，各自从史料、传说中寻找有利于自己的证据。其实，《史记》及其"集解""索引""正义"（都是唐朝以前的学者所考证），里面说得已经非常清楚，汉高祖刘邦是"沛丰邑中阳里人"，其中，"沛，小沛也。刘氏随魏徙大梁，移在丰，居中阳里""后沛为郡，丰为县"。也就是说，战国时期的魏惠王九年（前361年），魏国国都从安邑（今山西夏县西北）迁到大梁（今河南开封），刘邦的先人随迁，后移居到丰邑。秦国攻灭魏国是在公元前225年，那个时候刘邦已经二三十岁。秦始皇统一六国之后，分全国为三十六郡，有泗水郡，无沛郡；有沛县，无丰县。西汉景帝三年（前154年）七国之乱后，才从楚国（西汉分封的楚国，不是秦统一之前的楚国）辖地中拿出一些地方设置沛郡，治所在相县（今属安徽）。也就是说，"沛丰邑中阳里人"，就是沛县丰邑中阳里人，不会是沛郡丰邑中阳里人。

刘邦反秦起义时，称"沛公"而不是"丰公"；大汉王朝建立后，回沛县，请父老乡亲饮酒，唱《大风歌》，流连十几天，却没有回丰邑看一看，除了刘邦的个人感情更爱沛县外，也与当时丰邑只是沛县的下属居民点有关。

（原载《彭城晚报》2023年10月18日第3版）

《王天宝下苏州》寻访记

我喜欢听徐州琴书，得益于从小的耳濡目染。20世纪七八十年代，徐州的农村家里还没有通电，连收音机也很少见，农闲时节"听书"是农村人晚上的主要娱乐方式。每当说书人（多数是盲人）来村里说书，人们常常会全家出动。大家或站或坐，聚集在说书人周围，即便寒风刺骨，也全然不顾。说书人一唱三四个小时，不过半夜是不散场的。我至今还记得住名字的，有《杨文广征西》《薛刚反唐》《呼家将》《刘墉下南京》《李双喜借年》《喝面叶》等。在这些剧目里，徐州琴书《王天宝下苏州》给我留下了很深的印象。故事情节大体是，王天宝家本来很富有，后来因为"天火"，家道中落，父亲去世，只有母亲和他相依为命，以讨饭为生。王天宝小的时候，按照双方家长的意愿，和富家女李海棠定了娃娃亲。18岁时，俩人完婚。洞房花烛夜，新娘子看到王天宝衣衫破烂，"脸上的灰尘倒有铜钱厚"，骂王天宝"穷酸"，不让他上床。此时正是腊月初八，天气寒冷，王天宝蜷缩在草窝里，冻得瑟瑟发抖。后来，新娘子自知这个"玩笑"开大了，多次请求王天宝上床睡觉，但王天宝不肯，还扬言天亮后就要休她。天亮后，王天宝到底不忍心休妻，而是离家出走，下了苏州。

多年过去了，我对这个故事始终难以忘怀。让我疑惑的是，我那些年多次听《王天宝下苏州》，但好像每次听的都是"闹洞房"这一段，王天宝下苏州以后的故事，似乎没有听到过。王天宝后来的命运如何呢？这成了我多年的一个"心事"。

我到中国民间文艺家协会工作以后，几次去苏州调研民间文艺，包括民间说唱，可苏州的民间艺人都说，他们从来没有听说过《王天宝下苏州》这样的故事。我意识到，《王天宝下苏州》是徐州人、鲁西南人编排的故事，和苏州人没有关系，纯粹是我们的"自娱自乐"。

2023年12月，我在浙江省浦江县参加"中华颂"第十三届全国小戏小品曲艺大展，见到了徐州琴书编剧惠中刚老师。惠老师是徐州人，年龄大我一岁，对《王天宝下苏州》这个剧目很了解。他告诉我，《王天宝下苏州》原来属于大头的段子戏，是"针线筐子东西"，每次大约唱半小时，后来经过艺人的一次次演绎，才有了"闹洞房""下江南""书馆会""闹店房"四个完整的戏段。后三个戏段讲述王天宝到苏州后靠乞讨度日，被刘员外收留，招为上门女婿。12年后，王天宝回家探母，母子、夫妻团圆。1987年，邳县的艺人还曾创作了扬琴戏《王天宝二下苏州》《王天宝三下苏州》，以满足听众的好奇心。

仲秋时节，我到徐州调研民间文艺，看到徐州的民间说唱、民间小戏传承得还不错，其中徐州琴书、徐州梆子、徐州鼓吹乐和柳琴戏都被列入了国家级非物质文化遗产。十几年前，徐州市民协主席殷召义曾组织编纂了一套《徐州民间音乐集成》，包括"民歌卷""民乐卷""琴书卷""柳琴·花鼓卷"，厚厚的四大本，足见徐州传统文化之丰厚。此次我到徐州，徐州市非遗中心的张明主任联系了惠中刚老师，说惠老师这几天在邳州。我们赶到邳州，惠老师陪我们参观了邳州非遗馆，介绍了邳州的非遗传承情况和琴书、柳琴戏的区别。知道我爱听徐州琴书，惠老师问我想听什么，我说就听《王天宝下苏州》，听"闹店房"那一段：一是"闹洞房"我听过很多次，二是"闹店房"唱词里会交代王天宝下苏州的来龙去脉，和我一起去的两位教授更容易听明白。

惠老师显然是有备而来，布置了一下演出场地，很快和他夫人（也是他师妹）王秀梅一起演唱起来。惠老师拉着坠琴（也叫坠胡），唱王天宝；王老师时而打扬琴，时而打手板（也叫三合板、三扇子），唱李海棠。俩人不但说唱，还带有表演动作，配合得十分默契。由于用徐州方言演唱，乡土气息浓郁，我感到很亲切，仿佛又回到了童年时代，回到了梦中的故乡。

惠老师夫妇口齿清晰，对《王天宝下苏州》又烂熟于心，临场发挥得酣畅淋漓，深深地打动了我们。我看了看两位同行的教授，她们都不是徐州人，但听得津津有味。"闹店房"一段，故事情节并不复杂，但两位老师边唱边讲，用了一个多小时的时间，让我们真正沉浸其中。听完之后，旋律萦绕脑际，久久难以散去。

我对王天宝一直有着浓厚的兴趣，认为他有志气，"怒下江南"，九死一生，终得圆满。王天宝生在清朝时期，在他身上难免有男尊女卑的观念，这也很正常。宋朝时期有个叫谭文初的人，就因为妻子倚仗嫁妆丰厚，不太听从公婆教导，遂将她休弃，受到世人赞美。如此说来，王天宝不忍休妻，自己离家出走，也是心善的表现。可同行的杨教授却说，如果在她的班级里演唱《王天宝下苏州》，肯定会引起学生的强烈反感，骂王天宝是个十足的"渣男"。学生们会认为，王天宝大男子主义严重，为了自己所谓的"面子"，竟然狠心抛下自己的母亲和新婚妻子。李海棠带来了丰厚的嫁妆，足够过上温饱的生活，他完全没有必要跑外面去受那份罪。杨教授还说，现在的学生的确是这么想的，不仅城里的学生，农村的孩子也差不多这么认为。时代变了，孩子们的认知和我们这一代大不一样了，以前校园风靡的琼瑶剧，现在被学生视为"恋爱脑""太上头"，唐僧的形象被嫌弃，孙悟空成了最佳择偶对象……

看来，让年轻人理解进而喜爱传统戏文，不是一件容易的事。这中间有爱好问题，有听懂听不懂的问题，更有能不能理解的问题。作为民间艺术家，在传承传统曲目的同时，编写一些新的曲目，"旧瓶装新酒"，也很有必要。

演出结束后，我看到惠老师满头大汗，知道他是下了大力气的，便问他，现在的说书人是不是还能像过去一样，一气唱上三四小时。他说，生产队解散后，去村里说书不容易了（没人出头组织），很多民间艺人改行了。现在年青一代搞演出的艺人，都往新段子、小段子上发展，能唱大书的很少了。生产队时期，民间艺人中盲人占百分之八十，都是靠超强的记忆，师徒口耳相传，很少有说唱本子。现在有了说唱本子，可民间艺人不多了，受众更少了。

民间说唱的特点就是传统性与创新性并存，常唱常新。一个优秀的说书人会根据听众的喜好和时代的发展临时发挥，从而吸引听众。我记得小时候听说书人说书，从来没有见他们拿过有文字的东西，只有一次例外。那是一个老年盲人，带着一个帮他拉棍子走路的孩子。待他们走后，人们在他们居住的生产队草房子里，发现了一个破本子，上面有简单的文字和各种看不懂的符号。大家就说，一个瞎子，要这个本子干什么？他又看不见！也有人推测，说书人会趁我们不在的时候，让那个孩子给他提醒故事情节，看来这个说书人本事不大。前几天，我问辽宁省曲艺家协会副主席耿柳，她告诉我，以前中长篇书曲（指评书评话鼓曲一类的曲艺）没有固定唱词，叫"跑梁子"，也称"梁子戏"。所谓"梁子"，就是书曲里边的人物关系、大致情节等。艺人传承靠的是口传心授，短的段子可以死记硬背，长篇的就要靠记"梁子"，细节自由发挥。后来有文人记录文本，或者创编文本，艺人按唱本演出，叫"本子戏""谱子戏"。行内戏称按本演出的艺人为"本先生"。由此看来，过去艺人带本子的确实是极少数。

《王天宝下苏州》的故事主要流传在苏北、山东一带，在戏文里，主人公王天宝的家就在"山东茂州"，耿柳却告诉我，王天宝的故事在辽宁也有流传。她手里有两个版本的王天宝故事，一个叫《王天保讨饭》，说王天保家在河南浔阳镇离城十里的王家滩，故事内容相对简单，系黑山二人转剧团 1979 年演出本。另一个叫《王天宝讨饭》，是石印本，故事情节和徐州琴书大体一样，开篇就说"人生在世命由天，男要忠孝女当贤。财过北斗端个碗，瓦屋千间住一间"。在戏文里，王天宝下苏州 12 年后回乡，店房里试探李海棠，故事情节没有惠老师表演的那么复杂，王天宝也没有表现得那么流里流气，现在的年轻人可能更容易接受一些。清末民初，有大量的山东人"闯关东"到了辽宁，王天宝的故事随之传了过去，是大有可能的。

国庆节回老家时，我问几个小时候的同学、邻居，是不是还记得王天宝的故事，他们竟然一个人都不记得了。半个世纪过去了，许多童年往事，都消失在了历史的尘埃中。当我给他们讲述了王天宝的故事后，大家都已不再认可王天宝的作为，有个做剪纸的艺术家说："我认为他是个死心眼，不负责任的男人，妻子嫌他脏，他不会洗洗吗？"时代在发展，人心在变化，评判标准已是天翻地覆，如果王天宝生活在今天，他还会下苏州吗？

（原载《徐州日报》2024 年 10 月 21 日第 8 版）

菏泽寻古记

重阳节前回菏泽，菏泽市人大原副主任潘建荣问我想去哪里看看。我说这次回来时间有点紧，只有一个下午的时间，咱们去定陶吧，再去看看官堌堆、仿山。

定陶在历史上曾经是一个赫赫有名的地方，被著名历史学家司马迁称为"天下之中"。在定陶，官堌堆又是一个十分重要的历史遗迹。公元前202年，汉高祖刘邦在这里登基称帝，建大汉400年基业，这里遂被人们称为"官堌堆"或"受命坛""即位坛"。

斗转星移，随着时间的流逝，官堌堆逐渐被人们遗忘。2005年4月和2006年4月，我和潘建荣曾连续两年带历史、考古方面的专家到这里考察、调研。记得第一次来这里时，还颇费了一番周折。不仅路不好走，问了几个当地人，都说不知道这个地方。后来还是把车停在了姜楼村，沿着田间小路向南走了大约500米，才到了官堌堆下面。当时我们细细考察了官堌堆裸露的文化层和周围的地貌，在农田里还发现了几个新石器时期的陶片。据考古勘探，官堌堆是一处新石器时代到商周时期的文化遗址。在这里曾发现了蚌壳坑，采集到了鹿角化石、野生动物骨骼和牙齿、石刀、石斧、石镰、骨针、贝壳、陶斧等大量先秦时代的遗物。

我们这次来官堌堆，感觉它比十七八年前似乎又矮了一些。由于文化层暴露明显，裸露的灰层和烧土面依然清晰可见。围着堌堆转了一圈，我发现原来老百姓供奉的神龛都被清除掉了，还用几十块青石板修了一条直达堌堆顶部的石板路。作为一处省级文物保护单位，官堌堆经历了几千年的风吹雨淋和洪水冲刷，保留至今实属不易，应该把它保护起来，不让游客轻易上去。

在定陶以至整个豫东、鲁西南地区，我们仍然可以看到不少高耸于地面的像官堌堆这样的"堌堆"（有的称为"山"，或称为"丘"），有覆锅形、椭圆形、长方形、圆柱形。仅在菏泽地区，就有一两百处，如安邱堌堆、安陵堌堆、梁堌堆。堌堆上的文化堆积几乎全部为灰黑土质，一般高出地面五六米，地下深埋四五米。这是上古时期菏泽地区岗丘布野的最好佐证。那时，菏泽地区的气候比较湿热，常有洪涝灾害发生。每当洪水来袭，人们为了躲避水患，自然选择台地作为栖身之处。在长期居住的过程中，有时可能因洪水太大而将台地上的房屋冲垮，人们只好待洪水退去之后，在原来的基础上继续加高地面。《淮南子·齐俗训》说的"禹之时，天下大雨，禹令民聚土积薪，择丘陵而处之"就是明证。

这一现象也可以通过菏泽堌堆遗址的发掘资料得到证实。1979年，菏泽地区文物工作队对曹县莘冢集遗址进行试掘，从大汶口文化晚期到商代晚期，该遗址人为地增高了大约3米。1984年秋，北京大学考古系对安邱堌堆遗址进行了发掘，从T13西剖面可以看出，自龙山文化晚期到晚商时期，该堌堆遗址人为地增高了4米（尚不算商代以后对商文化层的人为破坏）。这就表明，躲避洪水侵袭是菏泽地区堌堆遗址形成的最重要原因。

潘建荣说，根据古籍记载，刘邦受命坛在定陶老县城南10里，那就不应该在官堌堆。官堌堆被说成"受命坛"，是明朝以后的事。刘邦受命坛应该在现在的定陶城内，在老东关的白土山路上。那里地势很高，因为老百姓经常进行白土布交易，得名白土山。1933年修定陶城墙，1982年修外环路，才把白土山挖掉了，但至今那里地势还比别的地方高一些。50年前，他曾经到过那个山上，登高四望，记忆犹新。后来我们开车去定陶城区，到白土山路上看了看，与别处似乎没有什么不同。

世间万物就是这样，只要是过去了的，不管是历史人物还是历史事件，我们都不可能让他起死回生或者重现，毕竟，"人不能两次踏进同一条河流"。历史学家不可能完全"还原"历史真相，他能做到的，只不过通过考证无限"接近"历史真相。汉高祖刘邦登基处，《史记》记载是"甲午，乃即皇帝位氾水之阳"。《括地志》说："高祖即位坛在曹州济阴县界。"就是说，在今天的定陶一带，在氾水的北岸。2000多年过去了，由于黄河一次次淤积，汜水早已被湮没。地标没有了，哪里去找？

刘邦登基称帝时，事出突然，戎马倥偬，是因陋就简，就在一个埆堆上修建即位坛，还是另起炉灶，新建高台？都有可能！潘建荣提供的信息，只有留给后世学者考证了。

离开官埆堆，我们到了仿山。据历史记载，仿山位于定陶县城西北约5公里处。它由东西两山构成：东山高约12米，东西宽90米，南北长340米；西山高约4米，东西宽54米，南北长140米。两山中间有深谷，共占地约3.8万平方米。埆堆之高大，工程之宏伟，在菏泽地区首屈一指。周朝建立后，周文王之子、周武王之弟叔振铎被封于曹，建都陶丘。曹叔振铎死后，葬于陶丘东北7.5公里处。自曹叔振铎至伯阳二十五代，并葬于此。因墓地规模宏大，仿佛若山，后人称其为"仿山"。

在菏泽一带，仿山比官埆堆的名气大，因为这里有庙会，老百姓都知道它。2006年4月，我和潘建荣来考察时，站在东山上，周围的景物一览无余，很显高大。

时间过得很快。我们从官埆堆、仿山，到何楼遗址、"白土山"、梁王台遗址，一路走来，眼看着太阳西斜，快到傍晚。紧赶慢赶，终于在天黑前到了"天下之中博物馆"——潘建荣在半堤镇潘楼村建的私人博物馆。

这个博物馆汇聚了潘建荣20年的心血。不仅有挖掘的、捡的，还有花钱买的大量实物，更有古今学者的著作、各类年表等对菏泽历史文化的梳理，让人们看了之后对菏泽的历史文化一目了然。

我和潘建荣的交往可以追溯到20年前。那时，我在济南工作，任齐鲁书社编辑室主任，并跟从李学勤、方辉老师攻读考古学博士研究生。2003年10月26日，我接到山东社科院彭立荣打来的电话，说菏泽市人大副主任潘建荣来了，对搞舜文化很有兴趣，希望中午见一见。我本来不想去，心想一个政府官员搞学术研究，会不会是心血来潮或者沽名钓誉？但一见面，感觉这个潘主任还真是要搞点学问。他说，他只是小学毕业，做了一辈子行政工作，当过兵，下过工厂，搞过计划生育，如今快退休了，也有时间了，想好好做点学问，特别是菏泽的历史。我知道，菏泽的历史不好搞，一是黄河淤积，把宋朝之前的历史遗迹都埋在了黄沙之下；二是菏泽经济不景气，缺少经费；三是最要害的，由于经济落后，菏泽的历史文化不被外地人"尊重"，菏泽本地人也"自轻自贱"，没有底气。

那天是星期天，吃过午饭，潘建荣提出，想请我带他去齐鲁书社开的书店买书。一个下午的时间，我们聊了很多，从此开始了迄今20年的学术合作之路。

第一，在各地召开座谈会，宣传菏泽历史文化。

菏泽历史悠久，文化灿烂，传说是伏羲之桑梓，尧舜之故里。曾为商汤京畿，后为兖州（古九州之一）中心，被《史记》誉为"天下之中"。只是在金朝之后，由于黄河泛滥，才失去了原先的荣光。我们要弘扬菏泽的历史文化，首先要让人们知道菏泽、重视菏泽、帮助菏泽。2003年10月以后，潘建荣和我、徐子红（曹县县志办编审）一道，先后到济南、曲阜、天津、石家庄、安阳、北京、西安、宝鸡、天水、汉中、郑州等十几个市，查阅资料，拜访名家，召开座谈会，宣传菏泽的历史文化。

很多专家对菏泽比较陌生，对菏泽的历史文化也不熟悉，但他们在宏观视野上、在学术理论上都有独到的见解。同时，听了我们的介绍，他们也开始关注菏泽的历史文化。记得有一位考古学专家说，"你们来晚了！从文献上看，唐尧、虞舜、夏禹、商汤都和菏泽有着密不可分的关系，可这些年，都让别的地方争去了！"

其实，历史真相不是谁能争就争走的。

第二，摸清"家底"，调查菏泽的历史遗迹。

那几年，在频繁到市外进行宣传的同时，潘建荣还多次邀请专家、学者到菏泽下属各县、区考察、调研，以期摸清"家底"。我虽然当时在济南工作（后来调到了北京），也参加了好多次。2005年4月，到成武县、曹县、定陶县、牡丹区实地考察了小台遗址、文亭山遗址、文亭湖、梁堌堆遗址、莘冢集遗址、安陵堌堆遗址、古陶丘遗址、官堌堆遗址、汉尧陵遗址、汉成阳城遗址；2006年1月，冒雪前往曹县阎店楼镇土山集拜谒汤陵，考察亳都遗迹，并到豫东的商丘、兰考、开封、长垣、滑县、濮阳调查先秦遗址，查阅资料；2006年4月初，陪同沈长云先生、张翠莲博士到牡丹区的尧陵遗址、汉成阳城遗址、安邱堌堆遗址、凤嘴堌堆遗址、青丘堌堆遗址，鄄城县的历山庙遗址、尧陵、陶堌堆遗址、葵丘遗址、古甄邑旧址,定陶县的官堌堆遗址、仿山遗址、项梁墓、范蠡墓、梁王台,成武县的纪河寺遗址、梁丘遗址进行了详细的考察;2006年4月中旬,又考察了曹县的春墓岗遗址、梁堌堆遗址、伊尹墓、汤陵……通过实地考察,专家、学者们普遍认为,菏泽的历史文化灿烂辉煌,应该在新的时代焕发出应有的光彩。

第三,成立"菏泽历史文化与中华古代文明研究会",搭建研究平台。

经过我们多次商议并在潘建荣的多方奔走下,2005年6月25日,菏泽历史文化与中华古代文明研究会成立。潘建荣当选为会长,我和徐子红当选为副会长。成立研究会的主要目的就是为菏泽的历史文化研究提供一个平台,动员国内外的专家学者关注菏泽、研究菏泽、宣传菏泽。研究会成立18年来,做了大量工作,出版了十几本(套)有关菏泽的学术著作,极大地推动了菏泽的历史文化研究。

第四,恢复尧陵等地面建筑,给海内外炎黄子孙留一个祭拜祖宗的地方。

尧陵在哪里?有很多说法,主要是黄河泛滥造成的。汉代之前,菏泽地面上就有尧陵。汉武帝时期,尧陵被黄河水淹没,后于汉宣帝时在原地重修,本无争议。西汉末年的刘向曾说:"尧葬济阴,丘垅皆小。"东汉班固在《汉书·地理志》中也提到尧冢或尧灵台:"济阴郡……成阳,有尧(冢)灵台。"东汉末年应劭说:"濮水南入巨野。成阳县有尧冢、灵台。"可到了金朝年间,尧陵再次被淹没。后人不明就里,遂起争议。乾隆元年(1736年),山东巡抚岳濬重修尧陵,起因是"自金末河决,尧祀移于东平州芦泉山之阳,然尧陵自在谷林,不在东平","东平一陵,实属沿误,随委员查视,尧陵在濮州城东南六十里古雷泽之西谷林寺前,有享殿三间在焉"。说明清朝人已认定山东东平的尧陵是后人所修。《清史稿》还记载了乾隆皇帝如何主持学术讨论并认定尧陵在今菏泽的事。在占有史料的基础上,潘建荣动员各方力量,在菏泽市牡丹区胡集镇尧王寺村西重修尧陵,塑尧舜雕像,建祭祀广场,吸引大批海外华侨、华人前来认祖归宗,带动了当地的文化产业。

第五,进行考古勘探和挖掘,实证菏泽悠久的历史文化。

金、元以来,黄河泛滥频繁,重创了菏泽的经济、民生,掩埋了菏泽的繁华和悠久的历史。据勘探，菏泽大多数地方积沙达 5—10 米，个别地方在 10 米以上。由于大多数地方积沙太厚，长期以来，考古学者多以为此地无古可考而很少涉足。但新中国成立以来的考古调查证明，在鲁、豫、皖的黄泛区内，就在随处可见的"堌堆"之上，往往有重大发现。据 1992 年的文物普查和考古发掘资料，菏泽地区发现大汶口文化至汉代遗址 416 处（不包括梁山县），其中以龙山文化遗址、商和春秋战国时代遗址为主，定陶、成武、菏泽（今牡丹区）一带是遗址密布区。这说明，菏泽地区考古大有可为。可问题是，积沙太厚，水位太高，一挖就出水，请谁来勘探挖掘？关键时候，方辉老师和陈雪香师妹发挥了很大的作用。十几年的时间，菏泽考古成果迭出，不仅在定陶发现了北辛文化，还发现了大量的汉文化，尤其是发现了目前我国保存最为完整的大型"黄肠题凑"墓葬，大大改变了人们对菏泽的历史偏见。

7000 年文化结硕果，20 载心血著华章。20 年来，省内外一大批学人，在菏泽广袤的大地上，栉风沐雨，兢兢业业，重拾菏泽的文化记忆，重构菏泽的文化根基，擦亮菏泽的文化品牌，提升菏泽的文化自信，菏泽，必将会在新的时代焕发出它应有的生机。

（原载《牡丹晚报》2023 年 12 月 4 日第 6 版）

柏乡寻古记

柏乡县位于河北省的中南部，面积不算大，人口也不过20万人。可说起它的历史和文化来，却是大名鼎鼎，很有来头。2010年，在柏乡县小里村的仰韶文化遗址中，出土了一件完整的形制独特的细泥红陶指甲纹陶埙，形状像个刺猬，肩部的两个音孔既能调节音调，还可用于穿绳悬挂或携带，像是刺猬的眼睛，足见先民的智慧。春秋时期，这里成为晋国的一个"邑"，即"鄗邑"，是一处大的居民点和驻防要地。西汉时期，在鄗邑置县，即鄗县。公元25年，刘秀在鄗县南千秋亭五成陌登基称帝，重建大汉王朝。可以说，东汉王朝是从这里走来的。

金秋十月，我到柏乡讲课，借机考察鄗城遗址。从柏乡县城出发，到鄗城遗址，不过12公里。刚过寒露，正是播种冬小麦的时节，可田间地头，却没有想象中的喧嚣，只有几台"忙碌"的农机和几个悠然自得的农民。如今从翻地、播种、灌溉到收割、脱粒，都是机械化，农民只需要做一点辅助性的工作，自然就"悠闲"了。

下了车，看到了不远处古鄗城的城墙，大约有500米的距离，中间是一大片农田。踩在刚刚翻过的农田里，闻着新鲜泥土的味道，心情十分舒畅。陪同的柏乡县文物保管所所长耿晓宁边走边给我介绍鄗城遗址的情况，时不时还弯腰捡起地上的残片，说这个是汉瓦，那个是战国陶器。

不一会儿就到了城墙下。墙全是夯土筑成，经过2000年的风吹雨打，仅仅剩下了几十米，上面长满了野草、旱芦苇，还有好几棵酸枣树。耿所长拨开野草让我们看城墙，说全是夯土，10公分一层。我问：这段城墙有多长？站在旁边的柏乡县教文体旅局副局长郭东旺说，得量一量。两人用步数加手机测量了一下，说残墙长53米，宽7米左右，高度在3米到4米之间。

根据史料记载，鄗城经历过汉代的辉煌后，到了隋朝，由于县城南迁，便逐渐萧条。清代，鄗城已是"垣穿狐兔存荒道，草密荆棘暗废城"。1963年柏乡发大水，1966年邢台大地震，人们为了生存，就从城墙上取土建房，墙体逐渐缩小，终成"遗址"。如今只剩下两段残墙，我们看到的是东城墙，西南角还有一小段城墙，仅有5米长。

今天的鄗城遗址，中部被固城店村的固南、固北两村占压，东南角被城阳村占压。2015年到2017年，文物部门曾对鄗城遗址进行过考古调查、勘探和发掘，确认是一处战国和汉代城址。战国城址面积600×600平方米，汉代城址面积2000×2000平方米。在鄗城遗址里，发现了大量的陶器、铁器、石器、铜器、玉器、骨角器和钱币等。仅各类建筑构件、器物残片就发现了26000多片。我们往回走时，要经过一条排水沟，沟里没有水，种满了庄稼和青菜，耿所长多次捡到残片，其中一件是大缸的残片，有清晰的腰身纹饰。

离开鄗城遗址，我们前往千秋亭遗址。它位于古鄗城南7华里，在今柏乡县十五里铺（又称光武庙村）西侧。汉光武帝刘秀就是在这里登基称帝的。为纪念光武帝的功绩，汉章帝即位后，命人在光武帝即位坛建"光武祠"。到了北魏时期，郦道元还在《水经注》里记载：千秋亭有石坛，坛有圭头碑；坛庙之东，有两石翁仲相对而立。

听东旺局长说，20世纪50年代光武庙才被拆掉，但老百姓依然叫这里为光武庙村，以此缅怀汉光武帝。据我所知，汉高祖故里沛县有刘姓崇拜，问柏乡县宣传部刘剑改部长，这里是不是也有，她做了肯定的回答。就像沛县有大量的刘邦传说一样，柏乡县也流传着大量关于刘秀的传说。中国民间文艺家协会命名柏乡县为"中国牡丹文化之乡"，就与刘秀的传说有关。相传，在西汉末年，外戚王莽篡位做了皇帝。刘秀为光复汉朝，被王莽带兵追杀。刘秀南逃路过柏乡弥陀寺，寺内繁茂的牡丹花遮挡住他，让他躲过一劫。刘秀当了皇帝，一统天下后，巡视各地，路过柏乡时，想起牡丹曾经救过自己的性命，便来到弥陀寺牡丹株旁，题咏牡丹诗一首："萧王避难过荒庄，井庙俱无甚凄凉。惟有牡丹花数株，忠心不改向君王。"

明末清初，有一位柏乡籍的官员叫魏裔鲁，在拜光武祠时感慨地说，光武帝"中兴大业自天来"。其实，这个"天"，不是神秘的存在，而是民心。刘秀能成就中兴大业，除了他的个人魅力和能力，也与他是刘姓皇族后裔大有关系。可以说，没有西汉王朝200多年的"仁政"，也难有光武帝刘秀的迅速崛起和成功。清代史学家赵翼曾说："汉自高、惠以后，贤圣之君六七作，深仁厚泽，被于人者深。即元、成、哀三帝稍劣，亦绝无虐民之政。"由于吏治清明，汉朝天子深得广大人民拥护。当时老百姓一听说皇帝有诏书公布，就会扶老携幼，甚至不顾身体残疾行动不便，赶到现场去听地方官员传达皇帝的"德音"。王莽篡汉，人们从心底里是不拥护的，"人心思汉""人心思刘"是社会共识。绿林、赤眉起义后，天下大乱，但起兵者不是自称刘氏子孙，就是以恢复汉室为名号。光武帝刘秀起兵不到三年，即登基称帝，平定四方，就是因为他顺应民心，正所谓得民心者得天下！

（原载中共河北省委主办《共产党员》2023年第12期下）

井陉寻古记

金秋十月，郑一民主席邀请我到井陉县看一看。凌晨5点多，我乘坐的火车到达石家庄北站。一出站，就看到省民协副主席周鹏和井陉县的两位同志已在冷风中等候，让我很感动。周鹏介绍说："这位是井陉县宣传部贾朝伟部长，这位是县文联何克宁主席。"从石家庄到井陉，交通非常方便，开车只需要半个多小时。一上车，没有寒暄，朝伟部长和克宁主席就开始给我介绍井陉县的文化发展情况。据他们说，井陉县户籍人口25万人，有321个村庄，其中国家级传统村落48个，国家级历史文化名村5个，省级历史文化名村25个，国家级历史文化名镇1个，国家级非物质文化遗产4项……如数家珍，头头是道，尤其是一串串数字，充分反映出他们对井陉历史和文化的熟稔。

我对井陉并不陌生。2003年8月，那时我还在济南工作，到石家庄参加七夕文化研讨会，就到过井陉的东天门。2004年4月，第二次到井陉，参加石头文化研讨会，看过秦皇古驿道、于家石头村。2018年3月，到井陉县进行春节习俗和庙会调研，看了"放河灯""开锁儿""红脸社火""撵虚耗"等民俗活动。每次到井陉，都有不同的体验和收获，深感这里历史文化悠久，民风民俗独特，地理位置险要，山川村落壮美，是一个值得常常来的地方。

上午参观古村落，参加井陉县民宿民俗交流会。郑主席对我说，我是学考古的，一定要去天长镇看一看，那是国家级历史文化名镇，也是保存至今的唯一的宋城。宋朝建立后，为了防止藩镇割据，下令拆毁全国的城墙，只保留了东京（开封府）、西京（河南府）、南京（应天府）、北京（大名府），后来也都毁于战火，只有天长镇被保留了下来。

下午，克宁主席带我去看天长古镇。到了一个路口，她突然让司机停了下来，让我下车看一座古桥。这是一座独拱石桥，至今还在使用。桥体全部用青石筑成，拱券的正上方雕刻着一个吸水兽，吸水兽两侧，雕刻着狮子、麒麟、天马、大象，栩栩如生。克宁主席说，这座桥建于北宋元丰年间（1078—1085年），距今已有900多年。原名"天威军石桥"，后改称"通济桥"，是河北省屈指可数的宋前古石桥。难以想象，这座古桥近千年来不仅经历了一次次的洪水冲刷，更经受了井陉矿区煤炭外运过往车辆的一次次重压，至今还能发挥它应有的作用！由此我也想到，井陉县处处有历史！

通济桥距离天长古镇不到2公里，我们很快就到了古城之下。城墙用石头筑成，紧靠绵蔓河，依然高大巍峨。一块块大型鹅卵石在城墙上清晰可见，显然是就地取材。女墙则是用青砖砌成，显然是明代所建。大南门有瓮城。与别的瓮城不同的是，除了南北各有城门之外，在东南角还有一个小门，叫宁河门，是为了泄洪专门建的。沿着南大街、西大街、东大街，我们先后看了右相府、"王家大院"、城隍庙、蔡家巷、皆山书院等。走进古城就会发现，它北高南低，就像一个簸箕一样，因而被称为"簸箕城"。由于北靠天长岭这道天然屏障，就一直没有开北门，只有南、西、东三座城门。

克宁主席做地方志工作多年，对这里非常熟悉。她告诉我，天长古镇素有"燕晋通衢"之称。依据近年发现的唐朝大和元年（827年）墓志中有"天长城隅"一词，可认定这里在唐中晚期已建有城池。唐末改称"天长军"，五代后晋时，又改为"天威军"。当时井陉境内北有县治天护城，南有天威军。在井陉曾出土过一种瓷瓶，上面刻画着铭文"天威军官瓶"五个大字，就是例证。宋神宗熙宁八年（1075年），把井陉县治迁至天威军，这里遂成为井陉县城。1958年，由于井陉、获鹿两县合并，县治迁到了微水镇，这里改为天长镇。也就是说，天长古城作为井陉县治达883年。由于天长古城是宋朝在唐代城池的基础上建的，整体布局基本完好，又叫天长宋古城。当然，后世特别是明清两代和民国时期也多有修建。

天长古城能够保留至今，首先得益于它的地理位置。由于在太行山区，大规模的战争较少，又没有大的洪水侵袭，城池被摧毁的概率要小一些。其次，历史机遇。天长古城建城初期，只是一个军镇，不是县城，躲过了北宋初年的"拆墙运动"。1958年之后，它又不是县城，再次躲过为了经济、民生而出现的新的"拆墙运动"。从这方面来说，它是幸运的。最后，井陉有重视文化的传统和保护文物的意识。在天长古城参观时，我看到城隍庙里有一对老夫妻守在那里，见到游客还主动讲解城隍庙的历史文化。一个细节，反映出老百姓对文化的重视。

回井陉县城的路上，我们在南横口村看陶瓷时，听到广播喇叭里在给村民下通知，说"明天是重阳节，凡是60岁以上的老人，都可以来吃水饺"。克宁主席说，"明天井陉很多村庄都要搞活动，为老人过节"。想到自己几年之后也会有这样的礼遇，我的心里暖暖的。中华优秀传统文化，不论是天长古镇这样有形的文化古迹，还是传统节日这样无形的非物质文化遗产，都以其丰富的文化内涵和民族情怀，深深融入中华儿女的日常生活和精神世界里，在润物细无声中滋养着我们的心灵。这是我们民族的骄傲，需要我们倍加珍惜并发扬光大。

（原载《新华每日电讯》2023年11月3日第12版）

神话之乡寻古记

位于晋东南的长治，古称上党，不仅历史悠久，文化底蕴深厚，更是上古神话的故乡。"女娲补天""神农尝草""精卫填海""羿射九日""大禹治水"……这里的神话不仅内容丰富，分布密集，传承有序，而且典籍众多，"在地化"突出，全国罕见。

五一节刚过，我和几个朋友就来到长治市，调研平顺县上古神话，得以近距离触摸神话，感受神话的现实存在及其体现的民族精神。

车子刚刚进入平顺县境内，就见到了县招商局工作人员高薇薇。她对平顺的上古神话非常熟悉，也非常自豪，寒暄了几句，就开始给我们讲大禹治水的故事。这些故事，我在别的地方大多听过，现在到了她的嘴里，却别有一番情趣。车子行驶在万山丛中，可以看到处处新绿，让人心旷神怡。群山之巅，云雾缭绕，应该是神仙出没的地方。长治出神话，太正常了。

高薇薇说："咱们先去侯壁村，看夏禹神祠，感受一下老百姓对大禹的感情。"我说，既然叫侯壁村，村里姓侯的多吧？她说，这个村子实际上叫候璧村，是战国时期人们迎候和氏璧的地方。当年蔺相如完璧归赵，和氏璧就是从这里被送回赵国的。山西真是历史悠久，哪一个村庄都有动人的历史故事。

夏禹神祠位于侯壁村北边的一处高坡上，是一处元代建筑，老百姓称其为禹王庙。现存的建筑是一座四合院，有山门、正殿、配殿。山门上建有倒座戏台，上为戏楼，下为山门通道。站在庙前往西北看，山峰壁立，浊漳河就在脚下。看着平静的水面，真难以理解这个地方为什么会建有禹王庙。高薇薇说，过去浊漳河经常泛滥，两岸百姓深受其害，大禹就曾在这里治水，老百姓为了纪念大禹，祈求平安，才建了此庙。

离开侯壁村，西行 5 公里，就到了奥治村。浊漳河向东流到奥治村时形成一个大湾，号称漳河第一湾。因为传说大禹在这里治水，人们便称这里为大禹峡，并有大禹山、大禹庙、大禹行宫等"遗迹"。《禹贡》里有大禹治水"覃怀厎绩，至于衡漳"的记载。古时漳水横流入黄河，故称"衡漳"。《禹贡》的作者认为大禹治理过漳河，就是没有写出具体位置。大禹的父亲鲧在这里治水时，想疏通漳河向南流，没能成功，留下了"错錾沟"（俗称错钻沟）。大禹接任后，疏通漳河向东流，成功地治理了洪水。当地人坚信，奥治因上古时期大禹治水而得名。又有两种说法，一种说法是大禹的父亲鲧懊悔在这里治水失败，另一种说法是这里沟渠很深，奥是深奥的意思，大禹又是在这里治理好了水患，所以叫"奥治"。据说唐明皇李隆基、宋代开国宰相赵普等都曾称上党地区为"奥区"。奥治村至今庙宇很多，最引人注目的还是大禹庙。大禹庙又称水神庙，在老百姓心目中，大禹就是水神，不但治水，还管水，保佑一方平安。

从大禹庙出来，就到了错錾沟。这里其实是一条峡谷，碧水悠悠，蜿蜒曲折，两岸赤壁耸立，都是赤红色的花岗岩。陪同我们的"太行水乡赤壁悬流景区"负责人于广介绍说，错錾沟长一千米，水深处有二三十米。现在是枯水季节，水面才这么平静。夏天波涛汹涌，水深能到三五十米。前几年发大水时，两岸的建筑物都被冲走了，他为了旅游修建的各种设施都被冲毁了，我们现在看到的东西，都是他后来重修的，前后花了三个亿。说这话时，于广很轻松，好像受的损失与他无关。他随后就给我们讲大禹治水的故事，讲得很投入。当有人插话说这些都是神话传说时，他很认真地纠正说，不是神话，都是真事！我知道，老百姓心目中的"真实"，比真实本身更重要，也更有意义。大禹治水的故事，对他肯定有很深的影响；大禹的执着和担当，已经成为他血液的一部分。

大禹治水真的到过这里吗？从《禹贡》"覃怀厎绩，至于衡漳"的记载看，有可能。在古代典籍和流传至今的民间传说里，西起青海，东到山东，几乎所有大江大河，都有大禹治水的"痕迹"，孟子甚至说大禹"疏九河，瀹济、漯而注诸海"，"决汝、汉，排淮、泗而注之江"。以当时的生产力水平来看，显然是不可能的。1924 年，地质学家丁文江指出："江、河都是天然水道，没有丝毫人工疏导的痕迹"，"就是用现代的技术疏导长江都是不可能的"，砥柱是因"两块火成岩侵入煤系的岩石之中"，二者硬度不同，"受侵蚀的迟速不一样"而形成的，和大禹没有关系。倒是孔子在讲述大禹的功绩时，说大禹"尽力乎沟洫"，还是比较符合历史真实的。那时大禹率领先民们用骨制的、木制的或石制的耜，再加上一些青铜生产工具，开挖出一些大的排水沟渠已经很不容易。由于大禹治水卓有成效，加上人类有一种对自己崇拜的人或事喜欢加以拔高的本性，代代相传，越拔越高，大禹开掘沟洫便被夸大成开掘江河，大禹也就从人变成了神。

值得一提的是，在世界历史上，几乎每个古老的民族都有大洪水的传说。从古代两河流域到地中海沿岸，从中国的大西南到南北美洲，所有大洪水的传说都讲述着大体上一样的情景：暴雨倾盆，江河泛滥，日月无光，洪水齐天，无边无际的滔天巨浪淹没了平原，淹没了高山，淹没了几乎所有的生物与人类文明。《圣经》中也讲，洪水自天而降，一连下了40个昼夜，人类和动植物全部陷入灭顶之灾，连世界上最高的山峰都被淹没在水面7米以下，洪水几乎把人类全部灭绝。与世界上大多数民族一样，远古时期的大洪水在中国华夏先民的心目中也一直是一段挥抹不去的噩梦。先秦文献中，有很多大洪水的记载。如《尚书·尧典》记述尧时"汤汤洪水方割，荡荡怀山襄陵，浩浩滔天"，《吕氏春秋》说"昔上古龙门未开，吕梁未发，河出孟门，大溢逆流，无有丘陵沃衍、平原高阜，尽皆灭之"。

中国的洪水传说，其特别之处在于中原的华夏先民在洪水面前没有逃避，反而勇敢地组织起来，治理洪水，代表人物就是大禹。翻看我国古代文献，其中关于禹的记载很多。《尚书》《礼记》《史记》等73种古籍及金文、楚帛书中，（夏）禹出现的词频为672次，《汉书》及《汉书》注中，（夏）禹出现146次，其内容涉及面很广，但数量最多的则与治水相关。前些年发现的西周中期的青铜器遂公盨上，有铭文98字，记载了大禹治水的由来、治水方法和功绩，说明大禹治水至迟在西周中期已是人们相信的真实，而绝不是东周以后的学者杜撰出来的。

神话是人类真实历史的折射，它以故事的形式表现了古人对自然、对社会现象的认知和愿望。由于长治特殊的地理环境，这里的人们不但创造了众多的神话，还把神话保留至今。长治神话"在地化"突出，且有古籍、"遗迹"为证。平顺县的《大禹治水》有《禹贡》为证，长子县的《精卫填海》则有《山海经》加持。《山海经》上说："发鸠之山，其上多柘木，有鸟焉，其状如乌，文首，白喙，赤足，名曰精卫，其鸣自詨。是炎帝之少女，名曰女娃。女娃游于东海，溺而不返，故为精卫。常衔西山之木石，以堙于东海。漳水出焉，东流注于河。"发鸠山位于长子县城西25公里，至今山上有精卫冢，山下有灵湫庙。这些"遗迹"，虽然不能证明神话的真实存在，但它是老百姓心目中的真实，对人们的心理素质养成有很大的影响。于广在给我们讲述大禹治水的故事时，也讲到了精卫填海，还两次强调：精卫填海，填的是汾河，不是东海！其背后的众多信息可以挖掘，可以传承、弘扬，是宝贵的精神财富。精卫填海和愚公移山有相同或相似的内涵，都体现了中华民族自强不息、坚韧不拔的优秀品质。大禹治水体现了人类征服自然、改造自然和利用自然的决心与勇气，展现了以华夏族为代表的农耕民族勇于面对自然灾害、不屈不挠的民族精神。这与西方大多数民族选择躲避和逃离的心态完全不同。

　　大禹肯定不是一个人，而是一个群体，一个民族的文化符号。大禹其实是千千万万的治水英雄的代表。众所周知，20世纪60年代，河南林县人民在极其困难的条件下，引漳入林，在太行山腰修建了一条"人工天河"——红旗渠，但一般人不知道的是，红旗渠的源头在平顺县侯壁村。红旗渠干渠70.6公里，有19.6公里在平顺县境内。此前，我只知道红旗渠是从山西引的水，并不知道源头在平顺，更不知道平顺人做出了这么大的奉献与牺牲。在平顺时，提到红旗渠，刘林松县长给我们讲了很多动人的故事，我想，这些修建红旗渠的民工，不就是当代的大禹吗？！他们在难以想象的困难面前，用双手创造了新的"神话"。

（原载《中国艺术报》2024年6月28日第8版）

《孔雀东南飞》寻访记

提起安庆，人们马上就会想到它是国家历史文化名城，山清水秀，人文荟萃，是京剧的起源地、黄梅戏的兴盛地。可怀山之水，必有其源，安庆能有今天"文化之邦""戏剧之乡"的美誉，也是渊源有自。东汉末年，这里就诞生了我国古代最早的民间长篇叙事诗《孔雀东南飞》，可见其人文之盛、风气之先。

七夕节前，安庆文联的桂治华书记邀请我到安庆调研，我问他《孔雀东南飞》在民间还有流传吗？得到他的肯定答复后，我决定到安庆调研一下传承情况。

那天下午，我们到了怀宁县的石牌镇。看过刚刚建成的徽班博物馆，我问陪同的宣传部汪部长，这里离《孔雀东南飞》故事发生地还有多远，她说就在小吏港，已经很近了。

车子穿行在乡间公路上，两边是水稻的海洋。风吹稻香，让人心旷神怡。远处莽莽苍苍，间或有一处隆起的青山、一条不太宽的碧水，让人不由得浮想联翩。古代楚人多浪漫，应该与地理环境大有关系吧。

到了小吏港（今天的小市镇）的刘家山，路边有一个牌坊，上书"孔雀东南飞林园"，汪部长说，这里就是《孔雀东南飞》故事发生地，在《孔雀东南飞》诗前小序里，指明故事发生在庐江郡，就是现在的怀宁、潜山两地交界的小吏港一带。看那牌坊，应该是前几年新修的。倒是入口处的两尊石狮子，大有古风，与南朝皇帝陵前的镇墓兽有几分相似。再往里走，有块石碑，写着"全县重点文物保护单位孔雀东南飞遗迹"，是怀宁县人民政府1987年所立。碑的后面，有个面积不大、形状奇异的池塘，传说是刘兰芝投水处。池塘的旁边，就是焦仲卿、刘兰芝合葬墓。墓前有石碑，写着"汉焦仲卿刘兰芝之墓"。看墓碑和上面的汉隶，当是今人所立。记得《孔雀东南飞》中有这样两句"两家求合葬，合葬华山傍"，我便问附近有没有华山，他们都说没有听说过。其实我也知道，沧海桑田，1800年过去了，对于这样一个靠着长江的平原地带，地形地貌肯定发生了重大变化，如果华山当时只是一个小小的土山，应该早就由于自然或者人为的原因消失了。

据当地人说，焦仲卿、刘兰芝是按照平民礼节下葬的，陪葬品不会丰富，所以焦、刘合葬墓始终没有盗墓贼"光顾"，至今保存完好。我问焦仲卿家在哪里，他们向西指着说，就在那边，皖河的对岸，与焦刘墓地仅仅一河之隔，相距几华里，名叫焦家畈，现在属于潜山市。在农耕时代，人们生活的圈子一般不大，娶媳嫁女不会太远，多数都是前后村，相距几里地，多的也不过十里八里。记得我小的时候，同生产队有一户人家，把女儿嫁到十几里外的一个村庄，我母亲每次提起来就说，怎么舍得把孩子嫁到那么远的地方？！焦、刘两家相距不远，倒也符合常理。

我想去焦家畈看一看，可调研的行程很紧，加上不是同一个县，只得作罢。问治华书记，能不能联系上《孔雀东南飞传说》国家级非物质文化遗产项目代表性传承人李智海老师。李老师多年从事孔雀东南飞传说研究，应该了解得更多一些。

我给李老师通了电话。虽已86岁高龄，李老师依然思维清晰，记忆力很好。他告诉我，刘家山又叫刘山，是刘兰芝曾经生活的地方，村名原来就是这样的。刘家山离焦家畈有两里地，隔着一条皖河。焦仲卿、刘兰芝合葬墓历史很悠久了。至于华山，他没有听说过，应该就在墓的附近。民间传说，焦、刘殉情后，两家在小吏港一个叫乌龟墩的地方，找到了一方高地，将二人合葬在一起。之所以没有葬在焦家畈，原因是焦家畈是圩区，地势低洼，动不动发洪水，再说刘兰芝生前被休回娘家，她也不会愿意回去。

李老师还说，焦家畈现在没有一个姓焦的，小吏港也没有。

由于焦母霸道、不讲理，造成了焦仲卿、刘兰芝的爱情悲剧，至今在这一带，还把那些胡搅蛮缠的人称为"焦八杈"。怀宁歌谣里有一首《莫怨命运差》，就直刺焦母：

> 焦八杈，焦八杈，
> 莫怨自己命运差。
> 好儿好媳你都有，
> 只怪自己容不下，
> 容不下。
> 原来心里有个"杈"，
> 杈掉了媳妇，
> 杈掉了儿子，
> 看你再往哪里杈？

　　查阅当地的民间歌谣，涉及孔雀东南飞传说的民歌有25首，孔雀东南飞小调10首，骂焦母的居多，甚至骂她是"母老虎""老妖婆""吃人都不留骨头"，充分反映了人们对专制家长的痛恨。在当地的民间传说里，也说焦母是一个有名的泼妇，是一个惹不起的角色，在当地有"女八杈"的诨名，因为她的丈夫姓焦，人们便叫她"焦八杈"。其实，在传统社会，这样的婆婆村村都有。我们看吕剧《李二嫂改嫁》，剧中的婆婆"天不怕"与焦母何其相似！那个时候，女人受各种条件的限制，社会交往面很窄，结婚后活动圈子基本上都在家里。她所关注者，除了公婆、丈夫，就是子女；她能或者说可以欺压者，大多是儿媳妇。法律也赋予了婆婆很大的专制权。即使按照风俗习惯，婆婆也有欺压儿媳的心理基础。俗话说"多年的媳妇熬成婆"，做媳妇时受婆婆压迫，一旦自己做了婆婆，也会用同样的办法压迫儿媳妇。从这方面来说，刘兰芝的遭遇，也是千千万万劳动妇女的遭遇；人们同情刘兰芝、痛斥焦母，也是对封建家长制度的憎恨。

　　孔子曾说"多闻阙疑"，今人常说"孤证不立"，按照这个原则，我还要进一步搜寻材料。回到安庆市区后，在同市民协主席方宜、《安庆民间文艺大典》主编毕成寿座谈时，我提出了自己的一些想法。在场的安庆民协秘书长张建，退休前是安庆供电公司职工，当年写电力志时，曾去过焦、刘墓地，对民间文学有一定的研究。她说，作为安庆人，对我提出的问题应该了解清楚。经过多方咨询、调查，几天后，张建给我发来微信，告诉我，小吏港焦、刘合葬墓一直在原地，不曾迁移过，而且是唯一的。按说，刘兰芝生前已与焦仲卿离婚，死后只能葬在刘家的地盘，像她这种自杀而死的，多数会被葬在乱葬岗，而焦仲卿死后，也只能葬在焦氏墓地。从传统的丧葬习俗上来讲，焦仲卿是男子，不是上门女婿，绝对不可能葬到女方家。民间传说，焦母的女儿即焦仲卿之妹焦月英为他们主办丧事，将他们合葬在了一起。焦家田多地广，焦、刘合葬地在小吏港背后一块山地上，当地人称为乌龟墩（乌龟墩，风水好），可能当时该地为焦家所有。焦家畈现在已无焦姓，据说民国时期还有几户，也迁往外地，不知所踪。

在中国的文学宝库中，有不少鲜活的女性形象，如西施、罗敷、花木兰、林黛玉，但像刘兰芝这样的直接反映老百姓的家庭生活、婆媳关系的女性形象极少。《孔雀东南飞》的故事至今在百姓中广泛流传，被人们津津乐道，还有一个重要原因，就是在 21 世纪的今天，不论是乡村还是城市，焦母这样的专制家长还大有人在。在新闻媒体上，坊间传闻里，我们还会时不时听到，相爱的年轻人因为家长的极力反对而难成眷属，离家出走甚至殉情，更多的则是，孩子因为没有完成家庭作业或者考试成绩不理想而被母亲家暴甚至打死。《孔雀东南飞》最大的现实意义是，生活在现代文明社会中的我们，也要时刻警惕自己，不要做焦母那样的把子女看成自己私有财产，动辄按照自己的意志去管制、束缚、"塑造"孩子的家长！

也许有人会说，《孔雀东南飞》就是一篇民间叙事诗，焦、刘的爱情悲剧不过是一个民间传说，没有必要去当真，更没有必要去探寻传说背后的"真实"。其实，民间传说虽然有较强的虚构性，但是都与实有的人物、事件和地方风物相联系，是在真实的人物、事件、地方风物的基础上，通过民间智慧和一代代人的口口相传形成的，我们完全可以从雪泥鸿爪上找到"真实"的信息。即使找不到"源头"，也总能找到"流痕"。而"探寻"过程本身，也是民间文化一次活生生的薪火相传。更何况，民间传说作为普通民众心目中的"真实"，对于社会教化、民众审美的影响之大是难以估量的。

（原载《安庆日报》2023 年 9 月 6 日第 5 版）

浦江寻古记

孟冬时节,"万年上山 诗画浦江——'中华颂'第十三届全国小戏小品曲艺大展"在浙江省浦江县举办。借参加此次活动之机,我得以来到浦江,访千年古县,寻历史遗迹。

来之前我就听说浦江历史悠久,人文底蕴深厚。到浦江的当天晚上,我们先去知名历史街区西街走一走。璀璨的灯光下,西街蜿蜒向前,呈好看的流线形。路两边多为两层的徽派建筑,大都挂着竹灯,显得格外祥和宜人。浦江在汉献帝兴平二年(195年)就曾建县,唐天宝十三年(754年)设置浦阳县(五代时期改名浦江县)后,县治就安在这个地方,且一直没有迁移。由此说来,这条老街的历史也应该非常悠久了。

远远地听到锣鼓声,走近一看,原来是西街文艺活动中心在演戏。院子里满满的都是听众,或坐或站,挤得水泄不通。简易的"舞台"上,一位戏曲爱好者在演唱。我问同行的金华市民间文艺家协会原主席施怀德唱的是什么,他说:"这是当地戏曲,叫浦江乱弹。"我说,浦江百姓这么喜欢民间戏曲,我们明天的"大展"肯定很受欢迎。

第二天,"大展"在浦江县文化馆如期举行,连演三天。演出的47个优秀剧目,来自15个省、自治区,系从全国征集的269件作品中精选而出,涵盖了婺剧、越剧、锡剧、川剧、苏州评弹、西河大鼓、徐州琴书、南音说唱、鄱阳大鼓、四川清音、浦江乱弹等多个民间剧种及多种艺术形式,比较全面地展示了中国民间戏曲艺术的精神风貌和最新成果。演出受到了浦江人民的热烈欢迎,充分显示了传统文化特别是民间戏曲艺术在浦江的强大生命力。

此次参演的剧目,有浦江什锦《板凳龙》和浦江乱弹小戏《画中缘》,

在展现江南水乡吴语吴音绵柔之美的同时，也不乏阳刚之气，让我们感受到浦江人豪放、直爽的一面。戏如人生，中国民间文艺家协会戏曲艺术委员会副主任周子清是浦江人，在现实生活中就是那么豪爽。吃晚饭时，有人说，"周老师，到你的家乡了，你得给我们唱一段"。他丝毫没有客气，立马唱了起来，还一气唱了六种地方戏曲，唱完一段，解释几句，说唱的内容都是"断桥不断因为许仙，因为爱美人更爱江山"。无独有偶，第二天我们在郑宅镇调研"江南第一家"时，导游提到当地有个名人也在北京工作，旁边走过去的一个村民听到我们的谈话，马上朝我们喊道："那是我外甥！"浦江人的直爽，可见一斑。

有人说，浦江人爱听小曲儿看小戏儿，其实，何止浦江人？！在如今快节奏的生活条件下，看大戏，一坐两三小时，只能是专家、票友的专利，普通百姓忙于生计，更喜欢小而精的小戏、小品，这就是民间戏曲广受欢迎、历久弥新的原因之所在。

历史上，浦江出了有名的"江南第一家"。从南宋到明代中叶，浦江的郑氏家族历经宋、元、明三朝，一直同居共食，和睦相处，时间长达330多年，绵延15世。明太祖朱元璋赐封其为"江南第一家"，时称"义门郑氏"，是传统社会"孝义"的楷模。如今，浦江更令世人瞩目的是发现了"上山遗址"。2000年秋冬之际，在浦江一个叫"上山"的小山丘，考古工作者发现了距今1万年前的遗址，即"上山遗址"，后来被命名为"上山文化"。经过20多年的不懈努力，考古工作者在以金衢盆地为中心的钱塘江上游及附近地区相继发现了22处上山文化遗址，是迄今中国境内乃至东亚地区发现的规模最大、分布最为集中的新石器时代早期遗址群。很多学者认为，上山遗址发现了包括水稻收割、加工和食用的较为完整的证据链，是迄今发现的世界最早的稻作农业遗存。研究表明，在上山文化的分布区域，从大约3万年前开始就有野生稻分布，这为稻作起源研究增添了关键性的一环。

做过多年博物馆馆长的施怀德是个"上山迷"，近年来多次邀请我到"上山遗址"看看，并提出上山文化"三源（世界稻源、东方艺源、中华易源）、六艺（居艺、农艺、陶艺、酒艺、纹艺、祀艺）"的命题。蒙蒙细雨中，我们到了位于浦江县黄宅镇上山村的"上山遗址"。在遗址上，已经就地建起了"上山考古遗址公园"。近年来，随着我国经济的发展和考古技术的进步，一旦有重大考古发现，可以立即在考古工地上建起考古工作棚，甚至建起钢结构大棚和考古舱，以保护遗址。考古工作者可以在工作棚、考古舱里从事挖掘工作，不用再"面朝黄土背朝天"，忍受风吹日晒了。待考古挖掘结束，就建起保护展示馆甚至博物馆，全方位展示各种内容，让普通民众也能够了解、学习。上山遗址上也建起了保护展示馆，建筑面积达1500多平方米。

听着讲解员的精彩讲述，看着出土的一件件文物，我在由衷高兴的同时，也对一些提法产生了疑问。比如，"上山遗址出土了世界上最早的栽培稻""中国的长江流域是稻作农业的起源地，其中尤以上山文化发现的稻作遗存为最早"，这些说法是不是还需要进一步论证？因为，江西万年仙人洞遗址发现了距今1.2万年的栽培稻遗存，湖南道县玉蟾岩遗址发现的栽培稻遗存也超过1.2万年。

带着这些疑问，我回到北京后，专门请教了农业农村部全球重要农业文化遗产专家委员会副主任曹幸穗。曹幸穗肯定了我的看法。他说，一般认为，长江中游的水稻起源早于下游。玉蟾岩和仙人洞的稻作遗址证明的是稻作文化的源头，是起源问题，这就是中华民族具有"一万年的文化史"的证据。上山文化是稻作文化的成熟期，是稻作文化向"五千多年的文明史"的过渡时期，这时候已经出现聚居的村落，甚至有可能出现稻米加工的次生产品。这个阶段，已经远远越过了文化起源期，大步迈向"文明的形成期"。

这个观点，有待专家们进一步研究、论证。

（原载《中国文化报》2024年1月17日第3版）

"花儿"寻访记

"花儿"广泛流传于甘肃、青海、宁夏、新疆等地。在广袤的西北大地上，汉族、回族、东乡族、保安族、撒拉族、土族、藏族、裕固族、蒙古族9个民族，用着同一种语言，唱着同样的山歌，这是其他地方的民歌难以企及的。"花儿"旋律优美，曲调悠扬，曲令丰富，多用比兴，真切感人，是老百姓真情实感的自然流露，也是山村农家生活的真实写照，深受广大人民群众喜爱，真正是老百姓的歌谣，老百姓的文化。

近年来，随着城镇化的加速推进，社会发展的日新月异，民歌遭到了前所未有的冲击。在这几千年未有之大变局下，"花儿"传承得怎么样，"花儿"的文化生态有了怎样的变化，一直是各界关注的热点问题。2024年7月上旬，我和几个专家来到甘肃省岷县、康乐县、临夏市和青海省海东市平安区，西宁市大通县、湟中区，对"花儿"的文化生态进行调研。

第一站就到了岷县。这里是"洮岷花儿"传承的核心区，有大大小小的"花儿"会场40多处，都集中在农历四五月。我们到的时候，已过了"花儿会"会期，陪同我们调研的岷县文史专家季绪才、张润平说，可以先上二郎山看一看，体验一下"二郎山花儿会"的场地环境。我们到了二郎山山腰，看到一个亭子，几个歌手正在那里唱"花儿"。我虽然听不懂他们在唱什么，但感觉旋律非常优美。季绪才告诉我，这几个歌手都是"花儿"传承人，都是农民，其中一个叫刘郭成，国家级传承人；一个叫董明巧，省级传承人。董明巧？我听说过。2007年，中国民间文艺家协会在全国推出首批166名"中国民间文化杰出传承人"，获此殊荣的就有董明巧。那时她才33岁，因为"花儿"唱得好，被誉为"洮岷花儿皇后"。

让我意外的是，董明巧已经"成名"十几年了，年龄也有50岁了，还很腼腆。她说，她没有上过一天学，至今还在农村生活，家离二郎山有十里地。她从小就喜欢唱"花儿"，但在家里一般不敢唱，顶多就是自己轻声唱几句。当地的风俗是，在村子里、家里唱"花儿"是一大禁忌，被人听见了会说闲话！董明巧说话方言很重，我几乎听不懂她在说什么，得靠季绪才、张润平"翻译"才行。

在众人的鼓动下，董明巧又唱起了"花儿"。一改刚才的腼腆，她接连唱了好多首，或对唱，或合唱，都是现编现唱，不仅嗓音洪亮、吐字清晰，还字正腔圆，让人不能不佩服她的聪明，不能不感叹"花儿"就是那"天籁之音"。

董明巧说，唱"花儿"，最有意思的是男女对唱，可以激发歌手的编唱热情，但一般的歌手对唱不上10首，要么气短唱不上去了，要么编不上词儿停下了。我知道，她这个"洮岷花儿皇后"不是一般人能够比得了的。

当天下午，我们去人民公园看"花儿"表演。在一座小桥边的大树下，会集着数百人，几个歌手被围在核心，正在对唱"花儿"。大树虽然浓荫蔽日，但遮盖面毕竟有限，很多人只好打着伞听，或者带着草帽，有的人甚至什么也不戴，任凭火辣辣的太阳灼烤。看来，"花儿"的魅力确实很大。

离开岷县，我们到了康乐县的莲花山。"洮水多情湾复湾，佳人簪珥压云鬟。""莲花山花儿会"是这一带最大的花儿会场，每天都会佳人云集，会期从农历的六月初一到初六。歌会期间，各族群众数万人云集于此，纵情对歌。我们到莲花山那天，是农历的六月初二，本来是歌会的正日子，可惜天公不作美，雨一直在下。冒雨上山，但见满目青绿，道观佛寺掩映其间。凡山路崎岖处，两边林木茂盛，游客进去，但闻其声，不见其影。怪不得古人要把"花儿会"选在这里，怪不得莲花山花儿会能成为周围众多州县百姓会聚的名山，这里确实是有情人对歌、幽会的好地方。

据专家考证，"花儿会"在古代有一大功能，就是解决部分妇女不孕不育的问题。"不孝有三，无后为大"，在封建时代，如果一对夫妻没有子女，在村里、在宗族里是没法直起腰来的，更何况，将来靠谁养老？古代中国虽然一直是礼法社会，但也讲究变通，这就是中国人的智慧。先秦典籍《周礼》里有"仲春之月，令会男女，于是时也，奔者不禁"，为青年男女在特定的时间、地点"私奔""野合"开了绿灯。"花儿会"就是绝佳的时间、地点。青年男女通过唱"花儿"、听"花儿"，激发了灵感，沟通了感情，进而或野合或联姻。有些不孕妇女幸而怀孕，解决了人生大事，即便丈夫、家人心里有点不快，也不得不接受现实，心照不宣，用一句"从送子娘娘那里求来的"掩饰过去。我们在甘肃、青海调研时发现，"花儿会"大多在山上且有寺庙或道观的地方举行，其中大有缘由。

上莲花山之前，我们特意请了6个"花儿"歌手对歌，因为下雨，她们没法上山，就在山下的大路上，用马莲绳拦路，开始演唱"花儿"。很快，演唱现场就围满了观众，路也被堵死了。奇怪的是，那些被堵住的车辆都静静地停在路上，没有人摁一声喇叭，司机很有耐心，好像也在欣赏"花儿"。后来我才知道，马莲绳拦路是莲花山"花儿会"的一大特色，人们用生长在山野的马莲草编成绳，拦住游客去路，邀请对唱"花儿"。如果遇上会唱"花儿"的，大家彼此唱和，其乐融融，"主人"会端出美酒让你品尝；如果不会唱"花儿"，游客就得拿出事先准备好的瓜子、糖果之类，以求让路通行。在走走停停中，人们欣赏了"花儿"，增加了歌会的乐趣。

"花儿"有三大类型，即"洮岷花儿""河湟花儿"和"六盘山花儿"。"二郎山花儿会""莲花山花儿会"唱的都是"洮岷花儿"，临夏回族自治州的"松鸣岩花儿会"唱的是"河湟花儿"。可惜的是，"松鸣岩花儿会"会期已过，我们只好在临夏州博物馆查看"花儿"文献资料，看看过去的人怎么唱"花儿"，请两个当地歌手唱了几首"河湟花儿"。

不过，"东方不亮西方亮"，这点遗憾很快就在青海得以弥补。我们到了青海省西宁市，在大通县老爷山花儿会和湟中区南佛山花儿会上，美美地听了多首"河湟花儿"。特别是南佛山花儿会，山上山下，人山人海，真正是老百姓的狂欢节。青海省文联副主席扎西对我说，这个"花儿会"不算什么，这几天在方圆100里的范围内，有11处这样的"花儿会"，都比这里热闹……

"花儿本是心里的话，不唱还由不得自家；刀刀拿来头割下，不死还是这个唱法。"纯真朴实、掷地有声的"花儿"，是西北人直抒胸臆、表达情感独有的样式，积淀着西北人世世代代的豪爽和执着。不论是甘肃的二郎山、莲花山、松鸣岩，还是青海的老爷山、南佛山，还有其他大大小小不知名的山上，人们会聚在一起，唱"花儿"，对"花儿"，欣赏"花儿"，表达着一样的家国情怀和对爱情的向往，对家人、家乡的热爱，在潜移默化中，增强了人们的文化认同、历史认同、国家认同、情感认同，筑牢了中华民族共同体意识。"花儿"，真不愧为"大西北之魂""活着的《诗经》"。

在调研中，我也发现了"花儿"传承中存在的问题，一是传承断档的问题，一是舞台化日趋严重的问题。在岷县人民公园，我遇到一位推着婴儿车的少妇，就问她能听懂他们在唱什么吧？她说听不懂。"你不是当地人吗？""是当地人。但他们用方言唱，我们年轻人听不懂。只有我妈妈那一辈的人能听懂他们唱的方言。"就在这时，少妇的妈妈走了过来，她说能听懂，但没有唱过。我看了看少妇的妈妈，大约50岁。旁边一位中年妇女过来说，她也能听懂"花儿"，也不会唱。我问少妇，想学"花儿"吗？她说不想学，不喜欢。我朝听"花儿"的人群望去，这才发现几乎都是中老年人，其中有一两个小孩子，但显然是跟着大人、不得不来的。

年轻人不想学"花儿"，仅仅是用方言演唱的问题吗？我看不尽然。首先，同其他民歌一样，"花儿"在农耕时代的最大功能就是"解心焦儿"，其中不乏大量的"酸（荤）花儿"，这也是不能在家里、村里唱"花儿"的原因。张润平告诉我，1983年花儿会期间，他晚上去听"花儿"，发现十有八九的对唱都是"性爱的喧哗与骚动"，大家都沉浸在狂欢中。歌手在唱"花儿"之前往往会说上一句"有前眼的没后眼，亲戚路过往后站"，就是不希望亲戚朋友在现场听。唱"花儿"的人，常常被认为"不正经"，家人一般不支持，女孩子更是如此。这是历史原因。其次，"花儿"曲调悠扬，不是所有人都能学会的。最后，"花儿"对唱，需要丰富的生产生活知识和敏捷的对答能力。"花儿"唱词里不仅有性爱，有情爱，更有生活、有历史、有故事、有谜语、有民俗，是百科全书。有的年轻人"五谷不分""两耳不闻窗外事"，对"花儿"只能望而却步。

但"花儿"的传承断档之忧，值得我们深思。

至于舞台化对"花儿"的改变，是多方面的。张润平告诉我，他小的时候听"花儿"，大多在山野间，唱什么的都有，听众喜欢听什么歌手就唱什么。因为没有话筒，歌声传不远，会有很多演唱点。"一窝一窝的""满是花儿对唱群"，大家都可以唱，都是歌手。现在有了话筒，特别是搭起了舞台，就成了一个人或者几个人唱，绝大部分人只能是听众。不仅是甘肃，青海也是如此。在大通县老爷山花儿会和湟中区南佛山花儿会上，听歌的人漫山遍野，但唱歌的或者说能有机会走上舞台去唱歌的，只是极少数。在声传数里的音响下，人们很难再像过去一样形成一个一个演唱的小圈子，全场只有一个中心，就是搭好的舞台。歌手站在舞台上演唱，众目睽睽之下，很多歌都不宜再唱了，"花儿"解乏提神的娱乐功能大为减少。

为了振兴"花儿"，甘肃省、青海省各级政府做了大量工作，连续举办了"花儿大奖赛"，推出了一批优秀歌手，扩大了"花儿"的影响力和知名度。西北五省（区）"花儿"演唱会，至今已连续举办21届；岷县的"花儿"大赛，已举办了24届；大通县"老爷山花儿会"原生态花儿擂台赛已举办15届……如何在推广、宣传"花儿"的同时，尽量减少舞台化下"西洋唱法"对"花儿"原生态演唱的侵蚀？如何保持住"花儿"旺盛的生命力，不至于把一束束"野花"变成家养的、娇贵的、仅仅用来表演的"家花"？这些都是摆在我们面前的、亟待解决的问题。

金上京寻古记

暑期休假，晓雨教授邀请我去金上京会宁府遗址看看。金上京位于黑龙江省哈尔滨市阿城区南郊，是金朝修建的第一座都城，历经金太祖、金太宗、金熙宗和海陵王四帝，共38年，是当时中国北方的政治、经济、文化中心，我早就想去看看。

开车出哈尔滨，上高速公路，大约30分钟就到了阿城区。不大会儿，车停在了路边。晓雨对我说，到了。我看着深沟对面一望无际的玉米地，有点疑惑。晓雨也不多说，就拨开沟边深可没人的野草，走下沟去。边走边说，他去探探路。只见他走过沟底，爬上对面的沟岸，淹没在了玉米的海洋中。过了一会儿，晓雨走了回来，此路不通。我看着左边被荒草淹没的高高的"大堤"，说，那就是金上京城的城墙吗？能不能直接爬上去？晓雨说试试吧。

土城墙的正面不好上，城墙的西南角——原来的角楼，虽比别的地方高一些，反而好上。世间万物就是这样，有些事情看着很难，转弯抹角、旁侧敲击反而成不了，还不如关公赴会——单刀直入。

正是盛夏时节，草木葱茏，土城墙似乎更受野草和艾蒿青睐。这里的野草、艾蒿格外茂盛，都在1米以上，覆盖了土城墙的里里外外。城墙至今仍高3—5米，个别地段高达7米，基阔在7—10米。上京城里面，全是郁郁葱葱的玉米，900年的雨水冲刷和人为破坏，使从前气势恢宏的皇城，了无痕迹，让人难以相信这就是闻名世界的金上京城。

从城墙的西南角，沿着南城墙，我们向东走了大约100米，到了一处城墙略宽、向南略微突出的地方。一看就是当年的马面遗址。马面，又称敌台、墩台、墙台，平面有长方形和半圆形两种，因外观狭长如马面而得名。古人在城墙上修筑马面是为了与城墙相互依托从而消除城下死角，可以自上而下从三面攻击敌人。为了增强马面的防御能力，古人在马面之上一般都建有敌楼，供守城将士瞭望敌情、传达命令、放置器械、遮风避雨。

晓雨捡起一个残片，对我说这就是当年的城砖，并演示如何用来加固城墙。我说，据我所知，直到明朝时期，人们才大规模地使用砖来修筑城墙，此前都是用夯土筑城。这道城墙虽经风吹雨淋，又被野草覆盖，但略微向下走几步，就可以看到夯层痕迹，证明城垣为夯土版筑。这里有砖的残片，表明在土墙外边，包了一层砖，从而达到加固土墙的作用，包墙砖的使用，也证明了金上京城在当时的重要地位。

继续向前走，就到了瓮城。站在瓮城上向城内望去，可以发现有一条大似的中轴线，不论是南城还是北城，都在这条"中轴线"两边近似对称。瓮城没有了往日的气派，但规制依然十分清晰。我不知道金上京城的瓮城是从正面开门还是为了安全或者风水从旁边开偏门，但现在的瓮城遗址却是走的偏门。人们从南边"进城"，先得绕道东边才能进入瓮城，再从北边的城门进入上京城。当然，现在的所谓的"道"，只不过是村民为了下地干活方便，从野草中踩出来的。想当年，宋徽宗、宋钦宗等皇亲国戚被金兵押着，离开东京汴梁，千里迢迢，一路北上，受尽了羞辱，终于在1128年来到这里，走的应该就是这个城门——南城门。"靖康之难"的历史警示我们，没有强大的国防，没有强大的军队，只能任人宰割。

有意思的是，金朝开国皇帝完颜阿骨打虽然在1115年称帝，在这里建都，但他在世时，依然住着毡房，这里也被叫作"皇帝寨"。上京城的城池是经过金太宗、金熙宗两代皇帝直到1138年才建成的，其中还仿照了北宋汴京城的样式。可仅仅过了13年，到了第四任皇帝海陵王就把都城迁到了燕京，还拆毁了上京宫殿，按照中原王朝的理念居"天下之中"。由此可见，在金人看来，北宋虽然在军事上不是他们的对手，在物质文明、精神文明上却是他们学习的榜样。这就应了马克思那句著名的论断："野蛮的征服者总是被那些他们所征服的民族的较高文明所征服。"金人也最终被融入中华民族大家庭中。

站在金上京城遗址前，感慨良多，不由得赋打油诗一首："风吹草低无牛羊，惟见玉米莽苍苍。百战铁骑今何在，野草艾蒿伴土墙。"

（原载《黑龙江日报》2024年11月14日第7版）

三

问道民间

民间文化在传承中华文明中的价值作用

党的十八大以来，党和国家十分重视文明文化文艺工作，习近平总书记站在统筹中华民族伟大复兴的战略全局高度，对中华文明的永续发展做出历史阐释，对中华文化自信自强提出深刻论断，形成了一个严密科学、富有原创性的理论体系，实现了马克思主义文艺理论新的历史性飞跃。

民间文化是人类在与大自然共生共存中创造的，反映自己生产、生活和审美追求的文学与艺术，具有鲜明的地域和民族特色。民间文化最好地保留了中华文明的根脉，留下了中华文明的特殊印记，是传承中华文明的牢固基石和丰厚土壤。

民间文化是中华文明形成、传播的根基与土壤，彰显着中华文明的突出特性

大美不言在民间。民间有无穷的智慧，千百年来产生了数不胜数的神话、传说、民间故事、民间歌谣、民间戏曲、民间工艺美术作品等，慰藉了一代又一代中国人的心灵，规范并活跃着老百姓的日常生活，培育滋养着各种文化艺术，共同铸就了中华文明。

在民间文化里，中华文明的五大突出特性得到了很好的彰显。自古以来，中国人就感恩祖先，有很深的家国情怀。"悲歌可以当泣，远望可以当归。思念故乡，郁郁累累。"汉乐府里这首不知名作者的诗，就很能反映老百姓的心理情结。安土重迁、尊老孝亲，这些烙在基因里的观念决定了中国人有着深厚的家国情怀和深沉的历史意识，为中华民族打下了维护大一统的思想根基，保证了中华文明的连续性。

中华民族始终以"苟日新，日日新，又日新"的精神不断创造自己的物

质文明、精神文明，表现在民间文学上，不论是民间故事还是民间说唱，都是常说常新、常唱常新的。民间文学又被称为"口头文学"，是口耳相传的文学，由于千百年来没有或者很少有文字底本，民间艺人尽可以发挥自己的聪明才智，根据不同的环境在细节上尽情渲染，从而深受百姓喜爱。创新性作为民间文化之魂，是民间文化代代传承、永不衰竭的根本保证。

在浩如烟海的中国民间故事中，虽然不同类型的故事出现在不同的民族和地区，且都不同程度地融合了本民族本地区的因素，虽然人物、情节、环境各不相同，但故事反映出的价值观、审美意识却惊人的一致。比如，在蒙古族民间故事中，主人公作为正义的化身，多具备善良、忠孝、勇敢等优秀品质，显示出一个富有教育意义的主题，与其他民族的民间故事异曲同工。这是多元一体的中华文化同根、同源、同宗的见证，也是千百年来各民族民间文化融为一体的结果，是中华文明统一性的表现。

在中国，我们常常可以看到，同一处宗教场所，儒、释、道可以并存。"汉家天马出蒲梢，苜蓿榴花遍近郊。"海纳百川的宽广胸怀，保证了中华文明的包容性。"己所不欲，勿施于人"，和平和睦和谐的理念，保证了中华文明的和平性。这些特性，在民间文化里也都得到了很好的展现。

民间文化在传承中华文明核心思想理念、传统美德、人文精神方面具有独特作用

中华民族在百万年的人类史、一万年的文化史、五千多年的文明史的漫长历史长河中演进，积累了丰富的思想理念，构建了良好的道德体系，形成了博大的中华文明。传承发展中华文明，就要大力弘扬讲仁爱、重民本、守诚信、崇正义、尚和合、求大同的思想理念和自强不息、敬业乐群、扶危济困、见义勇为、孝老爱亲的传统美德，以及以人为本、向上向善的人文精神。在这方面，民间文化具有独到的"日用而不觉""润物细无声"的作用。

民间文化相对于"精英文化"，具有"生活性"的特点，在将中华文明核心思想理念、传统美德、人文精神内化于心、外践于行方面具有独特作用。生活性意味着民间文化是实践的、接地气的，可以对民众发挥潜移默化、润物无声的作用。一块块牌匾、一方方窗花、一首首民歌、一个个节

日……都在日常生活中净化着人们的心灵，启迪着后人的智慧。尤其是民间节日、民风民俗，深深融入中华儿女的精神世界中，对于培养人们的家国意识、传统美德起到极大作用。

民间文化是中华文明发展、创新的动力与支撑

中华文明不是一成不变的，而是在不断推陈出新、兼收并蓄中发展起来的。中华文化的创造性转化和创新性发展离不开民间文化、民间智慧。民间文学、民间艺术给作家、艺术家及其创作提供了丰厚滋养；传统节日、民间习俗则是我们日常生活中的第一课堂。若没有民间文学的滋养及其提供的丰富素材和人物原型，没有民间的日常生活，作家的创作就会成为无源之水。比如民间歌谣，就是广大劳动人民在生产生活中产生的口头文学形式，是他们在长期的劳动生活中积累的知识、经验、情感的总结和表达。"山歌都是心中出，哪有船装水载来？"民间歌谣本就是普通百姓真情实感的流露，是鼓舞精神、减轻疲劳、丰富生活的，自然是信手拈来且丰富多彩的。清末著名诗人黄遵宪说："十五国风，妙绝古今，正以妇人女子矢口而成，使学士大夫操笔为之，反不能尔。以人籁易为，天籁难学也。""天籁之音"妙绝古今，永远是专业作家取之不尽用之不竭的宝库和创作源泉。再如民间雕刻，无论是木雕、砖雕、石雕，还是核雕、牙雕、玉雕，都是老百姓日常所需，所用材料也是随地取材，在一代代民间艺人的琢磨下成为"艺术"、成为"绝活"的。民间艺术的发展靠的正是喜好、智慧和持之以恒。正因如此，中华文明的创新与发展才永不停歇。

民间文化与高雅艺术相互转化、相互吸收，共同促进中华文明的传承与弘扬

民间文化与高雅艺术可以相互转化，它们之间没有不可逾越的鸿沟。民间文化精致到一定程度，就会成为高雅文化；高雅文化在民间传播日久，就会实现"民间化"，成为老百姓日常生活的一部分。《诗经》是艺术经典，但其中《国风》的绝大部分和《小雅》的一部分，却是西周初年到春秋中期的民歌，是从民间采来的，是民间文化。《孝经》是孔子及其弟子在吸收前人思想精华和民间智慧的基础上，丰富了有关孝的理论创作出来的。汉代以后，《孝经》被帝王将相倍加推崇，成为经典，但在民间，由于普通百姓大多不识字，没有多少人能够真正理解其中的理论要义，而由《孝经》衍化出来的民间孝故事，因为更贴近广大劳动人民的生活，在民间得到了广泛流传。东汉后期，民间有了"十六孝"的故事，到了元朝，更产生了"二十四孝"的故事。这些"通俗版《孝经》"对普通百姓的教化作用非常大，极大地促成了民间丰厚的道德积淀，进而产生了大量有关孝的民间歌谣、民间戏曲，形成了民间浓厚的孝文化，反过来又极大地影响了"精英阶层"。

民间文化在巩固国家统一、民族团结，增强文化自信方面具有极大作用，有助于增强各族人民对中华文明的高度认同

民间文化浸润着我国5000多年的文明史，留下了中华文明的特殊印记，有助于增强历史认同。只有全面深入了解中华文明的历史，才能更有效地推动中华优秀传统文化创造性转化、创新性发展，建设中华民族现代文明。在人类发明文字之前，人们想表达自己的感情只能通过口头的形式，久而久之，一些口头文学样式如神话、传说、民间故事、民间歌谣、民间小戏就慢慢产生出来。我们在日常生活中见到的剪纸、香包、刺绣、年画等，在其传承中可以看到悠久的历史文化的印记，各民族的交往交流与融合，潜移默化中增强了中华民族的历史认同和民族自豪感。

民间文化保留了中华文明的根脉，有助于增强文化认同。在5000多年的历史长河中，中华民族积累了丰富的思想理念，构建了良好的道德体系，形成了博大的人文精神。传承发展中华文明，民间文化具有独到作用。几千年来，一代又一代中华儿女不断地从神话传说、俚语故事、民谣小戏里，从乡风民俗、村规家训、剪纸年画中获得精神滋养、砥砺家国情怀，形成了中华文明独特的精神标识。

传承、弘扬民间文化，有助于增强各族人民对伟大祖国、中华民族、中华文明的高度认同。少数民族的民族民间文化丰富多彩、各具特色，这既是千百年来的文化交汇交融的艺术结晶，更是新中国成立70多年来党和政府高度重视、切实保护的结果，是各级文联、民间文艺家协会在党和政府的领导下高度重视民族民间文化的保护与传承工作的成果，充分体现了中华民族大家庭的温暖。从20世纪50年代起，原文化部、中国民协就组织广大文化工作者对民族民间文化艺术和少数民族的历史、语言、风俗习惯等开展普查，对三大史诗《玛纳斯》《江格尔》《格萨（斯）尔》进行采录、整理、出版、翻译和研究，多次组织、举办三大史诗工作成果展、国际国内学术研讨会，抢救、保护了一大批少数民族非物质文化遗产。

习近平总书记强调，对历史最好的继承就是创造新的历史，对人类文明最大的礼敬就是创造人类文明新形态，希望大家担当使命、奋发有为，共同努力创造属于我们这个时代的新文化，建设中华民族现代文明！作为新时代的民间文艺工作者，我们要牢牢坚持以人民为中心的工作导向，充分发挥组织优势和专业优势，切实把"做人的工作"和"推动文艺创作"深度贯通起来，推出更多增强人民精神力量的优秀民间文艺作品。

（原载《文艺报》2024年7月15日第4版）

民间文化呼唤批评

民间文化是由广大人民群众创造并以口耳相传的形式流传下来的文化，是精英文化的母体。优秀的民间文化是一个民族的灵魂、血脉和精神家园，更多地承载着这个民族的集体记忆。由于民间文化来自社会底层，是人们自娱自乐的产物，在20世纪之前的漫长岁月里，一直难登"大雅之堂"。20世纪以来，民间文化渐受重视，开始登堂入室，近年来，随着"中国民间文化遗产抢救工程"的大力推进，更成为社会的热词。

俗语说："盛名之下，其实难副。"在民间文化被热炒的同时，我们要清醒地意识到背后的危机，拿起批评的武器，分清良莠、褒优贬劣，通过批评，发现问题、认定问题、解决问题，达到向上向善、引导品位、净化记忆的目的。

其一，批评是区分民间文化精华与糟粕的必由之路，而分清精华与糟粕是开展民间文化保护工作的前提。

文化难免良莠杂陈，在历史上，由于价值观的不同和时代的影响，文化有精华有糟粕，民间文化也是如此。只有通过批评，才能分清民间文化中的精华与糟粕。毛泽东同志在《新民主主义论》中指出："中国的长期封建社会中，创造了灿烂的古代文化。清理古代文化的发展过程，剔除其封建性的糟粕，吸收其民主性的精华，是发展民族新文化提高民族自信心的必要条件；但是决不能无批判地兼收并蓄。"民间文化，不论是民间文学、民间表演艺术、民间美术还是民俗，都有其自发性的特点，即为了消遣、娱乐，随心创发，率性修改，有其质朴和不成熟的一面，民间文学中亦有粗鄙的内容，需要甄别、评论、批判、扬弃。随着各级政府对民间文化的高度重视和大力支持，一批又一批民间文化成果被发掘出来，并被列入非物质文化遗产名录保护起来，传承下去。据统计，自2011年国家颁布实施《中华人民共和国非物质文化遗产法》以来，至今已有1372个项目入选国家级非遗名录，11042个项目入选省级非遗名录。可在有些地方，出于对民间文化的热爱，出现了对民间文化不分良莠，一律加以保护、传承、弘扬的现象，甚至把一些陈旧的、过时的、伪造的、被人们唾弃的东西当作宝贝供奉起来；个别地方，在利益驱动下，"打造"伪民俗、伪遗产，造成文化的"转基因"。事实一再提示我们，不分清精华与糟粕，不正本清源，就无法有效、真正地传承民间文化。

作为中国优秀民间文化的继承人、传承者，我们对"民间文化"可以满怀热情、充满感情，但在评判时，更要理性、客观。"民间文化"的概念重在时代性、当下性，和"非物质文化遗产"是两个不完全等同的概念，不是所有的"民间文化"都可以被称为"非物质文化遗产"。"民间文化"与"精英文化"对应，"非物质文化遗产"和"物质文化遗产"对应。把"民间文化"和"非物质文化遗产"简单等同，既混淆了这两个概念的不同内涵，也掩盖了民间文化的"非遗产"的一面。

其二，民间文化只有通过批评，才能形成正确的传承导向。

在新的历史条件下，面对全球化、市场化的猛烈冲击，如何处理好传承与发展、创新的关系，是民间文艺界需要认真思考、谨慎对待的重大课题。根据这些年来深入民间、深入田野的经验，我认为如今对民间文化的保护有三种类型。一是原样继承，先考虑如何表演、创作，再考虑市场。不论是表演艺术还是手工技艺，这方面都有成功的经验。二是全盘改造，原来的技艺基本抛弃，先考虑市场再去表演、创作。这是在生存的压力下的无奈选择，也是最受人们诟病的"传承"方式。三是保住核心技艺，不能走样；改变创作题材、表演方式，与时俱进。在这方面，也有不少成功的案例，如福建厦门蔡氏漆线雕。它把作为核心技艺的纯手工表现技法和线条的表现艺术保持不变，而在表现形式、胚体材料和题材上加以创新——从写实表现向写意展示、从立体雕塑装饰向平面画面装饰突破；从木材和泥土材料向陶瓷、金属、玻璃和漆器胚体延伸等。既获得了政府、社会和市场的认可，也得到了专家学者的赞许。在民间文化领域，哪些是核心技艺必须传承，要继承什么、抛弃什么、创新什么，都离不开专家、同行和市场的批评。

这些年来，民间文化领域不是没有批评，但总体上呈现出研究性成果多、评价性成果少；专家批评、媒体批评较多，同行批评、群众批评较少；批评缺乏学术性指导的状态。由于缺少评论，没有形成正确的传承导向，不少民间文化尤其是民间艺术异化甚至衰落。其中，有艺术品质的异化，更有题材内容由深刻走向肤浅、由想象走向抄袭、由个性趋向共性的状况。这些都是亟待改变的问题。

习近平总书记在文艺工作座谈会上的讲话中深刻指出："文艺批评是文艺创作的一面镜子、一剂良药，是引导创作、多出精品、提高审美、引领风尚的重要力量。""文艺批评褒贬甄别功能弱化，缺乏战斗力、说服力，不利于文艺健康发展。"优秀民间文化作为广大人民群众千百年传承下来的财富，只有通过批评、甄别，才能在中华民族伟大复兴中发挥出它应有的作用。

（原载《中国艺术报》2016年2月3日第3版）

民间文化岂可随意编造

自2011年国家颁布实施《中华人民共和国非物质文化遗产法》以来，非遗工作引起了全社会的重视，民间文化也进而成为一个热词。但不容忽视的现象是，现在不少民间文化项目由于利益驱使，在地方官员的操作下，在专家学者的引导下，在媒体的裹挟下，随意编造，呈现出了"伪非遗"的现象。

民间文化传承要警惕"伪遗产"

随意编造，使民间文化鱼龙混杂，自然生态、人文生态面目全非，乡土性、民间性、多样性、严肃性大打折扣。

我在某地参观考察时，导游大讲特讲民间传说大禹在他们那里治水的故事，说得活灵活现，听起来是那样的熟悉与不可思议。熟悉，是因为曾经在哪里听过，似曾相识；不可思议，是因为过去这里不曾有类似的传说故事。我向同行的一位学者说出了自己的疑惑，没想到他悄悄地告诉我："这都是我前一段时间编的。是我写的！"原来所谓的"民间流传的大禹治水故事"，竟是当地学者为了旅游开发的需要杜撰出来的！求真求实本应是专家学者神圣的职责，如今他们竟成为兜售假货的幕后推手，个别人为利益驱使竟不惜赤膊上阵！

河北省某地的民俗活动"龙牌会"，本来是由道士打醮发展而来的一种包含当地百姓求福祈祥良好意愿的多神崇拜性质的民间信仰。然而，近20年来，在多种功利性因素的影响下，"龙牌会"逐渐被解释、包装为代表中华民族精神的"龙文化"，从而改变了它自然的文化生态。

有的地方为了出名求利，不惜打造"名村""名镇""名人""名墓"，伪造历史遗迹、文化遗产，甚至古典小说中的反面人物都炙手可热起来。不少古村落，将发展旅游作为求生存的主要途径，盲目开发，过度包装，随意编造出来的伪民俗、伪遗产，严重干扰了民间文化的科学传承、有效传承。

民间文化中的编造与真实

也许有人会说，民间文化特别是民间文学如神话、传说、民间故事、民间歌谣等不就是古人编的吗？我们怎么就不能编？！此话貌似有理。究竟该如何看待民间文化中的编造与不真实呢？

其一，民间文化，不论是民间文学、民间表演艺术、民间美术还是民间习俗，都应是老百姓在现实生产、生活中自发创造的文化，要体现自发性、民间性；创作和传承主体应是普通百姓，即产生于民间，流传于民间，发扬于民间；创作、传承的目的主要是精神需求，即"自娱""娱人""娱神"和"育人"。这是民间文化历久弥新、传承千年而不衰的原因之所在，也是我们所赞同的"编"。我们反对的，是近年来部分"学者"在利益驱动下，打着"民间"的旗号不顾历史、不顾当地文化编造的所谓"民间文化"。

其二，21世纪的今天，民间文化不是不可以创新，但要分清主次，保住根本。民间文学，只要在保持基本面貌（核心母题、主要角色、主干情节）的前提下，可以改写，但改写之后这个故事还得是这个故事。民间手工艺在保住核心技艺的前提下，表现形式、制作材料、创作题材都可以与时俱进。这方面有不少成功的例子。

其三，民间文化从老百姓中自发产生，又通过老百姓言传身教、口耳相传，一代代继承下来。由于在传统农业社会老百姓大多不识字，他们在传承中又按照自己的情趣、审美不断改造，其中的历史故事、历史人物难免与历史的真实产生差距，如杨家将故事、包公传说、关公传说。但这种不真实，又是老百姓心目中的真实，是广大人民群众的期盼、向往和要求，他们希望忠臣义士终得好报，好人总能逢凶化吉、遇难成祥，既部分反映了历史真实，也是社会需要弘扬的正能量。我们在进行学理探讨时，不能妨碍其在现实中的弘扬，毕竟，求真的目的也是向善、向美。

其四，对于民间文化特别是民间传说中明显不正确的地方，可以给予正确的引导,在传承中,也可以按照真善美的宗旨进行选择。比如,河南省平顶山市作为"妙善公主故里、千手观音故乡",是天竺观音汉化的重要地域。在这里,民间传说把天竺观音实现了地点汉化,即以香山为代表的平顶山地域;性别汉化,把原来的男身男相汉化为人们容易接受的女身女相,这个女性就是庄王之女妙善,平顶山人称之为楚庄王三女儿,俗称三皇姑,贵为公主,又笃佛不移;得道正果情节汉化,使我们看到了一条完整的天竺观音汉化路径。至于妙善公主是否真有其人、生于哪朝哪代并不重要,重要的是妙善公主体现了中国传统文化的孝道思想和以德报怨、以情化生的精神,与大慈大悲、普度众生的佛理相契合,是佛教文化与中原文化融合重塑的典范。庄王姓氏,在平顶山地区有"楚""妙""苗"三种不同说法。楚庄王是春秋时期楚国国君,"春秋五霸"之一,名气大,老百姓在传承中张冠李戴是很正常的,而在大多数传说中,人们都叫妙庄王,我们就要合理引导,在传承中纠正。

(原载《光明日报》2016年3月25日第5版)

民间文化亟须探源

民间文化是存在于老百姓心头、口头、手头的文化。由于千百年来不被主流社会重视，缺乏文字记载，在具体事象上往往难以找到源头，使得中国土生土长的民间文化，不论是民间文学、民间表演艺术、民间美术还是民俗，近年来频频被国内外学者"论证"为来源于境外，就连七夕节、寒食节、端午节，甚至狼外婆等民间故事，都被说成是外国传进来的。与此同时，国内各地兴起了打造民间文化的热潮，出现了一批伪民俗、伪遗产。如果听任这种现象发展下去，我国优秀的民间文化不被境外"抢注"，也会被国内改造得面目全非，中国传统文化的根基将被侵蚀殆尽。在此状况下，亟须对民间文化进行探源。

对民间文化进行探源，具有多方面的意义：其一，可以正本清源，厘清民间文化的来龙去脉，从而理性传承、科学传承；其二，可以消除伪民俗、伪遗产；其三，可以在中外文化交流中掌握话语权、主动权。

也许有的学者认为，民间文化是现实存在的文化，分不出哪里是源，哪里是流，根本无法探源。可事实上，由于民间文化在历史典籍中也曾留下雪泥鸿爪，在竹简中、金石上甚至老百姓的口头上也可以找到它的源流，可以探究出它的源头。

如何对民间文化进行探源呢？

1. 深入民间，寻找一手材料

"礼失求诸野"，民间文化在民间的传承相对固定（除非有文人刻意改变），特别是在偏远的地区，常常会有流传上千年、数千年不变的神话、传说、故事、歌谣、史诗等，如前几年在贵州麻山地区发现的苗族史诗《亚鲁王》，只要我们深入田野、忠实记录，就能搜集到第一手的原始资料，就能找到民间文化的源头活水。

在搜集民间文化时，一定要忠实记录，原汁原味保存，不要按照自己的意志修改润色。如果搜集者、整理者按照自己的意志改来改去，民间文化就会面目全非，真实性就会大打折扣。这方面的教训必须吸取。由于民间文化的多样性、独特性，我们现在认为不合时宜的、错误的，将来却可能是最有价值的，毕竟，一个时代有一个时代的价值观、审美观，还是以保留原来的、本来的面目为好。

2. 多方搜集，掌握完整信息

在搜集民间文化的过程中，有时会遇上面对同一个故事、传说、事件却众说纷纭、让人莫衷一是的情况，这就要多方搜集，力争掌握完整的信息，以便比较、分析，得出有说服力的结论。如果条件许可，可以把有关学者和传承人召集在一起，开个座谈会，请他们详细讲述、当面辩论。甘肃省康县流传着一种独特的婚俗——女娶男嫁，男方嫁到女方家后，一切遵从女方家族的习惯和规矩，并按照女方家族的姓氏辈分改名换姓。当地学者说这种婚俗起源于100多年前，是由于石达开兵败大渡河以后，余部有一支来到这里，化整为零，以女娶男嫁的方式隐藏并生存下来，从此这种婚俗就在甘川交界的康县太平一带传承并影响至今。这种说法，有一定的合理性，但即使是真相，也肯定不是真相的全部。通过专家与当地学者座谈、交流，大家一致认为，其一，男人入赘即嫁到女方家的事例在古代以至先秦时期普遍存在。康县地处秦巴山地，又是汉羌等民族杂居地，存在男人入赘现象并流传至今很正常。其二，这种婚俗流行与茶马古道有一定的关系。由于外来人口多，路途艰险，加上物质匮乏，客商一旦被抢劫、丢失货物或生病无钱医治，难以回乡，只有入赘在当地，"男嫁女娶"、女人当家的现象自然就出现了。其三，太平军石达开余部在此隐姓埋名并生存下来加剧了这一习俗的传承、传播。这样的结论，就比较有说服力；这样的探源方式，也比较科学。

3. 借助考古，巧用三种资料

这三种资料是：传承人的口述、文献资料（包括简牍、金石资料）、考古发现之新资料。对民间文化进行探源，传承人的口述自是最重要的资料，但文献资料、考古发现之新资料也是重要佐证。现在很多人认为狼外婆故事源于西方童话小红帽，事实上，我国民间如鲁西南地区很久之前就流传着类似的故事，早在清代康熙年间黄之隽记录的《虎媪传》，就是中国土生土长的"狼外婆故事"。显然，《虎媪传》为"狼外婆故事"这一类型的民间故事探源提供了有力的证据。很多民间文化之谜借助文献资料和考古发现之新资料往往迎刃而解。牛郎织女传说作为中国四大民间传说之一，自先秦到今天已经流传了2000多年，但什么时候人们把两颗星宿编排成一对情侣的呢？民间文学界长期以来争论不休，主流观点认为是汉代以后甚至南北朝时期。1975年11月，在湖北云梦睡虎地出土了一批秦简，其中的《日书》记载："丁丑·己酉取妻，不吉。戊申·己酉，牵牛以取织女，不果，三弃。"（甲种一五五正）"戊申·己酉，牵牛以取织女而不果，不出三岁，弃若亡。"（甲种三背）意思是，在牵牛娶织女之日是不宜婚娶的，否则会遭遗弃或离异。简牍胜于雄辩，这段文字说明到了战国时期（最迟秦朝初年），天上的两个星宿牵牛和织女已经被人们演绎成一段爱情悲剧故事了。多年的谜团，迎刃而解。

4. 登高望远，跳出地域局限

进行民间文化探源，地方学者有不可替代的优势。地方学者从小在当地生活，熟悉当地的民间传说、风土人情，对这一地区的民间文化最有发言权。但我们也要注意，由于地方学者对家乡的热爱，加上对外面的世界了解较少，难免有较强的地方情结，从而妨碍了对真实的理性探究。山西省临县距离刘邦斩蛇起义的地方（古丰西泽中，今江苏丰县西部）大约1800华里，当地学者说刘邦斩蛇起义就发生在他们县城北边的山上，不但老百姓都这么说，还写进了宣传册中，实际上，关于刘邦斩蛇起义历史记载非常清楚，丰西泽不可能在山西。我们要跳出地域局限，在思想上引领，在理论上提升，才能得出正确的结论。

5. 由源及流，重在当代传承

民间文化来源于民间，发扬于民间，经过一代又一代普通百姓、民间艺人的改编、加工，几百年、上千年之后，有的会变化很大。通过对这种变化的探寻，我们可以看出不同时期人们的不同心理状态、审美意识；通过对原始状态的考察，我们可以看到当时的价值取向，有利于当代理性传承、科学传承。作为民间的孝文化,二十四孝故事妇孺皆知,其中不少故事,近代以后备受人们挞伐,成为儒家和传统文化的罪状。事实上,"卖身葬父""为母埋儿""刻木事亲",这些备受争议的故事,与孔孟儒家孝道的初衷有相当大的距离,它只是体现了某些宋元理学家的价值取向,而且从出现这些故事起,就遭到了一些儒家学者的激烈批评。在流传至今的东汉时期的武梁祠画像中,有十六位孝子的故事,可以称为"十六孝"。孝子主要是在父母生前奉养尽孝,既没有"为母埋儿",丁兰也没有因为木人休妻。在表现董永的画像中,董永的父亲坐在树荫下的独轮车上,手持鸠杖,董永本人站在父亲面前耕作,父子相向而视,表现的是一个带着老父下地劳动的董孝子,[①]就像当今时代表彰的带着爸爸或妈妈上学的孝子一样。对此,三国时期的曹植在其五言诗《灵芝篇》中也做了描述:"董永遭家贫,父老财无遗。举假以供养,佣作致甘肥。责家填门至,不知何用归。天灵感至德,神女为秉机。"即董永家贫,不惜借钱尽孝,为了父亲吃得好些,甘愿为别人做佣工,从而感动了神女。后世的二十四孝故事,董永家贫,"卖身葬父","孝感动天庭",才获得仙女的芳心,违背了儒家孝道的本质:奉养尽孝。武梁祠画像中的十六孝,不是"挟太山以超北海"的高大上,只是"为长者折枝"[②],做了人们都可以做却没有做的孝行。后世的夸张与演绎,才使一个个易学易效法的孝子变成一个个高不可攀的典型。由源及流,顺藤摸瓜,厘清了民间孝文化的来龙去脉,对于当今弘扬、传承孝文化,具有很好的借鉴、启发意义。

由此看来,民间文化亟须探源,可以探源。通过探源,既有助于传承、弘扬优秀的民间文化,消除伪民俗、伪遗产,也能使我们获得真相,在民间文化的国际传播中掌握话语权、主动权。

(原载《中国艺术报》2016年5月9日第3版)

[①] 参见[美]巫鸿《武梁祠——中国古代画像艺术的思想性》,柳扬、岑河译,生活·读书·新知三联书店2006年版。

[②] 《孟子·梁惠王上》:挟太山以超北海,语人曰"我不能",是诚不能也。为长者折枝,语人曰"我不能",是不为也,非不能也。

民间文化调研没有句号

习近平总书记深刻指出:"调查研究是谋事之基、成事之道。没有调查,就没有发言权,更没有决策权。"调查研究是我们党的优良传统,也是践行党的群众路线,深入生活、扎根人民的必然要求。民间文化工作更是如此。民间文化鲜活、生动,来源于民间、发扬于民间,是存在于普通百姓中的活态文化,更需要民间文艺工作者深入民间、深入田野,持续调研。通过调研,可以知晓民间文化的真实状态,提出切实可行的保护传承之道;可以发现新情况,产生新思路,提出新理论;可以改变作风、更新观念、提高认识、加强修养,从而更好地完成我们肩负的历史使命。

民间文化的乡土性、民间性、自发性、传承性(口耳相传)、多样性,决定了对民间文化的调研只有逗号,没有句号。具体说来,有以下三个方面。

一、我国幅员辽阔,历史悠久,民间文化极其丰富多样,只有深入田野,持续调研,才能掌握话语权

大美不言在民间,民间有着极其丰富的文化资源,蕴藏着无穷的智慧。民间文化通过一代又一代普通百姓的口耳相传,大浪淘沙,成为我们今天看到的状态。既然是民间文化,自然存在于民间,存在于老百姓的心头、口头和手头。它像花一样美丽,有的又像风一样转瞬即逝。不进入田野,就无法了解民间文化之丰富;不扎根民间,就难以知晓民间智慧之无穷;不深入调研,就没有可能掌握话语权。

中国民协自成立以来,就十分重视民间文化的调研工作。1950年3月,在中国民间文艺研究会("中国民间文艺家协会"前身)成立大会上,专门

制定了《征集民间文艺资料办法》。60多年来，中国民间文艺家协会先后发动了三次大规模的、全国性的民间文化普查运动：1958年，中国民间文艺研究会开展民歌调查运动；1984年起实施"中国民间文学三套集成"普查编纂工作；2002年启动实施中国民间文化遗产抢救工程。为抢救民间文学遗产，1984年，文化部、国家民委、中国民协联合发起中国民间文学普查和《中国民间故事集成》《中国歌谣集成》《中国谚语集成》的编纂工作，对我国各民族、各地区的口头文学进行了拉网式的普查，获得了巨量的第一手口头文学资料。据不完全统计，1984—1999年，全国数十万文化工作者，200多万人次深入第一线采录资料，共搜集民间故事184万篇，歌谣302万首，谚语478万余条。2009年三套集成的省卷本全部出齐，计90卷，1.2亿字；地县卷本（内部出版）4000多卷，总字数逾40亿字，是一份极其宝贵的文化遗产。

尽管如此，仍有一些民间文学没有被发现，包括一些长篇民族史诗，更不要说新的民间文学和整个民间文化领域了。2009年4月，贵州省麻山地区紫云县在进行非物质文化遗产普查中发现了苗族史诗《亚鲁王》，令学界十分惊讶。中国民协立即立项，并纳入中国民间文化遗产抢救工程重点项目之中，组织大量人力物力予以搜集、整理、翻译和出版。通过专家学者认定，《亚鲁王》是有史以来第一部苗族长篇英雄史诗，是当代文学史上的重大新发现，其文化价值堪比藏族史诗《格萨尔王传》、蒙古族史诗《江格尔》、柯尔克孜族史诗《玛纳斯》。它的发现和出版，改写了苗族没有长篇英雄史诗的历史，是当代中国口头文学遗产抢救的重大成果。2011年，《亚鲁王》入选第三批国家级非物质文化遗产名录。

在多次拉网式普查之后仍然发现了长篇史诗《亚鲁王》，已经震动了民间文艺界，而此后不久，贵州省民协又在黔东南地区发现了苗族议榔史诗、苗族婚嫁史诗。一次次的惊喜，带给人们一次次的震撼，也给人们反复提示：在我国广袤的国土上，特别是偏远地区，由于交通、语言、禁忌等原因，有的优秀民间文化至今不为外人所知，就像明珠被遗弃在角落里，需要我们探索和发现。

二、民间文化是活态存在，不断发展，不断变化，不断涌现，不断积累，只有深入调研，才能提出应对之道

1. 既有的民间文化事象不断发展变化，新的民间文化事象不断涌现

近年来，随着社会的飞速发展，人民生活水平的大幅提高，传承千百年的民间文化事象也在发展变化，有的则发生巨大变化。这方面的事例不胜枚举。以我们年年都要过的春节为例。看看1400多年前南朝人宗懔眼中的春节习俗："鸡鸣而起，先于庭前爆竹，以辟山臊恶鬼。长幼悉正衣冠，以次拜贺。进椒柏酒，饮桃汤。进屠苏酒，胶牙饧。下五辛盘。进敷于散，服却鬼丸。各进一鸡子。造桃板著户，谓之仙木。凡饮酒次第，从小起。"[①] 南朝人的椒柏酒、桃汤、屠苏酒、胶牙饧、五辛盘、敷于散、却鬼丸、仙木等，均是当时最为常见的春节所用物品，如果不做解释，现在人们已经不知道它们为何物了。在宗懔生活的时代，爆竹是将真正的竹子放到火中燃烧，使其发出"噼噼啪啪"的响声。除此之外，几十年前我们的春节习俗和南朝时期仍有不少相近之处：除夕烤火守岁，初一鸡鸣即起，穿新衣新鞋，燃放爆竹，早饭吃水饺、鸡蛋……如今，看春晚替代了当年的烤火守岁；电话、短信、微信问候替代了登门拜年；微信红包替代了压岁钱……在发展变化的背后，是人们对过去过节习俗的留恋和"年味淡了""人际关系疏远了"的感叹。如何应对这种变化，如何引导人们过一个既与时俱进又幸福快乐的春节，是一个很值得调研的大课题。

2. 民间文化受到前所未有的冲击和破坏

随着农耕文明的瓦解，传统生产、生活方式的改变，民间文化受到前所未有的冲击和破坏。在东部地区，随着村落大规模的消失，传承数千年的各种民间文化事象濒临灭绝；在西部地区，随着农牧民生活条件的改善，很多民歌、民俗、传统节日面临生存危机。蒙古族在历史上曾创造了辉煌灿烂的游牧文化和草原文明，其民歌从形式上分长调和短调两种，是传承蒙古族文化的重要载体。2013年8月，中国民协邀请民歌研究专家、民间文艺工作者

[①] （南朝）宗懔：《荆楚岁时记》。

和少数民族聚居区优秀民歌创作人员、著名民间音乐家、民歌演唱家组成采风团，先后到内蒙古伊金霍洛旗、杭锦旗、苏尼特右旗、阿巴嘎旗、东乌珠穆沁旗等地调研。我们深入大草原，走进蒙古包，采访蒙古长调传承人，同基层干部、长调传承人、民间歌手座谈发现，在现代化和城镇化的冲击下，蒙古族民歌的自然生态环境在流失，传承载体在流失，民歌曲目在流失，地域风格在流失，很多草原民歌文化遗产正在日益被边缘化，甚至从我们的记忆中消失。长调民歌的兴起与发展，离不开草原，离不开草原游牧的生产生活方式。面对一望无际的茫茫草原，面对奔腾的马群、漫山遍野的牛羊，人们情不自禁地发出了生命的呐喊。如今，一切都变了：很多牧民进了城镇，住进楼房，看上了电视，玩起了电脑，"天苍苍，野茫茫，风吹草低见牛羊"的美丽只有在画面上看到了；绝大多数牧民有了固定的住所，不再住蒙古包；牧场被分割成一块又一块，有的地方还种上了庄稼，更不用转场了；放牧用不着骑马了，有的牧民还骑上了摩托车甚至开起了轿车。我们在杭锦旗独贵塔拉镇道图嘎查（库布其沙漠牧民新村）观看"古如都"表演时，看着漂亮的、装饰一新的房屋和一应俱全的设备，在感叹这家"古如歌传承基地"良好的传习条件时，不能不担心歌手不再面对草原时心态会有怎样的变化。

这样的文化生态，如何持续传承民间文化，值得我们调研和深思。

3. 现代化发展突飞猛进，解决传承方式问题迫在眉睫

在民间文化传承上，近年来出现了三种状态：一是原样继承，力求保持原来的状态；二是全盘改造，传统的技艺基本抛弃，只留下一个外壳；三是保住核心技艺，不走样，改变创作题材、表演方式，与时俱进。以厦门蔡氏漆线雕技艺为例。厦门蔡氏漆线雕是中国传统漆艺文化宝库中的瑰宝，是闽南地区的传统工艺，在厦门已流传300多年，历经蔡氏13代传人，被列入第一批国家级非物质文化遗产名录。蔡氏漆线雕在新的历史条件下，走出了一条自己的成功之路，即保住核心技艺，不能走样；改变制作材料、创作题材，与时俱进。在完整总结了漆线雕传统技艺的核心内涵、找出传统技艺里核心技法和保留传统技艺精华的前提下，大胆创新，在表现形式、胚体材料和题材上均有一定的突破；从木材和泥土材料向陶瓷、金属、玻璃和漆器胚

体延伸等方面，获得了市场的认可和专家学者的赞许。面临同样的保护和发展问题，有的传承项目就出现本末倒置的状况。不扑下身子去认真、细致调研，就无法科学、有效地解决传承问题。

4. 中国的优秀民间文化不断被"抢注"

民间文化是存在于老百姓心头、口头、手头的文化，由于千百年来不被主流社会重视，缺乏文字记载，在具体事象上往往难以找到源头。于是，中国土生土长的民间文化，不论是民间文学、民间表演艺术、民间美术还是民俗，近年来频频被国内外学者"论证"为来源于境外，就连七夕节、寒食节、端午节，甚至狼外婆、灰姑娘等类型的民间故事，都一律被说成是西方传进来的。

只有通过认真调研，结合文献资料，我们才能找到有些民间文化的蛛丝马迹，探究出其来龙去脉。现在很多人认为狼外婆类型故事源于西方童话小红帽，事实上，我国民间如鲁西南地区很久之前就流传着类似的故事——老操虎，进一步追根溯源，清代康熙年间黄之隽记录的《虎媪传》，就是这一类型的"狼外婆故事"。至于灰姑娘类型的故事，在我国唐代段成式的笔记《叶限》中就有。故事一开头就说，岭南地区相传，秦汉之前有一位姓吴的洞主，当地人称之为"吴洞"。吴洞娶两妻，一妻卒，有女名叶限，从小聪明能干，得到父亲钟爱。吴洞死后，后母对叶限百般虐待，并杀害了她精心饲养的一条鱼。叶限得神人指点，将鱼骨藏于屋中，想要什么就能得到什么。有一次，当地举行节日活动，后母带着自己的亲生女儿前去参加，命叶限看家。叶限等后母走远，穿上翠纺上衣和金鞋也去参加，因被后母及异母妹察觉，仓促逃离，丢掉一只金鞋。这只金鞋被邻近海岛上的国主得到，他让所有的女子试穿，终于找到叶限，并以叶限为"上妇"，叶限的后母及异母妹受到了惩罚。这就从事实上证明中国古代也有类似的民间故事。

在相似的生活环境下，不论是东方还是西方民族都会创造出同类型的民间故事，未必是你传给了我，或者我传给了你，不能戴着有色眼镜看问题，继续坚持西方文化优越论的陈词滥调。

5. 伪民俗、伪遗产大量出现，需要批判鉴别

据统计，自2011年国家颁布实施《中华人民共和国非物质文化遗产法》以来，至今已有1372个项目入选国家级非遗名录，11042个项目入选省级非遗名录。可在有些地方，出于对民间文化的热爱，出现了对民间文化不分良莠，一律加以保护、传承、弘扬的现象，甚至把一些陈旧的、过时的、伪造的、被人们唾弃的东西当作宝贝供奉起来；个别地方，在利益驱动下，"打造"伪民俗、伪遗产，造成文化的"转基因"。

所谓伪民俗、伪遗产，就是在利益驱使下，在发展旅游的旗号下，违背自然发展规律，不顾当地百姓反对，"打造"出来的"民俗""遗产"，并美其名曰"民间文学""民间表演艺术""民间美术""民间习俗"。有的地方，为了抢夺旅游文化资源，更是假造历史，曲解史料，打造"遗迹"。只有深入田野，认真调研，才能找到民间文化的源头活水，从而揭穿伪民俗、伪遗产。

三、只有调研，才能科学决策，形成新理论，引领新方向

在民间文化调研方面，我国早在西周时期就已有专门的制度。一方面，采取自上而下的方式，所谓"天子五年一巡守。……命大师陈诗，以观民风。命市纳贾，以观民之所好恶"[1]；另一方面，又采取自下而上的方式，所谓"男年六十，女年五十无子者，官衣食之，使之民间求诗，乡移于邑，邑移于国，国以闻于天子，故王者不出牖户，尽知天下所苦，不下堂而知四方"[2]。这些，都值得我们借鉴。

中国民协作为人民团体，是党和政府联系广大民间文艺工作者的桥梁和纽带，既要做好党和政府的助手，履行团结引导、联络协调、服务管理、自律维权职能，又不能越俎代庖；既要积极推动政府和社会弘扬民族民间文化，增强传统文化的影响力，又要避免自身的衙门化、企业化。我们靠什么团结、吸引全国的民间文艺家和民间文艺工作者？只能在思想上引领，在思

---

[1]（汉）郑玄注，（唐）孔颖达疏：《礼记注疏》，商务印书馆2005年版。
[2]（汉）何休注，（唐）徐彦疏：《春秋公羊传注疏》，上海古籍出版社1990年版。

路上超前，在业务上过硬，成为民间文艺领域的领头羊、排头兵。学术理论建设是民间文艺事业发展的重要环节，丰富多彩的民间文艺活动需要理论的总结和提升，深入基层的民间文艺实践需要理论的支持和指导；民间文化要走出去，需要拥有国际话语权，把我们的民族民间文化用自己的话语表达出来；在新的时代条件下，由于个别地方政府的不当参与，职业演员的加入和强势演出，造成民间舞蹈、民间节日或其他民俗事项的非民间化，人民群众希望"还节于民""还俗于民"，需要我们科学决策，拿出切实可行的办法。这些，都需要调研。

文化难免良莠杂陈，在历史上，由于价值观的不同和时代的影响，文化有精华有糟粕，民间文化也是如此。民间文化是传统文化的重要组成部分，不能任由其随意发展，需要甄别、引导、扬弃、传播。这些，也需要调研。

需要强调的是，在进行民间文化调研时，一定要忠实记录，原汁原味存录，不要按照自己的意志修改润色。2015年6月，我在甘肃省陇南市调研，得知在康县、成县、武都等地民间流传着一部长篇叙事民歌《木笼歌》，已有100多年的历史，但只在口头传唱，没有文字记载，当地一位政协委员历尽千辛万苦，"二去成县，三到武都，八上对对山，走访各类人员二百多人次，搜集了失散在各地的歌词篇、段四十多首，本着去伪存真、去粕取精的原则，在旧有的承传歌词与新搜集到歌词的基础上，进行了大胆、细致的修改和再创作"[①]。有了这位政协委员的痴迷和执着，才有了装订成册的近4万字的《木笼歌》，其精神十分感人。但不幸的是，由于他的"修改""再创作"，又使我们以至后人难以分辨出原来的《木笼歌》的模样，不知道他删去了哪些"伪""粕"，更无法判断这些"伪""粕"包含了多少民俗事项和民间文化。

如果调研者、整理者按照自己的意志改来改去，民间文化就会面目全非，真实性就会大打折扣。这方面的教训必须吸取。由于民间文化的多样性、独特性，我们现在认为不合时宜的、可笑的，将来却可能是最有价值的，毕竟，一个时代有一个时代的价值观、审美观，还是以保留原来的、本

---

① 李争楠编著：《木笼歌》，2012年5月印刷，第67页。

来的面目为宜。

  总之，民间文化发现永无穷尽，调研永无止境，对民间文化的调研只有逗号，没有句号，永远在路上。

（原载《今日文坛》2016 年第 7 期）

民间文化遗产必须融入现实生活

民间文化遗产是指千百年来在民间流传的、保存至今的"草根"文化遗产。一方面，它有一定的稳定性，如果不具有一定的稳定性，就流传不下来，不能成为"遗产"；另一方面，它又是不断变化的，民间文化生于民间、长于民间、流传于民间，是人民群众在生产生活中创造出来的，随着新的民间文化事象不断涌现、积淀，新的民间文化遗产也不断产生。

民间文化遗产包括有形的文化遗产，如民居、工具、服饰；无形的文化遗产，如口头文学、民间音乐、民间舞蹈、传统技艺、传统礼仪、节庆等，内容十分丰富。仅口头文学一项，略加记录整理，就汗牛充栋。20世纪八九十年代，中国民协曾经对我国各民族、各地区的口头文学进行了拉网式普查，获得了巨量的第一手口头文学资料。在此基础上整理出版的"三套集成"省卷本计90卷，1.2亿字；地县卷本（内部出版）4000多卷，总字数逾40亿字。口头文学生于民间，随着新事物、新事件的发生，民间故事、民间歌谣等每时每刻都在产生。

民间文化遗产融入现实生活，就是要融入老百姓的生产生活之中，成为日用而不觉的必需品，而不是博物馆里的陈列品，更不是市场的奴婢。大体说来，民间文化遗产融入现实生活，要注意以下几点：

1. 坚持扬弃继承，推动转化创新

民间文化旺盛的生命力来源于深厚的传统文化、多彩的民族文化，也在于不断地创造性转化、创新性发展。当前不少民间文化遗产与人民大众日渐疏远，根本原因就是没有活态转化，没有进入当下的火热生活。以民间故事为例，虽然我国的民间故事浩如烟海，但大家耳熟能详的实在有限，反而是外国故事被广泛传播,甚至进入中小学课本。西方童话灰姑娘的故事在中国几乎尽人皆知,可有多少人知道我国的民间故事《叶限》呢?它和《灰姑娘》同一类型,情节比《灰姑娘》更精彩,而且早在唐代就已被记录下来。许许多多的《叶限》就是这样被尘封在书库中、掩埋在故纸堆里,不为外人所知。近年来,从中央到地方的很多高校、科研单位投入大量的人力、物力对民间故事进行数字化存录,但存录之后同样束之高阁,既没有充分利用、惠及学人,更没有转化创新、造福社会。

要想让民间故事走进现代人的视野,成为生活的一部分,就要适应现代人的审美情趣。可以根据不同的人群,设计不同的表达形式,或典雅,或活泼,或浅显,或深邃,以适合不同的传播对象。在这方面,中国民间故事人物花木兰成为美国好莱坞大片的主角,获得很高的票房,值得我们借鉴。

2. 适应时代发展,符合社会需求

我国的民间文化遗产虽然大多是农耕时代的产物,但符合民族心理诉求,从根本上体现了核心价值理念。在新的时代条件下,我们既要认真保护,积极传承,还要与时俱进,大力弘扬,尤其要利用好传统节日、灯会、庙会等广大民众喜闻乐见、积极参与的事项。这些年我们的传统节日活动丰富多彩,各地庙会有声有色,根本原因就在于适应了时代要求,融入了百姓日常生活。以河南浚县正月古庙会为例,它借助春节、元宵节这两个中华民族的传统节日,比较好地处理了传统与现代、政府和民众在节会中的关系定位,即民众办会、民众参与,政府保驾护航、提供服务,两条线相互交融,相辅相成,相得益彰。每年庙会期间,各地商贩搭棚售货,各路艺人竞相献技,数百种餐饮遍布街巷,手工艺品琳琅满目,鼓书、皮影、各类剧种汇集,使浚县古庙会成为充分展示华夏农耕文明的活标本,既满足了百姓的精神诉求,又满足了物质需求,吸引了豫、晋、冀、鲁、鄂、皖、苏诸省数百万民众参加,成为"中国老百姓的狂欢节"。

3. 建立传承机制,贯穿教育始终

孩子是祖国的未来,在中小学里习得的知识会影响他们的一生,因此对他们进行民间文化遗产方面的教育尤其重要。曾经,由于过分强调与国际接轨，过分注重外语教学，很多孩子从上小学甚至幼儿园开始就被引入外语环境，对于我们的母语和传统文化学习反而不多；个别教育主管部门对民间文化遗产的教育只作表面点染，没有有效渗透；有的中小学课本里正面人物、励志故事往往取材于西方，而反面人物、消极故事不乏中国的影子，对孩子的民族自尊心、自信心造成了致命的侵蚀。中小学课本在"美人之美"的同时，千万不能忽略了、淡化了甚至抹杀了"美己之美"。

为加强民间文化遗产方面的教育，可以定期举办培训班；在中小学甚至幼儿园建立民间文化教育传承基地，让孩子们从小就能接触进而熟悉优秀的民间文化，从小培养他们对优秀民间文化的兴趣，可以结合传统节日，开展丰富多彩的宣传活动，还可以在各地建立民间文化遗产陈列馆，充分展示当地丰富多彩的民间文化遗产，以增强全社会的文化遗产保护意识。

4. 提高法制意识，科学管理引领

民间文化有精华，也有糟粕，这就要求我们在保护、传承中弘扬其科学、合理的成分，摈弃其不适应当今时代的因素。对民间文化事象，既不能全盘接受，也不能一禁了之。近年来，随着党和政府对中华优秀传统文化的日益重视，作为中华优秀传统文化"底色"和重要组成部分的民间文化也受到了各级政府和广大人民群众的推崇和热爱，民间文化中不科学、不合理的因素也日渐被淘汰。但在个别地方，由于个别领导对民间文化认识不足、重视不够，在导向上忽左忽右，伤害了群众的感情，严重影响了民间文化遗产的保护传承。高度城镇化的今天，人们对鞭炮污染有了认识，对政府"限放"也表达了最大程度的理解与支持。但某省借口鞭炮污染，全面"禁放"，就连偏远的山区也不放过，动辄以罚款相威吓；某市城管执法部门竟然以春联有碍市容、易引起火灾这样的荒唐理由为借口，在大年初三就派执法人员挨家挨户撕春联，严重伤害了人们的感情。春节作为中华民族最重要的节日，其文化内涵十分丰富，即便个别习俗有因应时代变化而需要变革的地方，地方政府也不应过于强硬地一禁了之，更不应打着其他的旗号胡乱作为，做出有悖常理的行为。在这方面，全社会都应该提高法制意识，科学管理引领在民间文化遗产保护传承方面遇到的问题。

民间文化遗产来自民间，本就与广大民众的生产生活密不可分，当下保护、传承民间文化遗产，更要使其回归本真，融入广大民众的现实生活，适应与时俱进的民间文化生态，才能传承久远，焕发出无穷的生命力。

（原载《中国艺术报》2017年6月9日第6版）

民间故事亟须"打捞"

听故事、讲故事是农耕时代人们的一种主要娱乐方式。小时候，听民间故事是我们的一大乐趣，更是我们的期盼，田间地头、瓜棚架下、牛屋里、火堆旁，大家围在一起，听有文化的人讲呼家将、杨家将、三国故事，常常忘记了白天黑夜。这些故事，启发了我们对历史的浓厚兴趣，培养了爱国意识和勇敢精神，对世界观、价值观、人生观的形成，起到了巨大的积极作用。斗转星移，随着城镇化、现代化的突飞猛进，中国的民间故事在人们的生活中日渐式微，《灰姑娘》《丑小鸭》等西方童话故事占据了孩子们的大脑。调查数据显示，我国青少年喜欢的20个经典动漫形象中只有1个来自中国。这对青少年世界观、价值观、人生观不可能不产生影响。

是中国的民间故事太少吗？当然不是。1984年，文化部、国家民委、中国民协联合发起中国民间文学普查工作，对我国各民族、各地区的口头文学进行了拉网式的普查，仅民间故事就搜集了184万篇，这些故事足够我们一代代讲下去。是中国的民间故事不够精彩吗？也不是。中国的民间故事不仅数量众多，而且内容丰富、情节精彩。是生活环境的变化使得人们不再需要民间故事了吗？也不是。喜欢听故事是人类的天性，对故事的爱好不受时空的限制。通过调查可以发现，中国的民间故事之所以日渐式微，主要原因是重视不够、选择不精、转化创新不足。一句话，民间故事亟须"打捞"！

重视不够

我国的民间故事汗牛充栋，不但有数以百万计的、传承千百年的传统民间故事，更有在新的时代条件下人民群众在生产、生活中不断创作的新故事。由于不加重视，这些故事大多被弃置、被冷落，逐渐为历史的风尘所湮没。在高校和科研单位，专家学者热衷于撰写学术论文；在出版领域，出版人热衷于对西方童话故事的翻译、整理，而对中国民间故事的搜集、整理和在当代如何阐释、弘扬缺乏兴趣；在基础教育方面，不论是教材、教辅的选定，还是英雄人物、美好事例的列举，我们的教育工作者还有不少人"言必称希腊"，中国的民间故事自然也就备受冷落、鲜为人知了。由于中国的民间故事没人重视，五花八门、各种版本的《伊索寓言》《格林童话》《一千零一夜》就占据了童书的柜台。即使同样类型的故事，西方的大行其道，中国的却无人问津。人们熟知西方童话中的灰姑娘，可有多少人知道我国的民间故事《叶限》中就有类似灰姑娘的叶限姑娘，故事情节比《灰姑娘》更精彩。在唐代人记述的《叶限》故事中，一开头就说，岭南地区相传，秦汉之前有一位姓吴的洞主，当地人称之为"吴洞"。吴洞娶两妻，一妻卒，有女名叶限，从小聪明能干，得到父亲钟爱。吴洞死后，后母对叶限百般虐待，并杀害了她精心饲养的一条鱼。叶限得神人指点，将鱼骨藏于屋中，想要什么就能得到什么。有一次，当地举行节日活动，后母带着自己的亲生女儿前去参加，命叶限看家。叶限等后母走远，穿上翠纺上衣和金鞋也去参加，因被后母及异母妹察觉，仓促逃离，丢掉一只金鞋。这只金鞋被邻近海岛上的国主得到，他让所有的女子试穿，终于找到叶限，并以叶限为"上妇"，叶限的后母及异母妹受到了惩罚。这样的例子，值得我们深思。

选择不精

中国的民间故事浩如烟海，不要说普通读者，就是专门研究民间文学的学者，也不可能全部涉猎，这就需要专家学者选择一批符合时代精神和人们审美情趣的作品推向社会。可悲的是，我们在这方面下的功夫实在太少，深受广大民众喜爱的故事多年来被尘封在书库中、掩埋在故纸堆里，不为外人所知。有些学者虽然对中国的民间故事有兴趣、有感情，但在选择民间故事发表（出版）时故步自封，观念陈腐，不能与时俱进，即使故事得以发表（出版），也随即被束之高阁。以民间流传的孝故事为例，虽数以万计，不乏优美之作，可有些学者偏偏喜欢选择那些行为极端、不为广大人民群众所接受的内容加以宣传。有一则孝故事，开头就说："有一个孝顺媳妇，每天都要给公公暖被窝。"这样的"孝行",当时的人们自然"都说她的闲话",即使在现代,人们也接受不了,更不要说讲给外国人听了。即使立意好,也难以走进现代人的生活。至于人们熟知的、被改编成各种戏曲的《王华买父》,则把人们朴素的孝心引向了歧途:老人以富贵引诱别人尽孝,王华对老人的无理要求一味顺从,甚至为了尽孝要卖掉自己的两个孩子。这样极端而泯灭人情的"孝",不但违背了儒家"孝"的本质,其故事也不会被当代人特别是年轻人接受,更谈不上传承与弘扬了。

转化创新不足

民间故事作为口头文学的一部分,千百年来在传承中一直变动不居,这是它永葆青春的原因之所在。即使是落在字面上的民间故事,在传承、选择中,也是不断变化的。不论在故事内容上,还是表达形式上,要想让民间故事走进现代人的视野,成为人们生活的一部分,就要适应现代人的审美情趣。要扬弃继承、活态转化,重在传承价值理念。要根据不同的人群,设计其表达形式,或典雅,或活泼,或浅显,或深邃。在这方面,中国民间故事人物花木兰成为美国好莱坞大片的主角,获得了很高的收视率,值得我们借鉴。

转化创新,并不是提倡或容许人们编造"假故事"。民间故事不是不能改写,但要保持基本面貌(核心母题、主要角色、主干情节),改写后这个故事还是这个故事。我们反对的是"学者"的胡编乱造,特别是打着"民间故事"旗号的有浓厚功利色彩的编造。近年来,个别地方为了开发旅游,随意编造所谓的"民间故事",使民间故事鱼龙混杂,乡土性、民间性、多样性、严肃性大打折扣。为了旅游开发,吸引游客,需要什么都能编造出来,哪里还有"民间故事"可言!

最近,中宣部等部门正在组织实施中国经典民间故事动漫创作工程,用动漫的形式对中国的优秀民间故事进行再创作,让中国民间故事里的经典形象重新立起来,反映了国家对我国民间故事的高度重视。我们希望这个工程在实施中真正体现面向百姓大众、彰显民族特色、弘扬中国精神的主旨,选择一批新颖活泼、健康向上的中国民间故事精品,用人民大众喜闻乐见的形式表达出来,继承发展、转化创新,成为中国民间故事回归民间、走向世界的里程碑。

(原载《文艺报》2016 年 7 月 11 日第 4 版)

民间文艺要"活"在民间

近年来,我国民间文艺事业发展态势良好,呈现出大发展大繁荣的喜人景象。优秀民间文化和民间艺术正在复兴,并越来越得到广大人民的关注与欢迎;一批濒危的民间文化事项被发现、被保护,重新焕发光彩;一批采用传统技艺的新创艺术作品成为市场亮点,广受好评。与此同时,我们也要清醒地看到,当前民间文艺也面临着严峻的问题和挑战:一些民间文艺事项与人民大众的关系日渐疏远,传统剧种逐年减少,传统村落日见凋敝,许多民间文艺门类传承后继无人;许多民间文艺事项转化创新乏力,生存空间不断被压缩,遭遇"边缘化"危机;有的地方过度追求民间文艺高端化,热衷到大中城市展览展演,沉不下去,离基层越来越远;"伪民俗""假故事"泛滥,损害了民间文艺的价值。

民间文艺"活"在民间,是中华文化之"根",民族文化之"体",离开了民间,哪里还有民间文艺?!

传承民间文艺,第一要培养文化自觉,树立文化自信,保护好民间文艺赖以生存的沃土。中华民族历史悠久,文明源远流长,在数千年的历史长河中形成了多姿多彩的民间文学、民间表演艺术、民间美术和民俗。对于中国人来说,民间文艺是一种文化传统,也是一种生活方式,构成了中华民族独特的人文景观。我们要形成自然、良好、与时俱进的民间文化生态,保护好民间文艺赖以生存的沃土,给子孙后代留下美好的文化记忆,让他们望得见山水、归得去田园、记得住乡愁。

第二要发扬用脚做学问的优良传统,扎根生活、扎根民间。民间文艺从民间来,依靠于人民,也必须到民间去,服务于人民。民间文艺工作者要发扬"深入生活、扎根人民"的天然优势和"接地气、重生活"的优良传统,把人民放在心中最高位置，双脚踩在大地上，书斋放在田野里，自觉走进群众中，到民间学习文化，采撷生活养分，培育艺术精品。

第三要求真求实，向上向善，消除伪民俗、伪遗产。民间文化是存在于老百姓心头、口头、手头的文化，在具体事象上往往难以找到源头，使得一些原本是中国土生土长的民间文化反被国内外学者"论证"为来源于境外，就连寒食节、端午节、七夕节甚至一些民间故事，都被说成是外国传进来的。与此同时，国内各地兴起了打造民间文化的热潮，出现了一批伪民俗、伪遗产。在此状况下，亟须对民间文化进行探源，以正本清源，厘清民间文化的来龙去脉，从而理性传承、科学传承；消除伪民俗、伪遗产；在中外文化交流中掌握话语权、主动权。

第四要坚持扬弃传承，推动转化创新。民间文艺旺盛的生命力来源于深厚的传统文化、多彩的民族文化的滋养，也在于不断地创造性转化、创新性发展。当前民间文艺与人民大众日渐疏远，根本原因就是没有活态转化，没有进入当下的火热生活。民间文艺工作者要善于发现和阐释民间文艺中的传统美德和民族精神，通过不断深入的学术探讨和理论创新，充分发掘民间文艺的时代价值，为构建社会主义核心价值观提供不竭的文化资源。河南浚县正月古庙会，之所以能吸引周边多个省市的上百万百姓参加，成为"中国老百姓的狂欢节"，就在于进行了适度的扬弃继承、转化创新。

我们要以虔诚之心、礼敬之心，扎根生活沃土，着力转化创新，守护民间文艺之根，铸牢民间文艺之魂，激活民间文艺生命力，大力推动民间文艺从文化资源优势向文化发展优势转变，使民间文艺在建设社会主义文化强国、实现"两个一百年"奋斗目标和中华民族伟大复兴中国梦中发挥出更大的作用。

（原载《中国社会科学报》2016年8月15日第6版）

民间文艺研究：问题与对策

近年来，我国民间文艺事业发展态势良好，越来越得到广大人民群众的关注与欢迎，与此同时，我们也要清醒地看到，当前民间文艺也面临着严峻的问题和挑战。

具体说来，主要存在以下几个问题。

一、民间文艺研究缺乏科学的评价体系

理论是行动的先导。民间文艺事业的健康发展，离不开科学体系的支撑。当前"伪民俗""假故事"泛滥，中国优秀的民间文化不断被"出卖"，与部分学者缺乏科学的价值评价标准和理论水平大有关系。由于没有理论水平，必然眼光狭隘、思维混乱、立场不稳、"言必称希腊"。眼光狭隘，使其不知道民间文艺真在何处、美在哪里，视造假为"创新"，媚俗为"发展"；思维混乱，使其不辨美丑，不知善恶，不知道什么是"伪民俗""假故事"；立场不稳，只好人云亦云、鹦鹉学舌；"言必称希腊"，不清楚中国文化根在何处，不了解中国的优秀民间文化，看到人们喜闻乐见的东西，就本能地认为来自西方，更有甚者，明明是中国古代典籍上记载的中国民间故事，他们也会说：至迟到某代，西方的某某故事已经传到中国。

常常听人说，民间文艺本来就是人们创造出来的，为什么古人可以创造，今人创造就成了"伪民俗""假故事"？这正是缺乏理论水平的表现。民间文艺是老百姓在现实生产、生活中自发创造的千百年来流传下来的，它如行云流水、自然而成，"伪民俗""假故事"却是某些人生拉硬扯、"创造"出来的。"伪民俗""假故事"与真民俗、真故事的区别首先是创作主体不同。"伪民俗""假故事"的创作主体不是普通群众，而是打着"人民群众"

旗号的"学者"。其次，在创作动机上，编造"伪民俗""假故事"的目的是旅游开发、追名逐利，与广大人民群众为了"自娱""娱人""娱神"和"育人"的精神追求不可同日而语。试举一例，新疆伊吾县有一个村庄，叫下马崖（ái），这里绿树成荫，流水潺潺，有"戈壁绿洲"之称，是古代由天山以北通向内地或经蒙古草原到达北京的主要通道之一。崖旧读 ái，这本不是什么稀奇的事，有学者为了开发旅游，突发奇想，就编造"民间传说故事"，说唐僧西天取经，经过这里，走得人困马乏，看到有泉水，就要喝水，便说："下马！"孙悟空答应一声"哎！"从此人们就叫这儿为"下马崖"。这样的故事，是"学者"生搬硬造的，却打着"民间故事"的旗号，哪里还有真、善、美？其实，下马崖是从蒙古语摩艾图、摩垓、莫艾、德都莫垓演化而来，在蒙古语中"摩垓"或"莫艾"是蛇的意思，"图"是"有……的地方"，故"摩艾（垓）图"意为有蛇的地方。"德都"是下部的意思，"德都莫艾"便被叫作下莫艾、下马崖。这本是一个有故事、有意境的地名，却被生搬硬造的"学者"给毁了。

二、民间文艺研究与现实严重脱节

近年来，民间文艺理论研究性成果多，评价性成果少，对民间文艺传承有指导意义的评论成果更少的现象依然存在。在评论方面，推介作品的文章较多，从审美的、学理的角度分析批评的较少。通过中国知网、读秀学术搜索及相关电子报刊的检索发现，民间文艺评论目前主要有两种类型：针对民间文艺某一品类开展的综合性研究和针对民间文艺个体作品开展的评论性研究，其中前者比重较大。以民间文艺品类关键词搜索为例，仅在中国知网数据库中键入关键词"民间音乐"，检索条目达 9 万余条；"民间文学"检索条目达 10 万余条；"民间美术""民间舞蹈"检索条目均 3 万余条。

以舟山渔民画为例。舟山渔民画萌发于 20 世纪 50 年代初期，具有丰富的艺术价值和社会价值，曾经有一段短暂的兴盛期，如今却走向了衰落和异化。梳理和剖析舟山渔民画的发展历程，我们可以发现，舟山渔民画衰退和异化的一个重大原因是民间文艺评论的缺失。正如文艺评论家周伟平所说，关于舟山渔民画的研究很多，包括省、市级课题，大家其实也意识到了目前舟山渔民画发展的困境，总结出了许多原因，并从社会角度，从政府层面，从经济发展方面，提出了各种应对措施，比如学习金山农民画的现代化道路，模仿世界名作的商业化开发方式，借助中国美术馆等大型展览的辐射效应，等等。但是，为什么这么多年舟山渔民画走下坡路的状况没有得到明显的缓解？主要是缺少真正有价值的能正确引导政府决策、社会关注、从业者认可的文艺评论。

三、民间文艺评论存在问题

（一）唱赞歌的多，真正有价值的批评少

围绕民间文艺发展，每年都有各种各样、数量繁多的作品研讨会、评审会、新闻发布会，参会者出于各种原因，在会上往往大唱赞歌，很少有人真正去批评，起不到帮助作者提高、改进的目的。如果真有人说一些批评的话，与会者特别是当事人往往会认为是找碴儿、让自己难堪。很少会有当面、认真的"研讨"。这种庸俗会风，起不到多少积极作用。有人没有机会当面说，私下就借助互联网，以博客、微博、帖吧、网站论坛等途径发表自己的看法和喜好，由于评论太随意，缺乏平和的心态，同样起不到应有的效果。

（二）发表的观点多，分析评论少

不论是对传承多年的还是新出现的民间文艺事项，社会各界特别是民间文艺评论界，往往会有各种各样的看法，但这些看法大多比较肤浅，只有观点，没有分析，常常人云亦云，没有参考价值。虽然每一位民间文艺工作者都有发表观点的自由，但肤浅的观点毕竟不是业界的幸事，它是个人浅薄的表现，也是社会浮躁的反映，迫切需要提高。

（三）发表渠道以传统媒介为主，社会影响力有限

由于传统思维形成的定式，民间文艺评论主要发表于图书、报纸、期刊等传统纸质出版物上。专家学者往往通过发表学术论文或出版学术著作开展民间文艺批评，记者、评论员的民间文艺评论常见于新闻报道和通讯，以社论、评论、短评、编者按、评论员文章、专栏评论和评述等形式出现，以报

道、评论民间文艺活动事项为主。此类媒介的传播广度、社会影响力相对有限。伴随现代网络技术、通信技术等的广泛应用，广播、电视、手机、互联网等电子媒体、网络媒体已然成为人们接收信息的重要渠道，民间文艺评论可充分利用新媒介，加快传播效率，扩大社会影响力。

为此，笔者建议：

1. 有序组织引导民间文艺评论者开展各种文艺理论研讨和创作活动，关注民间文艺创作动态，使评论者对文艺作品、文艺活动、文艺现象形成正确的价值判断，引领广大民众进行健康的文艺鉴赏，促进民间文艺评论事业繁荣发展。

2. 报刊、网站经常推出一些针对性较强的评论，评论要观点鲜明，要鼓励对具体作品开展建设性的批评，少唱赞歌，这对提高民间文艺发展大有裨益。

3. 对民间文艺评论工作者提供法律支持，打消民间文艺评论家的顾虑，营造宽松的批评环境。

4. 针对伪民俗、假故事、滥开发等恶劣现象，全社会共同发声，压缩其生存空间。2016年中国民间文艺家协会组织实施了"一带一路"民间文化探源工程，就是要为"民俗"去伪，为"故事"存真，为中华民族优秀的传统文化正本清源。通过半年多的努力，已在"一带一路"沿线省市全面铺开，既掌握了大量第一手民间文艺资料，及时传递了正面信息，又组织、团结了一大批民间文艺工作者积极调研、勇于发声，使伪民俗、假故事无立足之地。

5. 真正发挥评奖、推优的导向作用。政府和社会组织设立的奖项，可以起到风向标的作用，不可小觑。通过评奖、推优，可以引导民间文艺界对民间文艺评论工作充分重视，还可以把一批真正有价值的民间文艺作品推举出来，宣传出去，也就引领了整个民间文艺界的健康发展、科学传承。

为了民间文艺健康发展、有序传承，请民间文艺评论家及时"发声"、勇于"亮剑"。

（原载《长江文艺评论》2016年第3期）

民间文艺立法的困惑

民间文艺是由广大人民群众创造并以口耳相传的形式流传下来的文化，是精英文化的母体，是一个民族的灵魂、血脉和精神家园，在传承文明、塑造精神、砥砺奋进、滋润心灵方面发挥着重要作用。保障民间文艺作品的规范使用，鼓励民间文艺的传承发展是推进文化强国建设、繁荣发展文化产业的要求，是参与国际规则制定、争夺国际话语权的要求，更是回应社会关切、解决权利纠纷的要求。可是，民间文艺权益归属十分复杂，立法谈何容易？！

第一，如何保护民间文艺作品不受歪曲或者篡改？谁应该拥有署名权？

民间文艺具有民族性、集体性、地域性的特点，是千百年来一代代中国人集体智慧的结晶。一部民间文学作品会有众多的版本，同一部作品会涉及传承人、采录人、整理人等多个主体，有的作品在采录、整理时，采录、整理者有时也会进行简单的注释，这就决定了署名问题的复杂性。有鉴于此，我们20世纪80年代在做民间文学三套集成时，坚持忠实记录的原则，在每一篇民间文学作品上，附有讲述人情况（身份、年龄、性别等），记录人与记录情况（记录人身份，记录时间、地点等）。2009年出版的90卷、1.2亿字的三套集成省卷本和4000多卷、总字数逾40亿字的地县卷本（内部出版）都遵循了这个原则。

由于各种原因，现在有的整理者就没有严格按照过去那种成功的做法。2015年6月，我在甘肃省陇南市调研，得知在康县、成县、武都等地民间流传着一部长篇叙事民歌《木笼歌》，已有100多年的历史，但只在口头传唱，没有文字记载。当地一位政协委员历尽千辛万苦，"二去成县，三到武都,八上对对山,走访各类人员二百多人次,搜集了失散在各地的歌词篇、段四十多首,本着去伪存真、去粗取精的原则,在旧有的承传歌词与新搜集到歌词的基础上,进行了大胆、细致的修改和再创作"[①]。有了这位政协委员的痴迷和执着,才有了装订成册的近4万字的《木笼歌》,其精神十分感人。遗憾的是,由于他的"修改""再创作",又使我们以至后人难以分辨出原来的《木笼歌》的模样,不知道他删去了哪些"伪""粗",更无法判断这些"伪""粗"包含了多少民俗事项和民间文化。

这还只是从学术研究和学术价值上发现的问题,从著作权上来看,我们是否允许这样的作品以民间文学的名义备案并承认其著作权(或者叫改编创作权)?他拿出来的这个作品跟老百姓口头传唱的民间文学有相当大的不同,是否允许别人在采录基础上继续行使署名权并给予保护?口述人应该得到什么权益?如何在保护民间文艺作品二次创作权的同时又保证原作品不受歪曲或者篡改?民间文学只要在保持基本面貌(核心母题、主要角色、主干情节)的前提下,可以改写,但如何制止胡编滥造?如何界定正当的改写或者改编与歪曲或者篡改之间的界限?

第二,民间文艺权利主体并不是只有集体性,如何认定民间文艺的不同权利主体,如何解决由此产生的侵权纠纷问题?

集体性是民间文艺表达形式最重要的特征之一。民间文艺往往是集体传承和创造的结果。民间文学、民间工艺、民间说唱、民间小戏、民间舞蹈、民间仪式等民间文艺形式更是因民众千百年来的传承和创造而绵延至今。然而,正是这种"集体性""共同性",令人很难确认权利主体,由此使民间文艺的知识产权保护和立法成为最大难点。

就表现形式而言,民间文艺可分为视觉表达(民间美术、手工艺)、行为表达(仪式、歌舞、竞技)、听觉表达(音乐、民间文学讲述形式)、书写表达(民间仪式经书、乐谱、戏谱、舞谱、药书等),而这些不仅靠群体表达,更有个体的表演和创造掺杂其中。民间文艺正是因为有群体和个体两种传承方式才相得益彰、延绵不绝、传承张扬。仅仅把民间文艺笼统地看成

[①] 李争楠编著:《木笼歌》,2012年5月印刷,第67页。

集体创作而忽略了个体创造、创新在民间文艺传承中的地位和权益显然失之偏颇。

第三，"著作权"的提法是否能够概括民间文艺的"口传性""集体性"特点？如果是职务行为，还有谁应该拥有署名权？

所谓"著作权"，针对的是用文字书写下来且有明确署名的作品所拥有的权益，因而其保护对象只能是作家文学。民间文艺长期以来以口耳相传的方式代代传承，"著作权"的提法适合民间文艺吗？如果作为"职务行为"，当事人在完成"职务工作"的时候，有时会有自己的"发明"，若干年后，他对自己那部分的"发明"有多少权益？可否单独拿出来并拥有署名权（传承权）？

第四，如何在法律层面上解决"民间文艺"现实存在中的跨国界问题？

作家文学的创作者都是有着特定国籍的具体公民，民间文艺则不然，由于其初创的时间往往在某一族群的历史早期，后经代代传承而延续至今，当该族群在后世分化并分属不同国家时，便会出现民间文艺作品的跨国界传播现象，即一种民间文艺共属于某个族群或群体，但分属于不同国家。以《玛纳斯》为例，该史诗是柯尔克孜族著名的英雄史诗，与藏族的《格萨尔》、蒙古族的《江格尔》并称中国"三大英雄史诗"，在国际上享有很高的声誉。由于历史的原因，柯尔克孜族分别聚居于中国新疆境内和吉尔吉斯斯坦境内，同一个《玛纳斯》，在中、吉两国分别传承，如果进行著作权立法，就应该有所考虑。

第五，民间文艺立法，是为个人维权，还是为国家、民族维权？

民间文艺立法的终极目的是推进文化强国建设、繁荣发展文化产业，让我们的文化更繁荣，也就是说，民间文艺立法不仅是为个人维权，还应该为国家、民族维权。最好是既让它繁荣发展，又不让它被国外拿去随意使用。就像1998年美国迪士尼公司搞的那个《花木兰》动画片，任意改编我们的民间文艺作品，挣了20亿美元的票房收入，我们却无一分收益。在缺乏法律保护的情况下，中国传统民间故事被歪曲篡改并广为传播，使不少外国观众在认知上产生偏差，我们却无能为力。

近年来，知识产权案件纠纷涉及民间文艺的很多，如何确立民间文艺的权利主体、权利内容、权利归属、授权机制，民间文学作品著作权立法保护如何遵循合理、适度、有效的原则，都是我们亟待解决的难题。

（原文系笔者于2017年4月15日参加台湾中国文化大学、台湾中国口传文学学会主办的"2017海峡两岸民间文学学术研讨会"上的主旨发言稿，收入本书时略做修改）

建设时代的礼仪文明

有人说，人生就像饺子，不煮一煮、蒸一蒸，是不会成熟的。这个"蒸""煮"的过程，其实就是社会化的过程。在诸多"社会化"之中，学礼、知礼、用礼是必不可少的重要环节。俗话说，有礼则安，无礼则危。礼仪，是我们的安身立命之本。2000多年前，孔子就郑重告诫："不学礼，无以立。"不学习礼仪，你怎么做人？！礼仪是对别人的尊重，也是对自己的尊重，体现着一个人、一个民族、一个国家的文化素质和文明程度。

中国素有"礼仪之邦"的美誉。礼是中华民族的重要标志。唐人孔颖达说："中国有礼仪之大故称夏，有服章之美谓之华。"近人钱穆说："中国人之所以成为民族就因为'礼'为全中国人民树立了社会关系准则……中国的核心思想就是'礼'。"

礼的主旨是培养、表达博爱之心，使人理性把握自己的情感，有助于提升修养、和睦家庭，使社会健康有序，促进和谐。礼的起源可以追溯到远古社会的祭祀活动，最初的含义是敬神，汉代许慎《说文·示部》解释："礼，履也，所以事神致福也。"后来才由敬神发展到敬人。一般认为，西周初期的政治家周公旦制礼作乐，奠定了中国礼乐文化的底蕴。春秋以后，经过以孔子为代表的儒家学派的提倡，礼普遍应用于社会生活的各个方面，形成一套以礼为核心的道德观念、仪式制度、社会规范和行为准则。

在传统社会，礼被认为是治国理政的最佳途径。孔子说："道之以政，齐之以刑，民免而无耻。道之以德，齐之以礼，有耻且格。"在治理社会方面，德教礼治要比政令刑罚高明得多，因为政令刑罚只能让百姓免于犯罪，却不会有羞耻之心，道德礼制不仅使他们懂得羞耻，并且可以走上正路。礼同时也是修身养性的重要手段。礼让人尊敬他人，成为文质彬彬的谦谦君子。礼还是文明与野蛮的分界线，是人与动物的根本区别。《礼记·曲礼》说：鹦鹉能说话，但它还是鸟类。猩猩能说话，但它还是禽兽。现在的人没有礼，即便会说话，心不还是和禽兽一样吗？所以荀子讲："人无礼则不生，事无礼则不成，国家无礼则不宁。"礼让人成为人，礼让社会有序，礼让国家安宁。

正因为礼在传统社会中作用巨大，所以历朝历代都重视礼的制定。《周礼》与《仪礼》《礼记》总称三礼，是我国最早记载古代礼制的著名典籍，也是后世制礼的典范。其中《周礼》偏重于典章制度，《仪礼》偏重于行为规范，《礼记》偏重对具体礼仪的解释和论述。后世制礼，有官修礼典，如唐代的《大唐开元礼》，宋代的《开宝通礼》《太常新礼》《太常因革礼》《政和五礼新仪》，明代的《大明集礼》，清代的《大清通礼》，等等，也有私人私家撰述的家礼，如《颜氏家训》《涑水家仪》《朱子家礼》等。

从礼的内容来看，主要包括吉、凶、宾、军、嘉5种。吉礼是祭祀天地、日月星辰、风雨雷电、山川社稷、宗庙祖先等的礼仪。"国之大事，在祀与戎。"祭祀是传统社会国家最重要的事情，因此吉礼为五礼之冠。凶礼是哀悼忧患之礼，因遇凶恶之事以致哀解忧排患而得名，既包括对丧葬的哀悼，也包括对饥馑、水患、战败、寇乱等天灾人祸的哀悼。宾礼是接待宾客之礼。军礼是与军事有密切关系的礼仪。嘉礼是和合人际关系、沟通联络感情的礼仪，主要包括饮食之礼、冠婚之礼、宾射之礼、飨燕之礼、脤膰之礼、贺庆之礼等。这些礼仪将传统的道德规范蕴含其中，并为上上下下不同社会地位、不同社会角色的人确立了行为规范。同时，历朝历代也都推崇礼的实践，强调以礼化俗，以礼"安上治民"，主张个人要学礼知礼，用礼来指导自己的所作所为，要求"非礼勿视，非礼勿听，非礼勿言，非礼勿动"。

将崇高的道德理想融入国家、集体或个体的重要仪式和百姓日常生活的细节之中，让人们在居处、衣服、饮食、待人接物之间习礼行礼，内化道德理念，加强道德修养，提升个人气质，正是中国古人的智慧。今天，我们谈传统礼仪，不仅要做静态的知识性介绍，更要着重对礼仪重建的设计。我们不仅要明了传统礼仪之形,更要理解传统礼仪之神,应该学习古人的智慧,传承优秀的礼仪文化,并因应时代变迁,发展出新的礼仪,建设我们这个时代的礼仪文明。

[原载《人民日报》(海外版)2017年6月27日第7版]

用中华美学精神指导民间文艺评论

中华美学精神，就是中华民族在5000年的历史长河中形成的共同的美学情感、美学追求和美学理想的深层内核。其核心理念，是追求真善美的统一。天人合一、道法自然观念，向上向善、文质兼美意识，自强不息、厚德载物精神，淡泊明志、入世出世兼顾的情怀，以及序人伦、倚教化、求团圆、重意象的情感诉求，都是中华美学精神的具体体现。

人类需要并且渴望生活在善与美的世界里。中华美学精神不仅是高大上的哲学命题，更是我们日常生活所必需。生活中有真、善、美，也有假、恶、丑。我们居住的环境未必尽如人意，亲朋、邻里之间不会只有鲜花和笑脸，如果一味放大生活中的不完美、不如意，留在记忆中的只有丑恶、痛苦、伤害与伤痕，不但伤害自己的身心，耗费自己的生命，还会危及亲朋邻里。善需要引导，美需要培育，记忆需要净化，品位需要提升。当前社会各界热烈讨论的乡愁，其实就是对故乡过往时光的净化与美化。因为只有真善美，故乡才值得眷恋，才有乡愁。否则，不仅没有乡愁，反而只有"乡仇"。当年秦始皇得志后回到故乡邯郸，不是感恩于当年的故交，反而睚眦必报，大开杀戒就是一例。与秦始皇形成鲜明对比的是汉高祖刘邦，他虽出身平民，年轻时在故乡沛县历尽磨难，当了皇帝后，却对故乡思念有加。晚年，刘邦终于找机会回到沛县，面对父老乡亲，不由得流下热泪，说："游子悲故乡。吾虽都关中，万岁后吾魂魄犹乐思沛。"他在沛县与父老乡亲接连狂欢了十几天，又下诏免除了故乡的赋税徭役。由此可以说，有无乡愁，也体现了一个人的胸襟，思乡的愁绪下，是一种美好而崇高的境界，是对真善美的永恒眷恋和追求，是中华审美的反映。

中华美学精神博大精深，渗入我们生活的方方面面，深刻影响着我们的文艺创作与文艺评论。以牛郎织女传说为例。作为中国四大民间传说之一，牛郎织女传说自先秦到今天已经流传了 2000 多年，牛郎织女凄美动人的故事催生了数不胜数的优秀文学作品，促成了盛行于各地民间的"七夕""乞巧"等重要习俗。梳理一下牛女传说的来龙去脉，我们却发现它经历了从星宿到情侣、从无奈到恩爱、从现实到浪漫的过程。我们津津乐道的牛郎织女七夕相会，在不少地方的传说里，倒是织女忙于尽家庭主妇的责任。在河北蔚县、黑龙江加格达奇等地，民间传说：织女被王母娘娘带回天上后，被罚一年到头干活，累得腰酸腿软，七月七和牛郎相会时，还忙着缝补衣服，给孩子纳鞋底等，"说着话剥着麻，头顶筐箩晒芝麻；做花衣纳鞋底，又怕孩子受了苦"。突出了织女勤劳、善良的贤妻良母形象，完全是现实中劳动妇女生活的写照。通过广大民众集体无意识的创作，在追求爱情幸福的文化背景下，牛女传说扬弃了其他方面的内容，向男女追求自由幸福、反抗家长专制、唯善唯美的情节上发展，最终成为一部爱的赞歌，被视为纯爱情故事，七夕也从乞巧节蜕变为东方情人节，成为中华美学精神观照下的文化选择。

我国民间文艺内容丰富，涉及民间文学、民间美术、民间音乐、民间舞蹈、民间戏剧、曲艺、民间手工技艺、民间杂技、民俗 9 大类。由于更贴近广大人民的生活，民间文艺的社会价值特别是教化作用比我们想象的要大得多。现代学校教育产生之前，对广大劳动人民的道德教化主要是通过民间文学如神话、传说、民间故事、民间歌谣、民间说唱、民间小戏来实现的。直到今天，口口相传的民间文学对学龄前儿童的道德观、审美观、价值观的形成，仍具有不可替代的作用。许多世代相传的古老神话和传说，不但给人们讲述了一定的历史知识，还培养了他们的国家意识、民族感情、团结精神；许多描写下层劳动人民反抗斗争的故事、歌谣和小戏，都长时期地、广泛地教育着人民，培养着他们高尚的情操和品格……可以说，民间文艺反映了各族民众特有的审美方式，蕴含着丰富的历史文化知识、伦理道德观念和审美情趣，使民众在耳濡目染、不知不觉中获得审美享受、审美愉悦和文化知识。作为民间文艺指南针和方向标的民间文艺评论，其地位之重要，可见一斑。

用中华美学精神指导民间文艺评论，就是培育民间文艺工作者发现美、感悟美、表现美的能力,当务之急必须建立科学的评价体系。从目前来看,符合中华美学精神的民间文艺成果必须具备三大价值:遗产价值、艺术价值、社会价值。遗产价值包括本真性、存续性、地域性、民族性、独特性。艺术价值包括艺术语言、艺术形象、艺术意蕴,其中的艺术意蕴通常表现为艺术作品的思想内涵、风格特征、美学意境等。由于民间文艺是各民族人民集体创造、共同享有、世代相传的文化认知,是民间社会生活的重要组成部分,是民众思想观念、行为方式等的自律性规约,还必须具有重要的文化意义、时代意义、教育意义,即社会价值。

总之,作为文艺评论工作者,只有用中华美学精神进行民间文艺评论,坚持、弘扬社会主义核心价值观,坚持先进文化前进方向,以推动和谐文化建设,丰富民众的精神文化生活为宗旨,才能积极引领社会风尚,提高民众文明素质,为最终实现中华民族伟大复兴的中国梦做出自己最大的贡献。

(原载《文艺新观察》2015年6月下)

讲好中国故事　弘扬中华美学精神

故事，侧重于对事件过程的描述，强调情节的生动性和连贯性，因而深受人们喜爱。从广义上说，故事包括神话、传说、民间故事等，大多数歌谣、戏曲也是由故事情节支撑起来的。

我国自古有记事修史的传统，而历史学的最基本功能之一就是叙事。史官记录的"事"，由于具备并侧重于对事件过程的描述，就是我们现在所说的故事。古人不但重视记录历史故事，还经常用历史故事教育后人、说明事理。清华大学藏战国竹简《保训》篇里，周文王临终时对其太子发即后来的周武王所做的遗言，就是通过讲大舜和上甲微的历史故事来阐述"中"这个观念。[1] 北京保利艺术博物馆收藏的西周中期后段[2]的铜器遂公盨[3]上，仅有铭文98字，却用27字讲述了大禹治水的故事，包括大禹治水的由来、治水方法和功绩。老百姓爱听故事、爱讲故事的传统一直延续至今。许多世代相传的故事，如《盘古开天》《大禹治水》《苏武牧羊》《岳飞抗金》，有的启发人们对大自然的浓厚兴趣，有的教给人们一定的历史知识，有的培养了人们的国家意识、民族感情、团结精神；许多描写下层人民生产、生活的歌谣和小戏，都长期地、广泛地教育着人民，培养着人们高尚的情操和品格。直到今天，口口相传的民间故事与歌谣，对学龄前儿童的道德观、审美观、价值观的形成，仍具有不可替代的作用。可以说，故事和我们的生活息息相关、

---

[1] 参见李学勤《论清华简〈保训〉的几个问题》，《文物》2009年第6期。

[2] 参见李学勤《论燹公盨及其重要意义》，《中国历史文物》2002年第6期；裘锡圭《燹公盨铭文考释》，《中国历史文物》2002年第6期。

[3] "遂公盨"的释读众说不一，不少学者释为"燹公盨"或"豳公盨"。如裘锡圭先生认为，释为"豳"（邠）"可能是正确的"。见《豳公盨铭文考释》，《中国历史文物》2002年第6期，此处从李学勤先生说。

密不可分。1984年,文化部、国家民委、中国民协联合发起中国民间文学普查和《中国民间故事集成》《中国歌谣集成》《中国谚语集成》的编纂工作,对我国各民族、各地区的口头文学进行了拉网式的普查,获得了海量的第一手口头文学资料,仅民间故事就搜集了184万篇。

一篇好的故事,不但要情节生动,还要有思想性、艺术性,传播正能量,能给人们有益的启迪、充分的解读空间、美的享受,一句话,体现并传承、发扬中华美学精神。

一、什么是中华美学精神?

中华美学精神,就是中华民族在5000年的历史长河中形成的共同的美学情感、美学追求和美学理想的深层内核。它包括两个方面的内容:从传说中的五帝到1919年在漫长的历史时期形成的中华传统美学精神;五四运动以来在中外文化交流碰撞中形成的中华现代美学精神。中华现代美学精神既是中华传统美学精神的延续,又是在新的历史条件下的传承与发展,二者是一个有别于西方美学精神的有机整体。不论是中华传统美学精神还是中华现代美学精神,其核心理念,都是追求真善美的统一。天人合一、道法自然观念,向上向善、文质兼美意识,自强不息、厚德载物精神,淡泊明志、入世出世兼顾的情怀,以及序人伦、倚教化、求团圆、重意象的情感诉求,都是中华美学精神的具体体现。

二、中华美学精神与故事创作

中华美学精神博大精深,千百年来渗入人们生活的方方面面,深刻影响着故事的创作、选择与评论。我国千百年来流传下来的故事,如四大民间传说[①],其主体内容,都体现了中华传统美学精神。另外,又促进了中华传统美学精神的形成和进一步丰富,这对于我们今天讲好中国故事大有裨益。

综观中国故事,特别是民间故事、戏曲,总会以好人得好报、坏人受惩罚的大团圆方式结局,给人以美好,给人以希望。有时,甚至不惜改变历史

---

① 《牛郎织女》《孟姜女哭长城》《梁山伯与祝英台》《白蛇传》。

事实，如《宇宙锋》。即使是悲剧，也是如此，如《赵氏孤儿》。如果按照西方的悲剧标准，中国实际上没有真正的悲剧。《赵氏孤儿》的出现，是中华美学精神在故事创作上的典型。

从历史记载上看，《赵氏孤儿》有一定的真实性。春秋时期，晋国内乱，赵衰跟随公子重耳（后来的晋文公）逃难，来到翟国。恰巧翟国攻打戎族部落，得到了两个美貌少女，翟国国君把年长的女子叔隗嫁给赵衰为妻，生了个儿子，就是赵盾。晋文公回国即位后不久，将自己的女儿孟姬嫁予赵衰，生有三子，即赵同、赵括、赵婴齐。孟姬品德高尚，为人正直，当她听说赵衰在翟国还有妻儿后，便要求赵衰将赵盾母子接回来，又坚持立叔隗为正妻，自己做妾。后来，孟姬又劝说赵衰立赵盾为宗子，说赵盾贤能，知书达理；其母为正妻，正妻生子就是嫡子；赵盾年长，当立长子。孟姬还告诫她的三个儿子赵同、赵括、赵婴齐以庶子的身份侍奉赵盾。赵盾死后，他的儿子赵朔承袭了爵位。后来，赵朔娶了晋景公的姐姐赵庄姬做了夫人，生了个儿子，叫赵武。赵武就是戏曲故事里的赵氏孤儿。

后面的故事，分为了两个版本。

第一个版本：晋景公十三年（前587年），赵朔死了，他的妻子赵庄姬就和赵盾的异母兄弟赵婴齐偷情。春秋时期是我国生机勃发的时代，人们的伦理意识不是很强，常常率性而为，所以那时乱伦的事情并不少见。但是赵同、赵括看不下去了，次年，把赵婴齐放逐到了齐国。赵婴齐临走时说："有我在，栾书虽执政，也不敢对赵氏家族怎样，我一走，只怕你们就有麻烦了。再说，人各有长短，留下我，有什么坏处呢？"赵同、赵括不答应。此事气坏了赵庄姬，她也是被愤怒冲昏了头脑，就在晋景公面前诬陷赵同和赵括谋反。晋景公犹豫之际，栾氏、郤氏趁火打劫，为赵庄姬做证。晋景公杀赵同、赵括，灭赵氏之族。赵庄姬这时才清醒过来，把赵武带到了宫中保护起来，以免受到栾氏、郤氏杀害。晋景公杀死赵同兄弟后，就想把赵氏的土地赏给别人。幸好晋国执政大夫韩厥对晋景公说："像赵衰这么有功，赵盾这么忠诚，却没了后代，善人能不寒心？！"这一句话，挽救了赵氏，赵氏的土地被留下了，后来又封还给了赵武，赵氏家族得以复兴。

这是《春秋》《左传》《国语》《史记·晋世家》记载的故事。

第二个版本是：晋景公三年（前597年），晋大夫屠岸贾擅自兴兵攻灭赵氏，杀赵朔、赵同、赵括、赵婴齐，皆灭其族。赵朔遗腹子赵武在公孙杵臼和程婴的佑护下逃过一劫，后赵武长大，依靠韩厥等人的支持灭了屠岸贾，恢复了赵氏。见于《史记》之《赵世家》（以下简称《赵世家》）、《韩世家》。

杨伯峻先生认为"此两说似均难足信"，并进一步说："《赵世家》记载赵氏被灭与赵武复立，全采战国传说，与《左传》《国语》不相同，不足为信史。"[①]按照《赵世家》的说法，屠岸贾于晋灵公时得宠，景公时任司寇，是晋国的权臣，可《晋世家》灵公、成公、景公时期的全部记载都没有他，《左传》也从未提及他，更不要说他率领诸将诛杀赵氏了。据《左传》及《晋世家》，至少在晋景公十七年（前583年）之前，晋国势力较大的卿大夫是栾氏、韩氏、郤氏、赵氏，根本没有屠岸贾。

虽然如此，由于第一个版本中公主与叔叔通奸并直接导致了赵氏家族的覆灭，有损于主人公的形象，人们更愿意在第二个版本的基础上创作新的故事。元代纪君祥创作的杂剧《赵氏孤儿》就是在第二个版本的基础上进一步加工、润色而成，并一举成为经典：赵氏家族受奸臣屠岸贾陷害，一家三百口被诛杀。为保住赵氏孤儿，公主（赵氏孤儿的妈妈，晋灵公的女儿）、守门将军韩厥、晋国大夫公孙杵臼先后自杀，程婴为了拯救赵氏孤儿，献出自己的独子……20年后，程婴告诉了赵氏孤儿这一切，血债累累的屠岸贾受到了惩罚。

第二个版本不仅把公主描述为正面人物，还把双方的冲突演绎得更加尖锐，好人更好，坏人更坏，非常典型地反映了中国悲剧中主人公那种前仆后继、不屈不挠地同邪恶势力斗争到底并取得胜利的英勇气概。东汉学者王充曾说："俗人好奇，不奇，言不用也。故誉人不增其美，则闻者不快其意；毁人不益其恶，则听者不惬于心；闻一增以为十，见百益以为千，使夫纯朴之事，十剖百判；审然之语，千反万畔。"[②]《赵氏孤儿》满足了人们的这种

---

① 杨伯峻：《春秋左传注》，鲁成公八年（前583年）条。
② 《论衡·艺增篇》。

心理，让人们在娱乐的同时，也受到正义和美的教育。从此，赵氏孤儿的故事广为流传，不仅在中国几乎妇孺皆知，还流传到欧洲等地。

三、中华美学精神与故事选择

在中华美学精神观照下，故事往往经过历代的精挑细选才得以流传下来，广为人知。故事中，好人都得到褒奖，褒奖者一般是天、神或者是某种超自然的力量，也有官员、义士；坏人都受到了应得的惩罚，甚至被天打雷劈。好人、坏人即使在现世中没有得到奖惩，也会在天上或地下得到玉皇大帝或阎王爷的奖惩。作为农耕社会儒家提倡的主旋律，推崇孝行的故事广泛流传于民间。对孝故事初步分析后可以发现，孝故事大体分为四种类型：一是孝顺得好报。二是孝顺，受磨难，或被误解，终得好报。三是忤逆受惩罚。四是不孝，受到惩罚，改过自新。虽然在现实中孝子未必幸福，逆子未必一定受到惩罚，但对于百姓来说，这样的故事更容易接受，对他们的心理更有净化、塑造作用。可以说，中国民间故事是天人感应理论，序人伦、倚教化、求团圆、重意象情感诉求在民间的最好表达。

民间故事作为口头文学的一部分，千百年来在传承中一直变动不居，这是它永葆青春的原因之所在。即使是落在字面上的民间故事，在传承、选择中，也是不断变化的。现在我们都知道董永是大孝子，他"卖身葬父"，"孝感动天庭"，获得仙女的芳心，演绎了一场人神恋，位列二十四孝之中，甚至连湖北省孝感市的得名，明代以来也被说是由于"孝子董永"。可是，当我们翻检明代以前的志书时，都没有提及孝感是因董永而得名，反而说孝感是"因孝子董黯立名也"[1]。

在敦煌藏经洞所出民间通俗类书《事森》中，保留有详尽的董黯传说：

> 董黡，字孝治，会〔稽〕越州勾章人也。少失其父，独养老母，甚恭敬。每得美味甘果，驰走献母，母常肥悦。比邻有王寄者，其家剧富，寄为人不孝，每于外行恶，母常忧怀，形容羸瘦。寄母谓黡母曰：

---

[1] 刘惠萍：《混同与选择——湖北孝感"董孝子"传说研究》，《民俗研究》2015年第2期。

"夫人家贫年高，有何供养，恒常肥悦如此？"〔黡〕母曰："我子孝顺，是故尔也。"黡母后语寄母曰："夫人家富，羹膳丰饶，何以羸瘦？"寄母答曰："〔我子不孝〕，故瘦尔。"寄后闻之，乃煞三牲致于母前，拔刀胁卿，令吃之。专伺候董黡出外，直入黡家他母，下母床，苦辱而去。黡寻知之，即欲报怨，恐母忧愁，嘿然含忧。乃母寿终，葬送已讫，乃斩其头，持祭于母。自缚诣官，会赦得免。后汉人。出《会稽典录》。①

唐代之前，特别是先秦两汉时期，中国人尚武任侠，社会上弥漫着的是血亲复仇之风，这是董黯"怨亲之辱，白日报仇"获得认可并被列为孝子、大获称赞的原因之所在。唐代以后，一方面由于董永的传说更富有传奇性，而为人们所津津乐道；另一方面由于国家法律不再容许血亲复仇的行为存在，致使杀仇祭母的"董孝子"逐渐为"孝感动天"的董永这个更符合时代要求的"董孝子"所取代。② 这也是中华美学精神在故事选择上的较好体现。

在故事的选择上，从古至今都有一个与时俱进的问题，那些过时的、陈腐的故事及其反映出来的观念，必须摒弃；老百姓难以理解、不易接受的故事，最终必然被束之高阁。有两则讲孝道的故事，《孝顺媳妇》和《孝妇村》。《孝顺媳妇》开头就说："有一个孝顺媳妇，每天都要给公公暖被窝。人家都说她的闲话。"这个故事没有铺垫，开头便说儿媳妇给公公暖被窝，不要说当时人接受不了，现在的人也难以理解，更不要说讲给外国人了。这样的故事，就很难传承下去。《孝妇村》的故事则说：

> 从前有个媳妇，进门就没婆婆，只有个六十多岁的公公和他们两口子一起过日子。这媳妇进得门来又孝顺，又贤惠，深得公公和丈夫的疼爱。两年以后媳妇生了个白胖小子，一家人那高兴劲自不必说。谁知好景不长，不久丈夫得病死了，撇下他们祖孙三人坐吃山空，渐渐就穷得吃了上顿没下顿的了，家中两张床上只剩下一条棉被了。寒冬腊月北风

---

① 王三庆主编：《敦煌类书》，丽文文化事业股份有限公司1993年版，第241页。
② 参见刘惠萍《混同与选择——湖北孝感"董孝子"传说研究》，《民俗研究》2015年第2期。

刺骨，媳妇不忍心叫年迈的公公冻着，就把被子盖在老人身上。一会儿公公听到孙儿冻得哭号，心疼孙子，又把被子抱来盖在她母子身上。就这样公媳俩经常为一床被子你推我让，一夜起来几回，弄得谁也睡不好，谁也冻不轻。后来媳妇无奈，就叫公公搂着孙子睡。谁想，孩子不识娘辛苦，天天夜里哭着找娘。老人愁眉苦脸，就对媳妇说："穷家难顾常礼。我看你就带孩子在我脚头上睡吧，只要求得活命就顾不得许多了。"自那，媳妇每天只好叫孩子睡在爷爷脚下，自己和衣睡在被子外边，一家三口将就度日。①

一样的孝心，相似的孝行，后面的这个故事更可信，更容易理解，更有美感，也让读者倍加同情。

四、中华美学精神与故事评论

艺术是情感的产物，优秀的艺术作品之所以能使观众产生情感共鸣，在于其情感性与思想性的统一，即感性与理性的有机统一。一个好的故事，能调动听众的情感，给人以启迪、以回味，甚至在一定程度上超越时空，才有顽强的生命力。鲁迅先生说《红楼梦》："单是命意，就因读者的眼光而有种种：经学家看见《易》，道学家看见淫，才子看见缠绵，革命家看见排满，流言家看见宫闱秘事……"②这是《红楼梦》成为世界名著原因之所在。与《红楼梦》一样让观众见仁见智的是京剧《四郎探母》。

《四郎探母》的故事内容并不复杂，但它影响了几代人，争论了上百年，多次禁演又多次复出。反对这个剧本的人认为：这出戏同情和美化了"叛国投敌"的杨四郎，宣扬了"叛徒哲学"，有辱杨家将"一门忠烈"的形象，应当否定，甚至禁演。与此同时，不少人主张进行改编、重写。有人说：作为一个历史悠久却命运坎坷的大戏，《四郎探母》应该改一改了，为了不至于若干年以后，再因为叛徒一类的东西被禁演，杨四郎的性格也该改一改。

---

① 周长风、李忠民、李图滨选编：《济南民间故事集萃》，济南出版社1992年版，第221页。
② 鲁迅：《集外集拾遗补编·〈绛洞花主〉小引》，《鲁迅全集》（第8卷），人民文学出版社1981年版。

改成什么样的呢？就是在杨四郎永葆和平的信念感召下，辽国萧太后终于放弃战争，奔向和平，与佘太君在边关"呀呼嗨一曲和平之歌"，杨四郎也能够一家骨肉团圆。

这样一改，没有了纠结，没有了冲突，但故事也缺乏了魅力。

笔者认为，现如今不少人提出的反对理由，恰恰是《四郎探母》持久魅力之所在。《四郎探母》最大的成功，是它用情感打动了观众，使观众产生了共鸣。杨四郎的悲剧，是人性的悲剧：他的懦弱，使他苟且偷生，而一旦投辽，他就会终生不得安宁。杨四郎备受煎熬的，除了不忠、不孝、不义，还有千百年来人们秉持的华夷之辨，但矛盾与痛苦的背后，则是杨四郎尚存的人性之善。否则，在两军对阵、杀机重重的战场上，杨四郎不会冒着杀身之祸偷跑出关探望老母。15年的骨肉离别，已经让观众泪眼婆娑；短暂相聚后，杨四郎却毅然返北，让人在大骂四郎不孝的同时，又不能不陷入深思。我们在赞赏安徒生童话《小克劳斯和大克劳斯》的同时，对《四郎探母》就应该多一点分析，少一点谴责，更不要动辄删改甚至禁演。

用中华美学精神指导故事评论，就是培育人们发现美、感悟美、表现美的能力，引导故事创作者创作出更多更好的故事。中国好故事既要有中国的民族性、独特性，更要有符合中国人审美情趣、审美意愿的思想内涵、风格特征、美学意境、社会价值。当今时代，中国好故事必须具备"五性"。

1. 思想性。思想性是故事的灵魂，能给人启迪、教育，是体现中华美学精神的根本。这就要求我们在创作、讲述故事时，有一定的理论水平、人文修养，把思想和智慧贯穿其中。

2. 艺术性。艺术性呈现为艺术语言、艺术形象、艺术意蕴三个层次。艺术语言塑造艺术形象，艺术形象蕴含艺术意蕴。"言之无文，行而不远"，没有艺术性，没有生动活泼的语言和形式，故事就吸引不住听众，也发挥不了它应有的作用。

3. 真实性。文学作品高于生活，但更要来源于生活，在反映光鲜的同时，不要屏蔽了背后的矛盾和痛苦。即使创新也要在现实基础上"合理创新"，不能"露怯"。这就要求作家学者化的同时，真正深入生活，接地气，练内功，而不是搞蜻蜓点水式的短暂"采风"。有的地方学者出于扩大影响和旅游的需要，在为本地造势方面夸大其词，明显违背历史真实甚至超越当时的生产力发展水平，这样的故事不会有生命力，只能贻笑大方。

4. 地域性。要体现中国独特的艺术样式、审美意趣、文化习俗、价值理念、宗教信仰、民族精神。只有中国的，才能是世界的。

5. 时代性。要有全球视野，与时俱进。既要讲好中国传统故事，更要讲好当代中国优秀故事。让中国走向世界，让世界了解、理解中国。

人类需要并且渴望生活在善与美的世界里。中华美学精神不仅是高大上的哲学命题，更是我们日常生活所必需。善需要引导，美需要培育，记忆需要净化，品位需要提升。面向世界，讲好中国故事，就是一项培养善、培育美的工程。

19世纪之前，中国的文明之灯照亮了欧洲和世界。21世纪的今天，我们要在中华美学精神观照下，用中国好故事照亮自己心灵的同时，再次照亮人类前进的道路。

（原载《聚焦透视中华美学精神》，中国文联出版社 2015 年版）

人籁易为　天籁难学

——关于保护、传承客家山歌暨口头文学的反思

作为民间歌谣的一部分，山歌尤其是客家山歌，是集文学与音乐于一体的传唱艺术，是劳动人民上山劳作、下田耕种时或男女对歌或个人吟唱而表达心情的一种形式。它产生于民间，流传于民间，发扬于民间，是民众最真实的生命、生活体验；它好学易唱，通俗易懂，老少皆宜；它往往用最简单的语言揭示最深刻的道理，鲜明、直接地表现人们的精神向往、自我追求、道德准则和价值取向。普通民众的气质、审美、灵气、想象力、创造力和聪明智慧，充分彰显在这种口头文学[①]创作中。清末著名诗人黄遵宪感叹道："十五国风，妙绝古今，正以妇人女子，矢口而成，使学士大夫操笔为之，反不能尔：以人籁易为，天籁难学也。余离家日久，乡音渐忘，辑录此歌，往往搜索枯肠，半日不成一字；因念及彼岗头溪尾，自挑一担，竟日往复，歌声不歇者，何其才之大也。"[②] 可以说，"人籁易为，天籁难学"是对客家山歌、民间歌谣乃至口头文学的最好褒扬。

俗话说"无山不住客，无客不住山"，作为外来族群，客家人一般都生活在生存条件比较恶劣的山上。当年，他们为躲避中原的战乱，渡淮河，跨长江，翻五岭，来到当时的蛮荒之地，一路上栉风沐雨，历尽艰辛。艰难的生活，压抑的情感，只有通过山歌唱出来，喊出来，发泄出来。"山歌唔系

[①] 口头文学是与作家文学相对应的一个概念，可以细分为神话、传说、民间故事、民间歌谣、史诗、民间长诗、谚语、谜语、歇后语、民间说唱、民间小戏11类。

[②] （清）黄遵宪著，钱仲联笺注：《人境庐诗草笺注》，中国青年出版社2000年版。

自造个，祖公留下唱到今"[①]，是客家山歌口耳相传、历史悠久的写照；"客家山歌数量多，呵嗨一声歌成河"，则显示山歌的广受喜爱及传唱的广泛性。

客家文化研究大家罗香林先生在20世纪二三十年代曾对粤东兴宁的客家山歌兴盛情况做一描述："客家男女，雅好歌唱。偶过冈头，樵夫薪妇，耕子牧童，唱和之声，洋洋盈耳。"[②] 客家山歌不仅在粤、赣、闽、桂、川、湘、台等省区客家人主要聚居地流传，还由客家华侨传播到世界各大洲客家人居住的地方。

位于广东省东莞市东南端的凤岗镇，是客家山歌的典型流传地之一。凤岗，古称塘沥洞，历史久远，早在南宋时期就有客家人迁徙至此，至今已有800多年的历史。它包含了丰富的客家文化：客家风情多姿多彩，客家排屋独具特色，客家山歌代代传唱。特别是客家山歌，可以说是客家人的百科全书：它保留着纯正的客家语言本色，常运用比喻、双关、起兴、重叠、直叙、对比、排比、对偶、顶真、夸张等表现手法，旋律优美，委婉动听，几乎所有曲调中都有颤音、滑音、倚音等装饰音；内容包括劳动歌、时政歌、仪式歌、情歌、生活歌和儿歌等，涵盖了凤岗客家人生活的方方面面。其中情歌的数量最多，内容最精彩，文学价值也最高。

在查阅凤岗客家山歌资料、听取有关专家汇报、观看影像专题片和现场演出，特别是观看"凤岗金秋歌会客家山歌擂台赛"后，笔者认为，客家山歌的价值真是难以估量，对于我们研究文学、历史、民俗、语言、音韵等都大有裨益。罗香林先生曾经说过："客族人的语言，实在包含得古中原的官话最多。虽然不能说就是古中原的官话，然而总算是比较纯粹的汉族话。"[③] 客家山歌用的都是客家方言，对于我们研究古代汉语音韵和流变，其作用无可替代。

至于客家山歌本身的社会功能，笔者认为可以归纳为以下六点：1.慰藉心灵；2.活跃生活；3.传播知识；4.教育后代；5.弘扬精神；6.凝聚人心。

---

① 张永雄、赖则昭编著：《凤岗客家山歌欣赏》，大众文艺出版社2010年版，第6页。
② 罗香林：《粤东之风》，《兴宁文史》第30辑，2006年，第33页。
③ 罗香林：《粤东之风》，《兴宁文史》第30辑，2006年，第44页。

一、慰藉心灵

"客家人自古爱唱歌,中原唱到岭南坡,唱得哥妹成双对,唱得人间幸福多。"这首客家山歌虽然只有短短的四句,但包含了丰富的内容:其一,客家人喜爱唱歌;其二,客家山歌历史悠久;其三,客家山歌起源于中原;其四,客家山歌从中原唱起,一直唱到岭南;其五,客家人是从中原迁徙来的;其六,客家山歌有很好的社会功能,唱山歌既可以让男女之间沟通感情,加深了解,进而喜结连理,又能让所有人化解心中块垒,慰藉心灵,提高生活幸福指数。

客家人本居中原。为躲避战乱,特别是躲避西晋末年的永嘉之乱,唐朝末期到五代时期的战乱,宋代的金兵入侵、蒙古兵南下,成千上万的汉人不得不背井离乡,陆续南迁而做客他乡,成为当地的客家人。游子思故乡,这是人类的本能,更是汉族人的心理情结。秦朝末年,刘邦以一介布衣,提三尺剑,伐秦灭楚,建立大汉王朝,何其雄壮!但他对故乡沛县的思念,愈加强烈。汉高帝十二年(前195年),刘邦终于找机会回到沛县,面对父老乡亲,他不由得流下老泪,说:"游子悲故乡。吾虽都关中,万岁后吾魂魄犹乐思沛。"[①] "客行悲故乡",连贵为天子的刘邦都如此眷恋故乡,更何况一去难回又要面对千难万险生死未卜的客家人!离家的无奈与悲凉、路途的遥远与险恶、生活的艰难与困苦、身居他乡为客的乡愁,让客家人肝肠寸断,他们只有用歌声去发泄,用歌声来慰藉自己和亲人。客家山歌里,不知包含着多少移民的血和泪!

即便是21世纪的今天,客家山歌也是客家人慰藉心灵的极好方式。正常的需求、欲望是人作为一个生命个体存在的前提和必需,但在现实生活中,人们又不可能"心想事成"。需求、欲望难以满足,就会有烦恼,它让我们不满,让我们不安,让我们烦躁,让我们气愤。面对心理的不平衡,除了积极调整心态,转移注意力是一种很好的排解方式,而唱山歌能起到最好的效果。"人人都有忧愁事,山歌一唱心就开""三餐要靠歌送饭,烦闷要靠

[①] 《史记》卷八《高祖本纪》。

歌解愁",就是最形象、最生动的说明。

二、活跃生活

在传统的农业社会,生产力水平低下,老百姓生活资料贫乏,没有太多的娱乐方式。特别是客家人,由于深受传统礼教的束缚,日常生活中禁忌甚多,青年男女之间交往更少,就连夫妻之间也没有太多的乐趣。人们在家深受束缚,一旦走出家门,到了山上田间,身心自然轻松起来,唱歌、对歌便成为男女之间的最大乐事。客家人生活压力大,妇女也要从事田间劳作,她们和男人一起劳动,也有了和男人一样放松身心的机会。可以说,客家山歌是客家人特别是客家妇女活跃生活的最好形式。也正因如此,客家人才会至今对唱山歌乐此不疲。

每月1日,凤岗的山歌爱好者会自行组织客家山歌沙龙,自由对歌,形成常态化的山歌交流活动。每年春、夏、秋、冬,还举办"四季歌会",歌会不仅有当地的山歌爱好者参与,还吸引了广州、深圳、梅州、河源、惠州等市的歌手参加,进行交流比赛,受到了广大山歌爱好者的欢迎。

作为地方特色文化品牌,客家山歌自然得到了政府的大力支持。近年来,凤岗镇与广东省文化厅合作,举办了两届八省优秀客家山歌邀请赛。来自广东、广西、福建、江西、四川、海南、河南、台湾等地区及新加坡、马来西亚等东南亚国家的选手前来参赛,并受到了广泛好评。2011年,更是通过了"八省优秀客家山歌大赛"永久落户凤岗的申请。

凤岗镇政府还结合客侨文化和婚庆文化,积极探索,制定了几项发展规划,如举办两年一届的"八省优秀客家山歌大赛"邀请赛;成立"广东省客家山歌传习基地",借力专业团队,发展客家山歌文化;政府文化部门与企业组建"客侨风"艺术团,打造《山海客侨》音乐舞蹈剧,使之成为城市营销的精品节目;努力挖掘整理客家婚庆山歌,着手打造客家民俗表演品牌节目,推动婚庆主题景区和婚庆文化产业发展。

三、传播知识

由于客家山歌产生于民间,流传于民间,发扬于民间,自然是农民、渔民、工匠等长期生产、生活经验的表述，反过来又成为他们生活和劳动的教科书，起到了传播知识的作用。在客家山歌中，常以劳动和爱情为题，有关天气、饮食、医药的知识随处可见。如："呵呵咳咳莫儿嬉，杷叶陈皮通下哩。大枣去到花材店，唔爱白芍爱桂皮。""柿子入口甜过糖，与蟹同食生灾殃。"

四、教育后代

2500多年前，孔子就意识到了诗歌的教育价值，曾说过："《诗》，可以兴，可以观，可以群，可以怨。迩之事父，远之事君，多识于鸟兽草木之名。"① 诗如此，歌也一样。客家山歌中，许多内容都与教化有关，如劝人孝顺父母、勤劳节俭、不要迷信、不要花心、不要早恋等，对人们尤其是青少年可以起到潜移默化的作用。有山歌唱道："青竹莫把黄竹欺，嫩笋也有变竹时。孝顺传下孝顺子，忤逆教出忤逆儿。""爷娘养育恩难忘，好言当过人参汤。在生孝敬四两肉，好过死后祭猪羊。"前一首山歌开头运用借喻的手法，形象地说明了"种瓜得瓜种豆得豆"的道理，后一首山歌很直白，说明孝敬父母重在言行、重在现世。孔子在回答弟子关于"孝"的问题时说过："色难。有事，弟子服其劳；有酒食，先生馔，曾是以为孝乎？"② "色难"，就是孝敬父母时难在既任劳任怨又和颜悦色；"好言当过人参汤"，"当过"就是"好过"，表明孝敬父母最重要的不仅仅是金钱，而是态度，这首山歌就是很好的阐释。

五、弘扬精神

大到一个国家、一个民族，小到一个生命个体，要想生存下去，都必须有一种精神，而作为一个群体，必须弘扬积极向上、乐观豁达、团结奋进、勇敢自信的精神。客家山歌就有这种精神，就弘扬了这种精神。近年来，凤岗镇在传统山歌的基础上，又创作了《舞麒麟》《夸凤岗》《冇相干》《客家

---

① 《论语·阳货》。
② 《论语·为政》。

妹》《客家山歌颂党恩》《客家老酒火样红》《一重美景一重天》等新客家山歌作品，进一步弘扬我们的民族精神。其中，《客家山歌颂党恩》在首届中国客家文化节夺得了客家山歌大赛金奖；《舞麒麟》获得2010年八省优秀客家山歌邀请赛金奖；《客家老酒火样红》获得广东省群众文艺作品评选一等奖，并在奥运圣火传递惠州站中唱响；《一重美景一重天》成为广东电视台新农村建设电视专题片《走进新农村》的主题歌；《老屋家》在中共中央纪念古田会议八十周年文艺晚会中展演，并在中央台播出。

六、凝聚人心

以汉族为主体的中华民族，几千年来之所以像滚雪球一样越滚越大，关键在于它的凝聚力，核心在于传统文化。而客家山歌恰恰是传统文化最好的表现形式之一。在长期的流传发展中，凤岗镇的客家山歌形成了自己的独特风格与艺术特色，并且得到了很好的挖掘与弘扬，形成了广泛深厚的群众基础。它用通俗的语言、人们喜闻乐见的方式进行宣传，起到了凝聚人心的作用。凤岗镇户籍人口仅2万多人，外来人口达30多万人，还有3万多华侨分布在世界36个国家和地区，是广东省著名的侨乡。要把这么多的外乡人和走出去的华侨团结起来，凝聚起来，没有共同的文化和心理认同是不可想象的。

"窥一斑而知全豹"，通过对凤岗客家山歌的剖析，我们可以对整个客家地区的山歌有个大致了解，进而加深对民间歌谣乃至口头文学的认识。

客家山歌是民间歌谣的组成部分，而民间歌谣又是中国口头文学的重要内容。口头文学是作家文学的母体与创作源泉，比作家文学对普通民众更具有吸引力和感染力，并且具有较大的社会学价值和一定的资政功能。由于更贴近广大劳动人民的生活，口头文学比作家文学在民间的社会功用特别是教化作用更大一些，这一点在传统的农业社会表现尤其明显：许多世代相传的古老神话和传说，不但给人们讲述了一定的历史知识，还培养了他们的国家意识、民族感情、团结精神；许多描写下层劳动人民反抗斗争的故事、歌谣和小戏，都长时期地、广泛地教育着人民，培养着他们高尚的情操和品格。正如古人所说："昔汉孝武立乐府，采歌谣。班孟坚谓代赵之讴，秦楚之风，皆感于哀乐，缘事而发，可以观风俗，知厚薄。"①"言为心声，而谣谚皆天籁自鸣，直抒己志，如风行水上，自然成文，言有尽而意无穷，可以达下情而宣上德。"②

正因如此，新中国成立后，党和政府十分重视口头文学的搜集、整理工作。中国民间文艺家协会原名"中国民间文艺研究会"，从其名称上就可以看出口头文学一开始就是中国民协关注的重点。1950年3月在中国民间文艺研究会成立大会上，专门制定了《征集民间文艺资料办法》。不久，时任中国民间文艺研究会副理事长的钟敬文发表《口头文学：一宗重大的民族文化遗产》，认为："口头文学的作者，是生息在广大的民间的，是熟悉各种社会现象、关心各种实际生活的。因此在他们的故事中、歌唱中，甚至三言两语的俗谚中，大都能够反映出比较有普遍性的世态人情。汉、魏以来文人骚客所做的仅少的社会诗、故事诗，大抵取法于乐府，而所谓乐府'古辞'（即许多乐府诗题的最初篇作），却大都是取自民间的口头创作。""口传文学的内容价值，不但在于广泛地并且正确地反映了社会的、生活的真相，尤其在于忠实地表现出人民健康的进步的种种思想、见解。""人民口头创作在教化上的潜力，往往不是我们脑子一时能完全测度得尽的。"呼吁对中国口头文学遗产"充分发掘出来，充分清理出来，特别是充分利用起来"。③第二年，由中国民间文艺研究会主编的《民间文学丛书》开始出版，首先出版的是何其芳、张松如编选的《陕北民歌选》。

在中国民间文艺研究会的主持、参与下，一部又一部的民间文学作品特别是民歌得以整理并出版。现在，中国民间文艺家协会共存有30多个省、自治区、直辖市上报的民间文学资料，总字数达十几亿。

可是，近年来，随着大批农民工涌进城镇和急速推进的农村城镇化、生活现代化（甚至是西方化），口头文学受到了历史上从来没有过的冲击、挑战，千百年来代代相传的口头文学珍宝被人们轻视、忽视甚至鄙视。以笔者

---

① （清）朱彝尊：《静志居诗话》。
② （清）刘毓崧：《古谣谚·序》。
③ 钟敬文：《口头文学：一宗重大的民族文化遗产》，《民间文艺集刊》第一期，新华书店1950年版。

所见所闻为例，20世纪七八十年代，在苏北、鲁西南的广大农村，农闲季节，民间曲艺（民间说唱）活动十分活跃，听民间戏曲、民间故事是广大群众娱乐的主要方式。每当"唱大戏"或说书人来村里说书，本村、邻村，甚至十里八乡的群众扶老携幼前来"听戏"（由于说书人说书时边讲边唱，所以在我们那里，听说书也叫"听戏"），即便寒冬腊月，不过半夜是不会散场的。20世纪90年代之后，民间曲艺（民间说唱）活动日渐式微，乡村里很难再看到民间说书人（旅游景点例外），只是"唱戏""唱大戏"这一娱乐活动还保留下来。保留下来的原因，据笔者分析，是因为它成了一种民俗事象。现在农村举办红白喜事，唱戏还是必不可少的内容，而听众，大多数已是中老年人。由于现代媒体的普及，收音机、电视、DVD、录音录像设备以及各类报刊图书快速地扩大了群众特别是年轻人文化娱乐活动的空间，网络更吸引了庞大的青少年受众群体。因此，如何保护口头文学、珍惜民族文化的血脉、留住中华民族文化的"根"，已经成为每个中华儿女的重大课题、迫切任务。

民间文化的传承，长期以来主要靠三种形式：家族传承、师徒传承和社会传承。在这三种传承方式中，口头文学、风俗习惯常常需要社会传承，其他文化遗产千百年来主要靠家族传承和师徒传承。

不论是客家山歌还是其他口头文学，为了表演的需要，或者为了容易被受众接受，在传承过程中，有些内容或形式悄然发生了变化，这是很正常的现象。民间文化从来都是活态的，不是一成不变的，传承中有"变异"，"变异"中有传承。这种"变异"，其实就是发展。民间文化必须融入日常生活。如果只是博物馆式的陈列，它的生命力是难以长久的。

民间文化的传承，一方面，需要调查、认定、发现、培养非物质文化遗产传承人；另一方面，也是更重要的，就是通过普及、教育的方式进行全社会的传承。大力提倡、组织传习活动，举办非物质文化遗产保护培训班，将非遗工作从娃娃抓起，在中小学建立教育传承基地，自然是一种很有效的传承方式。传承民间文化，"灌输"也是必不可少的。

为了传承客家山歌，凤岗镇从2009年起开展了"客家山歌进校园"活动，由老一辈客家山歌手进校园授课，让孩子们从小接受地方文化的培育，让客家山歌一代一代地传唱下去。与此同时，还结合"文化暖流送戏下乡"活动，开展客家山歌进村、进企业活动，让本土文化与外来文化互相学习，推动文化的交融与发展。凤岗镇的经验值得借鉴。

（本文系笔者于 2012 年 9 月 6 日在广东省东莞市凤岗镇"中国客家山歌之乡"考察评审会上发言的整理修改稿）

城镇化进程中的古村落保护

中国古村落数量多、分布广、个性鲜明,是传统文化的重要组成部分,凝聚着千百年来无数能工巧匠和普通民众的聪明才智,被称为"传统文化的明珠""民间收藏的国宝"。附着在古村落上的文化遗存不仅具有历史价值、文化价值、审美价值,更重要的是具有民族的精神价值,反映着我们民族特有的文化风度、精神气质和心灵历程,是一个民族的精神记忆和精神家园。仅就建筑而言,北方的四合院,西北黄土高原上的窑洞,皖南的徽居,福建的土楼,桂北、湘西、鄂西、黔东南的吊脚楼等,都是因地制宜,充分利用当地物产,就地取材,实用性强,与生产、生活息息相关。因地貌、气候、水土、人文环境等不同,加上一代又一代能工巧匠的倾力打造,古村落的建筑无论是内部结构还是外部形态等都少有雷同,可以说是异彩纷呈,别具一格。古村落的乡土建筑比城市建筑包含更多的民族性、民间性,包含着更多的传统文化因子,是一笔值得我们倍加珍视的物质和精神财富。正因如此,冯骥才先生说,中国最大的物质和非物质文化遗产的综合体是古村落。对古村落的保护,也是对我国物质文化遗产、非物质文化遗产以及文化传统的保护。

近几年来,笔者先后调研了 8 个省区的 28 个古村落、1 个老街和 4 个省的 5 个古镇,对当前古村落保护中存在的问题有了相对深入的了解。这 5 个古镇(四川省雅安市雨城区的上里古镇,南充市的阆中古城,山西省临县的碛口镇,江苏省昆山市的周庄古镇,贵州省贵阳市花溪区的青岩古镇)、1 个老街(安徽省黄山市的屯溪老街),如今都是旅游热点,政府重视,原住民受益,在保护方面自有其优势。28 个古村落,大多还在使用,还有原住民居住,特别是古徽州的民居,如安徽省黟县的宏村、西递村,江西省婺源县的虹关村、凤山村、洪村、甲路村，依然保留着鲜明的徽派建筑特色：白粉墙，小青瓦，鳞次栉比的马头墙。但随着城镇化的大力推进，人口的增多，农民工的大量季节性进城，大多数古村落前景堪忧。问题主要有以下几个方面。

一、古村落急剧消失，传统建筑大量被破坏

近30年来，城镇化的大力推进，在改善广大农民生活的同时，也使古村落急剧消失。有些乡镇政府急功近利，为了买卖土地，进行商业化运作，大肆合并村落；不少农民生活稍一改善，就要拆掉旧房盖新房，一批批古代建筑顷刻间化为乌有，无数古老而优美的古建筑惨遭毁坏。2000年时中国有360万个自然村，到2010年，自然村减少到270万个，十年里有90万个村子消失了，一天之内就有将近300个自然村落消失，这些自然村中就有大批古村落。另据不完全统计，仅自2005年至2011年的6年间，我国古村落就从5000个锐减到了2000余个，并呈日益加速的趋势。

二、古村落生活条件差，就业门路少，留不住人

大多数古村落位置偏僻，生活不方便，几无娱乐场所，挣钱的门路也不多。比较起来，城镇更有吸引力。更何况，老百姓种田很辛苦，一年的收入还不如外出打工一个月挣得多，年轻人离乡打工成为潮流自然在情理之中了。即便以苗族风情闻名中外的贵州省雷山县的西江苗寨，不少村民除了靠种地生活外，外出打工仍是挣钱的主要门路。正如一位当地人所说："如果一定说西江富裕了，老百姓的生活好了，那应该取决于打工。"[①]

三、古民居年久失修，破落荒芜，面临倒塌的危险

近年来，大批农民工进城务工，越来越多的农民迁居城镇，使不少古村落成为一个个干瘪的空巢。由于无人居住，没人管理，古民居破败不堪，甚

[①] 南往耶：《西江苗寨旅游模式，成功了还是失败了？》，《贵州民族报》官方博客，2011年11月9日。

至有坍塌的危险。2013年9月，笔者去江西省进贤县艾溪陈家村调研，看到有的院落、房屋年久失修，再不及时修理，就有倒塌的可能。

古村落的不少房屋没有及时维修，成为危房，原因很多。有资金、技术、审美方面的原因，也有政策方面的原因。很多村民认为楼房舒适，生活方便，要么干脆拆掉旧房盖新房，要么到村外建新居，对古建筑不维修，任凭其荒芜、破败下去。至于被当地政府公布为文化遗产保护的核心建筑，不能随便拆迁和建造，就是维修，也要按照国家制定的文物维修规定进行，古建筑便处在拆又拆不得，维修又无资金，住又不安全的境况中。

四、垃圾污染严重，村民居住环境恶化

随着人们生活水平的提高，农村中的生活垃圾、建筑垃圾大量增加。据统计，我国乡村年生产垃圾约3亿吨，生活污水约6000万吨，大多随意排放，严重污染了环境。2013年2月，笔者在河南省淇县的高村、4月在山东省郓城县的水堡村看到，由于没有实行垃圾集中处理，老百姓随意倾倒垃圾，污染了河水，恶化了居住环境。淇县的高村以拥有淇水关、古道、古民居而著名，郓城县的水堡村是宋江故里，本是美丽的村庄，垃圾大煞风景不说，更恶化了村民的居住环境。

五、过度包装，古村落被"异化"

许多古村落，将发展旅游作为求生存的主要途径，盲目开发，过度包装，使古村落的自然生态、人文生态面目全非。如西江苗寨，在大力开发旅游后，红极一时，仅门票收入每年都在1000万元以上，其对原生态的保护却遭到人们的质疑。有人说："目前我们看到的西江是旅游开发后的西江，是新的西江，它是用吊脚木楼造就的城市，已经与苗族同胞与山野苗寨背道而驰，离开山里人家的状态越来越远。"[1]"五年前，西江几乎不通车，但如今物价暴涨，表演者都是从外面雇来的职业演员。"[2] 河北省赵县范庄的民俗活

---

[1] 南往耶：《山里人家，贵州旅游业的终点》，《贵州民族报》官方博客，2011年11月9日。
[2] 外电报道：《民族风情旅游热喜中有忧》，《参考消息》2014年4月18日第16版。

动"龙牌会",本来是由道士打醮发展而来的一种包含当地百姓求福祈祥良好意愿的多神崇拜性质的民间信仰,近20年来,在多种功利性因素的影响下,逐渐被解释、包装为代表中华民族精神的"龙文化",从而改变了它自然的文化生态。[1] 在古村落保护成为全民共识的今天,如何保护古村落并活态传承下去才是最大的难题。

笔者认为,在当前条件下,有效、持久保护并传承古村落的关键是保护好古村落的原生态。具体说来,就是既要保护好古村落的建筑及其生态环境,又能留住古村落中的原住民。

一、保护好古村落的建筑及其生态环境

当前,很多古村落被视为文化资本加以运作和打造,发展乡村旅游,产生了两个方面的影响:一方面,可以扩大古村落的影响力,使广大民众看到了传统民居的社会价值和潜在的经济效益,促使人们重视古村落,继而对村落文化遗产加以保护;另一方面,既然是商业化运作,势必是重商业利益而轻文化的真正价值,加上有些人文化品位不高,为了吸引游客、提高经济收益,胡乱改造,致使大量古村落不土不洋,"异化"严重,面目全非,低俗不堪,已经没有多少历史文化内涵。所以,保护、传承古村落首先要保护好古村落的建筑及其生态环境。如何处理好保护与传承、发展之间的关系,是我们亟须解决的问题。政府如果看不准,与其"乱作为",不如"不作为"。

据报载,著名历史文化名村、全国重点文物保护单位,被誉为"中国最美村镇""福建省民居第一村"的福建省连城县培田村,最近规划的保护方案是就近建立新村,政府负责公共设施建设,村民自己出资建房,大部分住户搬到新村,古村落里只留下小部分住户,维护重修后适度开发旅游产业。培田村村民说,整个培田村有近300户1000多人,部分居民已经搬到就近建设的新村,古村落里只剩下20余户,多为老弱妇孺,大部分年轻人都外

---

[1] 参见齐易《是保护?还是破坏?——对河北省范庄"龙牌会"现象的思考》,《民间文化论坛》2013年第2期。

出打工。[①]如果按照这种规划保护古村落，古村落就会丢失生机和文化内涵，最终保留下一个个干瘪的空巢。

丢失了文化内涵、没有了生机活力的古村落，终将被人摒弃。

二、留住古村落中的原住民

在人民生活日益现代化的今天，怎样才能留住原住民，保持住古村落原有的民俗、信仰等非物质文化遗产，使古村落不至于变成一个个干瘪的空巢呢？

当然，在一定时期、一定范围内，"空巢村落"的出现是中国城镇化、现代化发展到一定阶段的必然：一方面，随着农业的现代化，农村不再需要这么多的劳动力，乡镇企业也吸纳不了这么多的劳动力，农村劳动力自然外流；另一方面，随着社会经济迅速发展，城市劳动力严重缺失，需要大批的农村劳动力，而城镇对他们更有吸引力。据统计，到2012年年底，我国城镇化率已达到52.6%，已有7亿人生活在城镇，但村落"空巢化"自然会产生很多的问题，它使不少农村家庭"断裂"，影响了社会的和谐；古村落承载的民俗、信仰、人文环境等不断流散，我们的精神家园日渐荒芜。

怎样才能留住原住民、避免"空巢村落"的大量出现呢？笔者认为，各级政府和民间组织需要做以下几个方面的工作。

第一，适度开发，改善民生，提高老百姓的生活质量。要留住原住民，保护好古村落，首先要解决原住民住房拥挤、传统建筑中生活不方便的问题。在保持古村落整体布局不变的情况下，改善内部的基础生活设施和外部的生活、卫生条件，满足村民的现代化生活需求。在广大农村，老百姓住在平房里边，冬天没有暖气不说，卫生条件也很差。他们要把房子改造一下，装上电灯电话，搞点卫生设施，让各方面更好一点，都是正常的需求。不解决这些问题，就没法长期留住他们。只有缩小了城乡生活差距，才能从根本上解决"空巢村落"的问题。

---

① 参见李超《保护传统村落不能按现行遗产分类标准》，《中国艺术报》2013年11月11日第1版。

吉林省长白山密林深处有一个木屋村，被称为"长白山最后的木屋村落"。这里的老百姓本来过着"棒打狍子瓢舀鱼，野鸡飞到饭锅里，黑熊野猪进园子，人蛇同睡被窝里"的世外桃源生活。可近年来，耐不住农村的寂寞，多数居民迁居他处。村里的54栋木屋，多数已是"空壳"，加剧了木屋的破败。当然，也有不少外地人慕名而来。有一位四川姑娘，结婚后随丈夫到了木屋村定居，已经居住了20多年。她的感受很有代表性：

> 我都来了二十多年啦，可这里一直没变。总也不变。上级光说保留这个村子，可是却不知，村民们出门十分不便①，在这里生活虽然有乐趣，但也是太苦了，反正我不愿意在这儿……什么时候能开发呢？什么时候是个头呢？就那么几个房子是好看的（指木屋、木瓦、木烟囱），人也是太少了……
>
> 木屋村落美是美，但人家外来的人，看一会儿也就走了，剩下的是村民自己的寂寞。
>
> 就这么两个景，看完就没了。用什么能让人留下？特别是让人把心都留下，那更难。看的东西没有，就什么也留不下。除了"景"之外，人们往往说，用"农家饭"让人留下，可农家饭有啥呀？不过就是冻点刺嫩芽，小笨鸡，但这里鸡也养不住。老鹰常来祸害鸡，所以，鸡也不敢养了。②

后来，当地政府在保持木屋村整体格局不变的情况下，做了一些改善民生的事情：在保留村里古井的同时，将山泉水引入每家每户，让村民吃上了自来水；村里铺垫了沙石路，省道至村口之间修了水泥路；将村里的电线埋入地下，使具有现代气息的电线杆彻底消失，从而保持了村落的古朴风貌。这样一来，游客增多了，老百姓的生活有所改善，古村落的吸引力也增强了。

---

① 由于没有硬化，一下雨或冰雪融化，道路便泥泞不堪，走路或是光脚，或是穿靴子，很不方便。
② 曹保明：《木屋村》，中国文史出版社2014年版。

事实证明，不改善民生，就难以保护好古村落，更不用说把它们传承下去。

第二，完善农村的各种社会保障制度，建立政府补贴机制。社会保障制度是国家、社会或个人对社会成员提供一系列基本生活保障，使公民在年老、疾病、失业、灾害及丧失劳动能力等情况下，能获得物质帮助的制度。我国现阶段实施的社会保障制度是以家庭保障为主，积极发展制度化保障。农村社会保障项目主要包括农村社会养老保险、农村社会救助和以合作医疗为主的医疗保障。近年来，农村社会保障项目在广大农村逐步完善，让千百万农民受益。但社会保障只能让农民过上温饱的日子，不能让农民富足，他们除了种田，还得出外打工。因此，笔者建议，凡被国家认定的古村落，政府给予村民一定的生活补贴或政策扶持，让他们可以不离乡就能过上悠然自适的生活。否则，"文化疼痛"的悲剧，将会不断上演。

第三，发展具有地域特色的文化产业，吸引农民在当地就业，增加农民收入。传承是一种活态的文化延续，没有民众的积极参与，很难说是真正的"活态传承"。因此，把非物质文化遗产的传承保护跟群众脱贫致富紧密联系起来，在继承、保护民族文化的同时，让老百姓还能发家致富，是激发民众积极性的一种方法。如此，古村落的土壤依然存在，其文化空间也在民众的积极参与中得以维护。前述木屋村的四川姑娘，之所以一开始不愿意在那里生活但还是一直住到现在，就是因为有事可做，有发挥自己才能的致富门路。

第四，加强宣传引导，让广大原住民认识到传统民居和传统文化的价值，激发他们热爱古村落并以在家乡生活为美、为荣的意识。我们固有的教育理念，是上对下、先进对落后的二元思维。事实上，教育是一种启发、一种传播。古村落承载着浓郁的文化，而民众却不能自知。因此，新的教育理念，需要不断播撒。诚然，老百姓要改善生活，要过得更好一点，要过得更舒适一点，这是他们的权利，无可厚非。但是，物质自足与精神丰盈并不是矛盾的两极。因此，以理念润心田的教育是保护古村落的一条途径。而保护了古村落及其文化遗产，也就是保存了文化多样性，就为老百姓的文化生活提供了更多的选择项，有助于生活质量的提高。

文化是一个民族的灵魂和血脉，体现了民族的认同感、归属感，反映了民族的生命力、凝聚力。中华文化的多样性在农村，中华文明的文脉与根基在农村，我国的民间文化遗产主要在农村，少数民族民间文化遗产几乎都在农村。因此，古村落是中国最大的物质文化遗产和非物质文化遗产的集合体，也是社会主义新农村建设重要的历史与文化基石。面对古村落及其文化遗产的急剧消失，抢救、保护迫在眉睫，我们责无旁贷。

（原载《风从民间来："追寻中国梦"采风文论集》，中国文史出版社2014年版）

传统村落要留下原住民

传统村落是宝贵的文化遗产，蕴含着深厚的历史文化信息，传承着中华民族的历史记忆、生产生活智慧、文化艺术结晶和地域特色，寄托着人们的乡愁，是文化之脉、自然之体、生态之基、历史之源，具有重要的生活价值、历史价值、科学价值和艺术价值。

近年来，伴随着城市化的迅速推进、村落的转型撤并、农民的易地脱贫以及传统生产、生活方式的变革，城乡二元体制日渐松动，传统村落数量急剧下降，传统村落中的人口尤其是青壮年劳力不断"外流"，造成常住人口大量减少，出现"人走房空"的现象，并由人口空心化逐渐演化为人口、土地、产业和基础设施整体空心化。与此同时，为了发展旅游，有些地方在保护开发传统村落的名义下，大规模拆除具有历史文化和地方特色价值的院落、建筑，而代之以新的住宅建筑，严重破坏了村落历史文脉的延续性。

而更令人担忧的是，上述问题已为越来越多的人所认识到，但迁走原住民的危害却还未引起足够的重视。有些地方为了保护传统村落，竟将其中的原住民全部迁走，却不知如此会使传统村落丢失了生机和文化内涵。

原住民与其居住的村落是一个整体，他们是村落文化的创造者，也是村落文化的承载者，只有他们才能真正传承这个村落特有的民俗、信仰、技艺、人文环境等文化遗产，也只有他们才能真正理解这些文化遗产的意义与价值。因而，只有留下原住民，才是真正留住了传统村落的传承发展之根。

然而，留下原住民面临着重重困境。且不说功利性的开发，使原住民想留而不能留；即使无人强迫，原住民也未必甘心待在村里。一个不容回避的现实是，大多数传统村落位置偏僻，生活不方便，生活条件差，几无娱乐场所，就业门路少，老百姓辛辛苦苦种田一年，还不如外出打工一个月挣得多。即便以苗族风情闻名中外的贵州省雷山县的西江苗寨，外出打工仍是挣钱的主要门路。正如一位当地人所说："如果一定说西江富裕了，老百姓的生活好了，那应该归功于打工。"

在我们看来，要留下原住民，就要满足原住民的生活、精神需求，改善其生存条件，使其交通便利、居住舒适、环境优美、就业有道、社保无忧。

交通便利

传统村落位置偏僻，我们不可能把它们都迁到城郊去，但可以改善交通条件，让老百姓出行便利一些。

吉林省长白山密林深处有一个木屋村，被称为"长白山最后的木屋村落"。这里的老百姓本来过着"棒打狍子瓢舀鱼，野鸡飞到饭锅里，黑熊野猪进园子，人蛇同睡被窝里"的世外桃源生活，可近年来，耐不住农村的寂寞，多数村民迁居他处，村里的54栋木屋，多数已是"空壳"，加剧了木屋的破败。由于没有硬化，一下雨或冰雪融化，道路便泥泞不堪，出行十分不便。后来，当地政府在保持木屋村整体格局不变的情况下，在村里铺垫了沙石路，省道至村口之间修了水泥路。这样一来，游客增多了，老百姓的生活有所改善，传统村落的吸引力也增强了。

居住舒适

不少古民居年久失修，破败不堪，成为危房。不少村民认为楼房舒适，生活方便，于是要么拆掉旧房盖新房，要么干脆到村外建新居，对古建筑不维修，任凭其破败下去。那些被当地政府公布为文化遗产保护的核心建筑，不能随便拆迁和建造，维修要按照国家制定的文物维修规定进行，古建筑便处在拆不得、没钱修、住又不安全的尴尬境况中。

要留住原住民，就要解决原住民住房拥挤、传统建筑中生活不方便的问题。要在保持传统村落整体布局不变的情况下，改善内部的基础生活设施和外部的生活、卫生条件，满足村民的现代化生活需求。只有缩小了城乡生活差距，才能从根本上解决"空巢村落"的问题。

环境优美

随着人们生活水平的提高,农村中不易降解的生活垃圾、建筑垃圾大量增加。据统计,我国乡村年生产垃圾约 3 亿吨,生活污水约 6000 万吨,大多随意排放,严重污染了环境。由于没有实行垃圾集中处理,老百姓随意倾倒垃圾,污染了河水,恶化了居住环境。因此,给原住民一个碧空如洗、山清水秀的生活环境,也是留住他们的一个必备条件。

就业有道

传承是一种活态的文化延续,没有民众的积极参与,很难说是真正的"活态传承"。因此,把非物质文化遗产的传承保护跟群众脱贫致富紧密联系起来,是激发民众积极性的一种方法。比如,发展具有地域特色的文化产业,吸引农民在当地就业,增加农民收入,如此,传统村落的土壤依然存在,其文化空间也在民众的积极参与中得以维护。山东省沂南县的竹泉村、邹城市的上九村,就按照这个思路保护传统村落,既传承、弘扬了民间文化,还给原住民就业、致富提供了便利条件。

社保无忧

我国现阶段实施的社会保障制度是以家庭保障为主,积极发展制度化保障。农村社会保障项目主要包括农村社会养老保险、农村社会救助和以合作医疗为主的医疗保障。近年来,农村社会保障项目在广大农村逐步完善,让千百万农民受益。但社会保障只能让农民过上温饱的日子,不能让农民富足,他们除了务农,还得外出打工。因此,我们建议,凡被国家认定的传统村落,政府给予原住民一定的生活补贴或政策扶持,让他们可以不离乡就能过上悠然自适的生活。

一方面,要留住原住民,还得加强宣传引导,让他们认识到传统民居和传统文化的价值,激发他们热爱家乡之美并以在家乡生活为荣的意识。我们固有的教育理念,是上对下、先进对落后的二元思维;事实上,教育是一种启发,一种传播。传统村落承载着浓郁的文化,而民众却不能自知,需要不断播撒新的理念,以理念润心田的教育是保护传统村落的一条途径。

另一方面,老百姓要改善生活,要过得更好一点,要过得更舒适一点,这是他们的权利,无可厚非。而且,物质自足与精神丰盈并不是矛盾的两极,保护了传统村落及其文化遗产,也就是保存了文化多样性,就为老百姓的文化生活提供了更多的选择项,有助于生活质量的提高。

(原载《光明日报》2015年1月21日第10版)

重阳节的起源与孝文化的弘扬

重阳节又称重九节、茱萸节、登高节、女儿节、菊花节、老年节等，在我国起源很早，节日活动也非常丰富，比如登高赏菊、喝菊花酒、吃重阳糕、做菊花枕、戴茱萸囊等。那么，重阳节到底起源于何时？为什么还是一个老年节？它与尧舜有什么关系？新的时代下我们如何过好重阳节？

一、重阳节的起源

重阳节在先秦初露端倪，到了两汉已正式成为一个节日。西汉末年的学者刘歆在其所著《西京杂记》中说，汉高祖刘邦的宠妃戚夫人被害后，其生前侍女贾佩兰被逐出皇宫，嫁为民妻。贾氏对人说：皇宫里，每年九月九日，都要佩茱萸、食蓬饵、饮菊花酒，说可以让人长寿。民间纷纷仿效。从此过重阳节的风俗在民间就传开了。虽然《西京杂记》有浓厚的传说成分，但在刘歆生活的西汉末年重阳节肯定是一个节日，因为即使是作家创作也要有现实生活做铺垫的。也有人对《西京杂记》是否是刘歆的作品产生疑问，认为是东晋葛洪的作品，那么，东汉崔寔的《四民月令》说，"九月九日 可采菊花"，可以作为重阳节在东汉时期已经出现的文献证明。更有文献记载，汉末已有朝廷九月九日赐宴于公卿近臣的做法，证明重阳节已成为官方的节日。

有关重阳节的传说，东汉桓景的故事也很有代表性。桓景跟随费长房游学多年，有一天，费长房对桓景说："九月九日你家中有灾，你得赶快回去。回家后，让家人各做一个红布袋，里面装上茱萸，系在胳膊上，然后登高，饮菊花酒，此祸可除。"桓景遵照师父的话，在九月九日这天带着全家登山。晚上回家后，看到家中鸡犬牛羊全都死了。从此以后，重阳节登高、戴茱萸、喝菊花酒以避灾的习俗就流传了下来。魏文帝曹丕在《九日与钟繇书》中说："岁往月来，忽复九月九日。九为阳数，而日月并应，俗嘉其名，以为宜于长久，故以享宴高会。"表明在东汉末年至迟三国初年重阳节已经成了一个成熟的节日。

二、重阳节与尊老孝亲

重阳节是九月九日，"九九"与"久久"同音，正如曹丕所说"宜于长久"，与人们希望生命长久、健康长寿的人生追求相一致，自然与敬老孝亲的传统美德相契合。"老吾老以及人之老"，中华民族自古以来就有尊老敬老的传统。早在周代，朝廷就有敬养老人的制度。楚国人则有九月登高拜谒先祖的习俗，每到九月，民间都会举办祭祀天地和祖先的仪式。西汉初年，汉高祖刘邦颁布了敬老养老诏令，凡80岁以上老人均可享受"养衰老、授几杖，行糜粥饮食"的待遇。《后汉书·礼仪志》还记载，每年仲秋八月，汉政府都要命各县挨家挨户统计人口，年龄达到70岁以上的，由朝廷授予王杖，送上糜粥，八九十岁的老人则授予"鸠杖"，可以享受各种优待。在重阳节作为一个节日后，人们把重阳节作为表达敬老孝亲感情的节日，自在情理之中。至今在陕西不少地方，重阳节这一天有吃长寿面的习俗，还要把第一碗长寿面先给家中的老人吃，又细又长的长寿面表达了人们祝福老人健康长寿的美好愿望。重阳庙会上，还有给家里老人、长辈买过冬衣物的传统。在山西，有的地方，重阳节还要请戏班子连唱五天大戏，内容多为敬老、孝亲，以愉悦老人。正因如此，2012年，我国政府规定，每年的农历九月初九为老年节，把重阳节的敬老孝亲习俗再次凸显出来，大力弘扬。

三、尧舜传说与孝文化

据《史记·五帝本纪》记载，尧年老了，要寻找接班人，大臣们一致推举舜，尽管舜当时还是一介平民。其理由便是舜这个人很孝顺父母。舜的父亲瞽叟是个瞎子。舜的母亲去世后，瞽叟又娶了个妻子，生了个儿子叫象。象因为父母的溺爱，比较狂傲。瞽叟爱后妻子，常欲杀舜，舜都设法逃脱了。一次，瞽叟让舜爬上谷仓修补谷仓顶，让象从下面纵火，企图烧死舜，舜手持两个斗笠乘风跳下，得以逃脱。尽管如此，舜对父母的敬爱之心仍然没有丝毫改变。舜做到了孝子的最高要求："顺事父及后母与弟，日以笃谨，匪有解。""欲杀，不可得；即求，尝在侧。"① 与孔子孝的理念高度吻合。《二十四孝》故事里，第一个就是舜的故事，作者题其名为"孝感动天"。

那么，尧舜传说与菏泽有什么关系呢？

史书记载，舜在登上帝位之前，其主要活动区域，大体上有这么几个地方：历山、雷泽、河滨、寿邱、负夏。《史记·五帝本纪》说："舜耕历山，渔雷泽，陶河滨，作什器于寿邱，就时于负夏。"② 历山在今何处，说法不一，较著名的说法有：1.在山东省菏泽市东北。2.在山东省济南市东南。又名舜耕山、千佛山。3.在山西省垣曲东北。为中条山主峰之一。据笔者实地考察，参考古代文献，再与近年出土的战国楚简相印证，位于今菏泽市牡丹区东北、鄄城县西南的阎什口乡历山庙村西之历山遗址，才是舜耕之历山。"耕""渔""陶"等，皆舜发迹前所为，在当时的交通条件下，这些地方相距不会太远。再说，舜有什么必要非得一会儿去山西，一会儿到浙江，一会儿来山东，东奔西跑地去"耕""渔""陶"呢？因此，雷泽、河滨、寿邱、负夏也应该距历山不远。据《孟子》说：舜，东夷之人。古代东夷包括今天的山东省和江苏北部、河南东部一带。大多数学者认为，雷泽在今菏泽境内。雷泽又名雷夏泽，《史记集解》引徐广曰：雷泽"在成阳"。《史记正义》说，雷泽"在雷泽县西北也"。至于个别学者说今山西永济南的雷水为"舜耕历山，渔雷泽"之雷泽，实因水有雷名，强为牵合。陶河滨，即在今定陶西南的济水岸边做陶器。《史记集解》引皇甫谧说："济阴定陶西南陶丘亭是也。"《史记正义》说："于曹州滨河作瓦器也。"寿邱，一般认为在今山东曲阜城附近，《史记集解》引皇甫谧说，寿丘"在鲁东门之北"。负夏，又作负瑕，在今河南濮阳。《史记集解》引郑玄曰："负夏，卫地。"就时于负夏，即在今河南濮阳一带做过买卖。五处皆东方之地，与《孟子》相符合，也与近年来的考古成果相符合。

---

① （汉）司马迁撰：《史记》，中华书局1982年版。
② （汉）司马迁撰：《史记》，中华书局1982年版。

根据学术界对于尧舜文化的考察,我们基本可以确认由大汶口文化发展而来的海岱龙山文化就是帝舜等东夷部落创造的物质文化。大汶口文化尉迟寺类型分布于鲁西南、豫东和皖北地区,过去亦有人称其为"段寨类型"。关于这一类型的来源,学界一般认为是由于东方大汶口文化居民的向西迁徙而形成的。去向亦比较明确,为龙山文化王油坊类型所继承。王油坊类型文化,应该就是有虞氏文化即帝舜的文化。[①]王油坊类型的分布范围,主要在今鲁西南的菏泽、豫东的商丘和皖西北一带。如此,帝舜山西说、浙江说、湖南说,甚至山东济南说也就难以成立了。关于这一地区龙山文化的绝对年代,根据已经测定的碳十四年代数据推定,在公元前2600—前2000年,正处于文明社会的形成时期,尧舜生活的年代正在其中。

舜"孝感动天",孔子大力提倡"孝道",并不意味着儒家提倡绝对服从、愚忠愚孝。实际上,儒家提倡父慈子孝,即父母对子女慈爱、子女对父母孝顺,两者相辅相成、缺一不可。《礼记》说:"何谓人义?父慈,子孝,兄良,弟悌,夫义,妇听,长惠,幼顺,君仁,臣忠。"孔子还说,在大义面前,"子不可以不争于父,臣不可以不争于君"[②],不能一味顺从,陷亲于不义。人们经常讲"不孝有三,无后为大",说是"不孝"的事情有很多种,没有后代(主要指没有儿子)是最大的不孝。真相如何呢?"不孝有三,无后为大"出自《孟子·离娄上》,是孟子在评价舜娶妻这件事情时说的。原话是:"不孝有三,无后为大。舜不告而娶,为无后也,君子以为犹告也。"意思是:不孝有很多种,没有后代是最大的不孝。娶妻本应先告诉父母,舜没告诉父母而娶尧帝的两个女儿为妻,是因为担忧自己没有后代,在明理的君子看来,舜虽然没有禀告父母,就和禀告了父母是一样的。讲的是权变的道理,即特殊情况特殊处理:舜的父母没有尽到父母为儿子娶妻的责任,舜

---

① 参见李伯谦《论造律台类型》,《文物》1983年第4期。李伯谦先生后来还说道:"传说中的有虞氏舜,文献上记载其部落主要活动在豫东、鲁西南地区。文献上说,夏初后羿代夏时,少康曾投奔有虞,周初把传为舜的后裔的胡公满封于此地,从考古学上看,豫东、鲁西南地区在龙山时代是河南龙山文化造律台类型(又称王油坊类型)的分布范围。我们曾引文献有关记载,推测它可能就是有虞氏的遗存。"(李伯谦:《考古学对中国上古史建设的重大贡献》,载《北大讲座》编委会编《北大讲座》第四辑,北京大学出版社2003年版)

② 《孝经·谏诤章第十五》。

就要灵活变通。后来东汉学者赵岐注释《孟子》这段话时，说："于礼有不孝者三事，谓：阿意曲从，陷亲不义，一也；家贫亲老，不为禄仕，二也；不娶无子，绝先祖祀，三也。"①

孔子还认为，子女在父母发怒的时候，要"小杖则受，大杖则走"，不能一味承受。弟子曾参侍奉父母，尽心尽力。有一次，曾参的父亲曾点叫他去瓜地锄草，曾参不小心将一棵瓜苗锄掉了。曾点很生气，就用棍子责打他。由于出手太重，曾参昏了过去。当曾参苏醒后，并没有怨恨父亲。孔子知道后，批评他说："小杖则受，大杖则走，今参委身待暴怒，以陷父不义，安得孝乎！"所谓"君叫臣死，臣不得不死；父叫子亡，子不得不亡"，只是后世小说、戏文里面的话，不是儒家的思想，更不能把污水泼到孔子身上。

四、新的时代下我们如何过好重阳节？

党的十九大报告指出，要发展社会主义先进文化，不忘本来、吸收外来、面向未来，更好构筑中国精神、中国价值、中国力量，为人民提供精神指引。落实在重阳节的文化传承上，我们就要紧紧抓住重阳节的文化内核，挖掘其时代价值，特别是敬老孝亲、祈寿延年、拥抱自然、愉悦身心的时代价值，让重阳节真正成为与时代合拍共振、全民共同喜爱、一起欢度的佳节。

重阳节期间，我们可以与老人一起登高、插茱萸、做菊花枕，让老人放松身心，高高兴兴地过节；地方政府、社会组织可以出面搞各种文艺活动，宣传敬老孝亲理念，礼敬寿星，表彰孝星，培育孝心，提倡孝行，让年青一代内化于心，外践于行。

中华优秀传统文化源远流长、博大精深，我们要真正践行它，就要继承与弘扬相结合，结合新时代、新需求进行创造性转化、创新性发展。近代以来，我们在批判旧文化的同时，对孝文化进行了过多的挞伐，这样做的危害性也是显而易见的。因此，从民国初年开始，就有学者建议把忠孝观念进行现实性的改造，提出"为国家尽忠，为民族尽孝"。从古至今，千千万万

---

① （宋）朱熹：《孟子集注·离娄上》。

的普通老百姓是弘扬"孝道"的主体。国家、民族有难，他们义无反顾；家里老人七灾八难，吃喝拉撒睡，他们都要身体力行地照顾，无可推诿。这些年，在宣传教育上走了两个极端，或者食古不化，只会用《弟子规》《二十四孝》之类的故事教育民众，让人产生抵触情绪；或者大肆批判，把孝文化批得一钱不值，给某些人以口实，恶化了社会风气，遗弃、虐待老人的现象层出不穷，所以，弘扬孝文化的任务还很艰巨，道路还很漫长。弘扬孝道，既要从制度方面、法律方面来约束，还要从道德方面、舆论方面来提倡、弘扬。如果子女没有孝心，不肯赡养老人，即使老人把子女告上法庭，打赢了官司，判子女每个月给老人赡养费若干，子女掏出钱一扔，一走了之，老人能快乐吗？能安度晚年吗？

关于孝的几个境界，孔子说得已经非常到位："始于事亲，中于事君，终于立身。"[1]最高境界还是修身养性，把敬老孝亲、报效祖国作为生命自觉，真正做到知行合一。通过弘扬孝道，推己及人，由近及远，可以实现整个社会的和谐。

（本文系笔者于 2018 年 10 月 17 日在山东省菏泽市召开的"重阳节与中华孝文化研讨会"总结发言的整理修改稿）

---

[1]《孝经·开宗明义章第一》。

《孝经》的流传与民间故事中的孝文化

一、《孝经》的产生与流传

"孝"的提出、坚守和弘扬，是中华民族优秀文化的代表和特色。我国自有文字以来，在各类文学作品中，都有反复吟咏对父母感激、怀念之情的内容。最早的诗歌总集《诗经》中，有一篇《蓼莪》可为代表："哀哀父母，生我劬劳！""哀哀父母，生我劳瘁！""父兮生我，母兮鞠我，拊我畜我，长我育我，顾我复我，出入腹我。"唐代诗人孟郊的《游子吟》更唱出了千百年来所有子女的共同心声："谁言寸草心，报得三春晖。"同时，历代王朝无不提倡孝道、鼓励孝行、推崇孝子，对于不孝之人，给予严厉的惩罚。颁布于西周前期的《吕刑》，列举了应当惩处的罪名三千条，其中最大的罪行便是"不孝"。此即孔子所说的"五刑之属三千，而罪莫大于不孝"[1]。

当然，惩罚是一方面，教育也是一方面。孔子作为春秋时代伟大的思想家、教育家，对如何处理好父母与子女的关系这一重大问题倍加关注，缜密思考，他在与弟子曾参的谈话中，多次谈到对孝的看法。曾参和自己的学生把这些谈话记录下来，再加以归纳整理，终于产生了一部影响几千年的不朽名著——《孝经》。

《孝经》主要讲孝的基本理论，孝与政治、社会的关系，以及如何实行孝道等，总字数不过1800多个，但其影响之大、之深远，绝非一般儒家典籍可比。孔子在世时就对《孝经》很重视，曾说过"吾志在《春秋》，行在《孝经》"[2]。自春秋末年以后，2000多年的时间里，上自帝王将相，下到平民

---

[1] 《孝经·五刑章第十一》。
[2] 李隆基:《孝经·序》。

百姓，对《孝经》更是倍加推崇，影响所及，远至朝鲜、日本、西欧各国。西汉文帝时，便设立了《孝经》博士。汉宣帝时，在各郡县乡村设学校，《孝经》被列为必读课本，迅速在民间普及。为了表示重视孝道，西汉王朝从惠帝以后，皇帝的谥号中都要加一个"孝"字。东汉时，光武帝下令不仅知识分子要读《孝经》，虎贲卫士也要学习《孝经》。魏晋南北朝时，《孝经》被广为注解、讲授。皇帝、皇太子听经、讲经、注经，成了宫廷的重要活动。隋唐宋元明清各朝，对《孝经》尊崇有加。产生于宋代的《三字经》说："《孝经》通，'四书'熟，如'六经'，始可读。"即要求读书先从《孝经》开始，足见人们对它的重视。

二、《孝经》对民间的深刻影响：《二十四孝》和众多的民间孝故事

孔子说："君子之德风，小人之德草。草上之风，必偃。"[①] 上行下效，社会精英和官方的道德取向对老百姓自古以来都起到引领作用。在我国民间，《孝经》产生的巨大影响之一就是出现了巨量的"通俗版《孝经》"：《二十四孝》和众多的民间孝故事。《二十四孝》是元代郭居敬编选的前代二十四个孝子在不同环境、不同遭遇下从不同角度行孝的故事集，后配以插图，通俗易懂，千百年来在民间广为流传，几乎达到了家喻户晓、人人皆知的程度。其中有些故事，如董永"卖身葬父"，后来被改编成戏剧《天仙配》，至今还演出不断，深受人们的喜爱。由于更贴近广大劳动人民的生活，这些"通俗版《孝经》"在民间的社会价值特别是教化作用非常大。

"通俗版《孝经》"促成了民间丰厚的道德积淀，而民间道德积淀自然要通过民间故事、民间歌谣、民间戏曲表现出来，从而形成了民间浓厚的孝文化。《孝经》说："孝子之事亲也，居则致其敬，养则致其乐，病则致其忧，丧则致其哀，祭则致其严。"[②] 孝顺父母最重要的是态度，即尽心供养，真心尊重。民间故事《谁最孝顺》就用最通俗的方式说明了这种孝观念：

[①]《论语·颜渊第十二》。
[②]《孝经·纪孝行章第十》。

有弟兄俩，轮流供养老父亲。老父亲在老大家时，住的是高楼大厦，吃的是大米白面、鱼肉禽蛋；在老二家里，住的是茅草小屋，连地瓜、饼子也难吃够。老二的两个孩子，每逢看见那黄灿灿的饼子，馋得干咽唾沫，老二和媳妇也不舍得掰给孩子一点吃！这年除夕，老大来到弟弟家和老父亲凑在一起过团圆年。吃饭时，老大见弟弟家粗茶淡饭，触景生情地对父亲说："爹，你说俺弟兄俩哪一个最孝顺？"老父亲听后笑了笑，说："都孝顺。"老大说："都孝顺，还有个最孝顺的呢？"父亲说："你让我怎么说呢？"老大说："这还不好说，您在谁家住得最好，吃得最好，谁就最孝顺！"父亲叹了口气，说："是啊，我在你家住得好，吃得好，男女老少都一样，难分长辈、小辈，在你弟弟家，住得孬，吃得孬，可有口像样的饭菜，全家都不舍得吃，只留给我一个吃。就连那两个不懂事的孩子，都知道把顺口的留给爷爷吃！那你说，谁最孝顺？"老大听后，一句话也说不出来。

不用说，老二虽穷，但尽心尽力，"敬"放在了首位，比老大更孝顺。

三、民间孝故事的四种类型

1984年，文化部、国家民委、中国民协联合发起中国民间文学普查和《中国民间故事集成》《中国歌谣集成》《中国谚语集成》的编纂工作，对我国各民族、各地区的口头文学进行了拉网式的普查，获得了巨量的第一手口头文学资料。在中国民协资料室里的160373篇民间故事中，含"孝"字的故事有35000篇，含"孝顺"两字的故事6956篇。对这些孝故事初步分析后可以发现，民间孝故事大体分为四种类型，从正反两个方面告诉人们子女要孝敬父母的道理。

1. 孝顺得好报。《二十四孝》中大舜"孝感动天"、董永"卖身葬父"，民间故事《双喜临门》[①]《大米与人参》《带老人村的故事》等都属于这一类。

---

① 下述故事全部来自《中国民间故事集成》。因本文篇幅所限，对故事进行了缩写，有的只是故事梗概。

《双喜临门》说的是古时候，在一个村子里有这么一户人家：父亲年老多病，双目都已病瞎，只靠13岁的女儿乞食养活父女俩。女儿一年四季都得外出乞讨。一天，乞讨回家，见路旁有一捆牛吃过而未吃尽的大麦，虽然已被牛踏得很扁，但还有不少麦粒。她捡回去做成麦饭，父亲吃了连声夸道好吃。第二天，西风肆虐，雷鸣电闪，她见天气变化多端，怀疑是自己用了不干净的大麦做成麦饭给父亲吃而遭到天谴，为了不危及父亲，边哭泣边冒雨跑到屋外向原野奔去，被一块石头绊了一跤，细看那块石头，竟是一块金子，连忙用裙子裹起跑回家里。她父亲一摸，这块黄金大如枕头，为稀世之宝，激动得两眼一睁，竟双目复明。由于孝顺，女孩不仅捡到了金子，还使父亲双目复明。这一类故事有的虽有瑕疵，但它真实地反映了小农社会中下层人民的心理和行为，表达了他们朴素的孝观念。

2. 孝顺，受磨难，或被误解，终得好报。如《贤良女》《孝妇村》等，在民间流传甚广。在《贤良女》这个故事里，婆婆起初刁钻蛮缠，白海棠逆来顺受，甚至不惜割肝明志，真实地反映了农耕时代的婆媳关系。在传统的农耕社会，新媳妇作为外人到了婆家后，往往受到婆婆的压制、刁难甚至折磨，一旦新媳妇成了婆婆，所谓"多年的媳妇熬成婆"，又会加倍地欺负自己的儿媳，建立在平等关系上的婆慈媳孝实在不易，婆媳关系成为家庭中最难处理的关系。正因如此，《二十四孝》中才有"乳姑不怠"的故事，说的是唐朝崔山南的曾祖母长孙夫人年纪大了，没有牙，其祖母唐夫人每天梳洗后，用乳汁喂婆母，长孙夫人因此又健康地多活了好几年。这个故事很有人情味，即使在今天，仍有教育意义。

3. 忤逆受惩罚。如《孝顺女智斗不孝子》《墙头记》[①]《五子夺父》。民间孝故事中，孝顺子女（包括儿媳）都得到褒奖，褒奖者一般是天、神或者是某种超自然的力量，也有官员、义士。这种褒奖，对于当时的人们来说，是可信的，可行的，符合儒家的天人感应理论。不孝顺子女（包括儿媳）都受到了教育或惩罚，甚至被天打雷劈，表明了百姓对不孝子女的痛恨。这些

[①] 《墙头记》最初由山东省鲁剧院山东梆子剧团根据蒲松龄的同名俚曲改编。故事情节是年近八旬的张木匠因两儿不孝，两媳不贤，遭百般虐待，被推上墙头，引出一段人间悲喜剧。

故事，生动活泼，又夹杂着方言土语，对于百姓的影响甚至要超过《孝经》本身。

4. 不孝，受到惩罚，改过自新。这方面的故事很多，不孝子有的是被清官惩罚，如《曹二鞋底》；有的是担心将来被子孙惩罚，如《子学父样》；有的是被上天或神灵惩罚，如《黄狗敬主人》，最后都改过自新。

《曹二鞋底》说的是民国时候，高密来了个县长叫曹梦九。他没有不管的闲事，后腔巴上老是掖着块打人的鞋底，大伙背后里都叫他"曹二鞋底"。这一天，"曹二鞋底"到夏庄去听大戏，得知有个不孝子，立即吩咐护兵将其抓来，从后腔巴上掏出鞋底，当众扒下他的裤子，一顿好打。直打得那人磕头告饶，赌咒以后一定孝顺他娘，才算了完。俗话说："清官难断家务事。"家长里短，公说公有理，婆说婆有理，即使上了法庭，有时光取证就要花费大量时间和精力，加上审判，真是旷日持久。法庭最终判了不孝子败诉，有时执行起来又要大费周章。经过一番折腾，父母和子女的感情荡然无存，哪里还有真正的孝？这个故事里，曹县长快刀斩乱麻，把不孝子痛打一番，让他口服心服，老百姓听起来解恨，现实中也更符合当时的民情民意。21世纪的今天，处理家庭矛盾和子女不孝顺父母的问题，民间调解和舆论压力仍是一个较好的选项。

《子学父样》的故事是，有个人名叫刘槐，上有古稀老父，下有年幼孩儿，与妻子共管家计，日子尚且过得去。但刘槐夫妇总觉得老父是个累赘，能吃不能做，老的多活一天，他们夫妇便多苦一天。一年冬天，刘槐和妻子计谋，趁隆冬腊月，将老的抬上山，像抛破旧物一样丢出去，免得办后事。老人被抬到山上来了，刘槐把老父丢在山洞里，便叫儿子赶快下山。儿子说要把箩筐拾回去。刘槐说："一起丢了，还要箩筐做什么？"儿子说："还有用呢！我把箩筐拾回家保存起来，以后等你老了，能吃不能做时，我还要和我的儿子——你的孙子，将你抬到这山洞里来似丢破旧物一样丢哩。"刘槐听了，好似五雷轰顶，既震惊又羞愧，对儿子说："不丢了，不丢了，我们抬爷爷回家去吧！"古人说："一人之心，千万人之心也。"人同此心，心同此理。人都有老而无用的时候，自己怎样对待老人，子女将来也会以同样的方式对待自己。幸好，刘槐及时醒悟，悬崖勒马。

四、不孝子女产生的原因

在我国古代,"孝"为百善之首,历代政府都重视、提倡孝道,严惩不孝行为。不要说当面骂父母、祖父母,即使背地里诅咒父母或者祖父母的,也要被处以死刑;赡养不周到的,或者判刑,或者体罚。如《唐律》就规定:"詈祖父母、父母者绞。""诸子孙违反教令及供养有缺者,徒二年。"明清时稍有减轻,子女"供养有缺"仍然要打一百大板。再说,父母养育子女,子女孝顺父母,这是天经地义的事,为什么古往今来还有大量的不肖子孙呢?

原因是多方面的。其一,生产力水平低下,老百姓生活艰难。这自然是重要的原因,但不是必然原因,否则就没法解释穷人家也有孝顺子女、富人家也有不孝顺子女,而在今天的城市乡村,也时时有子女不赡养老人的事件发生。其二,天高皇帝远,法律管不到所有的角落,特别是在信息不发达的农业社会。其三,法律虽严,但民不告官不理,做父母者出于各种考虑,除非迫不得已,一般情况下都忍气吞声,邻居也只能睁一只眼闭一只眼。其四,父母教育不当,有时过于溺爱。民间故事《孝顺会过》看起来是个笑话,但对农村贫困的生活现实和老百姓的价值判断是一个生动的写照,从一定层面上揭示了不孝子产生的根源。

有一家五口人:老两口和两个儿子、一个小女儿,大儿子忠厚老实,老头和二儿子又贪财又小气。这天爷仨出门,要过一条河,一问船钱,船老大说:"要六个铜钱。"老头吓了一跳,说:"要这么多钱!咱别坐船了,蹚水过吧。"还没有蹚到河中间,老头就被水淹没了,儿子和几个人忙把他救上来。他醒来一看自己躺在炕上,就生气了,问:"我怎么在这里了?"大儿说:"爹,是我把你救上来了。"老头说:"谁让你救我的?我这一病,得花多少钱!"他觉着自己快要死了,就问:"我死后,你打算怎么埋我?"大儿子说:"使咱家门口的那棵大梧桐树,给您做口棺材。"老头一听火了:"你这不孝的儿子!这不糟蹋木头吗?"又问老二:"你呢?"二儿说:"你死了,我把你煮了当狗肉卖,能赚老些钱，好留我娶媳妇。"老头笑了："这才是孝顺的儿子！有会过日子的长远打算。"

这样贪婪、愚昧的父亲，怎能教育出来孝顺子女！

五、当今时代，我们需要什么样的"孝"？

简言之，就是敬亲、养亲、向善、利他。既要孝顺、感恩，又不能愚孝、盲从。具体说来，就是培育孝心，提倡孝行，内化于心，外践于行，做到孝心和孝行的统一。孝心是内在动力，核心是"敬"；孝行为外在表现，核心是"养"。只有心中有"孝"，才能做出各种孝行；当忠孝难以兼顾、不能陪伴在父母身边时，孝心更重要。

按说，子女幼年时与父母肌肤相亲，备受疼爱，成人后孝敬父母，回报父母，天经地义，现实中为什么还要培育孝心、提倡孝行呢？这是因为，好逸恶劳是人的本性，子女行孝，就得委屈自己，压抑自己，没有孝心，没有利他之心，是很难做到的，所以古人说"痴心父母古来多，孝顺儿孙谁见了？"这就需要教育，需要感化，甚至需要道德约束和刑法惩罚。

在张扬个性、追求自由、人员流动加速、社会保障逐步健全的今天，社会逐步由单一的子女养老向"社会保障＋孝心"养老转变，孝心的培育更加重要。有了孝心，才能有真正的孝行。在要求子女对父母孝敬的同时，强调子女和父母的人格平等，不能一味顺从。子女对父母孝顺，父母对子女也要慈爱，两者相辅相成，缺一不可。没有慈爱的父母，也难有孝顺的儿女。当父母做错的时候，子女要坚持正义，据理力争。东汉学者赵岐说子女不孝的三种表现，第一个就是"阿意曲从，陷亲不义"[1]。

向善利他，就是"不独亲其亲，不独子其子"[2]，就是"老吾老以及人之老，幼吾幼以及人之幼"[3]，就是大爱、博爱。"孝"本来是一个"私"的概

---

[1] （宋）朱熹：《孟子集注·离娄上》。
[2] 《礼记·礼运》："人不独亲其亲，不独子其子。使老有所终，壮有所用，幼有所长，鳏寡孤独废疾者，皆有所养。"
[3] 《孟子·梁惠王上》。

念，有了利他的外延，便具备了"公"的内涵。通过弘扬孝道，推己及人，由近及远，就可以实现整个社会的和谐。

在古代，"孝"主要包含"尊祖敬宗""善事父母"两个方面。21世纪的今天，随着城镇化的突飞猛进、大批农民工的进城，"尊祖敬宗"观念日渐淡薄，我们提倡的主要是"善事父母"。

1. 尊敬父母，心存感恩。孔子说过："今之孝者，是谓能养。至于犬马，皆能有养，不敬，何以别乎？"在回答子夏问孝时，孔子说："色难。有事，弟子服其劳；有酒食，先生馔，曾是以为孝乎？"[1]孝不是简单的供养父母吃喝，更重要的是态度，即从心底里尊敬父母。我们读二十四孝和其他孝故事，不是要刻意效仿那些孝行，而是要学习那份孝心。

2. 照顾父母，竭尽全力。人都有老的时候，也难免有个头疼脑热，作为子女，这时就要承担起照顾父母的责任，而且竭尽所能。

3. 修身养性，让父母放心。孔子说"孝"就是"父母唯其疾之忧"[2]，除了生病，孝子不让父母有其他方面的担忧。如果惹是生非，胡作非为，天天让父母担惊受怕，就是对父母供养得再好，也不能说做到了"孝"。孟子说："世俗所谓不孝者五：惰其四支（肢），不顾父母之养，一不孝也；博弈好饮酒，不顾父母之养，二不孝也；好货财，私妻子，不顾父母之养，三不孝也；从（纵）耳目之欲，以为父母戮，四不孝也；好勇斗很（狠），以危父母，五不孝也。"[3]五大不孝行为，都是子女修养不够，让父母担忧。

4. 奋发有为，为父母增光。父母无不希望自己的孩子有出息，有建树，在力所能及的情况下，子女要奋发上进，做出成绩，干一番事业，既是对国家、民族的贡献，更是对父母最大的安慰，也是大孝。

（原载《民间文化论坛》2015年第3期）

---

[1] 《论语·为政第二》。
[2] 《论语·为政第二》。
[3] 《孟子·离娄下》。

在活化传承中发挥艺术乡建的重要功能

党的二十届三中全会《决定》指出，中国式现代化是物质文明和精神文明相协调的现代化。必须增强文化自信，发展社会主义先进文化，弘扬革命文化，传承中华优秀传统文化。要完善公共文化服务体系，建立优质文化资源直达基层机制，健全社会力量参与公共文化服务机制。在广大农村，完善公共文化服务体系，建立优质文化资源直达基层机制和乡村振兴、艺术乡建密不可分。在这方面，民间文艺可以发挥不可替代的作用。

民间文艺是人类在与自然共生共存中创造的，反映人们生产、生活和审美追求的文学与艺术，具有鲜明的地域和民族特色，包括民间文学、民间工艺、民间表演、民间习俗等。在乡村社会生活中发挥着重要的作用，为中华文化培根固源、为中华民族塑魂铸魂、为新时代文化振兴赋予强大的能量。中国的乡建艺术异彩纷呈、别具一格，是传统文化的重要组成部分，凝聚着千百年来无数能工巧匠和普通民众的聪明才智。北方的四合院，黄土高原上的窑洞，皖南的徽居，福建的土楼，桂北、湘西、鄂西、黔东南的吊脚楼等，都是因地制宜，充分利用当地物产，与生产生活息息相关。不仅具有审美价值，更重要的是具有民族的精神价值，反映着我们民族特有的文化风度、精神气质。古村落的选址布局、空间组合、营造技艺、装饰装修等无不透射出浓郁的人本追求、人文精神。

艺术乡建通过弘扬依然保留在乡村的优秀传统文化，满足村民和外来游客的审美追求。艺术乡建既包括有形的建设，即"塑形"，如整体规划、个体建设、室内室外装饰，还包括无形的建设，即"塑魂"，建设一个有乡土味道、有文化灵魂、有地域特色的美丽乡村。

在"塑形"方面，民间工艺如农民画、剪纸、雕刻等可以发挥主力军作用。主题好、形式美是农民画的两大特点，既可以创作农民画工艺品、农民画纺织品、农民画纪念品等系列农民画文创产品，还可以用于乡村美化。例如有"中国十大画乡"之美誉的浙江省衢州市余东村，村里的农民画家"白天扛锄头，晚上提笔头"，数十年如一日坚持创作，形成了当地一道特别的风景，走出了一条从"一幅画"到实现物质富裕、精神富有"双丰收"的艺术振兴乡村之路。

在"塑魂"方面，民间文学有独到的优势。以民间歌谣为例。民间歌谣历史悠久，是生产和生活的艺术描述与口头记录。民间歌谣好学易唱、通俗易懂、老少皆宜，往往用最简单的语言揭示最深刻的道理，鲜明、直接地表现人们的精神向往、自我追求、道德准则和价值取向。普通民众的气质、审美、想象力、创造力和聪明智慧，充分彰显其中。民间歌谣中的劳动歌、情歌、儿歌至今在广大乡村备受喜爱，在潜移默化中起到了慰藉心灵、活跃生活、传播知识、教育后代、凝聚人心的作用。

艺术乡建成功与否，关键要看优质文化资源能否与村庄、村民融为一体。村民与村落是一个整体，是当地文化的创造者、承载者，只有他们才能真正持久地保护其特有的民俗、信仰、技艺、人文环境等文化遗产，也只有他们才能真正理解这些文化遗产的意义与价值。艺术家、专家学者作为艺术乡建重要的一方，要把新的艺术和理念植入乡村、植入农民的生产生活，但要注意，必须与传统的乡村生活相结合，与优秀传统文化相结合，避免出现与乡村整体景观不协调、千篇一律、可持续性不强等问题。因此，艺术乡建必须体现一个"乡"字，依托现有山水脉络等独特风光，让人们望得见山、看得见水、记得住乡愁，真正感受乡土风物之美、民艺之美。

艺术乡建既要"塑形"，更要"塑魂"，同时，还要满足人民群众不断增长的多样化利益需求，促进共同富裕。这个共同富裕既是村民物质生活和精神生活的共同富裕，也是城乡的共同富裕。

要实现乡村振兴，必须推动产业发展，没有产业就留不住人，乡村振兴就是空话。产业兴旺是根，文化传承是魂，生态宜居是基，人丁兴旺是本，这里的产业，也包括文旅产业。艺术乡建应在深入发掘自然景观与文化基因的基础上，培育特色文化产业。数据显示，我国73%以上的非遗项目保存在乡村，比如剪纸、泥塑。如今全国各地已设立非遗工坊2500余家，其中1400余家设立在脱贫县，这些非遗工坊，在带动当地农民就业增收方面发挥了重要作用。如山东省费县朱田镇崔家沟村的"费县手绣"非遗工坊，面向脱贫户、残疾人、老年人、妇女等特殊群体，推行"培养＋传承"模式，采取"固定＋灵活"就业方式，送货到户、工资日结，带动500余人实现就业创业，人均年增收2万—3万元，为促进当地群众致富、手绣产业发展和乡村振兴做出了积极贡献。

近年来的社会实践证明，艺术乡建可以有效助推农村环境美、村民心灵美，进而实现农民物质生活、精神生活共同富裕，城乡共同发展。我们相信，随着艺术乡建进一步开展，会有越来越多的民间文化和非遗项目被挖掘出来、弘扬起来、传承下去，让传统工艺再次回归生活，让传统文化赋能新质生产力发展。

（原载《农民日报》2024年10月19日第5版）

乡愁：真善美的眷恋

什么是"乡愁"？言人人殊，莫衷一是。我很赞成这样的解释，即"深切思念家乡的忧伤的心情"。说它深切，是乡愁像空气一样无所不在，像味道一样随处飘散，不知不觉就会涌上心头："唯有寒潭菊，独似故园花""举头望明月，低头思故乡"。之所以忧伤，是因为思念不得，又难以割舍，只有魂牵梦绕，甚至以泪洗面："忽起故园想，泠然归梦长""故园东望路漫漫，双袖龙钟泪不干"。古人的乡愁，让今天的我们也不能不为之动容。

乡愁，其实是对故乡的温馨回忆，包含着对家乡故物、故人的思念，对过往时光的美化，对真善美的持久眷恋和追求。

故物，有山水、建筑，有美食、服饰，甚至家乡的一草一木。西晋文学家张翰系吴县人，家乡有菰菜、莼羹、鲈鱼脍等美味佳肴，他在北方做官，一天，看到秋风起而思念家乡的"莼羹鲈脍"，竟辞官归里。晚唐诗人温庭筠在旅途中看到"槲叶落山路"，心里想的却是家乡的"凫雁满回塘"。乡愁的力量，如此之大！

故人，既有故乡的亲人，也有故乡的朋友，甚至街坊邻居。据东晋葛洪《西京杂记》记载，汉高祖刘邦建立大汉王朝、定都长安后，便把父亲刘太公接来同住。可太公却整天闷闷不乐。刘邦通过太公身边的人一打听，原来是太公思念故乡了。刘邦就仿照故乡丰邑的样子造了新丰城。只有故乡的建筑，依然化解不了太公的乡愁，因为太公更想念的是家乡的伙伴。刘邦又把故乡的街坊邻居一并迁来，大家沽酒卖饼、斗鸡蹴鞠，和在故乡时一样，太公这才高兴起来。

故物、故人，不仅是孤零零的物和人，更是两者结合起来的文化。故乡的方言土语、风土人情、剪纸年画、民间小调，特别是节日、庆典、歌谣、戏曲，都是游子挥之不去、难以割舍的精神寄托。"此夜曲中闻折柳，何人不起故园情！""独在异乡为异客，每逢佳节倍思亲""旅次经寒食，思乡泪湿巾""乡心新岁切，天畔独潸然"……一首首乡愁诗，饱含着的是无数游子的思乡泪。

乡愁，更有对故乡过往时光的美化，而只有真善美，故乡才值得眷恋，才有乡愁。故乡的山水、建筑未必尽善尽美，亲朋、邻里之间不会只有鲜花和笑脸，如果一味地放大生活中的不完美、不如意，留在记忆中的只有丑恶、痛苦、伤害与伤痕，就会把故乡看得一无是处，不仅没有乡愁，反而只有"乡仇"。秦始皇灭赵后回到故乡邯郸，不是感恩于当年的故交，反而睚眦必报，大开杀戒，就是一例。

由此可以说，有无乡愁，也体现了一个人的胸襟，思乡的愁绪下，是一种美好而崇高的境界，是对真善美的永恒眷恋和追求。真、善、美，有人情之真、人性之善、人心之美，也有风物之真、风水之善、山川建筑之美。在当前现代化、城镇化风起云涌之时，保护好传统村落，留住"真"；留下传统村落里的原住民，留住"善"；传承好、弘扬好优秀民族民间文化，留住美，才能留住我们的乡愁。这也是我们义不容辞的责任。

［原载《人民日报》（海外版）2015年3月24日第7版］

留下的不只是乡愁

> 林光村远近，
> 楼影帆交加。
> 疑是桃花源，
> 参差出人家。

这是清代著名诗人赵执信泛舟大运河、途经微山湖时写下的名句，尽情赞美了大运河两岸的风光。自隋代全线贯通以来，1000多年的时间里，大运河充分发挥了其贯通南北的作用，对我国古代政治统一、经济发展、文化交流和对外交往尤其是海上丝绸之路起到了不可估量的巨大作用。与此同时，运河两岸的美丽风光也迷住了过往的王公贵族、富商巨贾、文人墨客，他们的诗词歌赋、风流韵事，给后人留下了说不尽的传说、故事和创作题材。待到铁路兴起，大运河风光不再，又给我们留下了说不尽的乡愁。

近年来，"乡愁"高频率地出现在各类媒体上，成为21世纪的热词，也是中国社会由农耕文明疾速飞向工业化、城镇化、信息化时代必然出现的文化现象。乡愁是什么？从西方词源学的角度看，乡愁（nostalgia）源于两个希腊词根nostos和algia，前者是回家、返乡的意思，后者是一种痛苦的状态。1688年，瑞士医生J.霍弗尔首次使用nostalgia，专指一种因为远离祖国而产生的痛苦而强烈的思乡病。随着社会的变迁和人们认识的深化，乡愁经历了"一个由生理病症转变为心理情绪再变为文化情怀的过程"[①]。

有的学者认为，乡愁一般指漂泊在外的游子对家乡故土的思恋之情，从

[①] 赵静蓉：《怀旧：永恒的文化乡愁》，商务印书馆2009年版，第17页。

一开始，中国乡愁就具有浓厚的文化情怀。[①]那么，不曾离开家乡的普通百姓有没有乡愁？过去在大运河上讨生活的处于社会最底层的船民有没有乡愁？由嘉兴市文化广电新闻出版局、嘉兴市文学艺术界联合会编著的《运河记忆——嘉兴船民生活口述实录》（以下简称《运河记忆》）给予了肯定的回答。

《运河记忆》最大的价值，或者说最大的特点，就是对祖祖辈辈生活在大运河上的最底层民众——船民的生产、生活进行了一次全方位的记录和梳理。从民俗学的角度来看，提供了一部难得的船民习俗图卷。

所谓船民，就是以船为家，并且在船上劳作，或运输，或捕捞，或从事一些与船密切相关营生如罱河泥、捞水草、装粪、运物的人，也就是我们通常所说的在船上讨生活的人。从历史上看，嘉兴一带的船民往往是一些破产了的农民转换身份而成的，以北方人居多，一旦成为船民，往往世代相传，一代一代地承袭着祖业。

千百年来，船民一直生活在社会的最底层。旧社会，他们不但生活艰难，还时常被人欺侮，被骂为"堕民格阿三"。对他们的衣食住行，岸上人很陌生，也没有兴趣去了解。南方如此，北方也是这样。笔者生活在微山湖岸边，小的时候经常看到船民，特别是渔民，而我们那个湖边小村，在内地的村民看来，也可以算作半个渔民村。只是，我们以务农为生，打鱼只是农闲时的"玩耍"，也常常"使船"，那是为了运输庄稼，所以，我们不是真正的"船民"，真正的船民生活在微山湖里、大运河上，岸上人家称他们为"猫子"。由于长期在水上生活，船民形成了与岸上居民不一样的生活习俗。微山湖当地有俗语说"猫子上了岸，三分罪""猫子上街，低人一等""猫子上了涯（当地方言读 yái），一溜大花鞋"，形象地说明了船民社会地位之低和与岸上人的隔膜。为什么说"猫子上了涯，一溜大花鞋"呢？是说船上的女人轻易上不了岸，上岸就像过节一样精心打扮，又没有什么好穿的，只有穿上平时难得一穿的鞋子，还是被岸上人耻笑的大花鞋。

《运河记忆》对船民的衣食住行进行了生动、翔实的描写。据老船民回

[①] 参见张勃《精神返乡与历史记忆：易代之际的民俗书写》，《民族艺术》2016 年第 4 期。

忆，在穿戴方面，他们当年穿的衣服与岸上人差不多，只是更加破旧一些。他们很少穿鞋，尤其是在船上的时候，通常是不穿鞋的。船舷上往往有水，穿了鞋容易打滑，久而久之，成了习惯，偶尔上岸，穿鞋反倒不习惯了。有的船民还有把鞋后帮踏在脚后跟下面趿拉着走路的习惯。由于常常在夜间捕捞，睡一会儿就要起来劳作，也就养成了和衣而睡的习惯。衣服本来破旧，能挡寒也就可以了。有的渔民生活十分困难，没有棉被，只能用渔网盖在身上御寒。

船民的饮食，也比岸上人差很多。一是穷，二是船上地方小，摆不开，要想讲究也难。吃饭一般不用桌椅。吃饭时，盘腿坐在舱板上，即使过年过节，办婚丧喜事，也是在船舱里席地而坐。烧火用的柴火，就是一大难题。船上放不下太多的柴火，船民在外漂泊，临时想要买柴火也没处买，有时候只有到野地里去拾些柴火将就将就，实在逼急了，就只好到农民地里去偷了。

最困难的还是住。明清时期的民歌《摇船》中说"伸脚伸去到灶前，缩脚缩在下巴前"，形象地描述了船民住处的狭窄。船民睡觉，连伸脚都小心翼翼。有时候，半夜里起风，一个浪头打过来，就把被子打湿了。下雨天，衣服也总是潮乎乎的。湿衣服全靠体温来焐干，根本没条件去换干衣服和洗澡擦身子，也就比岸上人更容易得病。船民得了病，很少会去请医生诊治，熬得过就熬，熬不过也只好听天由命。

由于生存条件恶劣，个人抵御各种风险的能力太弱，船民的禁忌就比较多。他们吃鱼时是不许把鱼翻身的，怕船"翻"。把"帆"叫作"篷"，因为"帆"与"翻"谐音，不吉利。不许将筷子架在碗上，不许打翻饭碗，坐船时不许把双脚荡出船舷外。盛饭时不说"盛"，要说"添"，据说"盛"与"沉"谐音，也是不吉利的。不许在船头钉钉子，不许当船头小便，不许载别人家的尸体，不许别人家结婚未满月的新娘上船串门，不许拎着一块肉上船而必须把肉放在篮子里再拿上船……

这些禁忌迷信的成分居多，但也有安全、卫生、健康的原因，老一代人不便明说，只好以禁忌的名义阻止年轻人去做。比如，"不许当船头小便"这一"禁忌"，就很科学。在船头上小便，顶风而立，不仅不安全，也容易伤风感冒，还不雅观、不文明，如果对面来船，还很容易起争执，造成不必要的冲突。

从前，许多连家船上都供奉神灵，有的叫作船头菩萨，也有叫船老大的。这位菩萨是没有庙的，他在岸上失去了香火，庙宇坍塌了，或是被别的菩萨赶出来了，总之，有些穷困潦倒，只能蹲在河滩边，是个野神。船民待他好，把他请到船上供奉起来，所以他也总是尽心帮助船民，无论什么时候，只要在水上遇到灾难和麻烦，只要叫一声"船老大"，或是"船头菩萨"，他总会显灵，总会来救助船民。也有的船民很崇拜路头神，认为他们一天到晚在外漂泊，总是在路上，所以路头神对他们来说就显得格外重要。逢年过节，或是一旦遇到什么灾祸麻烦，他们首先想到的就会是"请路头"，就要向路头神祷告、祭拜，祈求他的保佑。在嘉兴郊区王江泾，有一个网船会，是杭嘉湖、苏锡常以及上海一带船民十分重视的一个传统节日，至少已有三百多年历史。这是一个以刘猛将信仰为核心的文化圈。每年春节、清明节和八月十三刘王诞辰，都有盛大庙会。庙会期间的活动，一是大家各自进庙祭拜；二是抬着刘王塑像巡行；三是一些班口单独在船上或岸上临时搭棚所举行的祭祀仪式，在这种仪式上要唱一种祭祀仪式歌，俗称"赞神歌"[①]；四是各种戏文、杂耍、高跷、龙舞、狮舞、花鼓、花篮、腰鼓、莲湘等民间艺术表演。

民间信仰是船民的精神安慰，是船民在艰难的生活条件下生活下去的精神支撑。这些信仰，给船民的精神慰藉是难以估量的，自然也是他们乡愁的组成部分。即便是过去艰难的生活，有时也是他们的乡愁，正如有的船民所说："粪船臭，不过我还是蛮想念摇粪船的日子""罱河泥实在是桩好事体"。

中华人民共和国成立后，百废待兴，政府和各级文化部门一直没有时间和精力对船民旧社会的生活进行全方位的记录、整理，待到嘉兴市文化广电新闻出版局、嘉兴市文学艺术界联合会从事这方面的采录时，船民的生活已发生了翻天覆地的变化，过往的记忆已随着当事人的过世烟消云散，老一代

[①] 关于赞神歌的调查，可以参见顾希佳《祭坛古歌与中国文化——吴越神歌研究》，人民出版社2000年版。

船民所剩无几，且大多年老体衰，这不能不说是一个遗憾。但"失之东隅，收之桑榆"，虽然有点晚，总还是找到了一些八九十岁的老船民和他们的后代。从历史学的角度来看，抢救了一批珍贵的船民生活史料。

笔者小的时候听本村一位老人说："与人有缘，劝人造船；与人不睦，劝人盖屋。"几十年来一直搞不明白。读了《运河记忆》才知道，船民，包括在大运河边上生活、常常用船又常常遭受水灾的农民来说，船比房屋还重要。大水一来，房屋立马倒了，没有船就无处安身。对船民来说，船，是他们的生产工具，又是他们的家。当年，船民要结婚了，父母就会千方百计再添置一条船，让一对年轻人住到新添置的船上去。这和农民要为小辈盖房办喜事是一样的。后来我在大运河边的韩庄工作，学校附近就是一个鱼市，当地人称为"猫子集"，但我从来没有看到过一个卖鱼的渔民，因为他们来得特别早，天快亮的时候，他们已经卖完鱼，再买点生活用品，就回到船上去了。《运河记忆》说船民"早吃新鲜米，夜烧活树柴"，意思是他们是没有隔夜粮食的，要等半夜里捕了鱼，大清早卖了鱼，才能临时从集市上买点新鲜米回来。渔民夜里烧饭，用的又是刚刚采集来的新鲜树枝，很湿，不大好燃烧，搞得满船是烟。与我们那里是一样的生活情景。

南水北调中线工程系把丹江水引到北京来，一路上要与很多河流交汇，特别是黄河，泥沙含量很大。怎样保证一渠清水不被污染呢？现在科技发达，从黄河等河流下面打涵洞就可以了。可在古代怎么办呢？特别是航船，又不同于水流；大运河途经海河、黄河、淮河、长江、钱塘江五大水系，航船穿过去更不容易。在这方面，我们的祖先创造了很好的技术，就是拔船。比如，在浙江海宁，长安坝把千年古运河分为了上河、下河，坝南坝北的水位相差2米左右，在这个地方，就有一批祖祖辈辈从事拔船工作的拔船工，他们把下河的船拔到上河、把上河的船拔到下河。货船过坝，要将船上的物资搬上岸，再拔船，船拔过去后，再将物资搬回到船上。近几十年来，随着生产力水平的迅速提高，这样的拔船和拔船工已经很少见到，他们的拔船技术如果不记录下来，后人就无从知晓古代货船是如何过坝的。

拔船技术还仅仅是冰山一角，几十年来，船民的各种生产、生活方式都发生了急剧的变化。在航运方面，机器的广泛使用，使得新一代船民逐渐远离了传统的划桨、摇橹、撑篙、扯帆、拉纤等劳作方式，其他一系列传统的船上技能也逐渐不用，渐渐被遗忘。在渔业领域，一方面，是淡水养殖业的规模正在空前扩大；另一方面，水环境的一度恶化，导致淡水鱼资源严重枯竭，许多地方已经很难寻觅到野生鱼，渔民不得不改捕鱼为养鱼，一系列弥足珍贵的传统捕捞技能也面临失传的窘境。至于船上百业，20世纪五六十年代还被视为农家宝的罱河泥船、摇粪船等，如今也几乎不见踪影。今天的年轻人几乎都不会罱河泥，也不会摇粪船了。从这个方面来说，《运河记忆》对于船民生产生活经验的详细记述，更显珍贵。

从写作技巧上来说，《运河记忆》成熟的采录方式，为口述史研究提供了很好的范本。

口述史作为史学研究的一种方法，近年来在国内得到了较快发展，并被普遍地运用于政治、军事、艺术、社会等多个学科，《运河记忆》则是在民俗学、历史学领域的一次成功运用。它重视生活在社会底层民众的生活和他们的声音，倾听并记录他们的诉求，不仅使一向不被重视的底层民众的生活和记忆成为社会行动和社会记忆的重要组成，更重要的是底层民众因此有了更多对历史、社会的话语权。

有人说，口述史容易超越民族、种族、国家、主权、性别、年龄等现代"分类技术"的控制，摆脱建立在科学话语上的知识监控，只要听得懂，看得明白，就能成为参与者，但是，只有将口述内容进行文本化，写成文字，才能更好地实现其价值。文本化的过程，又使它脱离了时空语境，失去了许多鲜活，没有了面对面的亲切，《运河记忆》通过综合运用多种媒体，在表现形式上具有文、图、音像相结合的特点，不仅最大可能地保持了信息的完整，也保留了语境的完整，并且立体、直观、形象、鲜活。

采录口述史看似简单，其实很难，对策划者、采访者、整理者的才、学、识、德都有较高要求。如何选择主题，如何文本化，经费从哪里来，都需要反复斟酌。《运河记忆》给我们提供了一个可以而且应该推广的嘉兴工作模式：地方政府（组织策划、经费支持）+学者（学理支撑，包括如何选择主题、制订调查计划、最后采用何种方法成书等）+地方文化工作者（熟悉当地情况，参与采访调查整理）+口述者。其中，地方政府的参与尤其重要。

　　口述史的受访者年龄、经历、爱好、文化程度不同，采访之后的录音整理如何规范化、文本化就成为考验策划者、采访者、整理者的一大难题。为了全书的相对统一，课题组先后4次在嘉兴、杭州、海盐等地分别召开了访谈人的培训和改稿会，对口述史逐篇讨论，集中辅导，提出修改意见，帮助访谈人调整访谈计划，寻找访谈重点，逐篇定稿。参与访谈工作的，主要是嘉兴市各县、市、区的文化工作者、业余作者，还有杭州师范大学的青年教师和研究生。杭州师范大学还派出了7位教授、副教授、讲师参与了辅导。一次又一次地对访谈做必要的调整或补充，务必寻找到所写口述史的亮点，翔实地记录下弥足珍贵的历史材料。初稿形成后，又举行了两次书稿论证会，邀请知名民俗学专家审读书稿，审看访谈录像，提出修改建议。为了交流经验，还前后印发过五期工作简报。

　　在将近4年的时间里，前后有60余人参与了对运河船民的访谈调查工作，70余位口述人接受了访谈，最后，从中选择了45篇船民口述史结集出版，还将其中11位船民被访谈的视频整理成光盘，附于书后，给世人留下了一部可观、可感的船民生活实录，一部大运河活态生活史。其经验，弥足珍贵。

（原载《中国图书评论》2019年第6期）

情感表达与历史记忆

——微山湖区的抗战歌谣

歌谣与歌曲是不同的两个概念。歌曲是供人歌唱的作品,是诗歌与音乐的结合;歌谣是随口唱出,没有音乐伴奏的韵语,如民歌、民谣、儿歌等。《诗经》说:"心之忧矣,我歌且谣。"①《汉书·艺文志》也说:"自孝武立乐府而采歌谣,于是有代赵之讴,秦楚之风,皆感于哀乐,缘事而发,亦可以观风俗,知薄厚云。"也就是说,歌谣是百姓情感的真实表达,自然流露。

按照这样的标准来界定,抗战歌谣是民间文学的一种,是抗战时期广大人民群众在对敌斗争中创作的、反映抗战生活的歌谣。它要具备三个要素:1.抗日战争时期(1931年至1945年)创作的;2.反映抗战生活的;3.作者是广大民众(包括工农兵学商)。由于抗战歌谣在流传中不断被改变和加工,属于集体创作的作品,多数歌谣没有明确的作者。一句话,抗战歌谣产生于民间,流传于民间,发扬于民间,用口头创作、以口传播,是老百姓的文学。

一、微山湖区抗战歌谣产生的背景与原因

微山湖位于苏鲁交界地带,湖面广阔,东西宽5—22.8公里,南北长122.6公里,周长306公里,南到徐州,北通济宁,东连沂蒙山区,西接鲁西南,具有重要的战略位置。由山东、华中抗日根据地通往延安的微山湖上交通线,在抗日战争中发挥了巨大作用,刘少奇、陈毅、朱瑞、萧华等领导

---

① 《诗经·魏风·园有桃》。

同志都是由湖上交通线安全到达鲁西和延安的。

第一，抗战爆发前，微山湖区主体部分属于江苏沛县，湖东的一部分属于山东滕县（今滕州市），夏镇则被沛县和滕县一分为二，故有"一步两省三座庙，一条大街两县分"之说。世代居住在微山湖区的农、湖、渔民，勤劳勇敢，疾恶如仇，富有强烈的正义感和斗争精神。1938年春天，日军占领这一地区后，烧杀抢掠，无恶不作，伪军土匪各拉武装，要粮要款，苛捐杂税多如牛毛，广大人民群众生活在水深火热之中。在中国共产党的领导下，湖区人民成立了第五战区人民抗日义勇总队，开始进行反日斗争。不久，在微山湖区的南部建立了沛滕边县委，成立了沛滕边区县，纵横六十余里①；在微山湖区北部建立了湖东县委。1939年7月，沛滕边县委组建了沛滕边警卫营，随后，中国共产党又成立了鲁南铁道游击队、微山湖游击队（1942年8月，微山湖游击队在湖西高楼整编，更名为微湖大队）、运河支队等抗日武装，进行抗日、反顽斗争和党的组织建设、地方政权建设，使微山湖区成为著名的抗日根据地。

文学来源于生活，火热的抗战歌谣必须来源于火热的抗战生活，这是微山湖区抗战歌谣产生的最重要的原因。

第二，抗战初期，微山湖区流传着大量的抗战歌曲，如《全国总动员》《救亡进行曲》《洪波曲》，极大地鼓舞了人民的斗志，对于战胜日寇起到了巨大的作用。这些歌曲，对于微山湖区抗战歌谣的产生起到了"标杆"作用。

第三，微山湖区民间曲艺（民间说唱）活动十分活跃，农闲季节，听、唱民间曲艺是广大农、湖、渔民娱乐的主要方式，对于抗战歌谣的产生起到了潜移默化的作用。

二、微山湖区抗战歌谣的类型

提起微山湖区的抗战歌谣，我们首先想到的就是闻名遐迩、家喻户晓

---

① 参见郑安良《开辟沛滕边抗日根据地》，载中共微山县委党史资料征集研究委员会办公室编《微山党史资料》第二辑，1984年。

的电影《铁道游击队》插曲《弹起我心爱的土琵琶》："西边的太阳快要落山了，微山湖上静悄悄……"这首歌，其实是中华人民共和国成立后的1956年，由芦芒、何彬作词，吕其明作曲的抗战歌曲，不属于我们所说的抗战歌谣的范围。

抗战时期，微山湖区产生了大量抗日军民随口吟诵的抗战歌谣，可由于当时媒体少，不论国民党还是共产党主办的报纸杂志、广播电台发表播出的多是文人创作或者专业写作者根据民间歌谣进行再创作的文本；微山湖区处在敌后，不仅信息闭塞，抗战歌谣更被日伪军严禁；湖区的百姓大多不识字，抗战歌谣随编随唱，没有形成文字，流传下来、保存至今的真正意义上的抗战歌谣实在少之又少。

笔者在微山县委党史研究室、微山县县志办、县科协、县一中的帮助下，通过多方查找，搜集到当时流传在微山湖区，并且反映这一地区抗战生活的13首抗战歌谣。篇数虽不多，但表现了抗战的方方面面，真可谓老百姓口头上的抗战丰碑。

大体说来，微山湖区的抗战歌谣按照内容可以分为以下几类。

1. 歌颂共产党、八路军

台儿庄战役后，国民党军队节节败退，日军占领微山湖区，共产党领导的人民武装深入敌后，通过一系列战斗，给日伪军以重创，在人民群众中树立了很高的威望。广大人民群众盼望共产党，相信八路军，这在歌谣里有很好的体现。如：

> 一月里是新年，
> 冯政委率队去鲁西南，
> 哎哎呀看到了"老十团"！
> 战士喜得拍手笑，
> "旱鸭""水鸭""麻机关"，[①]
> 哎哎呀，我们真喜欢。

---

① 泛指土枪、鸭枪、机关枪。

说的是1943年春节前，湖东县委为保存革命力量，提高士气，增强战斗力，由县委书记兼大队政委冯起带一中队去湖西教导四旅受训，在那里受到了"老十团"指战员的热情接待。春节后一中队归来，面貌一新，为此大家编了一首歌谣，在队员们中间传唱。

冯起率队在鲁西南受训的时候，大队长张文桐接到侦察员的情报，马坡、圈里、石家庄、石里、薄梁5个据点的日伪军突然撤走了，张文桐立即集合队伍，于当晚兵分两路，火烧炮楼，一夜之间将敌人构筑的5处炮楼烧毁，在群众中产生了很大影响。人们又编唱了这样一首歌谣：

> 二月里来草芽生，
> 张大队长率队在湖东，
> 把据点都烧平，
> 哎哎呀，老乡喜盈盈，
> 夜间来了老八路，
> 顺着大路向西行，
> 哎哎呀，攻打兖州城。

随着湖东县武装力量的发展壮大，驻鲁桥的伪中队长越来越惊恐不安。他不敢再死守碉堡，白天驻鲁桥，夜间则率部驻师庄。为此群众编了一首歌谣唱起来：

> 汉奸队，土匪帮，
> 抢我们的东西吃我们的粮。
> 白天鲁桥转一转，
> 晚上就回师家庄。
> 有朝一日八路到，
> 就把你们消灭光。[①]

---

① 上述歌谣、故事由微山县委党史研究室主任姬长银提供。

这些歌谣，针对一人一事抒发感想，表达了人们对日伪军的痛恨和对共产党、八路军的热爱、盼望之情，在抗战歌谣里很有代表性。

2.灵活机动打日寇

抗战初期，兵荒马乱，广大人民群众迫切希望赶走日寇，过上太平日子。国民党政府和军队在日军大举进攻面前一败再败，又不能有效地发动群众，人民在他们那里看不到希望，只有共产党、八路军深入敌后，奋勇杀敌，才给他们带来胜利的曙光。

1940年2月，刚成立的沛滕边县警卫营一连驻扎在夏镇附近的纸坊村，夏镇维持会会长刘效良获悉后，于2月14日（农历正月初七）率保安队150余人、日军30余人前往偷袭。警卫营营长张新华命指导员高凯带领二排战士在薛河涯上阻击敌人，连长朱恒先带三排埋伏在左侧，突击大队长陈世俊带队抄敌人后路，并组织周围村庄的民兵前来参战。中午12点左右，日伪军进入包围圈，张新华一声令下，战士们一齐开火。由于地形对我军有利，又有民兵配合，虽然是新兵上阵第一仗，却旗开得胜，打垮了伪保安队，击毙日军传达长李根，打伤日军5名，缴获战马9匹、步枪30余支、驳壳枪4支。刘效良带着鬼子汉奸蹚河逃跑时，又闯入我军打埋伏的郑安良部，刘效良跪地求饶……群众为庆祝我军首战得胜，编成歌谣到处传唱：

  二月初七①天晴朗，
  鬼子扫荡到纸坊。
  薛河两岸摆战场，②
  毛家路③打死鬼子传达长。
  刘效良带着鬼子把河蹚，
  顶头遇见打增援的郑安良。
  刘效良跪在地上把头磕：
  安良哥，要打你把我来打，

---

① 据笔者考证，应为正月初七。
② 另一个版本是："正月初七鬼子发兵到纸坊，薛河两岸摆战场。"
③ 毛家路：纸坊村南的一条路。

千万别把鬼子伤，

打死鬼子不要紧，

特别区①里遭了殃……②

3. 军民团结

毛泽东同志在《论持久战》中深刻指出："兵民是胜利之本。""战争的伟力之最深厚的根源，存在于民众之中。""争取抗战胜利的中心关键在使已经发动的抗战发展为全面的全民族的抗战。只有这种全面的全民族的抗战，才能使抗战得到最后的胜利。"抗日战争中，中国共产党之所以不断发展壮大，越战越强，就是由于动员起了广大民众。在微山湖区抗战歌谣中，对于军民团结和民兵的贡献都有反映。如《民兵杀敌》：

秋水清，秋月明，

秋夜到处出民兵；

配合主力去摸营，

脚轻手灵眼睛明，

勇敢沉着显才能。

……

找着空子揍几下，

打得鬼子摸不清。

破道路，拆围墙，

保家保国有名声，

保家保国有名声。

1942年秋，鲁南地区大旱，微山湖水位下降，湖田大量扩种。1943年春，湖麦长势良好，估计沛滕边县一个县麦季收粮，可超过山区10个县的

---

① 指夏镇。

② 以下引用歌谣由微山县科协主席侯军、副主席陈志敏提供。

产量。日军为达到其"以战养战"的目的,早就下令大量征粮,国民党滕、沛、铜山县的地方武装也打起了湖区麦子的主意。为保卫农民的胜利果实,鲁南区党委和鲁南军区于 1943 年 5 月中旬发出保卫麦收的命令,要求鲁南军区武工队、铁道大队、微湖大队,将沿湖一带的伪乡、保长,全部押送山里受训。一夜之间,将伪乡、保长 112 人"请"到山里。一个月后,待麦收结束、群众坚壁清野完毕,才把他们放回。由于伪乡、保长都被"请"到山里去了,没有人替日军出面征粮,一个麦季日军基本上没有征到粮食。广大农民、湖民既保住了丰收果实,更积极上缴公粮,支援八路军:

  高粱青又青,麦子黄又黄,
  男女老少割麦忙,
  一家大小喜洋洋,
  割罢麦子呀,有呀有食粮。
  你呀你割麦,我呀我打场,
  一面做工一面唱,
  麦子粒粒像金黄,
  有呀有粮食呀,不呀不饥荒!
  你呀你割麦,我呀我打仗,
  军民合作武装收粮,
  割了麦子送公粮,
  军粮充足呀,抗战有保障。
  麦子黄又黄,收好快埋藏,
  不让鬼子来烧抢,
  大家起来反"扫荡",
  打走鬼子呀,保呀保家乡。

4. 揭露敌人暴行,表达对日寇的痛恨

日军、汉奸所到之处,烧杀抢掠,无恶不作,其罪行令人发指,罄竹难书:

> 房子烧了，东西没啦，
> 只剩下一片焦土几片瓦，
> 还有那满地的骨头渣。
> 我们的父母兄弟谁杀啦，
> 我们的姐妹谁抢去啦，
> 可恨那日本鬼说杀就杀。
> ……①

这样的深仇大恨，岂能是日寇给小孩几块糖就可以消弭的！可悲的是，今天却有人宣扬日寇如何"友好"，"见到小孩就给糖吃"。

5. 妻子送郎上战场

由于共产党、八路军深得人心，加上动员广泛，广大人民群众积极参军参战，出现了"母亲叫儿打东洋，妻子送郎上战场"的动人景象。1944年春节期间，沛滕边县各村各户门前都挂上了光荣灯、光荣牌，有的挂两个三个。1945年年初，八路军在这里一次扩编了一个团，不久，又新成立了一个团。据统计，1944年到1948年，沛滕边县有一万多人参军。歌谣《劝郎当兵》就是生动的一例：

> 一更里来月儿照正东，
> 现如今妇救会就要反攻。
> 这会员真年轻，劝俺丈夫去当兵，
> 今夜晚直劝到鸡叫两三声。
> ……
> 五更里来月儿往西落，
> 追一声我的丈夫你听我说：
> 你参军要坚决，我在家里孝公婆，
> 高床上送茶饭不嫌啰唆。

---

① 此首歌谣由微山县县志办副主任张西海提供。

6. 解放妇女

19世纪法国伟大的空想社会主义者傅立叶有一句名言："在任何社会中，妇女解放的程度是衡量普遍解放的天然尺度。"中国共产党自成立起，就一直关注并致力于妇女的解放运动，积极发动妇女放脚、识字，抗战爆发后，在各地成立妇救会，动员广大妇女参军参战，保卫家乡，参与社会事务，使妇女真正翻身得解放。微山湖区的抗战歌谣《梁大嫂翻身》就生动地表现了共产党、八路军到来前后一位童养媳社会地位、精神面貌的巨大变化。这首歌谣较长，从多个角度反映了梁大嫂翻身前经受的苦难，而在那个年代，她同千千万万的童养媳和被压迫、受欺凌的广大劳动妇女一样，无处倾诉，只好认命。共产党、八路军来到后，"男女讲平等，妇女把身翻"，梁大嫂才真正"得了安然"：

……
五呀五更里来月儿照西天，
共产党领导咱男女讲平等，
妇女把身翻。
联合妇救会，
男女都抗战，
只有平等，
一样吃和穿，
梁大嫂得了安然。
上午政治课，
下午识字班，
工作学习是模范，
哪一个也不抵咱。

三、微山湖区抗战歌谣的价值

微山湖区抗战歌谣的价值主要有三个方面：实用价值、审美价值、历史价值。

其一，实用价值。

抗战歌谣对当时的作者和吟唱者来说，是情感的发泄，可抚慰心灵，获得心理上的满足和快感，所谓"不平则鸣"是也；对听众来说，可鼓舞军民斗志，凝聚民心，对于战胜日寇起到巨大的推动作用。

其二，审美价值。

抗战歌谣和其他民间文学作品如民间说唱、民间小戏一样，既是对民族传统文化的继承，又是对民族传统文化的弘扬，其韵律和内容编排活泼生动，符合大众的审美情趣，满足广大民众的心理需求，具有极大的审美价值。

其三，历史价值。

歌谣是民众最真实的生命体验，它直抒胸臆，往往能用最简单的语言揭示最深刻的内容，属于"原生态"的文学样式。由于作者（包括修改者和传播者）人数众多且生活在底层，他们比那些数量有限的专业作者，能够更广泛地反映出社会生活，具有较大的历史学价值。抗战歌谣作为抗战文学的重要组成部分，真实地反映了抗战时期各阶层的社会生活和百姓心声，是抗战时期的百科全书，具有极大的历史学价值。

弹指一挥间，70年过去了，那场惊天地、泣鬼神的抗战在人们的记忆中逐渐被淡忘，部分抗战歌谣也被历史的风尘掩埋，有人借机把历史"碎片化"，歪曲、弱化中国共产党在抗日战争中的中流砥柱作用，企图改写历史，达到其不可告人的目的，但事实胜于雄辩，这些反映老百姓心声的抗战歌谣就是对他们的有力回击。

（原载《口头上的丰碑——抗战歌谣研究论文集》，学苑出版社2016年版）

大美不言在民间

——关中民俗艺术博物院调研记

近代以来，古老的中华文明在遭受列强洋枪洋炮轰击的同时，更随着欧风东渐而备受工业文明、商业文明的冲击。但在100多年风雨如磐的岁月里，中华文明之所以颓而不倒，继而随着新中国的成立而焕发出新的生机与活力，是因为它有着繁密的、充满生命力的"根"。中华文明的"根"在哪里？在民间，在民间文化。令人忧虑的是，近年来随着急速推进的农村城镇化和生活现代化，民间文化常常被人忽视甚至抛弃。在广大农村，农民生活稍一改善就要拆掉旧房盖新房，于是，一批批古代建筑顷刻间化为乌有，古代建筑上的精美雕饰随之灰飞烟灭。其间虽不乏有识之士大声疾呼，奋力抢救，但成效甚微。令我们激动不已的是，在古老的关中平原，八百里秦川大地上，竟然出了王勇超这样的奇人，他几十年间凭一己之力抢救了大批文物，进而创建了全国首家以民俗文化遗产抢救、保护、研究、展示、传承为主的集公益性文化事业与文化产业于一体的大型民办博物馆——关中民俗艺术博物院。

为了更好地了解民间博物馆的生存与发展现状，按照中国民协的统一部署，2011年7月7日至10日，我专程到西安，对坐落在西安南郊终南山下的关中民俗艺术博物院进行专题调研，仔细考察了馆藏文物，观看了博物院的民间戏曲表演，并同陕西省文联纪检组组长、党组成员陈普，陕西省民间文艺家协会名誉主席、民俗文化研究专家傅功振，关中民俗艺术博物院院长王勇超，关中民俗艺术博物院办公室相关负责人瑚燕、王小兰、郭小艳，《关中民俗报》副主编梁挺，以及关中民俗艺术博物院的讲解员、司机等多次交谈。感佩之情，似乎只有用冯骥才主席的那幅题词表达最为准确："大美不言在民间。"《诗经·秦风·终南》曰："终南何有？有条有梅。""终南何有？有纪有堂。"今天的终南山，因为关中民俗艺术博物院的存在，就不再仅仅是材质好的树木和宽敞的土地，更有了中华文化的"根"。

一、舍我其谁——关中民俗艺术博物院的创建

1985年仲夏的一天，王勇超去渭北出差，途中发现有文物贩子要把拴马桩的头砸下来倒卖。那时候他对文物还没什么概念，只是觉得石柱上方雕刻的胡人和雄狮非常精美，如果就这么被砸了，实在太可惜，于是毫不犹豫地用双倍价钱买下它。这就是王勇超收藏的开始。

随着藏品数量的增加，王勇超逐渐意识到每一件藏品都是中华民族的文化遗产，都具有深厚的历史底蕴，收藏的愿望开始强烈起来。常见于陕西关中地区渭北一带的拴马桩，是关中地区数千年来多民族生存和文化交流融合的历史见证，在一段时间成了他收藏的重点。拴马桩材质以青石、沙石、大理石等为主，由于地域和石质的不同，雕刻工艺也有所区别。其主体分为桩首、桩颈、桩体、桩足四部分。桩首为圆雕，造型各异，有胡人、汉人、仕女和猴子、狮子等，活灵活现，惟妙惟肖。桩颈四面浮雕有动物、花卉及各种吉祥图案。这些富贵人家用来镇宅辟邪的拴马桩，可是普通百姓心目中的"华表"，具有极高的瞻仰、观赏和研究价值。为了多收藏一些拴马桩，王勇超派人四处考察，见到拴马桩，不问好坏，一律拍成照片，记录在案，然后去买。有时在农民家门口买拴马桩，人家说是50元一根收来的，讨价还价，他就掏90元买过来。有的拴马桩两米多长，得用卡车拉，他就雇车，一车能拉十几个。

在当时，私人收购"文物"还不被认可，王勇超就在装了拴马桩的车上面铺上树枝，以避免被找麻烦。但他还是多次被派出所罚款，有时甚至连人都被扣下。他找文物部门协调，希望能办理收购手续，来证明收藏行为合法，文物部门说，国家没有这方面的政策，不能办。万般无奈之下，王勇超不止一次想到过放弃，但是对这些文物难以割舍的感情还是让他坚持了下来。

为了更广泛地搜集藏品，王勇超先后组织了 30 多人，分六支队伍走村串巷，将各地遗留下来的民俗物品，特别是石雕、木雕、砖雕等进行拉网式普查，逐一造册登记。当看到珍贵的民间艺术品被用来建厕所、修猪圈，甚至敲碎了铺路时，王勇超在痛心的同时也越发觉得自己的付出是有意义的。就这样，多年过去了，王勇超的收藏在不知不觉间形成了规模，他也在不经意间把一个地域文化保护的重任扛在了肩上。

1999 年，王勇超想在西安市长安区郭杜镇办个民俗博物馆，可由于与郭杜镇整体规划冲突，只好放弃。2001 年，他终于在终南山南五台风景区找到了一块地。由于是建民营博物馆，虽然不少政府官员实地考察藏品后都觉得应当支持，可是由于《中华人民共和国文物保护法》没有明确的条文，相关政策也不明朗，有关部门在审批项目时一直犹豫不决。

在几近绝望的时候，通过朋友的引荐，王勇超向当时正在西安调研的国家文物局副局长（现任故宫博物院院长）郑欣淼汇报了自己的想法和遭遇。郑欣淼实地考察后认为是一件正经事、大好事，应该大力支持，并协调省、市文物部门进行实地考察调研。随即，在国家文物局的大力支持下，西安市文物局、文化局、民政局先后下发批文。2002 年 5 月，关中民俗艺术博物院终于登记注册，并于 2008 年 12 月对外试营业。

多年来，国家有关部委和陕西省委、省政府，西安市委、市政府对博物院的建设和发展高度关注，大力支持。国家文化部、发改委等多个部门负责人先后多次亲临博物院调研指导工作，陕西省委书记赵乐际、省长赵正永、原省长袁纯清、西安市委书记孙清云、市长陈宝根等领导同志多次到博物院现场检查工作进展，提出具体指导意见，协调解决项目建设中的困难和问题。省、市政府还专门召开办公会，研究解决博物院发展面临的问题，并出台了具体扶持措施。可以说，没有王勇超的坚守，没有国家的支持，就没有关中民俗艺术博物院的今天。

二、大美不言——关中民俗艺术博物院的今天

今天的关中民俗艺术博物院，已成为全国首家以民俗文化遗产抢救、保护、研究、展示、传承为主的集公益性文化事业与经营性文化产业于一体的

大型民办博物馆。博物院突出明、清园林建筑风格，规划建设各具特色的不同功能区，具体分为：民俗文化展示区、古镇游览区、非物质文化遗产演示区、民俗文化研究中心。其主要建设项目有40院迁建、复建的明清古民居、民俗展览馆、展厅、展廊、文物库房、名人院、戏楼、店铺、工艺作坊、研究中心、人工湖、祭坛广场、驿馆、宾馆、园林景观等。建设规模493.88亩，规划建筑面积10.8万平方米，计划总投资5.7亿元。该工程项目连续被列入陕西省、西安市"十一五"和"十二五"重点建设项目，是"陕西省爱国主义教育基地""国家文化产业示范基地"。

经过20多年的筹备和建设，目前博物院一期工程已全部完成，二期工程正加紧建设，累计完成投资3亿多元。已抢救保护周、秦、汉、唐以来历代石雕、砖雕、木雕及大量生产生活遗物和非物质文化遗产共33600余件（套），主要包括拴马桩8600多根，各类雕刻艺术品16000多件，民俗器物6000多件，古今名人字画3000多件；抢救、保护明清濒临消失的40院近千间古民居和古建筑，其中已恢复建成16座（其中门楼2座、古民居12院、戏楼1座、城门楼1座），初步形成了古民居一条街；抢救性收集、整理了大量的非物质文化遗产，包括各种地方戏曲、民间故事、工艺作坊、礼俗、乡规等；完成人工湖土方2.5万立方米，祭坛广场4000平方米，画像石展廊2400平方米，铺设引水管道1500余米并打深水井一眼，移栽古树、大树1500余棵，另移栽、培育各种观赏、绿化树木20000余棵。

正在建设的二期工程项目有迁建古民居13院，建成民俗展览馆、拴马桩展厅、石槽展廊、人工湖、工作人员生活设施等配套工程，建设道路3850米，以及区域内绿化等。

2008年12月博物院对外营业以来，先后接待党和国家领导人、国家部委和外省市领导同志120多人次参观调研。党和国家领导同志江泽民、李长春、刘云山、李源潮、王兆国、华建敏、司马义·铁力瓦尔地、孟建柱、杜青林、陈宗兴，以及文化部部长蔡武、国家文物局局长单霁翔、故宫博物院院长郑欣淼、中国文联主席孙家正、中国民协主席冯骥才等视察后，对博物院给予充分肯定和高度评价，并提出了重要指导意见。江泽民同志参观后欣然题词："民族文化，源远流长。"李长春同志视察后对王勇超说："这么多年，你用两个多亿，收集这么多文物，物质的、非物质的遗产，内容很丰富，你了不得。对你这种精神，我非常钦佩。几十年如一日，只有对传统文化有深厚的感情，才能够做到这个份儿上，你真是做了一件大好事，为国家分了忧。"刘云山同志视察后说："看了你收集的这么多东西，确实令人震撼！你这个可能是最大的，现在全国还找不到一个类似这样的博物馆，它是一个文化事业，更多的是公益性，对我们的文物保护、文化事业和文化产业发展，提供了有益的经验。"刘延东同志视察后说："这里收藏的东西太好了，真是不得了，给国家做了很大贡献，对中国历史文化贡献很大，你是民间文化的大功臣，你这个人大代表当得好，当得值，一定要把它建设好、管理好、把它的作用发挥好，建成全世界独一无二的民俗博物馆。"

关中民俗艺术博物院至今已累计接待国内外游客 69.5 万人次，其中不乏中外各类媒体记者，影响力和知名度迅速扩大，已成为展示关中民俗文化、提升陕西文化旅游的重大带动项目和亮丽名片。

三、当家方知柴米贵——民办博物馆面临的生存困难

随着 2002 年我国《中华人民共和国文物保护法》修改，民办博物馆得到了明确的政策支持，其数目也呈井喷式增加。目前，我国内地博物馆每年以 5% 左右的速度增长，已拥有各类博物馆 2000 多家，增加的主要是民办博物馆。据统计，2007 年年底全国批准设立的民办博物馆已经超过 400 家，占全国博物馆总数的六分之一，其中以上海、北京居多。随着新一轮收藏热潮的兴起，拟办博物馆的机构和个人越来越多。但毋庸讳言的是，那些已经开张的民办博物馆面临着几多尴尬，大多数民办博物馆都面临着生存窘境，更何谈发展？

从关中民俗艺术博物院看，虽然已经取得了令人瞩目的成就，也得到了政府和领导的高度关注，但作为私人创办的博物院，经历了令人难以想象的艰难，其生存和发展也同样面临着非常严峻的困难。

1. 关中民俗艺术博物院面临同其他民办博物馆一样的尴尬：资金短缺

由于民办博物馆是改革开放的新事物，属于公益性文化事业，需要大量的资金投入，回报却很少，因此投资商不愿介入，银行不愿支持。关中民

俗艺术博物院建设尚属起步阶段，仅仅靠门票收入无法维持博物院的正常运转，面临的最大问题就是资金短缺。虽然一年门票收入有 1000 多万元，但博物院每年的基本运营费就需近 3000 万元。同时，正在进行的二期工程 1.5 亿元资金还没有着落。资金短缺问题直接制约关中民俗艺术博物院的建设进程，严重影响其生存与发展。

2. 政府投入有限，扶持重点不突出

民办博物馆作为文化事业的重要组成部分，代表了一个国家、地域的软实力、竞争力和吸引力，因此，政府投入是义不容辞的责任。而目前在文化事业发展中，政府投入非常有限，对民办博物馆则更少，难以发挥政府投资在文化事业发展中的引导和示范作用。国家在政策支持、税费减免等方面对民办博物馆与公立博物馆还不能一视同仁，我国内地至今没有一家民办博物馆享受免费开放的权益。

3. 政策不明确，金融机构不予贷款

按照现有政策，文物资产作为抵押物无法评估，金融机构以此为由，不予贷款。在金融支持方面，文化产业难以和制造业、房地产业相比，文化事业更难以望其项背。2008 年，陕西金融机构对文化、体育和娱乐业的贷款只有 19.82 亿元，仅占全部贷款的 0.33%，这与建设西部文化强省的要求很不适应。其实，文化类企业权益很多，涉及知识产权、文化资源权、土地使用权、房屋产权、项目收益权、法人财产权等，这些权益都应该可以进入评估系统，都应有一定的抵押担保能力。关中民俗艺术博物院属于文博行业、文化旅游行业的民营项目，有形资产和无形资产都占很大比例，几乎涵盖以上六种权益，但这些权益都未能真正体现出来。

四、他山之石——国外民办博物馆的状况

在高度重视文化建设的今天，国家倡导、社会呼唤有识之士积极投身于文化遗产抢救与保护这项民间公益事业，其中博物院（馆）的建设无疑起到了不可替代的巨大作用，同时社会各方面也蕴藏着极大的潜力。

对于一个国家来说，博物馆的数量和质量，是决定其文化氛围、民众教养的重要因素，往往代表着一个地方的文明程度。发达国家平均 5 万人即拥

有一个博物馆，而我国每60万人才能共享一个博物馆。

民间文化是民族文化的根基。非物质文化遗产不仅是民族的，也是世界的，对研究人类文化的发展规律至为重要。以德国为例，德国的汉堡民间文化博物馆是一个规模很大的民间文化博物馆，有全球五大洲许多国家的民俗文化展品，仅一本"说明"就有精印彩图344幅，加上文字足有200页之多，这是德国民族学家从世界各地调查收集的成果。柏林的民间文化博物馆比汉堡的更大，藏品更多。在离柏林不远的莱比锡还有一家民间文化博物馆，规模很大，中国的民间文化展品就有十几万件之多，此外还有许多档案资料。在菲律宾、印度、埃及也有收藏丰富的民间文化博物馆，巴黎的人类学博物馆、大阪的民族学博物馆等都是非常大的民间文化博物馆，不少中国已失传的民俗文物在那里却能看到。

在西方发达国家的中心城市里，博物馆的数量和丰富藏品是他们骄傲的资本，伦敦和维也纳的博物馆数量超过100家，巴黎和东京超过200家，纽约更多，达到2000家。阿根廷属于发展中国家，布宜诺斯艾利斯的博物馆也有80多家。其中，私人博物馆极大地弥补了公立博物馆收藏的空缺。

在国外，民间博物馆的发展大多是靠各种基金、捐赠来维持的，可资借鉴。

五、把"根"留住——我们的建议

胡锦涛在"七一"讲话中指出，中国特色社会主义制度，是当代中国发展进步的根本制度保障，集中体现了中国特色社会主义的特点和优势。我们的优势之一，就是有利于集中力量办大事，可以在保持整体稳定的前提下，实现有限力量的有效集合和运用，在局部突破和扩大改革成果的基础上，带动中国经济社会的整体发展。我国幅员辽阔，人口众多，需要国家投资的地方很多，面对全国数百家民办博物馆，国家不可能也没有必要一一扶持，对于像关中民俗艺术博物院这样的有特色、有潜力、有代表性的博物馆，国家可以重点扶持。关中民俗艺术博物院的目标是要将博物院建成"四大基地"，即爱国主义教育基地、民俗文化遗产保护研究展示基地、影视拍摄基地、文化产业示范基地。博物院的建成，将填补我国大型优秀民俗文化展览、教育、研究基地的空白，成为集观赏、体验、游览、休闲多功能于一体的大型民俗风情旅游新景观，对于弘扬传承祖国优秀传统文化、开发利用陕西丰厚的民间文化资源、促进文化旅游产业发展，起到示范和推动作用。因此，我们建议国家在以下方面给予像关中民俗艺术博物院这样的博物馆以大力扶持。

1. 在税费政策上给予支持

博物院突出的是公益性，应与国有文化单位一视同仁，享受国家和省、自治区、直辖市出台的有关鼓励支持文化事业和文化产业发展的各项优惠政策，包括企业所得税、营业税、城镇土地使用税、房产税、城市建设配套费等税费优惠。同时，由于博物院建设投入大、周期长，建议政府加大税费扶持力度，免除上述五项税费。

2. 从资金投入上给予支持

由于资金困难，影响到文物展厅、展廊、库房等设施的建设进度，博物院大量民俗文物、雕刻艺术品等都在露天存放，遭受太阳的暴晒和酸雨的腐蚀，亟须尽快入馆保护。建议国家发改委、财政部、文化部、文物局、旅游局等部门从文化产业发展资金、文物保护经费、旅游基础设施建设经费等方面给予博物院专项资金扶持。

3. 从免费开放上给予支持

这实际上也是解决平等待遇问题。国家对公立博物馆已全面实行免费开放，从财政上给予必要的补贴，这样做确保了博物馆公益性作用的更好发挥。像关中民俗艺术博物院这样具有完全公益性的民办博物馆，与公办博物馆具有同样的功能和作用，却享受不到免费开放的政策，这不利于调动民间力量发展博物馆事业。因此，建议国家将关中民俗艺术博物院纳入免费开放范围，以促进其更快更好发展。

4. 从项目安排上给予支持

由于关中民俗艺术博物院建设在西安和陕西省具有重大带动示范意义，陕西省、西安市政府将其列入"十一五"和"十二五"规划重点建设项目。建议将博物院建设纳入国家"十二五"重点建设项目以及相关专项规划重点支持项目，并设立为国家级非物质文化遗产生产性保护示范基地。

5. 帮助解决项目融资问题

由于投资商大多认为办博物院无利可图不愿投资，金融机构又因博物院地面建筑是文物不能抵押而无法贷款，致使关中民俗艺术博物院资金严重短缺。建议由政府出面协调有关方面，多创造条件，搭建好平台，帮助民办博物馆解决好融资难问题。

同公立博物馆一样，民办博物馆也承载着传承中华文明的职责，政府应在更多方面大力扶持，中国文联和中国民协在这方面也要发挥自己的优势和独特作用。

（原载《民间撷英——中国民协机关"走转改"调研文集》，中国文史出版社2011年版）

黔东南苗族史诗调研记

苗族是我国历史悠久的民族，也是一个人口较多的少数民族，据2000年第五次人口普查统计，全国共有苗族890多万人。由于苗族历史上没有本民族文字，文化主要靠口耳相传，口传文化在苗族文化中占有极其重要的地位。在丰富的苗族口传文化中，尤以苗族史诗最具有代表性和影响力。

2007年，贵州省民协在贵州雷公山地区进行民间文化遗产调研时发现，在该地区传承有《苗族议榔史诗》和《苗族婚嫁史诗》。这让贵州省民协的同志感到惊喜异常，因为在他们过去组织编撰的《苗族文学史》和编印的近百集《民间文学资料》中，均未提到这两部史诗。

从目前调查的结果看，《苗族议榔史诗》约为1万行，主要叙述中部方言苗族历史上历次重要的议榔活动。议榔、鼓社、理老三大文化机制，是古代苗族文化的三大基石。议榔史诗，是苗族议榔制度和议榔历史的真实反映，是苗族文明史极其重要的文献之一。《苗族婚嫁史诗》约有1.5万行，内容有天地抢亲、日月抢亲、始祖婚变、洪水兄妹、人虎成亲、岩洞定亲、勒科抢妻以及历代祖先婚嫁议榔等，历史内涵丰富，反映了苗族婚姻制度变迁的历史过程。

为了推动《苗族议榔史诗》和《苗族婚嫁史诗》的搜集、翻译、出版工作，受冯骥才主席、罗杨书记委托，2011年7月26日至29日，我和吕军同志专程赴贵州对黔东南的苗族史诗传承状况进行调研。在贵州省民协常务副主席兼秘书长余学军，贵州省民协副主席、黔东南州文化局副局长李文明，雷山县人大常委会副主任、雷山县苗学会常务副会长向泽忠，榕江县人大常委会副主任、榕江县苗学会会长陈德科的陪同下，我们考察了苗族（锦鸡苗支系）长歌流传的代表性村落，重点为雷公山西南山麓、都柳江支流排调河与乌洛河流域的雷山县新桥村、掌批村、陶尧村，丹寨县麻鸟村，榕江县高武村，访谈的歌师有杨胜忠、杨启德、务涡洛、务阿久、唐炳武、白文学、王启荣、刘开基等，并同曾承担国家社科课题"苗族古歌"的专家以及贵州省苗学会、雷山县苗学会、榕江县苗学会的相关专家进行专题座谈。专家们认为：中国史诗学界对史诗的起源、形成和发展做了大量研究，《苗族议榔史诗》和《苗族婚嫁史诗》主要叙述了苗族历代始祖和英雄举行议榔以及婚嫁的历史故事，不论从传统史诗理论的角度或者当代民俗学研究的新视野，它们都是贵州传统史诗的重大发现，我国各民族史诗的类型多种多样，苗族这两部史诗的抢救和整理，将给中国史诗宝库增添审美风格更加别样的文化遗产样式和内容。

一、议榔史诗

议榔、鼓社、理老三大文化机制，是古代苗族文化的三大基石。议榔史歌，是苗族榔格（hlangb gil）制度和议榔历史的真实反映，是苗族文明史极其重要的典籍文献之一。榔格制度，过去很多学者称为议榔制度。议榔是苗语"ghed hlangb"的音译，译成汉语即"议定规约"或"榔约组织"之意。实际上这种传统习俗完整的称呼叫"ghed hlangb mik gil"。"mik gil"与"ghed hlangb"意义相同，因此"ghed hlangb mik gil"可作"议榔定规"理解。"榔规约"或"榔约"在苗语中简称为榔格（hlangb gil）。"榔格"，在特定的苗语语境中均可理解为社会契约。鼓社，在苗族社会中一般指一个具有血缘关联的宗族，同一鼓社的成员，通过鼓藏节的祭祖祭仪，不断强化其对祖先、家族、姻亲关系的认同。苗族的议榔定规，开始只在家族宗支内进行。著名的"党果松吉"议榔是苗族议榔文化变迁发展的一次重要事件，它标志着鼓社活动由血缘宗族的内部祭祀，已经逐渐外化为地缘或拟制性宗族祭祀。长老制度，苗语为"娄方娄仰"（lul fangb lul vangl），是黔东南苗族重要的社会制度。苗族社会生活中重大的生产生活、婚丧嫁娶、宗教祭祀、社会纠纷等都是长老们统辖的范围。苗族榔词用"龙角支龙崖"来比喻长老在苗族社会制度中具有极其崇高和重要地位。榔经及榔歌一般为贾理长老所掌握，通过榔经及榔歌的传唱，使苗族社会关系不断获得制度化的认可，使社会机制有秩序运行。

议榔史歌一般是先叙天上诸神如何议榔，之后榔神才来到地上，人间才开始议榔。根据议榔史歌的描述，荣几荣吉（Vongl jix Vongl jif）议榔，乃是人间的第一次议榔活动。从来源上讲，榔格作为社会契约，主要有几种：一是神与神、神与天地、神与人类、神与万物立的契约；二是人与人、人与神、人与鬼魔、人与天地万物立的契约。鼓社祭仪与祈禳古经中记载的议榔和榔约，基本上是神榔和鬼约，天地万物的冲突及矛盾形成的规则，基本上是神的规则。而荣几荣吉的议榔，已经没有了神鬼的印迹，完全是人和人之间行为规范的契约。关于牛羊猪狗的榔规，其潜在文本的解析，也是狩猎文明和农耕文明的盟约记忆。

传说中神间议榔乃是人间契约的反映，众神们也像人间长老群体一样，以苗民传统的民主形式来立天地之契约。这种带有原始民主色彩的立约机制就是榔格大会制度。榔格大会以德高望重的长老们组织通过，榔盟区域之社会大众群体见证的形式进行。在雷公山苗族地区，人们认为榔也有榔神，司榔神叫"hxangb vil gheid nox vil jib"，语意为"松墨绳，杉墨线"，其全称叫"juf ob dail jul jangd juf ob dail dad deix"，语意为"十二位司正直之神"，该神每天拿着墨绳到处比画，如果谁不讲是非曲直，则遭其惩处。在议榔仪式上，长老需专门诵唱"榔鸡经"（mif gheib）请该神莅临，末了杀鸡放血入酒，参加议榔的众榔头（hfud hlangb）一人一口一饮而下。

入榔（bul hlangb），是苗族贾理哲学中非常重要的哲学范畴。群体参加议榔，纳入榔规契约统辖范围，乃是入榔。入榔，苗语称为"dol naix bus hlangb"。议榔时所宰杀的牯牛，必须给入榔的各家各户分一块礼肉，以此作为入榔的标识。这块礼肉苗语叫"榔肉"（ngax hlangb），其目的在晓谕榔众本次榔盟所订立的契约。人们吃了榔肉，就表示认可这些榔规了。入榔的契约，当事群体必须遵守。入榔的契约一旦入贾，成为"法典"，则任何时代的人们都必须遵守。前世入榔，后世未能入贾的契约，人们可以不受其约束。因此，为了适应社会发展，榔规可以不断修改和调整。但是一旦入贾，则不能轻易变更。黔东南及桂北的苗族岩榔仪式（苗语叫"vib gil"或"vib jil"），其理词及榔歌分为三种，一种是每次做岩榔时都通用的理词，一种是当次岩榔专用的理词，另一种是以岩榔活动及其历史为内容的叙事民歌——议榔史歌。虽然三者都是岩榔文化的范畴，但是如果从典籍的角度出发，第一种理词属于"贾经"。而议榔史歌则是议榔古经和议榔典仪活动世俗化和文学化的产物，是一部形象生动的议榔文化——苗族社会法典变迁史。

20世纪50年代，贵州省民间文艺家协会编印的《民间文学资料》中有一首叫《说古唱今》白话，其中涉及议榔史歌的内容，一直未引起人们重视。广西曾出版有《融水苗族埋岩古规》，也仅仅是一些议榔岩规零碎片段。社会学家和历史学家也非常重视苗族议榔制度的研究，但是"议榔史歌"从未进入专家们的视野。这是中国苗学研究的一大缺憾。

2007年，余学军和向泽忠深入雷山县大塘乡桥港村，发现该村年近八旬的祭祀长老任觉当会唱一部《十三榔》的史歌，两人惊喜异常，对老人所唱该歌"歌骨"（核心结构）进行整理，并对十三次议榔的一些遗址进行采访，证实该歌所唱大部为可考的真实历史。遗憾的是老人不久去世。后来，余学军与重庆大学硕士生刘文凯在雷山县永乐镇簸箕寨发现一个叫务欧的九旬老人亦能唱该歌，但老人病重，不能唱全歌，不久老人亦离世。

通过深入调查，发现锦鸡苗支系中保存有较完整的口传版本，还有屈指可数的歌师（贾理长老和祭祀长老）能唱这部史歌，但能完整诵唱的极少。如果不抓紧抢救，这些重要的苗族口传历史，将永远离我们而去。

二、婚嫁史诗

"婚嫁歌"作为民间歌谣的一种形式，在很多民族普遍存在。但是像苗族这样在"婚嫁歌"中大量咏唱历史上的真人真事、咏唱婚姻变迁史、咏唱家族史、村落史乃至民族制度发展史，却是极其罕见的现象。从这个角度上讲，可以称这种苗族婚嫁长歌为"婚俗史歌"。如长歌中的"圣祖分居"和"洪水兄妹"，歌中叙述了人类祖神巴高翁（bad ghet wongl）与其妻曼务闹（mais wuk net）闹别扭分居，离家出走亡于荒野，其身躯化为山岭和各种善神，曼务闹后来寻夫时因风而孕，生十二个蛋，好蛋孵出人类第一代始祖央与雷、龙诸神，坏蛋却化为诸多恶鬼。洪水滔天人类绝迹，兄妹无奈成婚，生一怪胎，神示切为十二片即刻化为人类，未料却切成十三片，第十三片亦变成各种凶煞。这既是苗族婚姻的起源，也是苗族信仰文化核心中神系鬼谱的起源。鼓社、理老、议榔三大文化机制，是古代苗族文化的三大基石，婚嫁长歌中都有形象的再现。据歌师杨胜忠、王绍忠等介绍，仅仅是婚嫁长歌中的主歌部分，即长达10000余行。篇幅如此巨大的婚嫁长歌，不仅在苗族中，即便是在世界各民族中，也是不多见的。在审美风格上，婚嫁长歌的语言、曲调以及演唱形式都与以往所见"苗族古歌"异曲同工。特别是"阿荣歌"，可以说是古代苗族叙事长诗的巅峰之作。

1. 启婚歌

该歌苗语叫"恭养共尼"（geb yangx ghongs nis），主要叙述苗族古代由"嫁男"到"嫁女"的历史变迁。古代有一对兄妹，兄叫左共（jox ghongk），妹叫恭共（geb ghongk）。兄种地，种多少大家就吃多少，父母认为他无能，因而让他出嫁。妹纺纱织布，织多少家中就收藏多少，父母认为她很能干，因而让她居家。哥哥出嫁后，妹妹耕种让老人食不果腹，田产还让外族掠去，老人们才决定改嫁男为嫁女。

2. 提亲歌

婚嫁长歌中之主歌。该歌叙述了苗族传统婚姻的"还娘头"习俗。所谓"还娘头"，乃是舅家优先娶姑家女儿为媳，当是在父权社会中母权制时代的婚俗遗风。歌中还叙述了锦鸡苗支系中鸡卜、择吉等习俗。

3. 送亲歌

婚嫁长歌中之主歌。该歌苗语叫"qik ghaox peib ful"，为"桦树扁担歌"之义。苗族婚仪很重视送亲程序，歌中反复咏唱父母准备给女儿备礼出嫁和女儿离家的详细过程。是苗族婚俗中重要的口传历史。

4. 偷婚歌

婚嫁长歌中之主歌。该歌苗语叫"qik xit nel"，为"偷婚歌"之义，当地汉语称"拐婚歌"。该歌与传统"父母之命"相反，叙述了一对青年男女违背"媒妁之言"逃婚后成家立业的过程。这是一个真实的历史故事。男叫科依（kheet veeb），女叫闹当（nes dangt）。闹当本要嫁给科依之兄勒依（dlees veeb），科依在为兄接亲时携嫂出逃成家，兄弟反目。科依后来生子众多，成为苗族"西"（dliab）支系的始祖。该歌还叙述了科依和勒依子孙在黔东南各地筑村建寨的故事，亦可视为一部苗族村落史歌。

5. 祭祖经

这是婚仪中祭祀祖宗的古经，其中一部分可以咏唱，一部分不宜咏唱，只能由长老吟诵，告诉祖先又有后裔成婚，希望祖先保佑其富贵长寿。主要内容为远古洪水滔天之后兄妹成婚繁衍后人及历代祖先传宗接代的历史，亦可视为一部苗族家族家谱史歌。

6. 祈福歌

该歌苗语叫"qik gut faob"，为"地方史歌"之义。是婚仪中给新郎新娘咏唱的歌。主要叙述了该支系地域各村落历史上重要的富贵人家和富贵名人事迹，祝愿新郎新娘将来一定像这些人一样富贵长寿。该歌可视为一部苗族地方经济发展史歌。

7. 祝赞歌

有赞碟歌、赞鱼歌等多部。这是在宴请送亲客人时赞美主人的歌。赞碟歌、赞鱼歌两部，内容极其丰富，涉及了苗族生产、生活、文化、情感等诸多方面的内容。当为用歌编撰的一部苗族民俗志。

8. 古婚歌

内容有天地抢亲、日月抢亲、高久娶务相、洪水兄妹、人虎成亲、岩洞定亲、勒科抢妻以及历代婚椰史歌等。特别是婚椰歌，内容丰富，反映了苗族婚姻制度的确立和变迁的历史过程。

9. 阿荣歌

这是该支系苗族流传最广的长篇叙事诗，原型阿荣及其恋人为真实历史人物，形象地反映了苗族婚姻历史中传统婚姻制度与自由择偶制度的激烈冲撞、中央集权制度对苗族传统社会的剧烈冲击过程，还形象地反映了历史上苗族的鼓藏文化，是一部独立成篇、文学价值和文化价值很高的婚恋悲歌。该歌不宜在婚仪祭仪等喜庆肃穆场合中咏唱，其他场合均可以。

三、抢救与保护现状

1. 传承人寥若晨星。20世纪50年代，丹寨县排调镇的羊高村、雷山县桃江乡的岩寨村，都是出大歌师的村寨，现在这些村寨一个传人都没有了。

能完整演唱长歌的歌师，已经屈指可数了。

2."隐歌"观念的消极影响。锦鸡苗支系的同胞"隐歌"观念根深蒂固，不愿为外人完整演唱长歌，或者在演唱时故意隐瞒，或者有意遗漏关键章节。一些经典性长歌，甚至都不能唱给血缘家族以外的人听。目前所采集到的资料，都是通过各种渠道反复做工作的结果。

3.交通不便与高成本抢救。如两人下乡采录资料，去一次仅交通、食宿、歌师误工补贴等费用就在5000元左右。"学贾以鸭，学歌以鸡。"采录采风，亦要入乡随俗。物价上涨，增添了采录之成本。目前，仅贵州省民协为采录这些长歌所耗费用，已经有6万元左右。

目前已采录10余种口传版本，并完成其中一种版本的苗文记录，完成三分之一汉文翻译。独立成篇的《阿荣歌》已经完成两种版本的记录和初译（直译）。

通过调研，我们认为，《苗族议榔史诗》和《苗族婚嫁史诗》的搜集、整理、翻译、出版，可以丰富和充实苗族历史文化研究成果，填补苗族文化研究空白，抢救即将失传的超短裙苗族文化[1]，促进民族团结和民族地区的繁荣发展，建议由中国民协出面，促成两书尽快出版。两书体例必须统一，前半部分为汉文意译，后半部分为苗汉对译。

在贵州调研期间，我们还同贵州省民协副主席、黔南民族师范学院副院长吴一文座谈。据他说，由他们搜集整理翻译（汉、苗、英三种语言对译）的《苗族史诗》（7000多行）即将在贵州民族出版社出版。《苗族史诗》汉文版于1983年在中国民间文艺出版社出版过，署名为马学良、今旦（吴一文的父亲），英文版经美国俄亥俄州立大学教授马克·本德尔博士翻译，2006年在美国Hackett Publishing Company出版发行，此次他们在原书基础上，又搜集增加了一些新材料。

---

[1] 据不完全统计，超短裙苗族目前人口约为5万人，主要分布在黔东南州的雷山、丹寨、榕江、剑河、台江等县和黔南州的三都县交界的雷公山深山区里。以雷山县的大塘乡、桃江乡、永乐镇和丹寨县的排调镇、雅灰乡及榕江县的两汪乡为最集中地。集中居住区约为72个村寨。以地理区域来说，主要集中居住在珠江上游支流都柳江的排调河流域和寨蒿河流域。在黔东南州，超短裙苗族居住区域山高谷深，发展滞后。

这里所说的苗族史诗又称苗族古歌，是流传于苗语黔东方言区，以五言为基本句式，以穿插有歌花的问答式对唱（盘歌）为主要演唱形式，叙述开天辟地、铸日造月、人类万物产生、洪水滔天、民族迁徙等内容，内部篇章之间有着紧密逻辑联系，具备神话史诗性质的苗族民间"活形态"押调文学作品。

据初步考证，至迟在唐代以前，苗族史诗主体部分业已定型，但一直未为外界所知。直到1896年前后，英国传教士和当地苗族布道员才在贵州省黄平、凯里等地开始零星记录和译介了一些散文体篇章。抗日战争期间，随着部分大学内迁贵州，一些经过专业训练的民族学者也用散文体记录了某些篇章的内容。比较全面、系统的搜集、记录工作开始于20世纪50年代。当时，中央民族学院苗语黔东方言专业的师生为创制苗文做准备，在著名民族语言文学家马学良先生的带领下，在贵州省台江、黄平、凯里等地开展苗族语言调查，并记录了上百万字的民间文学资料，其中包括大量苗族史诗。1957年，贵州省文联等单位又组织专家学者搜集、翻译、整理了不少史诗资料，译编成资料集。1979年以后，相继出版田兵的《苗族古歌》，马学良、今旦的《苗族史诗》，燕宝的《苗族古歌》，今旦的《苗族古歌歌花》和涉及大量史诗内容的吴德坤、吴德杰的《苗族理辞》等，引起学术界的极大关注，《苗族史诗》还被收入《中国大百科全书》词条，2006年《苗族史诗》英文版由美国 Hackett Publishing Company 出版。2008年贵州大学出版社出版了《王安江版苗族古歌》。另外，内部出版的涉及苗族史诗的资料还有三四十种。

由于苗族史诗在苗族历史文化中的"大歌""经典""元典"地位，它在学术界有"古代苗族人民生活的瑰丽画卷"之称，被誉为"神话史诗中最长、最完整、最有代表性的典范作品"。2006年以"苗族古歌"为项目名，被列入第一批中国国家非物质文化遗产保护名录，2008年"苗族理辞"也被列入中国第二批国家级非物质文化遗产保护名录。

我们建议：

其一，在中国民协主持下，对《苗族史诗》加以改造，改名为《苗族创世史诗》，补充近年新搜集的史诗七八百行，去掉英文部分，体例统一成前半部分为汉文意译,后半部分为苗汉对译。

其二,《亚鲁王》可以改名为《苗族英雄史诗》。因为苗人历史上一般不称"王",亚鲁相当于一个氏族首领。

其三,《苗族创世史诗》(创世史诗)、《苗族英雄史诗》(英雄、迁徙史诗)与《苗族议榔史诗》(苗族社会管理)、《苗族婚嫁史诗》(苗族社会习俗)是四部有代表性的苗族史诗,作为中国民协的一项工程和一大品牌,可以陆续出版或一起出版,总其名曰"苗族四大史诗"。

(原载《民间撷英——中国民协机关"走转改"调研文集》,中国文史出版社2011年版)

保护民间文化　传承中华文脉

——新疆民间文化考察记

2011年8月11日至24日，由中国民间文艺家协会、新疆维吾尔自治区文联主办，新疆民间文艺家协会承办的中国民间文艺家新疆民间文化考察团一行78人对新疆的民间文化进行了深入考察。考察团越天山，跨戈壁，走草原，住毡房，辗转奔波5000余公里，先后到了吉木萨尔县（属昌吉回族自治州），福海县、布尔津县（以上属伊犁哈萨克自治州的阿勒泰地区），和布克赛尔蒙古自治县（属伊犁哈萨克自治州的塔城地区），克拉玛依市，博乐市（属博尔塔拉蒙古自治州），伊宁市、察布查尔锡伯自治县、新源县、尼勒克县（以上属伊犁哈萨克自治州），和静县、库尔勒市、博湖县（以上属巴音郭楞蒙古自治州），吐鲁番市和乌鲁木齐市15个县市，考察了哈萨克族的"阿肯阿依特斯"、达斯坦，蒙古族的"江格尔"及"托布秀尔"、萨吾尔登、长调、马头琴，锡伯族的贝伦舞，维吾尔族的木卡姆、赛乃姆、麦西来甫、手鼓舞等，调查其保护、传承情况；看望、慰问了一批民间艺人，其中多位民间艺人系国家级非物质文化遗产传承人。"不到新疆，不知中国之大"；到了新疆，深入民间，才知新疆民间文化之美、之丰富。

一、新疆民间文化丰富多彩，各具特色

新疆维吾尔自治区是个多民族地区，有47个民族。其中维吾尔族834万多人，占全疆总人口的43.35%，主要聚居在天山以南的喀什、和田、阿克苏以及东疆的哈密、吐鲁番等地区。除维吾尔族外，世代居住在新疆的还有汉族、哈萨克族、回族、蒙古族、柯尔克孜族、锡伯族、塔吉克族、乌孜

别克族、满族、达斡尔族、塔塔尔族、俄罗斯族等。哈萨克族占全疆人口的6.47%，主要分布在伊犁哈萨克自治州、木垒哈萨克自治县和巴里坤哈萨克自治县；回族主要分布在昌吉回族自治州、伊犁哈萨克自治州和焉耆回族自治县；蒙古族主要聚居在巴音郭楞蒙古自治州、博尔塔拉蒙古自治州、和布克赛尔蒙古自治县；柯尔克孜族80%聚居在克孜勒苏柯尔克孜自治州；锡伯族大部分聚居在察布查尔锡伯自治县和霍城县、巩留县；塔吉克族60%聚居在塔什库尔干塔吉克自治县……

在新疆，维吾尔、哈萨克、回、柯尔克孜、塔吉克、塔塔尔、乌孜别克等民族信仰伊斯兰教；蒙古族信仰喇嘛教；汉、锡伯、满、达斡尔等民族部分群众信仰佛教；锡伯、满、达斡尔等民族部分群众信仰萨满教；汉族中还有一些群众信仰天主教、基督教和道教。宗教在新疆相当一部分群众中影响较大，如信仰伊斯兰教的维吾尔、哈萨克、回、柯尔克孜、塔吉克、塔塔尔、乌孜别克等民族，他们的不少风俗习惯就源于宗教。各民族在发展经济的同时，也形成了源远流长、多姿多彩的民间文化。

中国民间文艺家新疆民间文化考察团在新疆期间，先后观看了哈萨克族、蒙古族、锡伯族、维吾尔族民间歌舞表演12场：在福海县观看哈萨克族的"阿肯阿依特斯"；在布尔津县禾木乡"苏力德家访"点观看蒙古族图瓦人的演出；在和布克赛尔县观看蒙古族《江格尔》及"托布秀尔"、长调等歌舞表演；在博乐市观看蒙古族《江格尔》、"马头琴"、长调等歌舞表演；在察布查尔县观看锡伯族贝伦舞；在库尔勒观看木卡姆、赛乃姆、民间艺人弹奏等维吾尔族歌舞……丰富多彩、各具特色的歌舞表演，加深了我们对哈萨克族、蒙古族、锡伯族、维吾尔族等多民族有代表性的民间文艺精品的了解。

"阿肯阿依特斯"新疆人习惯称作"阿肯弹唱"，是哈萨克族人民悠久的民间传统艺术形式。"阿肯"是哈萨克族人对歌手的称呼，在哈萨克族人中享有很高的声誉。哈萨克族有句谚语："阿肯是世界上的夜莺，冬不拉手是人间的骏马。"每逢阿肯弹唱会，远近的人们身着盛装，骑着马，弹着冬不拉载歌载舞来到草原上，各路歌手登场献艺，听众们喝彩助威，经常是通宵达旦一连数日地尽兴。他们所唱的内容大致可分为颂歌、哀怨歌、情歌、习俗歌、诙谐歌五大类。这种民间艺术形式被称为全面反映哈萨克族人社会生活的"百科全书"。阿依特斯已经被列入首批国家级非物质文化遗产名录。

达斯坦，原意为叙事长诗。在新疆，有维吾尔族达斯坦、哈萨克族达斯坦及柯尔克孜族达斯坦。哈萨克族达斯坦大约诞生于9世纪到10世纪，由民间诗人、歌手长期传唱加工而成，是哈萨克族民间口述的文学形式，情节复杂，篇幅很长，一首达斯坦往往要唱上一天一夜。善于演唱这种达斯坦的人被称为"达斯坦奇"。表演时，用冬不拉伴奏，多为自弹自唱。唱词富于哲理和智慧，给人以深刻启迪。

闻名遐迩的英雄史诗《江格尔》，是英勇、聪慧的卫拉特蒙古人为中华文明和人类文化宝库所增添的瑰宝。史诗从生成、基本定型到不断演进，包含了蒙古族文化的精髓，并在不断的演进发展过程中融汇了蒙古族关于历史、社会、自然、科学、宗教、道德、风俗、文化、艺术的创造成果，具有很高的学术价值、美学价值和欣赏价值，是研究古代蒙古族社会的一部百科全书，被誉为"东方的伊利亚特"。《江格尔》与藏族的《格萨尔》、柯尔克孜族的《玛纳斯》并称为我国三大英雄史诗，是中华民族共同的精神财富。由于长期在民间口头流传，经过历代人民群众，尤其是演唱《江格尔》的民间艺人江格尔奇的不断加工，《江格尔》篇幅逐渐增多，内容逐渐丰富，最后成为一部大型史诗。迄今为止，国内外已经搜集到的史诗共有60多部，长达10万多行。史诗的篇章结构、故事情节具有蒙古说唱艺术的特点，语言丰富优美，风格粗犷豪迈。

新疆锡伯族能歌善舞，贝伦舞最受欢迎。不选时间，不择场地，只要乐手弹起贝伦舞曲，人们便翩翩起舞。舞蹈风格多样，异彩纷呈。在锡伯人眼里，东布尔与贝伦舞是一个整体。凡是有东布尔的地方就会有热闹的贝伦舞，而且只有在东布尔的伴奏下，才能使贝伦舞更原始、更自然、更和谐、更完美。从某种意义上说，东布尔演奏的不同风格、不同节奏的音乐，使贝伦舞形成了多种多样的特色舞蹈。目前，新疆民间文艺工作者已搜集到十六七种东布尔曲子和贝伦舞蹈。

新疆维吾尔木卡姆艺术是一种集歌、舞、乐于一体的大型综合艺术形式，是"十二木卡姆"和"刀郎木卡姆""吐鲁番木卡姆""哈密木卡姆"的总称，主要分布在南疆、北疆、东疆各维吾尔族聚居区，在乌鲁木齐等大、中、小城镇也广为流传。特别是"十二木卡姆"，是维吾尔木卡姆的主要代表，广泛流传于新疆的南疆地区和北疆的伊犁地区。十二木卡姆由十二套大型乐曲组成，其中的每一套木卡姆均由三个部分组成：第一部分"穹乃额曼"（大曲），第二部分"达斯坦"（叙事组曲），第三部分"麦西来甫"（歌舞组曲）。每套含乐曲20—30首，12套共近300首，完整地演唱需要20多小时。2005年11月，新疆维吾尔木卡姆艺术被联合国教科文组织正式批准为"人类口头和非物质文化遗产代表作"。

二、传承与发展并举，新疆民间文化的独特性、完整性得到了较好的保护与保存

在为期14天的考察中，我们既欣赏到了非物质文化遗产传承人"原汁原味"的演出，也看到了一些专业歌舞演员的表演。"原汁原味"的演出让我们感受到了遥远的历史和深厚的民族文化，专业演员的演出又使我们领略到了民族文化传承与发展的新收获。凡被搬上艺术舞台的，均为经过提炼的、选择的、升华的、改造的，这些艺术化的表演更受年轻人的欢迎，更适应时代发展的需要。这两个方面演出的并存，反映了我们这个时代的现实。

我国的民族民间文化的传承，长期以来主要靠三种形式：家族传承、师徒传承和社会传承。这三种传承方式中，风俗习惯、口头遗产的语言类常常需要社会传承，其他文化遗产千百年来主要靠家族传承和师徒传承。在库尔勒市，我们就看到了一个典型的家族传承的例子。在市文化活动中心，我们观看了库尔勒赛乃姆、民间艺人弹奏等维吾尔族非物质文化遗产表演，其中第一个节目叫"家庭麦西热甫"，主角是库提热提汗。库提热提汗是库尔勒市普惠乡人，为库尔勒的民间艺术做出了很大的贡献。她不但独自养活自己的十个孩子，并且把他们培养成了优秀的民间文化传承人。通过代代相传，现如今他们家族中最小的传承人只有6岁。由于她对民间文化艺术的传承发展，2008年库尔勒市已申报"自治区级文化大户"。

家族传承、师徒传承能够比较真实、比较完整地或者说"原汁原味"地保存民间文化，也符合国家关于"保护非物质文化遗产，应当注重其真实

性、整体性和传承性，有利于增强中华民族的文化认同，有利于维护国家统一和民族团结，有利于促进社会和谐和可持续发展"的精神。但它更是传统农牧时代的一种传承方式。近几十年来，随着工业化、城镇化的冲击，民间文化的保存与弘扬受到了前所未有的挑战。为了保护各民族的民间文化，自治区党委、政府在全疆进行了非物质文化遗产的普查和保护工作，认定、发现、培养了一批非物质文化遗产传承人，同时大力提倡、组织传习活动，举办非物质文化遗产保护培训班，将非遗工作从娃娃抓起，在中小学建立教育传承基地。这样，就出现了新的社会传承方式，即由政府主导、全社会参与的传承。

民间文化的传承，一方面，需要调查、认定、发现、培养非物质文化遗产传承人；另一方面，这也是更重要的，就是通过普及、教育的方式进行全社会的传承。大力提倡、组织传习活动，举办非物质文化遗产保护培训班，将非遗工作从娃娃抓起，在中小学建立教育传承基地，自然是一种很有效的传承方式。传承民间文化，"灌输"也是必不可少的。

在新的方式传承过程中，一些歌舞形式悄然发生了变化。为了表演的需要，或者为了容易被受众接受，民间文化在传承中有所"变异"，这是很正常的现象。民间文化从来都是活态的，不是一成不变的，传承中有"变异"，"变异"中有传承。这种"变异"其实就是发展。

说新疆各地、各民族民间文化丰富多彩、各具特色，自然是说它的独特性、完整性得到了较好的保护。在这方面，锡伯族是一个活生生的例子。锡伯族是我国境内的一支少数民族，现有人口不到20万人，主要分布在东北地区的辽宁、吉林等省区。新疆也有锡伯族，系18世纪中叶，清政府为巩固西北边防，从东北地区调来戍守的。2003年人口普查新疆锡伯族人口为4.03万人，其中伊犁州的察布查尔锡伯自治县为2万余人。东北地区的锡伯族已经失去了自己的民族语言、文字，淡化了自己的风俗习惯，而新疆的锡伯族，至今还完整地保留着自己的语言文字及浓厚的风俗习惯、宗教信仰。

在喀纳斯湖畔，还居住着一个原始部落，人口不多，还不到2000人。他们以山林为家，以放牧、狩猎为生，不与外族通婚，自称图瓦人，以成吉思汗为自己的先祖。关于他们的来历，有这样的传说：成吉思汗征伐西域，他的次子察合台派遣了一支先头部队逢山开道，遇水搭桥，后来，这支队伍在阿尔泰山的深山老林中迷了路，神秘地消失了。据说，这支迷路的先头部队后来就定居于喀纳斯湖畔。图瓦人世代垒木为屋，善于骑射渔猎，保留着原始的萨满宗教仪式和图腾崇拜，秉承了古老的风俗习惯和游牧文化，流传着许多美丽而神奇的传说。他们每年都要开展祭山、祭水、祭天、祭树、祭鱼、祭火、祭敖巴、祈佛和诵经等宗教活动。听图瓦人吹"楚尔"是一种享受。"楚尔"是用喀纳斯湖边生长的一种叫"芒达勒西"苇科植物茎秆掏空钻孔后做成的，看上去有点像箫，大约有50厘米长，下端略粗，有3个用于演奏的孔。这种乐器吹出来的曲调沉郁苍劲，整首曲调比较平直，变化不大，但极具震撼力。有学者认为"楚尔"就是现存的古代乐器胡笳，也有人说"楚尔"是一种从未被发现和记载的乐器，更有人说它是古老音乐的"活化石"。

三、党和政府高度重视，各级文联、民协组织不懈努力，在保护、传承民间文化方面发挥了不可替代的巨大作用

中华人民共和国成立后，党和政府及各级文联、民协组织高度重视民族民间文化的保护与传承工作。如建立自治区级、地、州级"非物质文化遗产"代表作名录；出台《新疆维吾尔自治区非物质文化遗产保护条例》；加大资金投入，为传承人的文艺活动与实际生活困难提供一定的经济支持；命名一批民间艺术家和民间艺术传承人，鼓励传承人开门授徒；组织传承人参加各种文化艺术交流活动等。其中，十二木卡姆和库尔勒赛乃姆的保护与传承就是一个突出的代表。

长期以来，新疆维吾尔族的十二木卡姆艺术都是师徒相传，口传心授。这种传承形式，在岁月的荡涤下，极易流失。加之十二木卡姆体系庞大，词意深奥，曲牌绵长，完整地背下来非常困难，到新中国成立前夕，十二木卡姆已濒临灭绝。为了抢救这濒于失传的音乐瑰宝，1950年，文化部派出音乐家万桐书、刘炽等组成"十二木卡姆整理工作组"开始了艰辛的挖掘、整理工作。音乐家们找到"十二木卡姆"的唯一演唱者、维吾尔族著名老艺人吐尔迪·阿洪老人，用一台老式钢丝录音机录下了十二木卡姆的全部内容。用

了将近 6 年时间,才将曲谱、歌词整理完毕。经过整理和编辑,1960 年,正式出版了《十二木卡姆》,包括古典叙诵歌曲、民间叙事组歌、舞曲、即兴乐曲 340 余首。为了加强十二木卡姆的拯救力度,20 世纪 80 年代自治区政府相继成立了自治区木卡姆研究室、新疆木卡姆艺术团,同时出版了《维吾尔十二木卡姆》《哈密木卡姆》《刀郎木卡姆》《吐鲁番木卡姆》等书籍和光盘。1996 年,新疆艺术学院还成立了木卡姆表演艺术班。

赛乃姆是维吾尔族最普遍的一种民间舞蹈,它广泛流传于天山南北的城镇乡村。赛乃姆历史悠久,源远流长,维吾尔族古典音乐十二木卡姆在形成过程中,就吸收了早已在民间流传的赛乃姆,成为每个木卡姆中的组成部分,而赛乃姆仍以其独立的形式广泛流传。库尔勒赛乃姆就是其中一枝绚丽的奇葩。库尔勒赛乃姆歌舞一般多在婚礼、节庆等庆典活动上表演,舞蹈节奏明快,动作优美舒畅,时而如燕雀展翅般飞舞,时而如旋风般旋转,令人赏心悦目。它将库尔勒人的精神风貌以及特有的地方特点和民族个性充分展现在世人面前。新疆解放初期,百废待兴,但当时的库尔勒县委、县政府和巴音郭楞蒙古自治州党委、政府依然大力关心支持库尔勒市有名的民间艺术家艾伊提·萨迪尔,请他将自己传唱一生的库尔勒赛乃姆歌曲中由三、四、五、六变构成的 36 首赛乃姆歌曲加工整理后提供录音,并将以上赛乃姆歌曲的配套舞蹈动作传授给年轻的舞蹈演员,这才使整套库尔勒赛乃姆歌舞能够传到今天。

和静县位于新疆中部,天山中段南麓,属于巴音郭楞蒙古自治州,系东归土尔扈特的主要聚居地,拥有独具东归文化特色的非物质文化遗产。和静县领导高度重视民族文化的保护与传承,自 2006 年非物质文化遗产普查和保护工作在和静县全面开展以来,全县已有 2 个项目被列入国家级非物质文化遗产名录:新疆蒙古族舞蹈萨吾尔登、新疆蒙古族那达慕节;5 个项目被列入自治区级非物质文化遗产保护名录:新疆蒙古族舞蹈萨吾尔登、新疆蒙古族那达慕节、新疆蒙古族奶酒制作技艺、新疆蒙医药、新疆蒙古族婚俗;44 个项目被列入州级非物质文化遗产保护名录,55 个项目被列入县级非物质文化遗产保护名录。为保护、传承非物质文化遗产,和静县除了在东归文化馆非遗保护中心组织传习活动,举办培训班,还非常重视教育传承,将非遗工作从娃娃抓起，在和静县一中、四中、一小、二小都建立了教育传承基地，并颁发传承基地牌匾。县文化部门还自己筹措资金，试发行了《江格尔》校本教材。结合"文化遗产日"，他们开展了丰富多彩的非遗宣传活动，建了一座非物质文化遗产陈列馆，充分展示和静县宝贵的非物质文化遗产资源。通过这一系列的宣传活动，进一步提高了全县人民对保护非物质文化遗产重要性的认识，增强了全社会文化遗产保护意识。

据长期从事新疆民间文化研究与出版工作的新疆民协主席马雄福介绍，从20世纪50年代起，在党和政府的关心下，新疆民协组织少数民族文化工作者对民族民间文化艺术和少数民族的历史、语言、风俗习惯等开展了普查。他们深入少数民族聚居区，以史诗的采录、整理、出版、翻译和研究为重点，先后出版了柯尔克孜文版《玛纳斯》8部18本书，共23万行，并进行了汉译工作；出版了蒙文版《江格尔》70章和资料本14部，汉译本6部；《格斯尔》史诗出版了3部资料本。采集了"玛纳斯奇""江格尔奇"和"格斯尔奇"各类演唱版本盒带近500盘，并对录音带进行记录、整理。多次成功组织、举办和参加了三大史诗工作成果展、国际国内学术研讨会，并通过举办民族文化展览进行展示弘扬，为抢救和保护少数民族非物质文化遗产做了大量工作。

《中华人民共和国宪法》中，专门制定了尊重、继承、保护和振兴民族文化的有关条款。党的十六大报告明确指出，国家"扶持对重要文化遗产和优秀民间艺术的保护工作"。党的十七大报告中强调指出要"加强对各民族文化的挖掘和保护，重视文化和非物质文化遗产保护"。国务院在《国务院关于加强文化遗产保护的通知》中明确提出："加强少数民族文化遗产和文化生态区的保护。重点扶持少数民族地区非物质文化遗产保护工作。对文化遗产丰富且传统文化生态保持较完整的区域，要有计划地进行动态的整体性保护。对确属濒危的少数民族文化遗产和文化生态区，要尽快列入保护名录，落实保护措施，抓紧进行抢救和保护。"中国民间文化遗产抢救工程自2002年实施以来，首先被列入国家哲学社会科学规划领导小组指定的"国家社科基金特别委托项目"。所谓"特别委托项目"，就是指中央领导特别委托的社会科学研究项目。为了继承和弘扬中华民族优秀传统文化，加强非物质文化遗产保护、保存工作，2011年2月，国家又专门制定并颁布了《中华人民共和国非物质文化遗产法》，规定"非物质文化遗产"包括传统口头文学以及作为其载体的语言，传统美术、书法、音乐、舞蹈、戏剧、曲艺和杂技，传统技艺、医药和历法，传统礼仪、节庆等民俗，传统体育和游艺和其他非物质文化遗产，从而为保护与传承民间文化提供了法律保障。

事实充分说明，党和政府的高度重视，各级文联、民协组织的不懈努力，在保护、传承民间文化方面发挥了不可替代的巨大作用，也才使新疆民间文化的独特性、完整性得到了较好的保护与保存。

四、各族人民热爱民间文化，非物质文化遗产传承人在当地都有较高的威信，在保护、传承民间文化方面起了带头和示范作用

中国民间文艺家新疆民间文化考察团所到之处，受到了新疆各地各族人民的热烈欢迎。在每一处演出现场，民间艺人们都是早早赶到，认真表演。有的民间艺人已是古稀之年，仍是精神矍铄，全然不顾年老体衰，不顾高温酷暑，有的民间艺人竟然步行二三十公里赶往演出地点，充分表现了他们对民间文化的热爱之情。

8月12日，我们在福海县看望了国家级非物质文化遗产传承人、79岁的哈孜木·阿勒曼老人；8月14日在和布克赛尔县看望了《江格尔》演唱大师、86岁的加·朱乃老人和国家级长调传承人、69岁的加·道尔吉老人；8月16日在伊犁州伊宁市看望了国家级非物质文化遗产传承人、哈萨克族冬布拉艺术大师阿迪力汗·阿不都拉和国家级非物质文化遗产传承人、哈萨克六十二阔恩尔库尔曼江·孜克热亚；8月17日在察布查尔锡伯自治县看望了国家级贝伦舞传承人、75岁的月香老人……在同他们及其周围的群众交谈中，我们深深地感觉到，一名杰出传承人，就是一部民间文化大典，一座民间文化宝库。我们看到，非物质文化遗产传承人在当地都有很高的威望，很受当地人的尊重和羡慕，在保护、传承民间文化方面发挥了极大的作用。

哈孜木·阿勒曼是福海县阔克阿尕什乡齐勒哈仁村人，他13岁开始学艺，是至今唯一能说唱104首"哈萨克族达斯坦"的传承人。在这104首达斯坦里面，有历史故事、英雄传说，有爱情故事、革命传奇，等等。据有关专家统计，现存的哈萨克族达斯坦文学作品有 200 多部，而哈孜木老人能唱其中的 104 部，是目前民间吟唱达斯坦数量最多的人。他不但可以吟唱 104 部达斯坦，而且可以在不翻看任何文字资料的情况下，就能将一部上万行的哈萨克族达斯坦完整地演唱出来，因此，被人誉为"哈萨克族达斯坦的活唱片"和"活化石"。2008 年，"哈萨克族民间达斯坦"被列为国家级非物质文化遗产保护名录。2009 年 4 月 24 日，哈孜木老人被列入第三批国家级非物质文化遗产传承人名单，成为"国宝级"的人物。

加·朱乃老人是第十三代江格尔奇的传人。"江格尔奇"就是演唱《江格尔》的民间艺人，是这部不朽的英雄史诗的保存者和传播者。今年 86 岁的加·朱乃老人能演唱《江格尔》45 章、24 万行，被国际史诗学会主席、德国波恩大学教授卡尔·约瑟夫称为"当代传唱《江格尔》史诗的杰出代表，是大师级的民间艺人"。朱乃老人的太祖父能说唱 70 部《江格尔》，他小时候受父亲和爷爷的熏陶爱上了《江格尔》说唱。1981 年，朱乃老人说唱了 45 章《江格尔》，同年 12 月文化部正式任命朱乃老人为江格尔奇。朱乃老人现在除了重大节日出来活动，其余时间都用在了整理记录《江格尔》诗章和培养弟子上。

生活在察布查尔锡伯自治县爱新舍里镇乌珠牛录村的农民月香是锡伯族贝伦舞的国家级代表性传承人。她 12 岁开始自学贝伦舞，积累了丰富的贝伦舞表演经验，舞蹈别具一格、自成一派。在此基础上，她又对锡伯族汗都春、锡伯族民歌进行了无数次的表演和研究、创作。在 1991 年察布查尔县首届锡伯族贝伦舞大赛活动中，月香荣获表演一等奖。她曾在 1986 年至 1995 年代表锡伯族多次去乌鲁木齐、克拉玛依、沈阳等地参加锡伯族西迁节文艺演出和联谊活动。月香今年已 75 岁，仍活跃在民间，在生产和生活中培养了许多锡伯族贝伦舞表演人员。

中国民间文艺家新疆民间文化考察团在新疆考察期间，也发现了民间文化保护、传承中存在的一些问题。这些问题，值得我们深思和探讨。

五、生活环境的改变，使民间歌舞生存空间大为缩减

由于信息化、城镇化的大力推进，现代文化艺术的渗透，新疆的民间文

化民族歌舞和全国其他地方一样，受到了前所未有的冲击。在有些地方，一些民间歌舞的生存空间大为缩减。以维吾尔族达斯坦为例。由于现代媒体的普及，电视、DVD、录音录像设备和收音机以及各类报刊图书快速地扩大了群众文化娱乐活动的空间，网络更吸引了庞大的受众群体，包括民族地区的广大中青年群体。在以前民间歌舞表演繁盛的地方有了录像厅、卡拉OK歌舞厅以及商店饭店（内设电视、DVD），很多人都集中到了那里，很少有人去听达斯坦演唱了。这就使传统的歌舞表演活动听众日渐减少，歌手的生存环境遭遇危机。政府部门虽然给一些著名歌手发放生活补贴，但众多的民间歌手仍不能以演出为生，只能另谋生路。

六、非物质文化遗产传承人年龄老化严重，后继乏人

由于缺少听众，民间歌舞后继乏人，加上杰出传承人普遍高龄，很容易导致人去艺绝、人亡歌息的局面。

在保护代表性传承人方面，我们可否借鉴一下国外特别是日本、韩国的经验，对传承人不仅提供资助和补贴，更重要的是作为一种荣誉提高传承人的社会地位和文化影响力；一些必须由集体合作才能进行的非物质文化遗产项目不再只指定其中一人为代表性传承人，可以认定为集体传承。

为了最大限度地发挥非物质文化遗产传承人在保护、传承民间文化方面的作用，2011年2月颁布的《中华人民共和国非物质文化遗产法》对传承人的义务专门做了规定，要求传承人必须开展传承活动，培养后继人才，并规定，"非物质文化遗产代表性项目的代表性传承人无正当理由不履行前款规定义务的，文化主管部门可以取消其代表性传承人资格，重新认定该项目的代表性传承人；丧失传承能力的，文化主管部门可以重新认定该项目的代表性传承人"。我们希望这部法律能够缓解传承人后继乏人的状况。

（原载《民间文化论坛》2011年第4期）

无垠草原上的天籁之音

——蒙古族原生态长调民歌采风记

蒙古族是我国古老的民族之一，在历史上曾创造了辉煌灿烂的游牧文化和草原文明，其民歌从形式上分为长调和短调两种，是传承蒙古族民族文化的重要载体。其中，鄂尔多斯市的杭锦旗是蒙古族长调民歌"古如都"的发源地和传承地，而锡林郭勒盟是蒙古族长调民歌的代表性传承地之一。近年来，在现代化和城镇化的大背景下，蒙古族民歌艺术受到前所未有的冲击。由于生产生活方式的改变、自然生态环境的改变、传承载体的改变，以及地域风格的改变，很多草原民歌文化遗产正在被边缘化，甚至从我们的视野中消失。为了抢救保护这些珍贵的民间文化遗产，2013年8月21日至28日，中国民协邀请民歌研究专家、民间文艺工作者20人组成采风团，赴内蒙古鄂尔多斯、锡林郭勒地区进行少数民族原生态民歌采风。采风团先后到内蒙古鄂尔多斯市的伊金霍洛旗、杭锦旗，锡林郭勒盟的苏尼特右旗、阿巴嘎旗、东乌珠穆沁旗和呼和浩特、锡林浩特2市，深入大草原，走进蒙古包，采访蒙古族长调民歌传承人17人，其中有杭锦旗的斯琴（女，62岁）、阿木古楞[①]（95岁），苏尼特右旗的杨真策马（女，79岁）、查干奔布格（60岁）、敖·斯日古楞（64岁）、赛音吉个（女，67岁），阿巴嘎旗的苏雅拉图（48岁）、伊利拉图（46岁），东乌珠穆沁旗的陶克陶夫（66岁）、娜仁（女，47岁），观看民歌表演6场，同基层干部、长调传承人、民间歌手座谈6次，

[①] 老人身份证上的汉文名字是"阿木吉丽"。2014年4月10日上午笔者打电话问杭锦旗宣传部副部长孟和图雅，她说老人的蒙古名音译应是"阿木古楞"。

获得了大量的第一手资料。

一、此曲只应天上有，人间能得几回闻：悠长舒缓、苍劲悲凉的蒙古族原生态长调民歌

蒙古语 urtu in daguu 汉语直译为"乌日图道"[①]，意为"长调""长歌"。蒙古族长调的特点是悠长舒缓、苍劲悲凉、声多词少、气息绵长，旋律十分优美，尤以"诺古拉"（蒙古语音译，汉语意为"波折音"或"装饰音"）演唱方式所形成的唱法最具特色，既便于叙事，又适宜抒情。蒙古族长调民歌被音乐学家、歌唱家称为"天籁与心籁的完美统一"，美学家则称之为"人和大自然高度自由完美的统一"。在草原上，只要有一人领唱长调旋律，三五个人以持续低音潮尔，就会产生庄严肃穆、优美独特的氛围。长调歌词一般为上、下各两句，内容绝大多数是描写草原、骏马、骆驼、牛羊、蓝天、白云、江河、湖泊等。蒙古族长调以鲜明的游牧文化特征和独特的演唱形式讲述着蒙古民族对历史、文化、习俗、道德、哲学和艺术的感悟，被称为"草原音乐活化石"。2006年，蒙古族长调民歌入选中国第一批非物质文化遗产名录。

在鄂尔多斯草原，生长着蒙古长调的一枝奇葩——"古如都"。"古如都"是蒙古语，就是"古如歌"。"古如"在汉语里意为"国度"或"朝政"，"都"就是"歌"。此类歌曲源于宫廷，音乐属于长调题材，是鄂尔多斯宫廷文化的组成部分。蒙元初期，成吉思汗的时候，宫廷里的人兼有多种职责，首先是战士，一打仗就要拿上武器参加战斗，平时又是歌唱家和乐手。当时宫廷里经常有宴会，一旦有了宴会需要大家娱乐了，这些人就骑着马带上乐器到宫廷里面表演。平时家里都备着乐器，挂在蒙古包的"哈纳"上。后来蒙古王朝解体了，宫廷人员流散各地，鄂尔多斯八百宫一起留在河套地区，到草原上放牧。当民间举行婚庆大典或者过年过节时，他们带上乐器一起去演奏演唱，从而使"古如都"成为流传至今的古老民间音乐。

---

① 有人译为"乌尔汀哆""奥尔图音道""乌日图音道"或"乌尔吐歌曲"。包达尔汗、乌云陶丽认为，正确的译法是"乌尔汀哆"，意为"宫廷之歌"。参见《蒙古长调》第三章第二节，浙江人民出版社2007年版。

"古如都"旋律优美独特,节奏舒缓自由,风格高贵典雅、博大肃穆。歌词内容以说教为主,主要是歌颂朝政、佛教、父母、故乡、骏马及美好的事物;演唱的场合要求严格,一般是在隆重而盛大的庆典仪式上演唱,不能随便演唱或者随意哼唱,要以"三首正歌"起唱后方可继续演唱,主题严肃,内容正统,无伴奏。它集中体现了蒙元时期蒙古宫廷礼仪音乐的独特风貌,是研究蒙古族历史的活化石,不仅在音乐学、文艺学和语言学方面有很高的价值,在人类学、民族学研究方面也有很高的价值,2008年被列入全国第二批非物质文化遗产名录。

杭锦旗是"古如都"的发祥地和传承地。它位于鄂尔多斯西北部,地跨鄂尔多斯高原和河套平原,黄河流经全旗242公里,库布齐沙漠横亘东西,是一个以蒙古族为主体、汉族占多数的少数民族地区。"古如都"就流传在沿黄河两岸地区,所存曲目有100多首,如《天马驹》、《高高的吉米梁》、《宝日陶亥之花》("宝日陶亥"意为"河套")、《泉水》、《嘉庆皇帝》、《圣祖的两匹骏马》。

8月22日,在我们到达杭锦旗的第二天,热情好客的杭锦旗宣传部副部长孟和图雅就在杭锦旗文化宫给我们安排了一场精彩的民歌表演,让我们观摩、欣赏到了《宝日陶亥之花》《野性的黄骠马》《天马驹》《金鬃马》等10个节目。高亢悠扬的旋律,精彩美妙的表演,让我们在苍劲悲凉中得到了美的感悟,那是面对茫茫草原的倾诉,那是生命的呐喊。表演结束后,我们听取了杭锦旗"古如都"历史传承和保护情况的汇报,同旗领导和当地学者进行了两小时的座谈,就如何更好地传承和保护"古如都"提出了建议。随后,采风团深入"古如都"发祥地,和"古如都"传承人、传唱人面对面交流,实地听唱,更深入地进行调查和研究。

内蒙古民协主席那顺告诉我们,鄂尔多斯有一个比较常见的现象,你到牧民家去的时候,可以看到大部分牧民家墙上挂着几件乐器,四胡、三弦、笛子和扬琴,甚至有的家庭没人会弹奏也挂着这些乐器,这是他过去考察发现的。鄂尔多斯现在流传的短调民歌("乃日音都")和长调民歌基本上差不多,杭锦旗会唱的,乌审旗也会唱,鄂托克旗也会唱,而"古如都"只有杭锦旗这个地方会唱,别的地方都不会唱,像鄂托克旗和乌审旗都不会唱,连知道都不知道。只有这几年搞民间文化遗产抢救工程以后，非物质文化被提到议事日程以后，"古如都"才引起注意，外人才知道杭锦旗还有"古如都"。

鄂尔多斯牧民家里常备乐器的习俗，透露出了他们的历史和文化。

8月23日，我们在杭锦旗锡尼镇锡尼布拉格嘎查牧民斯琴家采访时，对"古如都"的传承情况有了进一步的认识。斯琴说，内蒙古的民歌比较丰富，杭锦旗这个地方的民歌还没有受到很大的干扰，还是保留着原生态，有自己的特色，比较纯正，其他地方的"原生态"有的开始变花花儿了。她现在唱的歌和年轻的时候比，大部分没有变化，都属于原生态。杭锦旗在宴请客人的时候唱什么歌，是有规定的，主人会根据客人身份的不同而变化，比如长辈来了要唱给长辈听的歌，朋友来了要唱给朋友听的歌，在婚礼上，不能在开始的时候就唱送亲的歌，这样人家就全走了。这里的婚礼仪式很特别，传统的婚礼特别复杂，现在已经很难见到了，她在小的时候见到过。整个婚礼大概要唱1000首歌，这个地方有多少就可以唱多少，不重复，甚至可以三天不重复地唱。演唱者有些是新娘或新郎的亲属，一般都请有亲戚关系的，也会请一些外面唱得好的人，这样就会给一些答谢礼，比一般亲戚高一些。实际上，这些人只是领唱而已，唱起来的时候，所有的在场者都会一起跟着唱，男女老少都会唱，小孩就是这么学会的。全场的导演，就是一把笛子，笛子和扬琴定好了调，一起头，大家都跟着来了。同时，还有舞蹈和一些礼俗在里面，都是连在一起的，眼神一动就走起来，是一种默契，不需要导演。婚礼上短调和长调都唱，根据场合，根据程序，进行到哪个阶段，随时都会变，但是什么时候唱哪一首歌有严格的规定，整个仪式举行完了，就可以随意唱了，之前不能想唱什么就唱什么。一般就是演奏的一起，大家就都跟着唱，什么时候演奏什么曲子都懂的。"古如都"现在整理出来的，大概有350首。

作为"古如都"的发祥地和传承地，杭锦旗在蒙古族长调民歌中可谓独树一帜，其他地方的长调民歌就大同小异了。

在锡林郭勒草原，听蒙古族长调民歌别有一番风味。8月24日，采风团到达苏尼特右旗，先后深入有着"全国第一支乌兰牧骑"美誉的西苏旗乌兰牧骑和著名的"草原王府"——苏尼特王府进行实地参观和考察，观看了由牧民、教师、学生和乌兰牧骑演员演唱的10首蒙古族原生态民歌，还对杨真策马、查干奔布格、敖·斯日古楞、赛音吉个四位民间老艺人进行了专访。在听了杨真策马老人现场演唱的两首传统的苏尼特长调后，我们都被震撼了——没想到79岁高龄的老人，仍然能够将长调演唱得如此高亢悠远、舒缓自由。杨真策马老人在2006年被评为自治区级"苏尼特长调民歌代表性传承人"，并为该旗搜集和整理《苏尼特民歌》工作提供了宝贵的资料。今年64岁的敖·斯日古楞是一位牧民，也是著名的长调演唱者，曾多次在各级长调大赛中获奖。他曾经恢复演唱并录制了《苏尼特王府民歌长调》。这首歌是当年日本人录了一盘磁带遗留下来，后来送还给西苏旗的珍贵资料，敖·斯日古楞是将其中较清楚的一首歌恢复演唱的第一人。

　　杨真策马说，从小到大，她唱的歌，在音调、内容上和儿时相比，除出现了个别词语以外，没有发生什么变化。长调在发音、发声和折叠音、"诺古拉"上有些特别的技巧，有固定的程式，和南方的歌曲不一样，是不会即兴改变的。苏尼特以前是一个驿站，各个地方的人都来这里，这些人来的时候会在这里住上一两天，唱他们地方的歌，唱完之后就在这里流传下来。在苏尼特右旗这儿，巴尔虎人唱的、留下来的歌他们就叫"巴尔虎歌"，从来不说成是苏尼特的歌。杨真策马的妈妈就是一位长调歌手，杨真策马在十来岁的时候就学会了唱很多古老的民歌，因为政治，有一段时间不让唱民歌，有些歌曲忘记了。这些年国家对于原生态民歌的抢救工作使杨真策马的记忆逐渐恢复，又重新开始唱起来了。这种恢复带给杨真策马一种精神上的愉悦。杨真策马说："我唱歌是不计较报酬的，人家给不给钱我都会唱，让我唱我就已经很高兴了。我们民间歌手，歌唱是不需要组织的。在放羊的时候，我们往往就会找一处高地自己一个人唱。从前，常常是白天忙着干活，在晚上，尤其是冬天的晚上，大家会聚在一起，讲故事或者唱歌。长调很多唱的是古老的故事。我们小时候是没有歌唱比赛的，唱得好的人在当地会成为人们心中崇拜的对象。比如我唱得好，在群众心中，我就是一个歌手，把我当成心目中崇拜的对象。"在苏尼特右旗，唱得好的人，往往会唱很多长调歌曲，只要听过的、学过的、周围的人唱过的，杨真策马一般都会唱，现在还会唱一百来首,如《黑骏马》《四岁的海骝马》《一匹马》等。

二、千磨万击还坚劲,任尔东西南北风:蒙古族长调民歌面临的困境与传承人对民族文化的坚守

蒙古族长调民歌之所以叫"长调",自然是相对于"短调"而言的,不过,长调除了曲调悠长外,历史也很久远。据考证,在蒙古族形成时期长调民歌就已存在,距今已有上千年的历史。1000年来,蒙古民族的生产生活方式从山林狩猎、草原游牧到亦农亦牧,长调也经历了产生、发展、兴盛、衰落的过程。近年来,在现代化和城镇化的大背景下,蒙古族长调民歌和内地的民间文化艺术一样,受到了前所未有的冲击和破坏,民间演唱长调的人越来越少了。杭锦旗作为"古如都"的发祥地和传承地,其原生态演唱至今仅流传于杭锦旗北部一带,而且传唱者多为老人,年龄在60岁到99岁之间。杨真策马也说,她的孩子们"在外面可能说汉语,但回家里来都是讲蒙古族语的,他们觉得我长调唱得太好了,但是学起来太难了,他们更喜欢唱一些创作的歌曲和流行歌"。

据内蒙古大学艺术学院教授博特乐图两年前的调查,内蒙古各地长调民歌曲目的传承可以分为三类:一是传承较好的地区,如锡林郭勒盟的乌珠穆沁、阿拉善盟、呼伦贝尔市的巴尔虎等,这些地区长调民歌资源历来丰富,目前长调民歌传承状况良好;二是传承萎缩却仍有活态传承的地区,如锡林郭勒盟的苏尼特,乌兰察布市的察哈尔,巴彦淖尔市的乌拉特,通辽市的扎鲁特,赤峰市的阿鲁科尔沁、巴林、翁牛特、鄂尔多斯等;三是长调民歌基本消亡的地区,如科尔沁、喀喇沁、敖汉等地。[①]

蒙古族长调民歌之所以衰落,原因是多方面的,但主要原因还是现代化、城镇化的冲击和人们生产、生活方式的改变。环境改变了,人们的心态、审美标准和行为方式也会随之改变。长调民歌的兴起与发展,离不开草原,离不开草原游牧的生产生活方式。面对一望无际的茫茫草原,面对奔腾的马群、漫山遍野的牛羊,人们情不自禁地发出了生命的呐喊。如今,一切

---

① 参见博特乐图《蒙古族长调的传承与保护》,《内蒙古大学艺术学院学报》2011年第2期。

都变了：很多牧民进了城镇，住进楼房，看上了电视，玩起了电脑，"天苍苍，野茫茫，风吹草低见牛羊"的美丽只有在画面上看到了；绝大多数牧民有了固定的住所，不再住蒙古包；牧场被分割成一块又一块，有的地方还种上了庄稼，更不用转场了；放牧用不着骑马了，有的牧民还骑上了摩托车甚至开起了轿车。我们在杭锦旗独贵塔拉镇道图嘎查（库布齐沙漠牧民新村）观看"古如都"表演时，看着漂亮的、装饰一新的房屋和一应俱全的设备，在感叹这家"古如歌传承基地"良好的条件时，不能不担心歌手不再面对草原时心态会有怎样的变化。62岁的斯琴在2011年时建了新居，家里有1000多亩草场，家门口种上了庄稼，养着二三百只羊，不过她平时已不在草原居住，把家交给大儿子打理，她和小儿子在县城住，有旅游的人要到她家来时，她就回家给游客表演。杨真策马79岁了，有了孙子，虽然家在牧区，不过她现在也住在县城里，跟孩子们在一起。

尽管如此，老一代蒙古族长调民歌传承人对民族文化的坚守精神还是让我们十分感动。阿木古楞已经95岁，平时生活靠侄女、外甥女照料，当我们去他家采访时，老人明白我们的意思后，精神越来越好，不但与其大侄女（70多岁）、二侄女、外甥女（60多岁）一起给我们唱了"古如都"《天马驹》《河套之花》，还坚持走出家门来同我们合影留念。斯琴除了给游客表演时唱蒙古族长调，平时自己也唱，常常练习。她说："不论给别人表演，还是自己唱，我的心态都是一样的，用一样的曲调唱，我要对这个歌负责。因为都是用蒙古族语来唱歌，大部分人其实都听不懂，所以也没想在唱法上做出一些改变。"杨真策马说，只要别人来问长调的事，她都愿意把自己知道的东西教给他，希望有更多的年轻人来学习和传承长调。

三、无可奈何花落去，似曾相识燕归来：蒙古族长调民歌的保护与传承

中华民族是先天富于诗性的民族，蒙古民族和其他草原民族一样都是诗歌民族，一旦内蒙古草原没有了民歌，没有了蒙古族长调，蒙古民族就没有了自己的灵魂。从这方面来说，保护、传承蒙古族长调，就是守护蒙古族的民族之魂。面对濒临失传的蒙古族长调民歌，党和政府高度重视，采取

各种方式予以保护与传承。中国民间文艺家协会作为民间文化保护与传承的联络、协调、服务机构,对蒙古族长调民歌的保护、传承给予了全力支持。2007年,中国民间文艺家协会正式命名新巴尔虎左旗为"中国蒙古族长调民歌之乡""中国蒙古族长调民歌文化保护基地",既是对新左旗特色鲜明的巴尔虎长调民歌的认可,也是对长调民歌艺术保护、传承的促进。新左旗委、旗政府通过成立新左旗长调协会,开办长调班,培养新一代传承人;通过举办赛事、召开研讨会,拓展和深化长调研究领域,积极营造有利于长调艺术传承的氛围。

我们采风到达的伊金霍洛旗、杭锦旗、苏尼特右旗、阿巴嘎旗、东乌珠穆沁旗在保护、传承长调民歌方面都做了大量而卓有成效的工作。据苏尼特民歌协会的呼日勒巴特尔给我们提交的材料,自2003年以来,苏尼特右旗党委、政府为抢救苏尼特民歌采取了一系列措施:成立"苏尼特民歌协会",开展从民间挖掘和征集苏尼特长调的工作,收集到200余首民间歌曲,整理出版了《苏尼特民歌》;对苏尼特长调传承人进行登记,建立个人档案;把苏尼特长调申报为盟、自治区级非物质文化遗产;每年举办"苏尼特之声"艺术活动,积极保护与发展苏尼特传统艺术文化;旗幼儿园、蒙古族小学以及蒙古族中学把苏尼特民歌纳入音乐教学内容中,各校邀请传承人进入课堂,老师学生一起学习,把苏尼特民歌传承给下一代;旗乌兰牧骑把苏尼特民歌作为主要表演节目。

为保护、传承"古如都",杭锦旗采取了一系列措施。1. 采取政府主导、学校实施的方法,以课堂教学为平台,以主要传承人为领头,以普及和传承为目的,让杭锦旗民歌进校园进课堂,先后设立了三个"古如都"传承培训基地,现已培训45岁以下的"古如都"传唱人百余人,年龄最小的仅7岁。8月22日我们在杭锦旗文化宫观看"古如都"精彩表演时,就看到了三个不同年龄段的传唱人,一个57岁,一个43岁,还有一个才9岁。2. 加强与区内外高校合作,每年有计划地向区内外高等院校输送"古如都"专业音乐人才,使他们能够更加系统、专业地学习声乐等相关知识,理论联系实际,提高音乐方面的造诣。学成后,开展"古如都"相关研究与教学活动。形成"输送—培养—反哺"的良性循环链条,强力推动"古如都"的传承与发展。

3. 制定启动了"杭锦旗民族民间文化演绎工程",涵盖了民间音乐、民间舞蹈、民间工艺等多个方面,利用现代科技手段,使民间文化与现代传媒有机结合,既能保护原生态的民族民间文化,又能让广大群众尤其是青年一代所接受、推广、普及。4. 成立了杭锦旗"古如都"研究协会,定期召开"古如都"研讨会,鼓励民间艺术团体积极参与到保护传承本土民族民间音乐的队伍中来。现在全旗一共成立了 15 支民族民间文艺队,在奉上一场场精彩演出的同时也对民族民间文化的保护和发展搭建了更广阔的平台。5. 扎实开展各种活动,给民族民间文化注入新的活力,"杭锦文化日""民间文艺团体会演古如歌大赛""民歌大赛"等活动在丰富人民群众文化生活的同时也为民族民间文化搭建了更多发展的舞台。

由此可见,近年来,各级党委、政府在保护和传承民族民间文化包括长调民歌方面,确实花了大量的财力、物力和人力,也起到了一定的成效。当然,要传承,首先要保护,保护什么不保护什么,有时难免面临着选择;保护的目的自然是传承,在传承中有时又面临着"失真"或"变异"的问题。专家学者对保护与传承的关系问题自然是见仁见智,对于保护与传承的具体内容又是各有各的看法,笔者认为,不论保护还是传承,都要尊重自然规律,尊重人们的自主选择。我们能够做的,一是积极保护,二是积极引导,三是积极传承。通过录音、记录,忠实地、原汁原味地保护下来,传承下去。对于不适应当今时代的内容,或者说,暂时不为人民群众所认可的内容,也要录音,也要保护好,传承给后人去选择。毕竟,对文化的保护、传承以至发展有个认识的过程,更有先知先觉、后知后觉甚至不知不觉的差距。有的时候,好的东西未必会被大家接受,一时接受了可能还会反复。举个食物的例子,千百年来,我们形成了以蔬菜、米饭、面条和少量肉类为主的传统饮食习惯,被誉为世界上最健康的饮食习惯之一。没想到,近年来,这个良好的饮食习惯正在被抛弃,越来越多的人更愿意食用便携包装食品,即便这些食品里含有添加剂、人工香料和其他化学物质,以至于使中国近 12% 的成年人患上了糖尿病,肥胖儿童大量增加。[①] 当我们意识到这个问题

---

① 《西式食品影响中国人健康》,《参考消息》2013 年 9 月 25 日第 15 版。

的严重性后，相信很多人又会重新喜欢上我们的传统饮食的。同样的道理，有些人对长调民歌，也有一个认识、喜爱的过程，我们把它保护好了，传承下去，后人才有选择的机会。

民间文化在传承中自然会有发展，有时难免"失真"甚至"变异"，我们要保持一颗平常心，理性面对。实际上，我们现在看到的、听到的长调民歌，与上百年甚至几十年前的相比，不可能没有变化，所谓"无可奈何花落去，似曾相识燕归来"，事物的发展变化有其自然规律，民间文化的保护、传承与发展也有一定的规律，是不以人的主观意志为转移的。

（原载《风从民间来："追寻中国梦"采风文论集》，中国文史出版社2014年版）

保护古村寨　　留住原住民

——甘肃文县白马人民俗文化调研记

为深入贯彻落实习近平总书记关于"要系统梳理传统文化资源，让收藏在禁宫里的文物、陈列在广阔大地上的遗产、书写在古籍里的文字都活起来"的指示精神，推进白马人民俗文化的研究保护，促进活态传承，2015年3月上旬，在中国文联、中国民间文艺家协会的指导、支持下，第二届中国白马人民俗文化研讨会在甘肃文县举行，笔者在会议期间专程前往文县铁楼乡草河坝村对白马人民俗文化进行了专题调研。

草河坝村辖4个村民小组168户609人，总耕地面积1200亩，属藏汉杂居村，以白马人为主。村子处于河谷地带，已有千年左右的历史，有白马河从村中流过。白马人又被称为"白马藏族"，主要生活在甘肃省文县铁楼乡，四川省九寨沟县、平武县一带，人口约2万人。由于白马人在语言、服饰、歌舞、信仰及生活习性等方面都与藏族有较大差别，许多学者认为白马人是古代氐人的后裔，至今仍传承着浓郁的古氐遗风。据史籍记载，白马是氐族中较大的一支，《史记·西南夷列传》说："自冉駹以东北，君长以什数，白马最大，皆氐类也。"《北史·氐传》也说："氐者，西夷之别种，号曰白马。""秦、汉以来，世居岐、陇以南，汉川以西，自立豪帅。"与今天白马人的分布区域大体一致。由于千百年的历史变迁，王朝更迭，族群征战，民族融合，今天的白马人是否就是古代的"白马"，还需要历史学、考古学、民族学、人类学的进一步印证，但今天的白马人依然保留着独特的民风民俗却是不争的事实，因而，文县铁楼乡草河坝、石门沟、案板地三村入围全国第三批传统村落名录，古朴独特的白马人舞蹈"池哥昼"已被列入国家级非物质文化遗产名录。

草河坝村民族民间文化资源十分丰富。在服饰上，白马人的头饰、发饰、胸饰、衣饰、腰饰直至脚饰都极其精致讲究，从上到下构成了既完整又和谐的统一体，体现了白马人乐观开朗的民族性格；在建筑风格上，家家户户门前立木头架子，打土墙或用石块砌墙，房顶盖瓦，楼下住人，楼上堆放杂物、粮食；在民俗活动上，有独特的烤街火习俗，从腊月初八开始，每天晚上全寨男女老少齐出动，大家一起凑柴、烤火、唱歌、讲故事、跳火圈舞……这样的热闹场面一直要持续到正月十七。

白马人的传统民俗文化充满活力，富有生命力，有着极其重要的价值，需要全面保护、持久传承。

一、保护古村寨

在当前条件下，有效、持久保护并传承白马人古村寨的关键是保护好古村寨的原生态，防止过度开发。文化是一个民族的灵魂和血脉，体现了民族的认同感、归属感，反映了民族的生命力、凝聚力。丢失了文化内涵、没有了生机活力的古村寨，终将被人摒弃。

二、留住原住民

在加强古村寨保护的同时，更要留住原住民，即土生土长的白马人。他们与置身于其中的村寨是一个整体，是白马文化的创造者，也是白马文化的承载者，只有他们才能真正保护白马人特有的民俗、信仰、技艺、人文环境等文化遗产，也只有他们才能真正理解这些文化遗产的意义与价值。只有留下原住民，才能真正保护白马文化，才能留住白马文化的传承发展之根。

要留下原住民，就要满足白马人的生活、精神需求，使其交通便利、居住舒适、环境美好、就业有道、社保无忧、精神愉悦。在这方面，文县县委、县政府做了很大努力。

1. 交通便利

草河坝村位置偏僻，以前出门和搞生产全靠人背畜驮，连一条像样的路都没有，全是烂泥巴路。文县县委、县政府把道路的提等升级作为帮助群众脱贫致富的第一个突破口，改造了从乡政府所在地到村上的通村公路，硬化村内道路2000多米，形成了通乡、进村、连社、入户的水泥路网，大大方便了群众生产生活，同时为产业培育、发展旅游打下了坚实的基础。[①]这样一来，老百姓出行方便了，游客增多了，村寨的吸引力也增强了。

2. 居住舒适

现在全国不少古民居年久失修，破败不堪，成为危房。其原因有资金、技术、审美方面的，也有政策方面的。很多村民认为楼房舒适，生活方便，要么干脆拆掉旧房盖新房，要么到村外建新居，对古建筑不维修，任凭其破败下去。至于被当地政府公布为文化遗产保护的核心建筑，不能随便拆迁和建造，就是维修，也要按照国家制定的文物维修规定进行，古建筑便处在拆又拆不得，维修又无资金，住又不安全的境况中。要留住原住民，保护好传统村落，就要解决原住民住房拥挤、传统建筑中生活不方便的问题。在保持古村寨整体布局不变的情况下，改善白马人的居住环境、基础生活设施和卫生条件，保护好村寨内的文物和文化遗产，满足白马人的现代化生活需求。近年来，帮扶单位依托美丽乡村建设和相关项目支持，在草河坝村修建了具有民族特色的寨门，采取房顶加装沙嘎帽、房檐刷红、房脊涂白、外墙裱画等方法，对5000余平方米的民居进行了外观改造，修建片石文化墙340米，修复河堤2000多米，安装太阳能热水器60户，村内修建凉亭2处、小景点1处、片石花园2处，打造水景观3处，[②]让村民的居住舒适度大大提高。事实证明，只有缩小了城乡生活差距，才能从根本上解决"人去寨空"的问题。

3. 环境美好

给原住民一个碧空蓝天、山清水秀的生活环境，也是留住他们的一个必备条件。这几年，草河坝村完成荒山荒坡植树造林1000亩，栽植侧柏、落叶松、刺槐等生态观光树3.5万株，周围环境有了很大的改善。

---

① 参见董超《双联"联"出"双丰收"——文县铁楼藏乡草河坝村的华丽蜕变》，甘肃文县网，2014年10月11日。

② 参见董超《双联"联"出"双丰收"——文县铁楼藏乡草河坝村的华丽蜕变》，甘肃文县网，2014年10月11日。

4. 就业有道

为提高村民的经济收入，草河坝村组建了核桃产业协会、核桃加工专业合作社，建成 20 余亩核桃高接换优示范园，建成核桃脱皮、烘干加工厂 1 座。2014 年实施核桃高接换优 4832 株。全村发展酸菜种植专业户 11 户，种植面积达 90 多亩，每户年均纯收入达 4.5 万元。扶持天麻、猪苓等中药材产业种植 15 户，发展全膜双垄沟播玉米 280 余亩。还成立了草河坝村扶贫互助协会，为创业农户小额贷款，解决了致富资金短缺的难题。

笔者建议，还要围绕白马人的民俗文化特色发展文化产业，吸引白马人在当地就业，增加收入。保护、传承是一种活态的文化延续，没有民众的积极参与，很难说是真正的"活态传承"。因此，把非物质文化遗产的传承保护跟群众脱贫致富紧密联系起来，在继承、保护民间文化的同时，让老百姓还能发家致富，是激发民众积极性的一种方法。"白马人迎宾仪式""二牛抬杠""情歌对唱""池哥昼表演""山歌对唱""手工艺及铁器制作工艺展示""农耕文化体验""十二相表演""婚俗文化体验""祭祀活动表演""水磨体验""琵琶弹唱"等，反映了白马人的生活环境、宗教信仰、生产劳作、民居建筑、婚庆、习俗、歌舞、服饰、传统工艺等，可以让人们尽情体验白马人能歌善舞、热情好客、崇拜自然的独特习俗，很有吸引力，值得发展与传承。

5. 社保无忧

近年来，农村社会保障项目在广大农村逐步完善，让千百万农民受益。但社会保障只能让农民过上温饱的日子，不能让农民富足，他们除了种田，还得外出打工。文县铁楼乡草河坝、石门沟、案板地三村，只要入围全国第三批传统村落名录，政府给予原住民一定的生活补贴或政策扶持，也许他们就可以不离乡也能过上悠然自适的生活。

6. 精神愉悦

传统村落承载着浓郁的文化，生活其间也是一种幸福，更是美的享受。通过宣传引导、教育启发和政策扶持，让广大原住民认识到传统民居和传统文化的价值，培育在家乡生活为美为荣的意识。草河坝村现在依托独特的白马文化资源优势，大力发展生态旅游项目，成功举办了两届白马民俗文化研讨会和民族进步宣传月活动，并购置了舞蹈服装、道具，组建了"池哥昼"民俗文化表演队、"火圈舞"表演队、白马民歌传唱小组和琵琶弹唱小组，充分展现白马人独特的民俗文化，已成为满足村民精神需求、吸引各地游客的"金字招牌"。

三、培养传承人

白马人民俗文化在民间文学、民间音乐、民间舞蹈、民间美术、传统手工技艺、传统医药、民俗等方面都有一些代表性传承人，比如婚丧嫁娶等仪式的主持者、制作沙尕帽的老者、歌舞中的领唱者，但越来越突出的问题是：传承人太少，有的传承人年老体弱，需要国家出台更细致的政策，既对传承人进行"抢救性保护"，更促使各级政府大力培养新的传承人。只要后继有人，非遗的保护、传承就充满希望。

1. 最大限度地发挥非遗传承人在保护、传承尤其是培养人才方面的作用。非遗传承人在当地都有很高的威望，很受当地人的尊重和羡慕，在培养人才方面可以发挥极大的作用。在政策上要给非遗传承人更多的倾斜，更多的实惠，在给非遗传承人提供资助和补贴的同时，更要给他们荣誉，给他们提供创业的机会，在一些地方文化项目的立项方面，要有他们的话语权。

2. 把非遗传承人的培养作为地方政府的重要工作，而不仅仅是某些人的私人行为。一些必须由集体合作才能进行的非遗项目，要拿出专项资金，集体培训。

3. 培育产生新的非遗传承人的土壤，努力提高民间文化保护的意识，通过各种手段唤醒非遗保护的自觉、自信，让老百姓看到好处，得到实惠。积极举办政府主导的、非营利性质的"非物质文化遗产保护培训班"，将非遗项目列入乡土教材开发计划，结合乡土文化教育营造校园文化氛围，建立教育传承基地。毕竟，传承民间文化，"灌输"也是必不可少的。

4. 适当降低门槛，调查、发现、认定、培养新的非遗项目传承人，通过项目培养人、留住人。

总之，要想方设法培养人，有了人，非遗保护、传承的事业依然前途光明，大有可为。

四、进行文化定位

要进一步扩大白马人民俗文化的知名度和影响力，推进白马人民俗文化的研究保护，促进活态传承，推动文化与旅游深度融合，就要系统梳理、深入研究白马人的文化资源。只有研究、梳理到位，才能使白马人民俗文化成为陇南、文县一张亮丽的名片，进而为申报世界非物质文化遗产打下良好的理论基础。

白马人的族源问题关系到文化定位，需要认真、谨慎研究。在这方面，尤其需要警惕盲人摸象、执其一端。据说，某大学在对文县、平武县白马人进行 DNA 研究后，得出白马人是东亚最古老的部族、其祖先可能来自氐人的结论。不知他们是否已经对东亚所有的民族或部族进行过研究，即使如此，恐怕也得结合考古学、历史学、民族学、人类学等学科进行分析比对，否则所谓"东亚最古老的部族"的结论是很难站得住脚的。中华民族自古多元一体，共同生活在一个大家庭里，从有文字记载的商代开始，中原民族和西北部的氐人、羌人就交往密切，你中有我，我中有你，这一点是抹杀不了的。

在追寻历史、进行白马人族源问题研究的同时，更要对其精神归属进行研究。白马人生活的地方山高沟深、交通闭塞，自然条件非常恶劣，在古代又长期处在汉藏文化的缝隙中，但他们依然乐观、幽默、坚强。有人说"岷山万丈秋高过，白马藏歌比秋高"，白马人会说话就会唱歌，会走路就会跳舞。"黄发白首齐醉舞"，"携手踏歌程复程"，白马人的音乐、舞蹈种类很多，不管在劳作当中还是在劳作之余，不管逢年过节还是平常生活，都离不开歌舞，歌舞是其生活离不开的内容和精神寄托。能歌善舞的民族（部族），富有乡愁的民族（部族），精神必然是富足的。

保护了传统村落及其文化遗产，也就是保存了文化多样性，就为老百姓的文化生活提供了更多的选择项，有助于生活质量的提高。只有让全体原住民既感到物质上自足，更感到精神上丰盈，从传统村落、民间文化中真正受益，他们才会全身心地投入传统文化的保护、发展中去，传统文化才会重新焕发出生机与活力。

（原载《第二届中国白马人民俗文化研讨会论文集》，甘肃人民出版社2016年版。收入本书时有删节）

全球"圈粉"，世界共享中国年

北京时间 2024 年 12 月 4 日晚，我国申报的"春节——中国人庆祝传统新年的社会实践"在巴拉圭亚松森举行的联合国教科文组织保护非物质文化遗产政府间委员会第 19 届常会上通过评审，被列入联合国教科文组织人类非物质文化遗产代表作名录。一石激起千层浪，"春节申遗成功"在国内很快成为热词，也引起了海外华侨、华人及国际友人的高度关注，"春节红"尽显中华传统文化的独特魅力。

"百节年为首。"春节是我国最盛大、最热闹、最重要的传统节日，也是最大的非物质文化遗产。从感念祖先、感念家庭到感恩生活，春节早已成为历史传统、生活方式、价值观念的集合，浓缩了中华优秀传统文化的精华。春节所涉及的天文、历法、信仰、礼仪、风俗、习惯、文学、历史、社会、制度……特别是情感和精神，是一部包罗万象的教科书，延续着我们的文化共识，确认着我们的文化身份，连接着我们的民族情感，熔铸着我们的民族精神，对于构建社会主义核心价值观，增加民族向心力和凝聚力，实现民族复兴、国家富强和可持续发展有着不同寻常的重大意义。

春节起源于商代年头岁尾的祭祀神灵和祖先的活动，至今已有 3000 多年的历史。在古代，春节被称为岁首，又称元旦、元日。北宋文学家王安石在其七言绝句《元日》中，就描绘了新年热闹、祥和、万象更新的情景，其中"爆竹声中一岁除"更是家喻户晓。

汉武帝之前，岁首的月份不一，或正月，或十二月，或十一月，甚至十月。汉武帝元封七年（前 104 年），编订并颁布《太初历》，以正月为岁首，把春节的时间固定在正月初一，遂沿用至今。

春节不仅历史悠久，节期也很长。从腊月初八到正月底，都是春节。其间，要举行各种祭祀或庆祝活动，包括祭祀祖神、祭奠祖先、迎禧接福、祈求丰年，并通过这种方式体现、培养家国意识和感恩思想。历史上，从腊八节开始，到大年初一，重要的节点人们都要祭祀祖神和祖先，以示不忘本来。过了腊八节，就开始过"年"了。腊祭是腊日的主要节俗。早在2000多年前的汉朝，腊祭就突出了宗族伦理的内容，祭祀先祖、团聚宗族。《列女传》就记载了一位妇女在自家的"岁祀礼事"结束后，又赶到娘家，帮助娘家人行祭祀祖先之礼。可见腊日祭祀是当时家庭普遍的节俗。

大年三十是旧年的最后一天，是除旧迎新的重要时间节点。团聚是第一要义，人们无论多忙，都要放下工作，回家过年。"有钱没钱，回家过年。""一年不赶，赶年三十晚。"就是为了和家人共吃一顿团圆饭。这既是一个仪式，更是一种心情。年夜饭不仅是家人的团圆聚餐，也是"人神共进"的晚餐。逝去的各位亲人都被一一"请回"，等他们"用过"年夜饭后，活着的人才开始享用。这在外国人看来似乎有点不可理解，却体现了中国人的敬祖、报恩意识。

团圆守岁，是大年夜的主要节目。压岁钱是儿童的最爱，也体现了长辈对子孙的关怀、呵护。"一夜连双岁，五更分二年"，午夜子时一到，钟声敲响，人们纷纷开门燃放烟花爆竹。"一元复始，万象更新"，在灿烂的烟火云霞中，迎来属于自己的新年。

"亲戚越走越近，朋友越走越亲。""走亲戚"是春节期间最重要的礼俗之一。通过"走亲戚"，人们看望了长辈，增进了和兄弟姊妹、表兄弟姊妹之间的感情，重温了礼仪，增长了见识，进而形成良性互动。《孟子》说："天下之本在国，国之本在家，家之本在身。"家是国的基础，国是家的延伸，国家与家庭、社会与个人密不可分。春节的阖家团圆和热热闹闹的聚会，在营造欢乐祥和的喜庆氛围的同时，让人们深切地感受着家庭的温暖、家族的亲近、邻里的和睦。

正月初一之后，人们开始走亲访友、聚会聚餐，逛庙会、听书会、看灯会，参加社火表演，尽情享乐。被称为华北古庙会之首的河南浚县正月古庙会，会期从正月初一到二月初二，长达一个月，每年参会民众达数百万之多。庙会期间，各地商贩搭棚售货，各路艺人竞相献技，数百种餐饮遍布街巷，上百种手工艺品琳琅满目，鼓书、皮影、各类剧种汇集，成为难得的充分展示华夏农耕文明的活标本。除了浚县古庙会、马街书会这样的大型庙会、书会，民间更有数不胜数的村落庙会、戏曲表演、社火巡演，往往由一个或几个村庄轮流主办，民众自发、自愿、自主参加。其中所展示、蕴藏的感恩意识与家国情怀，是百姓在历史上创造、以活态形式传承、未经刻意修改过的原生文化，对中华民族的团结、统一、稳定、繁荣起到了不可估量的巨大作用。

近年来，春节在全球持续"圈粉"，2023年12月，第78届联合国大会通过决议，将春节（农历新年）确定为联合国假日，2024年，春节又成功申遗，足见这一节日已成为世界普遍接受、认同和欣赏的中华文化符号。那红红的"中国结"、萌萌的十二生肖，不仅走进了中国城乡的大街小巷和千家万户，也成了海内外华人和国际友人共同认可的最具代表性的春节吉祥物。

据不完全统计，现在世界上近20个国家和地区将春节作为法定节假日，春节民俗活动已走进近200个国家和地区，成为全球文化盛事，春节巡游、新春嘉年华等活动在海外更受到华侨华人及外国友人的普遍欢迎。春节申遗成功，相信会掀起新一轮喜爱中国春节的浪潮，春节更会成为世界人民共同欢庆的佳节。

（原载《文艺报》2024年12月16日第4版）

附录　找回失落的家园

按：2013年1月12日，陕西卫视《开坛》栏目编导张曦、主持人郑毅邀请笔者就民间文化遗产抢救与保护问题做了一期访谈节目。本文系笔者与主持人郑毅对话的整理稿。

主持人：文化遗产保护的现状如何？现今的工作难点又在哪里？

侯仰军：文化遗产包括物质文化遗产和非物质文化遗产。中国是世界上文化遗产最多的国家之一，仅世界遗产就有43处，居世界第三位。中国又是进入联合国人类非物质文化遗产代表作名录最多的国家，昆曲、古琴艺术等26个项目被列入人类非物质文化遗产，羌年、中国木拱桥传统营造技艺等三项被列入联合国亟待抢救的非物质文化遗产名录。

可是，近几十年来，随着城镇化、现代化的大力推进，我国的物质文化遗产和非物质文化遗产急剧消失。以戏曲为例，改革开放之前，我国有300多个地方戏剧种，都是我们祖先留下来的宝贵的非物质文化遗产。如今，这些剧种已经消失了一半还多，剩下的大多面临着同样的问题：怎样生存，如何适应现在的社会？

拿我的亲身经历来说，20世纪七八十年代，我在苏北农村生活时，听民间戏曲、民间故事是广大群众娱乐的主要方式。每当"唱大戏"或说书人来村里说书，本村、邻村，甚至十里八乡的群众扶老携幼前来"听戏"，即便寒冬腊月，不过半夜是散不了场的。我记得有很多次，说书人一再说"天不早了，散了吧！"大家就是不愿意离去，非让说书人再唱上一段才罢休。我上高中时，还常常找机会去"听戏"，不散场是不会回家的。90年代之后，民间曲艺（民间说唱）活动日渐式微，乡村里很难再看到民间说书人（旅游景点例外）。

现今的工作难点，我认为表面上是资金扶持问题，实际上是政策导向问题，根本点在于观念问题。鸦片战争以来，西方列强用坚船利炮打开中国国门的同时，也逐渐打压甚至消磨了中国人的民族自信，特别是文化自信。"崇洋媚外"这个词，在21世纪的今天，似乎早就成为历史名词，可是面对具体问题，特别是文化，有些人的自信心似乎就缺失了。因此，改变观念，尤其让掌握政策的人和年青一代人，从心底里喜爱我们的文化遗产，懂得保护文化遗产的意义，才能从根本上保护好我们的文化遗产，才能达到"各美其美，美人之美，美美与共，天下大同"（费孝通先生语）的境界。

主持人：为什么古村落、民间文艺等文化遗产的抢救工作那么迫在眉睫？

侯仰军：文化是一个民族的灵魂和血脉，是一个民族的精神记忆和精神家园，体现了民族的认同感、归属感，反映了民族的生命力、凝聚力。面临着文化遗产的急剧消失，抢救、保护迫在眉睫，刻不容缓。以古村落为例，古村落及其文化遗存不仅具有历史价值、文化价值、审美价值，更重要的是具有民族的精神价值。中华文化的多样性在农村，中华文明的文脉与根基在农村，我国的民间文化遗产主要在农村，少数民族民间文化遗产几乎都在农村。因此，古村落是中国最大的物质文化遗产和非物质文化遗产的集合体，也是社会主义新农村建设重要的历史与文化基石。但是，在广大农村，农民大力改善生活的同时，古村落急剧消失：有些乡镇政府急功近利，为了买卖土地，进行商业化运作，大肆合并村落，使无数古老而优美的古建筑惨遭毁坏；不少农民生活稍一改善，就要拆掉旧房盖新房，一批批古代建筑顷刻间化为乌有；农民工大批涌入城镇，使古村落空巢化严重，古建筑年久失修。

据国家统计数据显示，2000年时中国有360万个自然村，到2010年，自然村减少到270万个，十年里就有90万个村子消失了，一天之内就有将近300个自然村落消失，这些自然村中就有大批古村落。2011年9月，温家宝总理曾在纪念中央文史研究馆成立60周年座谈会上，就古村落保护问题与冯骥才主席对话，认为古村落的保护，把它扩大来看，就是工业化、城镇化过程中对于物质遗产、非物质遗产以及文化传统的保护。

民间文艺的保护工作也很紧迫，许多民间文艺特别是民间歌舞面临失传的危险。内地如此，边疆民族地区也如此。2011年8月，我们曾组织民间文艺家去新疆采风，考察新疆的民族民间文化。我们看到，由于信息化、城镇化的大力推进，现代文化艺术的渗透，新疆的民间文化民族歌舞和全国其他地方一样，受到了前所未有的冲击。在有些地方，一些民间歌舞的生存空间大为缩减。以达斯坦为例。达斯坦，原意为叙事长诗。在新疆，有维吾尔族达斯坦、哈萨克族达斯坦及柯尔克孜族达斯坦。哈萨克族达斯坦诞生于公元9世纪到10世纪，由民间诗人、歌手长期传唱加工而成，是哈萨克族民间口述的文学形式，情节复杂，篇幅很长，一首达斯坦往往要唱上一天一夜。表演时，用冬不拉伴奏，多为自弹自唱。唱词富于哲理和智慧，给人以深刻启迪。由于现代媒体的普及，电视、DVD、录音录像设备和收音机以及各类报刊图书快速地扩大了群众文化娱乐活动的空间，网络更吸引了庞大的受众群体，包括民族地区的广大中青年群体。在以前民间歌舞表演繁盛的地方有了录像厅、卡拉OK歌舞厅以及商店饭店（内设电视、DVD），很多人都集中到了那里，很少有人去听达斯坦演唱了。这就使传统的歌舞表演活动听众日渐减少，歌手的生存环境遭遇危机。政府部门虽然给一些著名歌手发放了生活补贴，但众多的民间歌手仍不能以演出为生，只能另谋生路。

主持人：在文化遗产保护的工作中有哪些让您难忘的事情？

侯仰军：难忘的事情很多。这些年来，为了文化遗产的保护工作，我去了不少地方，北方的四合院，西北黄土高原上的窑洞，皖南的徽居，桂北、湘西、鄂西、黔东南的吊脚楼，新疆、内蒙古的蒙古包，哈萨克族的毡房等，都去过，还住过，亲身感受到了民间文化的丰富多彩和广大人民对民间文化的热爱。我们在各地组织民间文化活动时，在每一处演出现场，民间艺人们都是早早赶到，认真表演，有的民间艺人竟然步行二三十公里赶往演出地点，让我十分感动。冯骥才主席说过："大美不言在民间。"一位杰出民间文化传承人，一位文化遗产的热心保护人，就是一部民间文化大典，一座民间文化宝库。

在我认识的热心保护民间文化的朋友中，有一位陕西人，叫王勇超，他几十年间凭一己之力抢救、保护了大批关中地区濒临消失的民俗遗物，不仅数量多，品种多，规模也大，在关中乃至全国形成一个大的亮点，进而创建了全国首家以民俗文化遗产抢救、保护、研究、展示、传承为主的集公益性文化事业与文化产业于一体的大型民办博物馆——关中民俗艺术博物院。

关中民俗艺术博物院抢救性收集、整理、保护了大量物质文化遗产和非物质文化遗产，包括各种地方戏曲如老腔、皮影，以及民间故事、工艺作坊、礼俗、乡规等。在物质文化遗产中，给我印象最深的一是关中民居，一是拴马桩。关中民居就不用多说了，大家都熟悉。拴马桩常见于陕西关中地区渭北一带，是关中地区数千年来多民族生存和文化交流融合的历史见证，在一段时间成了王勇超收藏的重点。拴马桩材质以青石、砂石、大理石等为主，由于地域和石质的不同，雕刻工艺也有所区别。其主体分为桩首、桩颈、桩体、桩足四部分。桩首为圆雕，造型各异，有胡人、汉人、仕女和猴子、狮子等，惟妙惟肖。桩颈四面浮雕有动物、花卉及各种吉祥图案。这些富贵人家用来镇宅辟邪的拴马桩，可是普通百姓心目中的"华表"，具有极高的瞻仰、观赏和研究价值。

王勇超从1985年就开始了民间文化的抢救与保护，充分显示了他的文化自觉、文化先觉意识和民族精神。可以说，他的胸怀、境界、眼光高度都是值得我们学习和敬佩的。

主持人：现在国家一方面提倡大力发展经济，改善老百姓的生活质量，另一方面又要保护文化遗产，您觉得两者之间有什么矛盾吗？

侯仰军：我觉得并不矛盾。关键是在保护文化遗产和发展经济之间找到一个平衡点。经济要发展，国家要强大，天经地义；老百姓要改善生活，要过得更好一点，要过得更舒适一点，这是他们的权利，无可厚非，也是天经地义的事。更何况，保护了文化遗产，也就是保护了文化多样性，就为老百姓的文化生活提供了更多的选择项，这有助于生活质量的提高。保护文化遗产，又是国家、民族义不容辞的责任。

就像既要保护古村落又要改善老百姓的生活一样，要二者兼顾。在保持古村落整体布局不变的情况下，对内部设施可以改变。这没什么可说的。在北方农村，老百姓住在平房里边，冬天没有暖气，房间里又没有厕所，晚上要出去上厕所，不但很麻烦，也很冷，所以他们要把房子改造一下，要搞点卫生设施，让各方面更好一点，要装上电灯电话，都是正常的需求。所以我觉得这个平衡，或者这个度，是完全可以找到的。

我这里有一个很生动的例子。河北蔚县原来是一个煤炭大县，靠挖煤、卖炭来过日子，污染了环境不说，这个资源还是有限的，因为挖一点少一点。后来蔚县转变发展方式，利用中国民协命名的"中国剪纸艺术之乡"这一文化品牌优势，顺势提出"文化立县、旅游活县"的口号，全力发展剪纸艺术以实现经济发展方式转型，既富裕了群众，又为非遗的保护、传承找到了新的富有生机活力的途径。这些年来，蔚县通过推陈出新，通过保护、抢救和开发，剪纸已形成3000多个成熟品种，样式上也由过去的窗户装饰、婚庆吉祥物等，发展为镜框、画轴、台历、明信片、信封、邮票等几十个品种，产值逐年增大，已达到数亿元。大家都知道，年画、剪纸是我们的文化遗产，这样蔚县就靠剪纸走出了一条既发展了经济，又保护了文化遗产的道路。

主持人： 您当前对文化遗产保护工作的重点在哪里？

侯仰军： 我现在最重要的工作是做"中国口头文学遗产数字化工程"。口头文学是与作家文学相对应的一个概念，就是口耳相传的文学，包括神话、传说、民间故事、民间歌谣、史诗、民间长诗、谚语、谜语、歇后语、民间说唱、民间小戏等。口头文学是作家文学的母体与创作源泉，具有多种社会功能，大致可以归纳为以下六点：1. 慰藉心灵；2. 活跃生活；3. 传播知识；4. 教育后代；5. 弘扬精神；6. 凝聚人心。

从20世纪50年代开始，中国民协陆续开展了民歌调查运动、"中国民间文学三套集成"普查编纂工作和中国民间文化遗产抢救工程，先后组织了200万人次在全国2800多个县对我国各民族、各地区的口头文学进行了地毯式的普查，获得了巨量的第一手口头文学资料。现在我们把它变成电子产品，把它数字化，不但可以永久保护，还可以更好地利用它。比如你想查"山歌""兔儿爷""梁祝传说"，只要一检索关键词，就能查找到有关的所有资料，极大地方便我们的学习和使用。

当前文化遗产保护一个很重要的工作就是怎么样利用现代科技，因为利用高科技，利用数字化，更方便传承我们的民间文化。这些年来，在冯骥才主席的领导下，我们整理木版年画，可以说把有代表性的年画都搜集起来了，不但搜集起来了，而且把它变成了数字化的东西。比如你点一个"老鼠娶亲"，所有"老鼠娶亲"的年画就都出来了，你可以看，一张张地看，对比着看。

我们国家在保护文化遗产方面可以举全国之力，经济建设方面可以这样，文化保护和抢救方面也可以这样。我们的体制决定了我们有这方面的条件。当年我们搞三套集成，调动了全国的力量，仅上海一地投入民间文学抢救与普查的人员就达5万人，这样的工作可以说"前无古人"。

主持人：至今有哪些保存比较完好的古村落或者民间艺术？

侯仰军：中国古村落数量多、分布广、个性鲜明，被称为"传统文化的明珠""民间收藏的国宝"。最近住建部、文化部等部门进行了第一批中国传统村落评审认定，北京市房山区南窖乡水峪村等648个中国传统村落入围。这些古村落依然较完好地保持着古村原貌，但对它们的保护刻不容缓。

保存比较完好的民间艺术，大家常见的有年画、剪纸等。年画是祈福迎新的一种民间工艺品，是一种承载着人民大众对未来美好憧憬的民间艺术表现形式。传统年画以木刻水印为主，追求拙朴的风格与热闹的气氛，因而画的线条单纯、色彩鲜明。内容有花鸟、胖娃娃、金鸡、春牛、神话传说与历史故事等，具有浓郁的民族特色与乡土气息。中国著名的四大"年画之乡"四川绵竹、苏州桃花坞、天津杨柳青和山东潍坊保存了很好的年画艺术。

主持人：您怎么看待民间文化遗产保护与利用、传承与发展的关系？

侯仰军：根据这些年来深入民间、深入田野的经验，我认为对民间文化遗产的保护可分为三种类型。第一种，有些文化遗产对于现实生活，不能说一点意义没有，至少说跟老百姓的生活离得太远了，要原汁原味地保存，通过录音录像，把它保存起来，300年以后、500年以后都可以看到。第二种，跟老百姓的生活离得近的，通过政府主导，通过全社会参与，走进校园，培养下一代，让广大群众从心底里喜欢我们的民间文化。新疆的和静县这点做得就很好，他们把蒙古族的一些民间歌舞，进校园，进课堂，从娃娃抓起，让孩子们从小喜欢这个东西。第三种，就是现在提倡比较热的，跟经济社会发展连接起来，所谓的"生产性保护"。虽然好多学者反对，说你既然是能够生产了，就没必要保护。但是我觉得作为一个词语，"生产性保护"应该说也是一种保护形式。就像我刚才说的年画和剪纸。

民间文化的传承，长期以来主要靠三种形式：家族传承、师徒传承和社会传承。不论是山歌还是其他口头文学，在传承过程中，有些内容或形式悄然发生了变化，这是很正常的现象。民间文化从来都是活态的，不是一成不变的，传承中有"变异"，"变异"中有传承。

文化需要传承。为了保护文化多样性，为了保留民族文化的根，为了民族文化在未来的生命力，必须传承优秀的民族文化或者说是文化遗产。我认为保护（原汁原味）和有变化有发展的利用都是传承的方式。

保护、利用都是为了传承，发展也是传承的一种表现形式。现在往往强调保护，原汁原味地保护，而广大的文化遗产传承人和民间文艺工作者又不得不适应社会，适应市场。以年画为例。年画始于汉，兴于唐，盛于宋，普及于明清，随着机械印刷逐渐代替了手工印刷，传统手工年画制作作为一个产业进入了衰落期，从原来的年节必需品逐渐向收藏品、旅游纪念品转化，但这并不意味着年画没有市场需求了。据北京福人福地文化发展有限公司艺术总监高磊先生说，他们公司在北京市场，每年春节纸制品的销售额约600万元，在北京春节市场占有2%的份额，也就是说北京的春节纸制品有几个亿的市场需求！这还不是市场终端的数字，只是批发价。一副精美的斗方、对联，批发价0.9—1.7元，零售价10多元钱。高磊说，他感到遗憾的是，他在北京偌大的春节纸制品市场没有见到过一张真正属于年画摇篮地的作品，连朱仙镇人自己都不贴自己的年画，而是贴几毛钱一张的机械印刷的年画。朱仙镇是年画的一个重要的发祥地和产地，老百姓不贴自己的年画，是因为它太贵了。你要用手工制作，一张几十块钱，老百姓当然不买了。他能贴的，能接受的，还是机械印刷的，几毛钱一张的东西。年画要普及老百姓的家里，从手工印制，到机械印制，这个发展是挡不住的。

事实说明，文化遗产有的要原汁原味地保护，有的还是要发展，二者并行不悖。

后记

一次邂逅　半生寻芳

著名作家柳青说过这样一句话："人生的道路虽然漫长，但紧要处常常只有几步，特别是当人年轻的时候。"回望我几十年的职业生涯，2011年5月到中国民间文艺家协会（简称"中国民协"）工作，真正开始从事民间文化的传承、研究工作，就是我人生的一次"紧要处"。它改变了我的职业，也改变了我的治学方向。这一切，都是由于和罗杨书记的一次"邂逅"。

"邂逅"罗杨书记之前，我主要从事编辑出版工作，对民间文化也有所涉猎。20世纪90年代初，我对微山湖西岸的移民问题产生了浓厚兴趣并对其进行了长时间的调研，其中就有对民间习俗的调研。后来，我的调研成果发表在《齐鲁学刊》上并被山东省历史学会评为史学优秀成果一等奖。如果说这还是为了历史学而关注民间文化，我与爱人一起编写《俗语谚语精选9999》就是真正的民间文化研究工作了。该书1999年10月由山东人民出版社出版后，几年的时间里连续再版6次。

2002年2月17日、18日两天，即农历壬午年正月初六、初七，我和爱人一起到山东省曹县桃源集，对当地的独特民俗——花供会进行调研，这是我对民间文化的第一次专题调研。花供会是桃源集一带民众为供奉火神而兴起的民间传统庙会，正日子在正月初七。因用白面、鸡蛋、萝卜等雕刻或捏塑成的人物、动物、建筑物及瓜果、花卉等供品，品类纷繁，造型生动，如百花斗妍，故有花供会之称。我们两人对花供会的历史渊源、表现形态做了尽可能详尽的调查采录，结合相关资料对花供会来历做了初步探讨，整理成12000字的《曹县花供会及其渊源初探》，发表在《民俗研究》（2003年第4期）上。

桃源集位于曹县北部，105省道（俗称庄青路）从其南部穿过，实际上是一个自然村，由七街构成，人口约8000人。我们在那里调研，人生地不熟，加上当地的习俗正月十五之前不做生意，没有地方吃饭，连口热水也喝不上。头一天晚上，采访到半夜，天寒地冻，无处可去，只好找到一间遍布灰尘的房间（像是一间库房），凑合着待了几个小时。由于天冷，根本睡不着，第二天凌晨又摸黑去看摆花供了。这次调研，收获颇丰，也对民俗学田野调查的"苦"有了切身体会。

2010年的某一天，张士闪教授打电话给我爱人，请她10月上旬到山东省巨野县参加麒麟文化研讨会。她没有时间去，动员我去。我那时刚刚调到全国政协下属的中国文史出版社工作，不大想去，但后来还是被她说服了。没想到研讨会一再调整会期，如果不是巨野县委宣传部再三邀请，我肯定不会参加，因为为了参加一个研讨会反复向领导请假，我实在张不开嘴。

2010年11月3日，首届中华麒麟文化研讨会在巨野县成功举办，我作为主讲嘉宾，以"'西狩获麟'，孔子究竟看到了什么？"为题做了主题发言，从考古学、历史学的角度论证麒麟在历史上确实存在；麒麟是一种鹿科动物，汉代以后在中原地区逐渐消失；今人的麒麟观念是历代人民群众不断丰富、神化造成的。我的发言讲了半个多小时，引起了人们极大的兴趣。电视台随后采访了我，我又谈了半个多小时。

刚刚回到座位上，有人找我，原来是中国民协分党组书记罗杨。那个时候，我既不知道文联，更不知道民协是做什么的，还以为是个民间组织。罗书记问了我一些关于麒麟的问题，显然他对麒麟文化也很有兴趣。

吃午饭的时候，罗书记仔细问了我的情况：什么时候到的全国政协？现在在中国文史出版社担任什么职务？评上正高几年了？读博士时的导师是谁？还问我："你同政协有协议吗？还能调走吗？"我说，政协很好，我所在的中国文史出版社也很好，近期不想再动了，但罗书记的儒雅和谦和给我留下了很深的印象。

不久，我收到了中国民协主席冯骥才先生的请柬，请我12月30日下午3点去人民大会堂北京厅参加"中国口头文学遗产普查记录资料数字化工程启动仪式"。仪式结束后，罗书记带我去见冯主席，聊了一会儿。过了几天，罗书记打电话给我，邀请我到中国民协工作。考虑到全国政协十一届四次会议即将召开，我作为全国政协大会发言组编辑组的副组长，需要组织审阅大会发言稿，工作太忙，便婉言谢绝了罗书记的美意。

当时，我在中国文史出版社担任总编室（办公室）主任。这个部门是原来的四个职能部门总编室、办公室、人事处、印制部合并而成的，是出版社的综合管理部门，事务繁杂，平时电话不断，人员来往如梭，不仅要做好各项行政工作，协调内部各种关系，还要处理来电、来信、来访。有一次，湖北广播电台楚天台总编室主任王飞到我办公室办事，他大体统计了一下，一小时内，我办了20件事，包括接电话、盖印章、回答别人的各种咨询，进而感慨说："您的工作真是太忙了！"工作本来很忙，又要为政协会议做准备工作，我根本没有时间去想调动工作的事。

2011年3月的一天，罗书记打电话给我，请我到中国民协看看。我们聊了一个多小时，我也对中国民协有了一个完整的认识。罗书记再次诚恳地邀请我到中国民协工作，说民协收入虽低，但视野开阔，更有意义。几经犹豫，我最终舍弃了挚爱18年的出版工作，于2011年5月到中国民协上班，走上了民间文化的传承、弘扬之路。

刚进中国民协，罗书记就对我说，按照中国文联的任命，我担任中国民协办公室主任，但他更希望发挥我的特长，抓点业务工作，比如"中国口头文学遗产普查记录资料数字化工程"。

我立即投入民协工作中来，和同事一起组织专家到资料室挑书，邀请专家如刘锡诚、常祥霖、李耀宗、杨亮才、贺嘉、刘祯、万建中、杨利慧、安德明、巴莫曲布嫫、刘晔原、朱芹勤等研究口头文学数据库二级分类办法，并于2011年7月确定了一级分类11类（神话、传说、民间故事、民间歌谣、史诗、民间长诗、谚语、谜语、歇后语、民间说唱、民间小戏），二级分类67类；协调苗族长篇英雄史诗《亚鲁王》的编辑与出版，新建民协官网，还担任了《民间文化论坛》的特约编委，参与编务工作。

过了一段时间，经过分党组会议研究，由我负责中国民协民间文化遗产抢救与保护中心的工作，但工作重点还是建设中国口头文学遗产数据库。具体说来就是把中国民协几十年来汇集的我国近百年来的口头文学普查记录资料以现代高科技手段进行数字化存录。由于这些资料全部来源于田野调查，真实地反映出我国各地的民间文化特色，加上总量巨大、种类齐全、形式多样，最具活态性，有着极其重要的文学、民俗学、社会学、历史学价值。到2013年年底，数据库录入口头文学资料8.878亿字，一期工程成功建成，为国家和民族保存了一份精彩而珍贵的人类记忆遗产。

由于做业务工作，我对民间文学和民间文化很快有了新的认识。数据库的工作，让我接触了大量的民间文学资料；民间文化遗产抢救与保护工作，使我对传统节日、民风民俗、歌谣戏曲、古村落、剪纸、唐卡等民间文化加深了了解。两年多的时间里，我到陕西、贵州、新疆、河南等地对关中民俗文化、苗族史诗、新疆民族民间文化、少数民族三大史诗、节日文化、民间歌谣等进行了多次专题调研，在此基础上，我写作并发表了两篇论文、三篇调研报告。

值得一提的是，为了中国口头文学遗产数据库，我写了数不清的材料，打了无数份的报告，其中有两份报告，与现在的中国民间文学大系出版工程一脉相承，可以说是"大系出版工程"的前期设计。在数据库初具规模的时候，罗书记就几次和我谈论选取精华出版纸质图书的设想，并让我起草了一个出版计划。我设计了一个申请经费3000万元到4000万元的出版"口头文学集成"的方案，罗书记看后说太保守。2013年1月13日，罗书记再次让我起草一份关于"口头文学集成"的出版预算。我按照当时数据库收录民间文学资料即将达到10亿字的体量，设计了出版5000本、每本20万字、需要资金2亿元的方案。第二天，罗书记安排我和杨亮才、吕军、郝静专程去天津向冯骥才主席汇报此事。冯主席说：如果决定做这个事，需要成立另一套班子，定下计划；要跟大学、研究所联系，并开会给各省民协分配任务。一个多月后，冯主席再次明确表示：把中国民协60年来搜集、整理的口头文学遗产资料出版纸质图书，为后人留下宝贵的资料。到了2016年7月，经数次研讨，中国民协上报的申请纳入"中华文化传承工程"的报告，一开始用的也是"中国民间口头文学集成"，设计总字数在10亿字左右，后来才把名字改成"中国民间文学大系"。

2013年7月，我担任了中国民协研究资料部主任。此后三年多的时间里，全力做民间文艺理论和资料搜集工作，包括承办各种论坛、研讨会，写各种新闻稿，编写《中国民间文艺发展报告》。研究资料部三年的历练，使我在民间文化研究方面有了一个清醒的认识。这期间，2014年5月，中国文艺评论家协会成立，我当选为第一届理事会理事，一年后，被聘请为中国文艺评论家协会民族民间艺术委员会秘书长。文艺评论工作，大大促进了我对民间文化的研究深度。三年间，我发表文章40篇，包括大量评论文章，如《民间文化呼唤批评》《民间文化岂可随意编造》《民间故事亟须"打捞"》《民间文化亟须探源》《民间文艺要"活"在民间》。

那些年，中国土生土长的民间文化，不论是民间文学、民间表演艺术、民间美术还是民俗，频频被有的学者"论证"为来源于境外，就连七夕节、寒食节、端午节，甚至《灰姑娘》等民间故事，也被说成是外国传进来的。与此同时，国内各地兴起了"打造"民间文化的热潮，出现了一批伪民俗、伪遗产。如果听任这种现象发展下去，我国优秀的民间文化不是被境外"抢注"，就是被国内某些人改造得面目全非，中国传统文化的根基将被侵蚀殆尽。考古学的学习背景，使我养成了凡事都要刨根问底的习惯，由此我策划了"'一带一路'民间文化探源工程"。期望通过民间文化探源，达到正本清源，消除伪民俗、伪遗产，从而在中外文化交流中掌握话语权、主动权的效果。在罗书记的大力支持下，"'一带一路'民间文化探源工程"成功立项，并成为国家财政扶持的重点项目——文化艺术发展一级项目。

2016年9月，我改任国内联络部主任，两年后又担任活动管理处处长、分党组成员、副秘书长，但不论岗位如何变动，围绕工作撰写"小文章"已经成为我的习惯，成为我生活中的一部分。这几年，围绕从事的工作，如传统节日、民风民俗，我又写了40多篇"小文章"。2023年端午节前，微山县工商联的侯军主席打来电话，问我能否利用端午节回一趟微山老家，顺便去湖陵村考察一下。考察结束回到北京后，我写了一篇《湖陵寻古记》，主要观点就是中华优秀传统文化的传承和弘扬，离不开广大人民群众的积极参与和无私奉献，离不开一大批有情怀、有担当的"乡贤"。这些广布在乡间的"民间学者"，十几年、几十年，甚至一辈子热衷于本地的文化传承，不遗余力地为传统文化"鼓"与"呼"，他们对传统文化尤其是民间文化的传承、弘扬发挥的作用是难以估量的。文章发表后,《作家文摘》和中宣部"学习强国"公众号都给予转载,遂一鼓作气,写了13篇"寻古记"。这些文章,可以看作民间文化探源的一部分。

本书收录的70篇文章,系我从事民间文化研究、传承工作总结出来的一点心得体会。分为三部分,即"寻美民间""探源民间""问道民间"。从一个侧面反映出我对民间文化从无意识到有意识,从"邂逅"到"入门",进而寻美、探源、问道的心路历程。

鲁迅先生说过:"时间,就像海绵里的水,只要你挤,总是有的。"到中国民协工作14年了,我之所以能写出点东西,都是"挤时间"的成果。当年来中国民协工作,对我的一大考验是上下班路途遥远。我居住在南五环外,中国民协办公室在北四环外,相距近40公里,要坐18站地铁、8站公交车,每天上下班要花费4小时。四号线地铁大多数时间特别是上下班时太拥挤,不要说座位,大家挤在一起,连书也没法看(书没法展开);公交车不但拥挤,还颠簸,看书也很难。我没有让这4小时的宝贵时间白白溜走,并且一直保持着愉快的心态,因为这每天的4小时我过得很充实:先是把一天要做的工作安排出个顺序,写在手机的便签上,或者回忆一下一天的工作,然后抓住这难得的"清闲时间"思考、写作。生活往往具有戏剧性,多年的"长途跋涉",使我养成了反复思考再动笔的习惯。除了地铁,高铁、飞机也成了我的"书房"。书中收录的这些"小文章",大多要拜这些"书房"所赐。

刚到中国民协时,罗书记对我说:"我对你只有一个要求,就是在这里至少工作一年,否则我没法给大家交代。"一晃14年过去了,我对民间文化的感情日益加深,也一直没有离开业务工作:中国民协的重点建设工程,如中国口头文学遗产数字化工程、中国民间文化遗产抢救工程、"一带一路"民间文化探源工程,尤其是中国民间文学大系出版工程、中国民间工艺传承传播工程,我一直参与其中;在会员培训、"山花奖"评奖、"我们的节日"系列活动举办等方面做了大量工作;策划、组织、主持了上百次的民间文化学术研讨和田野调查活动,如中国春节文化高层论坛、"中华美学精神与民间文艺评论"柯桥高峰论坛;参与起草了《关于实施中华优秀传统文化传承发展工程的意见》（中共中央办公厅、国务院办公厅 2017 年 1 月公布）。

宋代大儒朱熹有诗云"胜日寻芳泗水滨，无边光景一时新"，在民间文化这片广阔的天地里，"寻芳"何止在"胜日"，它需要一年四季，需要经受风吹日晒、严寒酷暑！只有这样，才能看到"万紫千红""百花争艳"，才能汲取民间智慧，追求人间正道。

感谢罗杨书记！一次"邂逅"，促成我后半生民间文化的"寻芳""问道"生涯。

感谢潘鲁生主席、邱运华书记和民间文艺界的师长、朋友们！每一次"寻美""探源""问道"，都得到了你们的大力支持！

感谢万建中老师十几年来的不吝赐教并在百忙之中赐序！

感谢河北省文联任源副主席惠赐墨宝！

感谢中国文联出版社的尹兴董事长、苏晶编审！

需要说明的是，为了全书体例相对统一，对收入本书的个别文章的篇名进行了修改。

由于水平所限，书中定有不当之处，还请广大读者批评指正。

侯仰军
2025 年 4 月 6 日